●編集委員会委員
伊藤文男・上西充子・大庭さよ・金井篤子・川喜多喬・川﨑友嗣・玄田有史・
児美川孝一郎・末廣啓子・中村 恵・平林正樹・堀内泰利・脇坂 明（50音順）

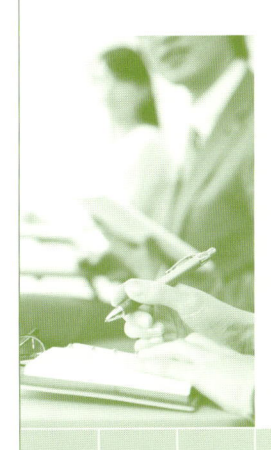

# キャリアデザイン支援ハンドブック

Handbook of Support for Career Design

日本キャリアデザイン学会 監修

ナカニシヤ出版

# はじめに

## 企画の趣旨

　キャリアとは，一人ひとりが生涯をかけて自らつくりあげていくものである。職業への移行を支援し，次代を担う人材を育てるために，小中高等学校はもちろん，専修学校・短期大学・大学までも含め，学校教育機関ではキャリア教育が積極的に展開されている。企業組織においても，個人主導のキャリア開発が求められるようになり，その支援が必要とされている。また，地域や公的支援機関等においてもキャリア形成支援が行われるなど，さまざまなフィールドにおいて，多様な個人を対象とするキャリアデザインの支援が実践されている。

　その支援の実践にあたる人々も多様である。教員や人事関係者，キャリア・カウンセラー，キャリア・コンサルタントなど，さまざまな職種の人々が他者のキャリア教育やキャリア支援に携わる時代を迎えている。これらの実践者は，必ずしもその分野の専門家とはいえない場合もある。また，専門家であったとしても，キャリア教育・キャリア支援に必要な知識やスキルの範囲が広範であるため，支援者の経験や立場によって，得手不得手がみられることも多い。

　そこで本書は，さまざまなフィールドや立場におけるキャリアデザイン支援者を対象として，支援に必要な基礎知識や実践上のポイントなどを簡潔に解説し，キャリアデザイン支援の実践に役立てていただくことを目的として編集することとした。キャリアデザイン支援の質的向上に資することができればと期待しているところである。

## 本書の構成と特徴

　本書は以下に示すように，2部4章構成である。

---
第1部　キャリアデザイン支援の基礎
　第1章　キャリアデザイン支援の基本用語（編集担当：金井副委員長）
　第2章　キャリアデザイン支援の背景と課題（編集担当：上西副委員長）
第2部　キャリアデザイン支援の実践
　第3章　キャリアデザイン支援の技法（編集担当：伊藤副委員長）
　第4章　キャリアデザイン支援の先進事例（編集担当：平林副委員長）

---

　第1部は「キャリアデザイン支援の基本用語」（第1章）と「キャリアデザイン支援の背景と課題」（第2章）からなり，キャリアデザインやキャリアデザイン支援を行ううえで，知っておいていただきたい基礎知識を提供している。第2部は「キャリアデザイン支援の技法」（第3章），「キャリアデザイン支援の先進事例」（第4章）からなり，キャリアデザイン支援を実践するうえで，役立つ技法や先進的な取り組みを紹介した。

　第1章では，用語の重要性などを勘案し，1ページで解説するものと，2ページを費やすものに分け，五十音順に配列した。ただし，「キャリア」は最重要の用語であることから冒頭に配している。本学会の歴代会長（川喜多喬・渡辺三枝子・中村恵の三氏）に執筆をお願いし，それぞれ社会学・心理学・経済学の立場から論じていただいた。この点は，本書の大きな特徴である。

　もう一つの特徴は第2章から第4章までの構成にある。生涯にわたるキャリアデザインという観点から，対象を「中学生・高校生」「短大生・大学生」「非正規雇用者・ニート」「組織人」「女性」「高齢者」「障害者」の7つに分け，それぞれ，知っておきたいキャリアデザインの基礎知識（第2章），支援の技法（第3章），先進的な取り組み事例（第4章）を紹介している。下表を参照のうえ，本書を最大限に活用していただければ幸いである。

ii　はじめに

**本書を活用していただくために（第2章～第4章）**

| | 第2章<br>キャリアデザイン支援の背景と課題 | 第3章<br>キャリアデザイン支援の技法 | 第4章<br>キャリアデザイン支援の先進事例 |
|---|---|---|---|
| 中学生・高校生のキャリアデザイン | 第1節【p.103】<br>中学校卒業者の進路の推移／高校卒業者の進路の推移／キャリア教育政策の展開／キャリア教育の実施状況／高卒求人の減少と高卒就職支援の変化／「子どもの貧困」と就学支援 | 職業倫理支援①　【p.149】<br>積極的態度教育　【p.159】<br><br>自己理解支援②　【p.167】<br>自己理解支援③　【p.169】<br>自己理解支援④　【p.173】 | 第1節【p.203】<br>キャリア教育から個別的キャリア支援へ<br>神奈川県立田奈高等学校 |
| 短大生・大学生のキャリアデザイン | 第2節【p.109】<br>大学進学率の上昇と短大進学率の低下／短大・大学卒業者の進路／大学設置基準の改定／インターンシップ拡充を求める動き／大学生の経済事情／留学／就職活動・採用選考スケジュールの変更／「ブラック企業」・早期離職と労働法教育／大学院進学者の進路 | 職業選択準備支援①　【p180】<br>職業選択準備支援②　【p.184】<br>職業選択準備支援③　【p.189】<br>就職試験対策支援①　【p.192】<br>就職試験対策支援③　【p.196】 | 第2節【p.207】<br>大学での学びを「キャリア形成」の視点で捉えて<br>立命館大学<br>第3節【p.211】<br>産学協働教育（コーオプ教育）のリーディングユニバーシティを目指して<br>京都産業大学 |
| 非正規雇用者・ニートのキャリアデザイン | 第3節【p.115】<br>非正規雇用とは何か／非正規雇用率の上昇／正社員登用の動向／ジョブ・カードからキャリアパスポートへ／求職者支援制度／生活困窮者自立支援法／改正雇用契約法とその影響／ニートへの注目／就業支援と社会的包摂 | 職業倫理支援②　【p.152】<br>自己理解支援①　【p.163】<br>就職試験対策支援②　【p.194】<br>就職試験対策支援④　【p.198】 | 第4節【p.215】<br>「20大雇用」（ユニバーサル就労）を使命として<br>アイエスエフネットグループ<br>第5節【p.218】<br>「働きたいけれども働けない」若者を「ゼロ」に<br>特定非営利活動法人青少年就労支援ネットワーク静岡 |
| 組織人のキャリアデザイン | 第4節【p.122】<br>人事管理の見方／伝統型人事管理の特徴／人事管理のこれから／組織人に求められること | | 第6節【p.221】<br>『人財』を最大限に活かし，成長を支援する<br>株式会社ベネッセコーポレーション<br>第7節【p.224】<br>ライフステージに応じた「働き方」を選択できる仕組みづくり<br>イオンリテールワーカーズユニオン |
| 女性のキャリアデザイン | 第5節【p.128】<br>社会政策と関連する女性のキャリア／ライフステージと女性のキャリア／女性のキャリア意識／就業中断とキャリア形成／女性就業をめぐる法整備／企業の取り組み／女性の活躍推進政策 | | 第8節【p.227】<br>「良い職場環境の好循環」につながる取り組みを継続<br>三州製菓株式会社<br>第9節【p.230】<br>働く女性たちを側面から支えて<br>特定非営利活動法人ジャパン・ウィメンズ・イノベイティブ・ネットワーク |
| 高齢者のキャリアデザイン | 第6節【p.135】<br>急速に進む高齢化と膨張する社会保障費／年金受給開始年齢の引き上げと高齢者雇用に関する法の変遷／出向・転籍／セカンドキャリア支援／高年齢者の高い就業意欲と多様な働き方／柔軟性や自律性といった非金銭的な側面に価値を見出す | 職業倫理支援③　【p.156】 | 第10節【p.234】<br>独自の発想による高齢者雇用<br>株式会社加藤製作所 |
| 障害者のキャリアデザイン | 第7節【p.142】<br>障害者権利条約の批准／障害者雇用の現状／合理的配慮／障害者のキャリア支援／特別支援学校における支援／障害者の戦力化に向けて | | 第11節【p.238】<br>仕事能力を引き出し戦力化する<br>富士ソフト企画株式会社 |

※第3章の詳細については，「第3章　構成一覧」（p.148）もご参照ください。

## 刊行の経緯

　本学会が単行本を刊行するのは,『キャリア研究を学ぶ　25冊を読む』(2009年11月15日)に次いで, 2冊目である。川喜多喬会長(当時)のもとで, キャリアに関する重要な用語や事項を掲載するハンドブックを刊行するという企画が決定されたのは, 2010年秋のことであった。その後, 本書の刊行は学会10周年を記念する事業の一環として位置づけられ, 学会をあげての事業となった。4年の年月を経て, 多くの方々のご協力, ご尽力のおかげでようやく刊行にたどり着くことができ, 愁眉を開く思いである。

　第1回の編集委員会(小委員会)が開催されたのは, 2013年1月13日であった。企画と構成を検討し, 執筆候補者を選定して依頼を行うなど順次, 編集作業を進めるために, 2014年6月29日に至るまで計7回の委員会が開かれた。編集委員会のメンバーは下記の13名である。金井・上西・伊藤・平林の4氏には, 副委員長として各章の編集責任者の役割を担っていただいた。副委員長をはじめ, 編集委員会委員のみなさまに, 最後まで献身的に編集作業に取り組んでいただいたことに感謝申しあげたい。

　本書は全体で98項目からなり, これを74名の方にご執筆いただいた。お一人で複数の項目をお願いした方もいる。また, 一部の項目については, 学会員以外の方にもご執筆いただいている。多数のみなさまのご協力によって, 本書が上梓できたことに厚く御礼申しあげたい。

　最後に, 本書の完成はナカニシヤ出版の宍倉由高氏のご尽力がなければ実現をみなかった。末筆ながら, 特に記すとともに, 編集委員を代表して謝意を表したい。

日本キャリアデザイン学会<br>
キャリアデザイン支援ハンドブック編集委員会<br>
委員長　川﨑友嗣

キャリアデザイン支援ハンドブック編集委員会委員 (五十音順)
○伊藤文男 (東京家政大学), ○上西充子 (法政大学), 大庭さよ (医療法人社団弘冨会神田東クリニック／MPSセンター), ○金井篤子 (名古屋大学), 川喜多喬 (元法政大学), ◎川﨑友嗣 (関西大学), 玄田有史 (東京大学), 児美川孝一郎 (法政大学), 末廣啓子 (宇都宮大学), 中村恵 (神戸学院大学), ○平林正樹 (日本IBM), 堀内泰利 (慶應義塾大学), 脇坂明 (学習院大学) (◎委員長, ○副委員長)

## 執筆者一覧

| | | | |
|---|---|---|---|
| 青木猛正 | 埼玉県立上尾かし木特別支援学校 | 諏訪康雄 | 中央労働委員会 |
| 青山平八 | 公益社団法人全国労働基準関係団体連合会 | 高綱睦美 | 愛知教育大学教育学部講座 |
| 赤坂武道 | 北海学園大学大学院経営学研究科 | 武石恵美子 | 法政大学キャリアデザイン学部 |
| 浅海典子 | 神奈川大学経営学部 | 田澤 実 | 法政大学キャリアデザイン学部 |
| 荒井 明 | 産業能率大学経営学部 | 津富 宏 | 静岡県立大学国際関係学部 |
| 生駒俊樹 | 京都造形芸術大学芸術教育資格支援センター | 寺村絵里子 | 国際短期大学国際コミュニケーション学科 |
| 石毛昭範 | 拓殖大学商学部 | 中里弘穂 | 福井県立大学キャリアセンター |
| 伊藤文男 | 東京家政大学進路支援センター | 永島智子 | イオンリテールワーカーズユニオン |
| 今野浩一郎 | 学習院大学経済学部 | 中原 淳 | 東京大学大学総合教育研究センター |
| 上西充子 | 法政大学キャリアデザイン学部 | 中村 恵 | 神戸学院大学現代社会学部 |
| 大里大助 | 福岡女学院大学人間関係学部 | 野上 真 | 志學館大学人間関係学部 |
| 大槻利行 | 玉川大学キャリアセンター | 林洋一郎 | 慶應義塾大学大学院経営管理研究科 |
| 大庭さよ | 医療法人社団弘冨会神田東クリニック／MPSセンター | 原ひろみ | 日本女子大学家政学部 |
| | | 原 正紀 | 株式会社クオリティ・オブ・ライフ |
| 岡田昌毅 | 筑波大学大学院人間総合科学研究科 | 平野光俊 | 神戸大学大学院経営学研究科 |
| 小川憲彦 | 法政大学経営学部 | 平林正樹 | 日本アイ・ビー・エム株式会社 人事 |
| 荻野勝彦 | トヨタ自動車株式会社渉外部 | 廣石忠司 | 専修大学経営学部 |
| 奥西好夫 | 法政大学経営学部 | 深谷潤一 | 特定非営利活動法人ICDS |
| 鬼沢裕子 | 株式会社ベネッセホールディングス新規事業開発室 | 船津静代 | 名古屋大学学生相談総合センター就職相談部門 |
| 加藤容子 | 椙山女学園大学人間関係学部 | 堀有喜衣 | 独立行政法人労働政策研究・研修機構 |
| 金井篤子 | 名古屋大学大学院教育発達科学研究科 | 堀内泰利 | 慶應義塾大学総合政策学部 |
| 榧野 潤 | 独立行政法人労働政策研究・研修機構キャリア支援部門 | 松浦大造 | 独立行政法人労働政策研究・研修機構労働大学校 |
| 川喜多 喬 | 元法政大学経営学部 | 松繁寿和 | 大阪大学大学院国際公共政策研究科 |
| 川﨑友嗣 | 関西大学社会学部 | 松高 政 | 京都産業大学経営学部 |
| 玄田有史 | 東京大学社会科学研究所 | 松村直樹 | 株式会社リアセック |
| 小島貴子 | 東洋大学理工学部 | 眞鍋和博 | 北九州市立大学基盤教育センター |
| 小杉礼子 | 独立行政法人労働政策研究・研修機構 | 宮城まり子 | 法政大学キャリアデザイン学部 |
| 児美川孝一郎 | 法政大学キャリアデザイン学部 | 宮下明大 | 立命館大学入学センター |
| | | 望月由起 | お茶の水女子大学学生・キャリア支援センター |
| 西條秀俊 | 新潟大学教育・学生支援機構キャリアセンター | 森田慎一郎 | 東京女子大学現代教養学部 |
| | | 谷田部光一 | 日本大学法学部 |
| 坂爪洋美 | 和光大学現代人間学部 | 谷内篤博 | 実践女子大学人間社会学部 |
| 坂本理郎 | 大手前大学現代社会学部 | 八幡成美 | 法政大学キャリアデザイン学部 |
| 佐藤 厚 | 法政大学キャリアデザイン学部 | 山田智之 | 町田市立鶴川第二中学校 |
| 下村英雄 | 独立行政法人労働政策研究・研修機構キャリア支援部門 | 山中裕子 | イオンリテールワーカーズユニオン |
| | | 山野晴雄 | 慶應義塾大学教職課程センター |
| 眞保智子 | 法政大学現代福祉学部 | 吉田美穂 | 神奈川県立田奈高等学校，中央大学文学部 |
| 末廣啓子 | 宇都宮大学キャリア教育・就職支援センター | 脇坂 明 | 学習院大学経済学部 |
| 住田曉弘 | 東京都市大学キャリア支援センター | 渡辺三枝子 | 筑波大学大学研究センター |

# 目次

はじめに　*i*

## 第1部　キャリアデザイン支援の基礎

### 第1章　キャリアデザイン支援の基本用語　*1*

| 項目 | 著者 | 頁 |
|---|---|---|
| キャリア | 川喜多 喬 | 3 |
| キャリア | 渡辺三枝子 | 5 |
| キャリア | 中村 恵 | 7 |
| インセンティブ | 奥西好夫 | 9 |
| インターンシップ，CO-OP 教育 | 眞鍋和博 | 10 |
| HRM（Human Resource Management） | 谷内篤博 | 11 |
| HRD（Human Resource Development） | 谷内篤博 | 12 |
| LMX（Leader-Member Exchange）理論 | 金井篤子 | 13 |
| エンパワメント（Empowerment） | 武石恵美子 | 14 |
| キャリア・アンカー | 小川憲彦 | 15 |
| キャリア・オリエンテーション | 坂爪洋美 | 16 |
| キャリア・ガイダンス（進路指導），職業指導 | 生駒俊樹 | 17 |
| キャリアカウンセリング | 宮城まり子 | 18 |
| キャリア教育，職業教育 | 児美川孝一郎 | 19 |
| キャリア権 | 諏訪康雄 | 20 |
| キャリア構築理論 | 下村英雄 | 21 |
| キャリア・コーン | 中村 恵 | 23 |
| キャリア・ステージ（キャリア発達段階） | 田澤 実 | 25 |
| キャリア・ストレス | 金井篤子 | 27 |
| キャリア・トラック（Career Track） | 高綱睦美 | 28 |
| キャリア・パースペクティブ | 林 洋一郎 | 29 |
| キャリア・プラトー（Career Plateau） | 加藤容子 | 30 |
| キャリア・プランニング（ライフ・プランニング） | 宮城まり子 | 31 |
| キャリア・マネジメント | 谷田部光一 | 32 |
| キャリア・モデル | 坂本理郎 | 33 |
| 経験学習 | 中原 淳 | 34 |
| 経済産業省の社会人基礎力，文部科学省の基礎的・汎用的能力 | 伊藤文男 | 36 |
| コーチング | 浅海典子 | 38 |
| コンピテンシー | 松高 政 | 39 |
| 自己効力感 | 山田智之 | 40 |
| 自己実現：マズローが提唱した「自己実現」 | 坂爪洋美 | 41 |
| 柔軟な働き方 | 平林正樹 | 43 |
| 職業移動 | 小杉礼子 | 44 |
| 職業観・勤労観（キャリア観・就業観） | 望月由起 | 46 |
| 職業訓練（職業教育訓練） | 八幡成美 | 47 |
| 職業適性と適性検査 | 川﨑友嗣 | 48 |
| 職場体験，トライやる・ウィーク（キャリア・スタート・ウィーク），ジョブ・シャドウイング | 荒井 明 | 49 |
| 自律的なキャリア（バウンダリレス・キャリア，プロティアン・キャリア） | 堀内泰利 | 50 |

|  |  |  |
|---|---|---|
| 人事の経済学 | 松繁寿和 | 51 |
| 人的資本 | 原 ひろみ | 53 |
| 心理的契約 | 佐藤 厚 | 55 |
| セカンドキャリア | 小島貴子 | 56 |
| 組織コミットメント | 平野光俊 | 57 |
| 組織社会化 | 小川憲彦 | 58 |
| ダイバーシティ | 荻野勝彦 | 60 |
| 知的熟練論 | 中村 恵 | 61 |
| トーナメント移動と早い昇進 | 中村 恵 | 63 |
| トランジション | 岡田昌毅 | 65 |
| 内部労働市場論 | 玄田有史 | 67 |
| ニート，フリーター | 上西充子 | 69 |
| 日本版デュアルシステム | 今野浩一郎 | 70 |
| 働くことの意味 | 森田慎一郎 | 71 |
| パフォーマンス・マネジメント（リストラ，リテンション） | 廣石忠司 | 73 |
| プランド・ハップンスタンス（計画された偶発性） | 大庭さよ | 74 |
| ヘキサゴン・モデル | 川﨑友嗣 | 76 |
| ポジティブ・アクション | 荻野勝彦 | 78 |
| メンタリング | 野上 真 | 79 |
| モチベーション | 大里大助 | 80 |
| 弱い紐帯 | 玄田有史 | 82 |
| ライフ・キャリア・レインボー（Life-Career Rainbow） | 高綱睦美 | 84 |
| リアリティ・ショック | 小川憲彦 | 86 |
| 労働時間と過労死 | 石毛昭範 | 87 |
| 若者自立・挑戦プラン | 深谷潤一 | 88 |
| ワークシェアリング | 脇坂 明 | 89 |
| ワーク・ライフ・バランス（Work-Life Balance） | 加藤容子 | 90 |

## 第2章 キャリアデザイン支援の背景と課題　101

1. 中学生・高校生のキャリアデザイン　　　　　　　　　　　　　山野晴雄　103
2. 短大生・大学生のキャリアデザイン　　　　　　　　　　　　　上西充子　109
3. 非正規雇用者・ニートのキャリアデザイン　　　　　　　　　　堀 有喜衣　115
4. 組織人のキャリアデザイン　　　　　　　　　　　　　　　　　今野浩一郎　122
5. 女性のキャリアデザイン　　　　　　　　　　　　　　　　　　武石恵美子　128
6. 高齢者のキャリアデザイン　　　　　　　　　　　　　　　　　八幡成美　135
7. 障害者のキャリアデザイン　　　　　　　　　　　　　　　　　青木猛正　142

# 第2部　キャリアデザイン支援の実践

## 第3章　キャリアデザイン支援の技法　147

1. 働くことへの意味づけ・意義：職業倫理支援①　　　　　　　　末廣啓子　149
2. 働くことへの意味づけ・意義：職業倫理支援②　　　　　　　　原 正紀　152
3. 生き方・働き方の選択：職業倫理支援③　　　　　　　　　　　住田曉弘　156
4. 自信・自己効力感獲得：積極的態度教育　　　　　　　　　　　赤坂武道　159
5. ジョブ・カード：自己理解支援①　　　　　　　　　　　　　　樫野 潤　163
6. ピアサポート：自己理解支援②　　　　　　　　　　　　　　　船津静代　167
7. キャリア・ポートフォリオ：自己理解支援③　　　　　　　　　船津静代　169
8. 自己理解ツール：自己理解支援④　　　　　　　　　　　　　　松村直樹　173

- 9. 企業研究・業界研究，職種・職業研究：職業選択準備支援① ……… 中里弘穂 180
- 10. 労働者の権利に関する知識：職業選択準備支援② ……………… 青山平八 184
- 11. ライフ・キャリア：職業選択準備支援③ ………………………… 西條秀俊 189
- 12. 履歴書などの書き方：就職試験対策支援① ……………………… 大槻利行 192
- 13. 履歴書などの書き方：就職試験対策支援② ……………………… 松浦大造 194
- 14. 面接指導：就職試験対策支援③ …………………………………… 伊藤文男 196
- 15. 面接指導：就職試験対策支援④ …………………………………… 松浦大造 198

## 第4章　キャリアデザイン支援の先進事例　201

- 1. 中学生・高校生のキャリアデザイン
    キャリア教育から個別的キャリア支援へ
    神奈川県立田奈高等学校 ……………………………………………… 吉田美穂 203
- 2. 短大生・大学生のキャリアデザイン①
    大学での学びを「キャリア形成」の視点で捉えて
    立命館大学 ……………………………………………………………… 宮下明大 207
- 3. 短大生・大学生のキャリアデザイン②
    産学協働教育（コーオプ教育）のリーディングユニバーシティを目指して
    京都産業大学 …………………………………………………………… 松高 政 211
- 4. 非正規雇用者・ニートのキャリアデザイン①
    「20大雇用」（ユニバーサル就労）を使命として
    アイエスエフネットグループ ……………………………… 平林正樹（取材・執筆） 215
- 5. 非正規雇用者・ニートのキャリアデザイン②
    「働きたいけども働けない」若者を「ゼロ」に
    特定非営利活動法人青少年就労支援ネットワーク静岡 …………… 津富 宏 218
- 6. 組織人のキャリアデザイン①
    「人財」を最大限に活かし，成長を支援する
    株式会社ベネッセコーポレーション ………………………………… 鬼沢裕子 221
- 7. 組織人のキャリアデザイン②
    ライフステージに応じた「働き方」を選択できる仕組みづくり
    イオンリテールワーカーズユニオン ……………………… 山中裕子・永島智子 224
- 8. 女性のキャリアデザイン①
    「良い職場環境の好循環」につながる取り組みを継続
    三州製菓株式会社 ……………………………………………… 平林正樹（取材・執筆） 227
- 9. 女性のキャリアデザイン②
    働く女性たちを側面から支えて
    特定非営利活動法人ジャパン・ウィメンズ・イノベイティブ・
    ネットワーク ……………………………………………… 寺村絵里子（取材・執筆） 230
- 10. 高齢者のキャリアデザイン
    独自の発想による高齢者雇用
    株式会社加藤製作所 ………………………………………… 川﨑友嗣（取材・執筆） 234
- 11. 障害者のキャリアデザイン
    仕事能力を引き出し戦力化する
    富士ソフト企画株式会社 …………………………………… 眞保智子（取材・執筆） 238

索　引　243

# 第1章
# キャリアデザイン支援の基本用語

　本章では，キャリアデザイン支援のための基本用語を解説した。これらはこれから支援にあたろうとする，初心の人にはぜひ理解しておいてもらいたい用語である。
　周知のとおり，キャリアデザイン支援は決して固定的なものでなく，常に社会との接点において変化するものである。そのため，キャリアデザイン支援に関するさまざまな概念は現在も変化しつつあり，新しい概念が生まれ，場合によっては，現在の用語の定義が変化する可能性もある。しかし，キャリアデザイン支援にそのような変化があるからこそ，支援者が現時点における，それらの用語の歴史的背景と定義およびその実際を知り，一定の共通認識を持っていることは非常に重要である。
　このようなことを踏まえ，ハンドブックとしては珍しい試みであるが，本章では「キャリア」について，それぞれ専門分野の異なる，当学会会長経験者による3つの解説を併記した。これにより，キャリアという概念の多様性が浮き彫りにされたのではないかと考えている。また，このほかにも現時点（2014年時点）において，まさに議論中の概念を取り上げている。
　キャリアデザイン支援に関する用語をここにすべてを収録することは紙面の都合でかなわなかったが，キャリアデザイン支援の基礎となる，63の基本用語を厳選した。有意義なキャリアデザイン支援を実現するため，本章の基本用語が現時点における支援者の共通認識として，議論の起点となれば幸いである。

# キャリア

川喜多 喬

## キャリアの定義

　キャリアとは個人がその人生を通じてもつ一連の経験である。これを外的にみれば、社会的役割であり、その主なものは職業生活上の役割であり、職業キャリアであるが、これを狭義とし、広義にはライフキャリアとみる。これを内的にみれば、自分の人生のさまざまなステージについての本人の意味づけである。

　われわれはふつう就職・転職するときに、履歴について書く（履歴書）。履歴は、本人の現事情の背景をなすものであるから、英語ではバックグラウンド（background）と呼ばれることがあり、その個人史を示すものであるから、英語でパーソナル・ヒストリー（personal history）もしくは、ラテン語でCV（curriculum vitae）と呼ばれることがある。

　履歴は歴を履むことであり、履は「はきもの」が語源で「はいていく」「いく」「おこなう」、歴は軍の行動で経験したこと、戦争での功績、またはその功績を調べることが語源で、ときが過ぎいろいろと経験することである（白川静 2003『常用字解』平凡社）。かつて軍事が主たる職業であった時代または人にとっては、軍歴がキャリアである。先の大戦後、日本占領軍のトップ、マッカーサーが引退にあたってアメリカ議会で「老兵は死なず、ただ消えゆくのみ」と語って有名になった。マッカーサーはその後に「ここに私は私の軍人としてのキャリアを閉じる」と語っている。

　履歴と言ってもよいし、経歴と言ってもよい。経は「たていと」「たていとのように続く」である。かつてキャリア・マネジメントの考え方が日本の企業に入ってきたときに、この言葉はしばしば経歴管理と訳された。そして企業内での社会的役割は、主に職務であるから、職歴管理とも訳されたのである。ついでにいえばcareerの発音に近い、カリアとカナがふられたこともあったが、今日ではキャリアとカナをふることで落ち着いている。

　キャリアの中心は今でも職歴であろうが、しかしキャリアすなわち職歴とすることは、職業が外的にも長い人生および短期の生活時間中でも比重を下げ、内的にも「生活中心価値」としての地位を下げているからふさわしくなくなってきた。かわって職業以外の社会的役割を含んで、キャリアと考えられるようになってきたのである。いまはあまり使われないが「人生行路」、もっと古い言い方でいえば「渡世」、その結果に重点をおけば「行跡」と言ってもよい。

## 言葉の歴史と言葉にまとわりつくイメージ

　キャリアの語源を遡れば（Williams, R. 1985 *Keywords: A vocabulary of culture and society*, Oxford University Press など多数の文献を参照）、その語幹はラテン語の「車輪のついた乗り物」「荷車」。そこからキャリアの関連用語として、まぎらわしいが日本語ではキャリアと記される運送会社のcarrierも生まれる。これと分かれて、ここで言うキャリアの語源は、後期ラテン語ないしイタリア語の車道、ひいては一般に道、もしくは馬道、さらには16世紀にはフランス語のキャリエール、すなわち馬車競技のコースに行きつく。そこから、今日、教育課程と訳されるカリキュラムという言葉にもつながっていくようである。

　その語源からか、「俊敏に、途切れることなく、動く」という意味も生まれ、シェイクスピアの戯曲の中で、馬の俊敏な動き、疾駆、今日で言うギャロップや騎馬兵の突撃もキャリアと呼ばれている。やがて19世紀前半には、とりわけ外交官や政治家などの「立身出世コースとなるような職業機会」を意味するようになっていく。したがって英語ではキャリアを「進める」とか「深める」とかいう言い方を今日でもするが、その意味が出てくる。

この，ある人々からすれば（内的なキャリア観として）希少な価値のある高い地位を目指して生きることであるから，当然別の人々からすれば，醜い，汚い行為であるから，100年ほど前には，蔑視して出世主義者をcareeristと言い，出世主義をcareerismとも言ったのである。戦後日本でも，長く，キャリアは高級官僚の職歴を意味し，それにつく者をキャリア組と言った。また公務以外でも組織内，また組織を渉って出世を目指すことをキャリア・アップ（これは純日本語）と言ってきたのである。

　19世紀の半ばには，英米では必ずしもかなり高い地位を意味せず，職業一般を指す場合も生まれてきた。しかし，日本語の職業も，明治維新以後ようやく流布してきた言葉で，職と業は違うように考えられてきた。業は高い地位と考えられず，その日暮らしの仕事であり，職は禄の保証された地位であったが，その職に相当するのがキャリアであって，業に相当するものは（ただし，厳密に翻訳することは不可能である）ジョブ（job）と言われた。

　明治半ばから急激に増加した日本の会社員には，時に腰弁と揶揄されるような下層の者と，山の手に屋敷を構える上層の者があり，戦前は「職工身分格差」と言われるようなものがあって，のちのサラリーマンに相当する職員ないし社員と現業の工員・雇員などと言われる者とは，意識的，無意識的にある階級差別が行われた。欧米でも，年俸をもらう者と時給・日給・週給をもらう者との差別は根強くあるが，キャリアはその前者に相当すると考えられたのである。より高い地位につく女性も増加してきた1970年代末に和製英語で，キャリアウーマンという言葉ができたが，この場合もより高い職業的地位につくものを意味するであろう（それ以前に，1960年代に，いわゆるOLをキャリアガールという言い方もあったが，すぐに廃れた）。

　アングロサクソン型の雇用文化では，比較的，解雇されやすいジョブについている者とは異なり，戦後高度成長期に安定雇用を享受してきた者にとって，キャリアは生涯の献身対象と思えた。しかしジョブレス・ソサエティという言葉のように，ジョブだけが不安定化するのではない。『キャリアは死んだ』という本の表題に見られるようにキャリアにつくホワイトカラーの地位も不安定化の一途をたどった。かくしてキャリアとジョブの区別は曖昧化した。その中でもより希少になるキャリアの梯子（career ladder）を上り詰めようとする人々も已然あるが，専門職など特定の職位にアイデンティティを持つ者，職位の水平移動を通して多様な能力を育てようとする者，上昇志向に逆行して「ハシゴを下りる人々」（downshifter）も生まれており，キャリアビジョン，キャリアアスピレーション，キャリアストラテジーは多様化してきている。

### 組織にとってのキャリア概念の重要さ

　組織がその業績（performance）のかなりを保有する人的資源（human resources）に依存するとすれば，また後者の能力（ability），力量（capability），技能（skill），優れた行動（competency），知性（intelligence），知識（knowledge），適性（aptitude），動機（motivation）などに依存するとすれば，ふつう組織は人材（talent）の育成に強い関心を持つ。人が育つ仕組みの一つは座学を中心とする狭義の教育であるが，他で重要なものは，人がどのような仕事をしながら，どのように業績を示しつつ自らを啓発してきたか，を中心とするキャリアである。将来の業績を最もよく予測するものは過去の業績である，という議論が人的資源管理論にはあるからである。組織はそこで過去のキャリア発達を知ろうとし，将来のキャリアを開発しようとするのである。

# キャリア

渡辺三枝子

## キャリアデザイン・キャリア支援の立場から見る「キャリア」

　専門家の間では，キャリアは職業や職務とは区別され，「個人と職業（働くこと）との連続的な関わり」と解釈されている。しかし連続性という概念では一致していても，その内容の解釈は多様である。その理由について，川﨑は「キャリアの研究が様々な領域を含む学際的な分野である」ことに由来することを指摘している（1994, p.52）。多義性について，キャリア研究とキャリア支援の先駆であるアメリカでは，20世紀半ばから，政治学，経済学，社会学，心理学などの社会科学の諸領域において，職業選択よりも職業人生に関心が集まり，各研究領域が独自の目的をもって研究に取り組んできたことに起因すると説明されている（Herr et al., 2004; Arnold, 2011）。たとえば，経済発展を目指した人材開発に焦点を当てた場合と，環境の変化の中で「自立的，主体的に生きる」という個人の役割を果たすことの困難さに注目した心理学領域とでは，同じ「職業（働くこと）と人との関わり」といっても焦点の当て方は異なる。それほどキャリアは複雑なテーマと言える。そこで本稿では，心理学領域におけるキャリアに焦点を当てることとする。

## キャリア支援の基盤としての「キャリア」の概念

　心理学領域の「キャリア」の変遷について見てみる。日本におけるキャリアデザインなどのキャリア支援活動の大半はアメリカにおける職業（後にキャリア）行動に関する援助プログラムや具体的な技法を紹介することから始まったと思う。心理学領域には人間行動について多角的な研究が展開されてきたので，キャリア行動についての理論やアプローチが複数存在し，さらに各理論が独自の援助手法や方策を提示してきた。しかし，日本では新鮮味のある具体的な実践方法に注目する傾向が強く，その背景にある理論の特徴や理念にはあまり関心が払われないまま現在に至っているように思われる。アメリカの心理学領域におけるキャリア研究は，カウンセリング心理学者，職業心理学者，組織心理学者らを中心に，「働くという行動パターンの連続性」を発達心理学，差異心理学，社会心理学，パーソナリティ心理学の視点に立って始められた（Super, 1990）。キャリアの解釈もその応用における強調点もそれぞれの理論の理念と特徴を反映することに留意する必要がある（Collin, 2006, p.62）のはそのためである。

　さらに心理学領域におけるキャリアの理論を理解するうえで留意しなければならないことがある。それは多くの研究者は，個人と社会に貢献する理論を構築することを目指して，自分の理論を検証し改訂することをいとわないということである。つまり，個人の職業行動に影響する産業構造や環境の変化を直視し，かつ新しく提唱される他者の研究に関心をもって，自分の理論を改訂し発展し続ける研究者が少なくないということである。たとえば，日本のキャリア研究や支援の在り方に多大な影響を与えたD. スーパーは，1940年代は，自己概念を中核とした生涯職業発達を仮説して，青年期の若者の追跡研究を開始した。そして晩年の1970年代にはライフ・キャリア・レインボーの図を発表した。この2つの説が別物と考える人もないわけでない。しかしそれは彼の理論の精緻化の結果である。パーソナリティ理論の中の自己概念の現象学的視点がスーパーの生涯にわたる研究と実践を貫いていたことに変りはない（Blustein & Noumair, 1996）。彼は，多文化を背景とする学生・研究者の指導，および一カウンセラーとしてのカウンセリング経験に常に自分を開き，自らの理論を検証し続けた。そして中核的概念である「キャリア自己概念」という言葉をつくり，「キャリア自己概念は単一ではなく，特定の時期に決定されるものでもなく，生涯を通して自己と他者，自己と複数の環境との相互作用の

中で修正，調整される」という考えを提唱した。さらに，ライフ・スパン／ライフ・スペースのアプローチが公表された1970年代後半は人権運動や差別撤廃の影響，産業構造の変化の影響を受け，アメリカ心理学界では，役割理論，コミュニティ心理学，成人心理学など新たな研究や理論が台頭した時期である（中西，1994）。スーパーはそれらの影響を受けて「役割」と「時間」を考え方に取り込み，「キャリアを単なる職業生活あるいは職業経歴ではなく，個人の人生における役割全体を構成概念とする」ライフ・スパン／ライフ・スペースという理論的アプローチの提唱に至った（岡田，2007）。ここで指摘しておきたいこととして，この新しいアプローチの提唱の背景には，スーパーが教授職を退いた後，キャリアカウンセラーとしての実践に専念した晩年の経験が大きな土台となっていることである。このように時間的・空間的な広がりと対人関係の広がりの中に生きる「個としての価値」の実現を目指し続けて研究と実践を怠らなかった姿は，彼がカウンセリング心理学者であった証拠とも言えるのであり，弟子の一人であるサヴィカスの社会構成カウンセリングに引き継がれている。

### 「キャリア」に内包される共通概念

　心理学領域内でもキャリアの解釈は多様である。しかしそれはキャリアの概念が変化したからではない。絶えず変化する社会環境の中で「キャリア」という言葉で描写できる人間行動が多様に変化してきた現れとも言える。最近の「プロティアン・キャリア」や「ニュー・キャリア」はその例であろう。言い換えれば「キャリア」という言葉には変わらない共通概念が内包されているとも言える。事実多くの研究者は多様な定義を分析し，どの定義も次の4つの共通概念を根底に内包することを指摘した（渡辺，2007）。

　①**個別性／固有性**（individuality）：「個人がそれを追求することによってのみ存在すること」，「自分自身がキャリアの管理者となること」とか「キャリアはすべてユニークで，2つの同じキャリアは存在しない」という表現で示されるように，役割や仕事，職業への「個人の働きかけ」，言い換えれば，自己決定，自己選択という人間行動の特徴に注目する概念である。

　②**時間的経過**：キャリアは，語源からも明らかなように「動き」を含む。つまり一時点の出来事や行為の静的状況や現象を意味するのではなく，「進む」という時間的流れが内包されている。つまり，過去，現在，未来という時間的流れの中に生きる存在という側面に注目する。たとえば「今」を過去と未来という一連の時間軸の中で捉える。節目，転機，移行期に注目する理由がこの概念と通じる。

　③**空間的ひろがり**：キャリアは，個人の行動は真空地帯で起こるのではなく，複数の空間的場に同時に生きて，それぞれの空間的場も相互関連することに注目する概念。

　④**人と複数の環境との相互作用の結果**：人は人的，社会的，物理的などの複数の環境との相互作用の中に生活し，生き方を形成している側面に注目する概念。

### キャリア支援の基盤

　他者のキャリアデザインとかキャリア構築を支援する仕事を専門的に行う者にとっては，自分が「他者の存在」をどのように認識し，キャリアをどのように解釈するかを自己認識，必要なら言語化できることは社会的責任であると思う。ちなみに，上述のキャリアに共通する概念は，キャリア支援という行為の根底にある人間観と一致している。

　筆者はキャリアを「生涯を通して他者および社会と関係する中で得られる諸経験の価値づけ，意味づけで構築される個々人それぞれ独自の生き方の構築の過程」（Savickas, 2011）と捉える。また，個人を「他の何人，誰も代わって生きることができない主体であり，それが個の尊厳である」とする。また，「人は皆，個人の尊厳と主体性を脅かす事象で満ちた現実に生きている」と見る。

# キャリア

中村　恵

　「キャリア」の定義づけは，キャリア研究が進展するに従い，学際的にさまざまな観点から試みられてきた。ここでは，そのすべてを網羅してキャリアを論ずるのではなく，「職業生涯上の仕事経験の連鎖」という最もオーソドックスな定義にもとづいて，その研究成果と議論点，および将来の研究視点を概観したい。

　およそ社会構造を仕事という観点から捉えたとき，伝統的な労働社会学では，社会は以下の3つの側面から成立していると言われる。

(1) どのような仕事から構成されているか。
(2) それぞれの仕事に誰を配分するか。
(3) それぞれの仕事に，あるいは仕事に就いた人に，どれほどの報酬を支払うか。

　この観点を応用した小池（1977）によれば，(1) は，いわば産業技術の水準に規定されるところが大きく，産業の発展段階が異なれば違いがあるが，発展国である先進国をとれば，その構成は比較的似たものとなる。また (3) については，市場社会である以上，労働市場の需給という大きな制約があり，それぞれの社会で自由に設定するというわけにはいかない。かくて，社会構造の中で，比較的自由度があり，かついわば工夫の余地が残るのが (2) 個人への仕事配分であると主張する。この個人への仕事配分が組織や社会のありようにとって重要な意味を持つことは，実は欧米でも古くから議論されてきた[1]。ここに，なぜ仕事経験の連鎖としてのキャリアを探るのかの意味を見出すことができる。

　今，難しい仕事A，中ぐらいの難しさの仕事B，易しい仕事Cがあるとしよう。しかし，これらの仕事を個人にどのように配分するかは一義的に決まるわけではない。もちろん，単純に考えれば，①個人の能力を判定して，優秀な順にA，B，Cに割り振るという考え方がある。他方，②全員が易しい仕事Cを経験してから，能力を見きわめながら仕事B，仕事Aへと移動していくという考え方もありうる。そして，その中間の③Bにまず就いてからAへの移動というグループと，Cにまず就いてからBまで移動できるグループに分けるという方法もありうる。

　こうした仕事配分の違いによって，人材配分の効率性，ひいては経済効率性の差とともに，平等度や産業民主の度合の差など，いわば社会構造の違いも生み出されると考えることもできる。その意味で，仕事経験の連鎖としてのキャリア研究は，個人の仕事経験の在り方だけにとどまるのではなく，組織や社会のパフォーマンスおよびそれらの仕組みそのものについてのインプリケーションをもたらす研究にもつながると捉えることができよう。

　雇用者と自営業主で主に構成される現代先進国の産業社会を考えたとき，仕事経験としてのキャリアは大きく2つに分けることができる。1つは，(1) 従業上の地位の移動をともなわないキャリア（生涯雇用者としてのキャリアや，自営業主としてのキャリア）と，(2) 従業上の地位の移動をともなうキャリア（たとえば，雇用者から自営業へというキャリア）である。さらに，(1) は (1-a) 企業間・組織間を渡り歩くキャリア（interorganizational career）と，(1-b) 企業内・組織内キャリア（intraorganizational career）とに分けられよう。

　(1-a) 企業間・組織間を渡り歩くキャリアは，もともと社会学の伝統的な社会階層論あるいは職業移動論の中で古くから議論されていたし，またその焦点を組織内の人々の選抜や育成に当てた経営学や社会学，心理学においては，(1-b) 企業内・組織内キャリアの研究も蓄積されて

---

1) Davis, K., & Moore, W. E. (1945). Some principles of stratification. *American Sociological Review*, **10**(2), 242-249. が有名である。

いた。

　しかし，およそ1970年代，経済学および制度派経済学の中で企業特殊的な人的資本の蓄積に着目する内部労働市場論が登場すると，経済学だけではなく，経営学，心理学，社会学，教育学においても，この企業内・組織内キャリアが注目を集めるようになる。

　とりわけ，社会学の中の職業移動論で企業内キャリアが注目されるようになったきっかけは興味深い。従来職業移動の実証のために使用されてきた国勢調査など社会統計の職業区分によって把握される職業移動頻度よりも，実は一つの企業や組織の中での仕事移動頻度の方が多いということに気づいたことがきっかけである。その意味を探るには，その企業内異動の在りよう，すなわちタテの異動（昇進・昇格）とヨコの異動に焦点を当てざるをえない。1970年代から1980年代にかけ，ぞくぞくと企業内異動の実証分析研究が出現した[2]。

　こうした雇用者一貫のキャリア分析に主に多くの研究が集中しているのは事実であり，そのことから（2）従業上の地位の移動をともなうことがふつうであるキャリアは，ときに「伝統的」なキャリアとして見なされないと考える向きもあるが，それは必ずしも事実自体として合致しない。特に製造業や小売業の中小企業雇用者から自営業へというキャリアについては，古くから研究が蓄積されていることは指摘されておいてよい（e.g., 小池，1981；八幡，1998）。

　もちろん，現代社会においては圧倒的に雇用者の比重が自営業の比重を上回っており，そのことによりキャリア類型の比重としては，（1）従業上の地位の移動をともなわない，雇用者一貫キャリアのウエイトが高いことは容易に想像できる。しかし，いわゆる会社経営の「起業」（雇用者から経営者）も含めて考えれば，このタイプ（2）従業上の地位の移動をともなうキャリアにいっそう注目する必要がある。

　このように複数のタイプのキャリアを観察するとき，その「仕事の連鎖」が個人の「意志」のみによって決定されるのでは必ずしもなく，その連鎖の形成に組織や社会の慣習や，それらが行う選択および意志決定が影響を与えており，社会の効率性や平等度を規定すると考えれば，その連鎖の内実や構造を丹念に探る必要がある。したがって，とりわけ雇用者のキャリアにおいては，別の項で論じるキャリアのタテ（昇進・昇格）とキャリアのヨコ（キャリアの幅）の構造であり，多くの研究が蓄積されている。

　しかし，このキャリアのタテとヨコの構造を深く知るためには，ぜひとも仕事経験の広さと深さ，経験した仕事相互の連関性をも探る必要がある。それは仕事に求められる広い意味での「技能」が何かを探ることでもある。仕事経験の連鎖とは，その「技能」の蓄積過程でもある。この点を見逃すと，キャリアのタテやヨコの構造がわかったとしても，その真の社会的意味を見出すことができない。たとえば，仕事経験を広げ，キャリアのヨコを広げることが望ましいとしても，そのためにはどのような仕事を経験させるべきか，するべきかは技能の関連性によって異なり，それに応じてその投資費用や収益性も違ってこよう。

　この技能の内実に関する研究蓄積は，必ずしも多くはない。製造業本工（正社員）ブルーカラーについての丹念な技能研究は存在する（e.g., 小池，1981；八幡，1998）が，特にホワイトカラーの技能研究が乏しい。また，この研究が技能形成過程に焦点を当てるものであるのならば，単に雇用者一貫のキャリアだけではなく，同じ雇用者でも非正規社員の，あるいは非正規社員から正規社員というキャリアや，雇用者から自営業あるいは起業へというキャリアにおいても応用そして適用可能である。欧米のキャリア研究をサーベイした論文集 *Handbook of Career Studies*（Gunz & Peiperl, 2007）の巻末で，同様の指摘を行ったシャインの論文（Schein, 2007）も，おおいに参照されるべきである。

---

[2] この点をまとめた論文として　中村　恵（1987）．ホワイトカラーの企業内キャリア─その論点と分析枠組み─　神戸学院経済学論集，**19**(1), 109-139. がある。

# インセンティブ

奥西好夫

　組織行動論などでは，人がある行動をとる要因ないしプロセスのことをモチベーション（motivation，動機づけ）と呼んでいる。これに対し，インセンティブ（incentive，誘因）とは，人がある行動をとるように仕向ける何らかの仕組みや工夫のことで，主に経済学で使われている。インセンティブの語源は，ラテン語で「演奏する」「歌う」などの意味で，何かに合わせて行動するというニュアンスがある。これに対しモチベーションの語源は「動く」であり，他律的に行われる行動だけでなく，自らの本源的な欲求にもとづいて行われる行動も含めたより広い概念である。

　社会心理学者のデシ（Deci, 1975）は，モチベーションを内発的なもの（intrinsic motivation）と外発的なもの（extrinsic motivation）に区別した。内発的モチベーションによる行動とは，人が自分には能力があり，自らが決めたと感じて自ら進んで行う行動のことである。それに対し，外発的モチベーションは報酬があるから行うといったもので，インセンティブとほぼ同義である。デシの主張で興味深いのは，外発的モチベーションがしばしば内発的モチベーションを減少させることを示した点である。

　一方，経済学における本人−代理人関係モデル（principal-agent model）は，インセンティブにはコストがかかることを示した（Milgrom & Roberts, 1992 など）。ここで「本人」とはあることを実現したいと思っているが，能力，知識，情報，時間など，何らかの理由でそれができない人のことであり，「代理人」とは本人の代わりに本人が実現したいことを実行する人のことである。たとえば，会社の株主と経営者，上司と部下，患者と医師などこの種の関係は至る所でみられる。この場合，本人は，代理人が本人の利益に沿って行動するようインセンティブ契約（本人の目的の実現度に応じて代理人の報酬が増える仕組み）を結ぶが，それによって代理人に最善の努力を払わせることはできない。なぜなら本人は代理人がどれだけ努力したか直接知ることができず，代理人の努力と成果の関係も不確定である場合，自分の損得しか考えない代理人に本人と同じように振る舞うことは期待できないからだ。

　インセンティブにはコストがかかるだけでなく，すべての行動をバランスよく誘導するような仕組みを設計することも難しい。たとえば人事評価における減点主義と加点主義の問題を考えよう。成功によるベネフィットよりも失敗によるコストの方が高い場合（たとえば列車の運転士）には減点主義が，その逆（たとえば研究開発者）であれば加点主義が向いていると思われる。しかし，実際はそれほど単純な話ではない。以前，JR西日本ではミスを犯した運転士に対し「日勤教育」と呼ばれるペナルティを課していたが，実際にミスを犯した運転士が車掌にそれを隠すよう虚偽報告を求めたことがもとで運転から注意がそれ，事故が起きたことがあった（航空・鉄道事故調査委員会『鉄道事故調査報告書─西日本旅客鉄道株式会社福知山線塚口駅～尼崎駅間列車脱線事故』2007年）。本来ミスを抑止するために意図されたインセンティブが，実際に犯したミスを隠すためのインセンティブとなり，それによってかえって大きな事故が起きてしまったのである。

　経済的インセンティブは重要だが，それだけでは必ずしも望ましい結果はもたらされない。そこで求められるのは職業倫理や公共性だが，それをどう育成するか，教育や職場，社会のあり方が問われることになる。

# インターンシップ，CO-OP 教育

眞鍋和博

## インターンシップ，CO-OP 教育とは

　大学におけるインターンシップの実施率が7割を超え，今や就職活動を控えた大学3年生にとっては，「通過点」としてスタンダードな機会になりつつある。インターンシップが大学教育に「登場」したのは，平成9年と言われ，文部省，通産省，労働省の三省（当時）がインターンシップを「学生が在学中に自らの専攻，将来のキャリアに関連した就業体験を行うこと」と定義したことが始まりとされている。しかし，相当な年月の経過をみるものの，参加する学生数を見てみると資格取得に関係しないインターンシップの参加者で6万人強，わずか2％強が参加しているに過ぎない[1]。

　ここにきてインターンシップへの期待が高まっている。「日本再興戦略」「教育再生実行会議」「我が国の人材育成強化に関する対応方針」などに，インターンシップの拡充・強化が提言されている。社会のグローバル化などにともない，大学における人材育成に対するニーズが喫緊の課題となっていることがうかがえる。

　CO-OP 教育は，米国で拡大した産学連携教育であり「大学主導で，専門教育として大学の教育課程の中に位置づけられる就業経験を指す。期間は数ヶ月-1年で原則フルタイム。在学中に2-3回参加することも多い（理論と実践の反復）。実際の業務に取り組むもののみを指す」との定義がある[2]。京都産業大学では平成10年から『「コーオプ教育」＝産官学連携の理論と実践のキャリア教育＝』を展開しており，先駆的な取り組みと言える。

## 社会協働学習としての展望

　「インターンシップの普及および質的充実のための推進方策について意見のとりまとめ[3]」によると，大学などおよび企業などにおいて推進すべき取り組みとして，「中長期インターンシップ」「海外におけるインターンシップ」「多様な形態のインターンシップ」などが示されている。昨今注目されている PBL（Project-Based Learning）や SL（Service-Learning）なども含めて，「インターンシップと同等の効果を発揮する多様な取組」を「職業統合的学習（work integrated learning）」として，実践的な学習を包括的な概念として捉える向きもある。

　北九州市立大学地域創生学群は「地域の再生と創造を担う人材育成」を目的に，地域におけるさまざまな課題解決に向けた実践活動を，地域との協働を通じて展開していく「実習」が基幹科目の必修として1-3年次において開講されている。通年で PBL と SL を同時並行させることが特徴であり，学生たちは学修＝地域活動に没頭する。その結果，基礎力（地域創生力）の成長が見られ，就職決定率は2年連続で100％を達成している。

　以上のように，企業や地域といった社会と協働する学修が拡がりを見せているが，その教育方法，評価方法，アウトカムの設定などの課題は残されている。

---

　1）単位認定を行う授業科目として実施されているインターンシップの参加学生数。また，「特定の資格取得に関係する」インターンシップには10.5％の学生が参加しており，資格に関係しないものも含めた参加率は12.7％となる。『大学等における平成23年度のインターンシップ実施状況について』文部科学省調査　平成25年6月

　2）「産学連携によるインターンシップのあり方に関する調査報告書」経済産業省，特定非営利活動法人 ETIC. 平成25年3月

　3）『体系的なキャリア教育・職業教育の推進に向けたインターンシップの更なる充実に関する調査研究協力者会議』平成25年8月

# HRM（Human Resource Management）

谷内篤博

## PM から HRM へ

　HRM とは，Human Resource Management の略称で，1970 年を前後に，アメリカで伝統的な人事管理である PM（Personnel Management）に代わって広く普及するようになり，一般的に人的資源管理と呼ばれている。PM から HRM に呼び方が変わった大きな理由としては，その根底にある労働者観・人間観の変化が挙げられる。PM においては，従業員は単に企業経営に必要なヒト，モノ，カネといった経営資源の一つとして位置づけられ，コストの視点から代替可能な労働力として労働市場から容易に調達できる存在と見られていた。しかし，1950 年代に登場した行動科学（behavioral sciences）と 1960 年代に生成した人的資本論（human capital theory）の影響を受け，労働者を人間的存在（human beings），経済的資源（human assets）として尊重する考え方が主流となり，HRM へと呼び方が大きく変化した。さらに，アメリカでは，1980 年代の半ばより，戦略論のブームを反映して，HRM と経営戦略を効果的に結びつける戦略的人的資源管理（SHRM: Strategic Human Resource Management）が登場するようになった。このようなアメリカの HRM に関する理論的変化の影響を受け，日本でも 1990 年代より HRM といった概念が広く流布するようになった。従来，日本では HRM に関しては，人事管理，労務管理，人事労務管理など，さまざまな呼び方をされていたが，1990 年代以降は人的資源管理あるいは人材マネジメントが主流となりつつある。日本において，HRM の概念の普及がアメリカより 20 年近く遅れたのは，日本では経営家族主義的理念にもとづき，従業員を家族と同様に大切な存在として尊重し，定年までの雇用を保障する終身雇用慣行が多くの企業で導入されていたことが大きく影響していると思われる。

## HRM の定義と機能

　こうした HRM は，生産管理，販売管理などと同様に，企業経営に求められる経営管理の重要な役割を担っており，企業の経営目的を達成するために，働く従業員を管理する一連の活動を意味している。企業経営の成否は，"人材格差が企業格差を生む" と言われるように，そこで働く従業員の質の良否によって決まる。企業経営を成功裏に導くためには，優秀な人材を獲得し，本人の適性と仕事のマッチングを図るとともに，徹底した教育を施し，仕事ぶりや成果などを適正に評価し，評価結果を公正に処遇（報酬）に反映させていかなければならない。と同時に，従業員の行動環境ともいうべき経営社会秩序，すなわち労使関係や職場における人間関係などを安定的に維持していく必要がある。HRM には，最低限，こうした人材の獲得機能，人材の配置・異動機能，人材の育成機能，人材の評価機能，報酬管理機能，労使関係管理機能が必要となる。

　このような機能を有した HRM を具体的に展開していくためには，その根幹ともいうべきシステム（制度）が必要となるが，それを人事制度と呼ぶ。大企業を除いては一部，制度の構築をともなわず，一種の雇用慣行として運用しているケースもある。日本においては，1970 年代半ば以降，能力主義人事制度の代名詞ともなっている職能資格制度が，人事制度として大企業を中心に幅広く普及した。最近，職能資格制度における能力が潜在的能力としての色彩が強く，制度運用が年功的運用に陥りやすいことが指摘され始め，成果主義的人事制度へ移行する企業が増加しつつある。

# HRD（Human Resource Development）

谷内篤博

## HRDの体系と具体的方法

　HRDとは，Human Resource Developmentの略称で，企業が求める能力を開発することを指している。こうしたHRDは，図1に見られるように，OJTを中心に，Off-JT, SDが効果的に連動する形で実施される。

```
            Off-JT
      階層別教育  OJT  職能別教育
             SD
          （自己啓発援助）
```

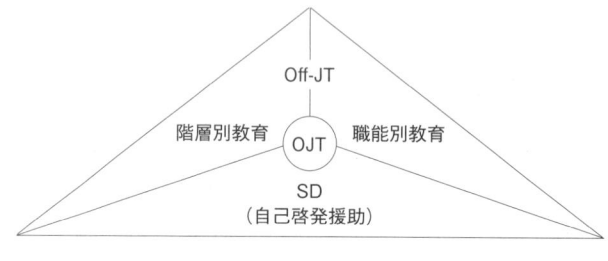

図1　HRDの体系

　OJTとは，On the Job Trainingを略したもので，職場内教育と呼ばれている。OJTは，日常の業務を通じて，職場の中で上司や先輩により職務遂行に必要な知識や技能の習得を目指して実施されるもので，コストも安く，きめ細やかな教育が実施できる。しかしその反面，指導する上司や先輩の能力，意欲に大きく左右され，部下に対する教育効果に差異が生じる危険性がある。

　こうしたOJTの欠点を補うものがOff-JTで，Off-the Job Trainingを略したものである。Off-JTとは，職場から離れて集合教育の形式で実施されるもので，人事部が各階層の全体的な底上げを図る目的で実施する階層別教育と，各職能部門がその職能に求められる専門的知識や技能の習得を図る目的で実施する職能別（専門別）教育から構成されている。

　最後のSDとは，Self Developmentを略したもので，従業員の自己啓発を支援することを意味している。SDの形態としては，通信教育の受講や資格取得を支援をしたり，外部セミナーや社会人大学院への派遣などがある。最近では，e-learningを活用したSDなども増えつつある。

　日本におけるこれまでのHRDでは，OJTや階層別教育を中心に，企業固有技能（firm specific skill）の習得を目指した教育や全体的底上げを図る教育が展開されているが，これからの企業経営を担っていく次世代リーダーやグローバルリーダー，プロフェッショナルが育たないのが現状である。今後はOJTや階層別教育に狭く拘泥することなく，CU（Corporate University：企業内大学）を設置し，大学やビジネススクールなどと連携し，こうした次世代の経営を担える人材を育成することがHRDの喫緊の課題である。

　**ODの展開**　ところで，これまでの解説でわかるように，HRDは個人の能力開発（personal development）に焦点が当てられており，個人の行動環境に対するアプローチがなされていない。HRDの教育効果を高めるには，個人の開発だけでなく，個人の行動環境である組織風土の開発，すなわち組織開発（OD: Organization Development）も併せて展開することが必要となる。HRDは，ODとの連動を通してその効果が高まる。

# LMX（Leader-Member Exchange）理論

金井篤子

　リーダー-メンバー交換（LMX）理論は，当初垂直的二者連関（VDL：Vertical Dyad Linkage）理論と言われ，リーダーと個々のメンバーとの二者の交換関係に着目したリーダーシップ理論である。従来，リーダーシップ理論はリーダーとメンバー集団との関係に着目し，リーダーがメンバーに対して一様の行動をとると同時に，リーダーの行動に対するメンバーの認知もほぼ同一であることを前提としてきた。しかし，グレーンら（e.g., Danseresu, Graen, & Haga, 1975; Wakabayashi & Graen, 1984; Graen & Uhl-Bien, 1995）は，それでは個々のメンバーの満足度や離転職行動などが予測できないとして，リーダーと個々のメンバーとの関係性はメンバーごとに異なり，そのため，リーダー行動も個々のメンバーに対して異なっており，リーダーの行動に対するメンバーの認知も均一ではないと考えた。彼らによれば，メンバーの中にはリーダーとの関係性が良好なグループ（in-group）と良好でないグループ（out-group）が形成され，リーダーは良好なグループに対して，重要な仕事を任せ，情報を多く流すなど，多くの資源を配分するが，良好でないグループに対しては，情報を制限し，重要な仕事は任さない。良好なグループのメンバーは良好でないグループと比較して，リーダーとの関係性について満足感が高い，などの特徴がある。

　また，この交換関係はメンバーのキャリア発達にもインパクトがあることが知られている。若林（1987）は，入社後13年間にわたって行われた追跡調査において，入社3年間における垂直的交換（VDL）関係が7年目の係長昇進時，および13年目の課長補佐昇進時の，昇進の程度を予測することを明らかにしている。これについて若林は，良好な垂直的交換関係が，高い達成目標や要求水準の獲得，仕事のうえでの自律性の促進，仕事遂行上のノウハウや対人関係スキルの向上などの大きな教育的効果を持つからであると指摘している。表1は具体的な項目である。表からわかるように，単に上司との人間関係の良さを測定しているのではなく，「職務上」の良い関係が重要であり，また，一方的にわかってくれるのを待つということではなく，相互の積極的なコミュニケーションが重要であることがわかる。組織におけるキャリア発達支援に際しては，良好なLMX関係形成を支援することも重要であろう。

表1　垂直的交換関係（金井篤子，1994）

| | |
|---|---|
| 1 | 私の上司は，私の仕事上の問題や希望を十分理解している。 |
| 2 | 従来とは違うやり方で仕事を進めるなど，自分の職務に変化を持ち込もうとするとき，私の上司は実際にそれを取り上げる裁量を十分示してくれる。 |
| 3 | 私の上司は私の能力や持ち味を十分的確に把握している。 |
| 4 | 仕事上での私と上司とのコミュニケーションは十分効果的である。 |
| 5 | 私が仕事でやっかいな事態を引き起こしてしまったというような困難な状況にぶつかったときには，私の上司はその持っている力（権限など）を十分行使し，対応してくれる。 |
| 6 | 私の上司は日頃，職務上私に何を望んで（期待して）いるかを十分はっきり伝えてくれる。 |
| 7 | 私の上司は私の仕事に満足しているかどうかを十分明確に伝えてくれる。 |
| 8 | 私が従来とは違ったやり方で仕事を進めるなど，自分の職務に新しい変化を持ち込もうとした場合，私の上司は十分柔軟に対応してくれる。 |
| 9 | 仕事が終わったあとなど，私は上司と一緒に食事をしたり，話をしたりということがよくある。 |

# エンパワメント（Empowerment）

武石恵美子

　もともと「エンパワー（empower）」には，「力を与える」「権限を付与する」という意味がある。アメリカの人種差別撤廃を求める公民権運動において，ソロモン（Solomon, 1976）の著書で最初にエンパワメントの概念が定義づけられたとされている。人種など特定の集団が，否定的評価や社会的抑圧によって，本来持っている能力が発揮されない無力な状態に陥っている場合に，そうした状態を改善してパワーの回復を行うためのソーシャルワークのプロセスを「エンパワメント」と捉えたのである。このような無力な状態に陥るのは，差別や抑圧を受けやすいマイノリティの集団であることから，「エンパワメント」は反差別運動のキー概念として用いられるようになり，国際協力や地域開発，ジェンダー問題，高齢者・障害者支援などに対するソーシャルワークの取り組み，さらにはビジネスの分野など広範な分野でこの概念が適用されてきている。

　個人が本来能力を持っているにもかかわらず無力な状態に陥るのは，否定的な評価をする環境に問題があるという基本的な考え方に立ち，「エンパワメント」とは，個人や集団が，個人的，社会的，政治的，法的な影響力（パワー）を獲得し，それによって個人や集団を取り巻く環境の改善を実現すること，あるいはそれらが実現された状態を意味する。当事者が，自身の状況や課題を自覚してそれを変えていく力を持ち，自身で問題解決できる能力を持つというように，意思決定における個々の主体性や自律性が強調される点，および個人レベルでのパワー獲得にとどまらず，個人の能力発揮に重要な平等な社会を実現することに価値を置いた環境への働きかけを含む点が重要である。

　国連の専門家として途上国の開発協力に携わったフリードマン（J. Friedmann）は，今日のエンパワメント概念の基礎を築いたとされるが，エンパワメントを獲得するための資源として，①生活空間，②余暇時間，③知識と技能，④適正な情報，⑤社会的組織，⑥社会ネットワーク，⑦労働と生計を立てるための手段，⑧資金の8つを指摘している。エンパワメントのためには，これらの資源へのアクセスを高めることが重要になる。

　日本で「エンパワメント」という言葉が一般に広がった契機の一つが，1995年の国連による第4回世界女性会議であった。以下，女性のエンパワメントを例に，その取り組みについて紹介したい。

　女性のエンパワメントは，社会的・文化的な背景によるジェンダー構造から生じている男女差別を是正するにあたり，女性たちが自身の生活や人生を決定する権利や能力を持ち，政治・経済などのさまざまな分野における意思決定のプロセスに参画し，社会的・経済的・政治的な状況を変えていく力を持つことの重要性にもとづいている。ジェンダー構造を意識化し，その意識を行動に移していくうえで，女性が意思決定プロセスに参画し，それにより女性全体の地位向上および社会の構造の変革を促すことにつなげるという狙いがある。

　国際機関のジェンダー平等のための取り組みにおいては，女性のエンパワメント活動が重視されているが，これは人権擁護の側面のみならず，より力強い経済の構築や持続的な開発，生活の質の向上にとって，女性の地位向上が重要な課題とされていることによる。女性のエンパワメントの取り組みにおいて，企業や民間団体は重要なパートナーと位置づけられ，国連は，2010年に企業や民間団体が女性のエンパワメントに自主的に取り組む際の実践的な手引きとして，トップのリーダーシップによるジェンダー平等の促進などを含む「WEPs：Women's Empowerment Principles」を示すなどの取り組みを実施している。

# キャリア・アンカー

小川憲彦

## キャリア・アンカーとは

　キャリア・アンカーとは，自覚された能力や才能，自覚された動機や欲求，および自覚された価値という3つの成分が統合された，職業上のセルフ・イメージ（自己像）である。言い換えれば，自分は何が得意であると感じるのか，自分は何を本当に求め，何に本当に興味があるのか，職業や組織という文脈において何が大切で価値があると感じるのかについて，自身の経験を内省することで自覚・強化される，自分に対するイメージである。

　シャインら（Schein & Van Maanen, 2013）によれば，現在のところ，キャリア・アンカーとして8種類が提起されている。初期に提起されたのは，専門的／職能的能力（TF: Technical/Functional Competence），一般的管理能力（GM: General Managerial Competence），自律／独立（AU: Autonomy/Independence），安全／安定（SE: Security/Stability），および起業家的創造性（EC: Entrepreneurial Creativity）であったが（Schein, 1978），後に奉仕／理想に向けた献身（SV: Service/Dedication to a Cause），純粋な挑戦（CH: Pure Challenge），および生活様式（LS: Lifestyle）が加えられた（Schein, 1990）。新たなアンカーが創出される基準は，既存のどのアンカーとも適合しない人物が2名以上実在し，また彼／彼女らの自己イメージに共通の特徴的な次元が見出された場合であるとされ，追加には慎重な姿勢が取られている（日本カウンセリング研究会, 2007）。

　アンカーは，個々人の教育歴に加え，少なくとも10年以上の職務経験から事後的に形成される。具体的には，職務遂行過程におけるさまざまなフィード・バックや，就職，異動，転職，結婚，出産といったキャリア上の意思決定場面の繰り返しから「これだけは諦められない，譲れない」と自覚されたものが中核となって形成される。二律背反的な意思決定状況において「どうしても譲れないもの」がアンカーであるとされ，その定義上，アンカーは1人につき1つのみである。また，経験の蓄積から見出された自己像であるため，変化することも稀であるとされる。

## キャリア・アンカーの働きとキャリア開発上の応用

　アンカーは，外的キャリアを誘導・促進あるいは制限する機能を持つ。つまり，自己像と適合しない仕事からより適合的な仕事へと個人を導き，一方で自己像に適合的ではない仕事へ進まないよう，あるいは進んでも再び適合的な仕事へ戻すよう，制約として機能する。換言すれば，キャリア上の意思決定における強固な基準として機能する。

　アンカーをどのようにキャリア開発や経営管理に活用するのかという問題については，「役割マップ」を用いた職務・役割プランニングとの併用が提起されている（Schein, 1995）。役割マップは，自身の職務・役割を中心として，それに関連する利害関係者と，彼／彼女らからの期待内容をエゴ・セントリックなネットワーク図上にまとめたものである。それが現在の自分や役割候補者のアンカーとどの程度マッチしているのか，あるいはその期待内容が5年後にどのように変化するのかなどを検討することで必要な能力を特定し，自己訓練や中長期的な配置計画，能力開発計画，および人材育成に利用することが可能である。内的キャリアを照射するキャリア・アンカーと外的キャリアへの適応を促す役割マップ（キャリア・サバイバルないし職務・役割プランニング）との適合性を検討することで有効なキャリア管理が可能となる（cf. 金井壽宏, 2003）。

# キャリア・オリエンテーション

坂爪洋美

## キャリア・オリエンテーションとは何か

　キャリア・オリエンテーションとは，個人のキャリアに関する態度のことで，「仕事に関連する個人の動機・価値観・ニーズのことであり，仕事に関連する意思決定に対して影響を与えるものである」と定義される（坂爪，2008）。キャリア・オリエンテーションは，認知的側面・情緒的側面・行動的側面を含む，キャリアの主観的側面に焦点を当てた内的キャリアに関する概念である。

## 高まるキャリア・オリエンテーションの重要性

　働く環境ならびに人々双方の変化により，私たちはキャリアに関する意思決定を迫られる場面にこれまで以上に直面するようになった。結果として，キャリア形成におけるキャリア・オリエンテーションの重要性は今まで以上に高まっている。キャリア・オリエンテーションの重要性を高めた昨今の主要な変化として，以下3点を挙げることができる。

　**従業員への個別的な対応の推進**：従業員を採用年次といった集団での管理ではなく，より個別的に対応していこうとする人材マネジメントの流れは，キャリア形成にも及んでいる。個別的な対応には，そうすることで従業員から高いモチベーションを引き出そうとする狙いもあるが，キャリア形成という観点からは，「自分はどのようにしたいのか」というキャリア・オリエンテーションを意識する機会の増大につながっている。

　**組織と個人の関係性の変化**：長期雇用を前提とするような関係性のもとでは，キャリアは組織の意向を尊重し，組織に委任する形で形成される。だが，長期的な関係性を期待しながらもそれが難しいことが明白になるにつれ，キャリア形成の主体としての自己をより意識することを通じて，キャリア・オリエンテーションの重要性が高まっている。

　**多様な人材の活用**：非正規雇用の増大や，正社員でも育児・介護などによる短時間勤務者の増大，高齢者雇用の推進など，現在多くの企業で代表的な働き方とは異なる働き方をする人々をこれまで以上に雇用する機会が増えている。彼らのモチベーション向上やキャリア形成の在り方を模索するなかで，働く側のキャリア・オリエンテーションを把握することの重要性が高まっている。

## さまざまなキャリア・オリエンテーション

　さまざまな研究者がキャリア・オリエンテーションの類型を提示しているが，日本において最も浸透しているのはシャイン（Schein, 1978, 1990）のキャリア・アンカーであろう。シャインは，キャリア・アンカーとして「専門・職能別コンピテンス」「全般管理コンピテンス」「自律・独立」「保証・安定」「起業家的創造性」「奉仕・社会貢献」「純粋な挑戦」「生活様式」という8つの類型を提示した（詳細は「キャリア・アンカー」を参照）。

　シャインのキャリア・アンカーは職種を問わず普遍的な類型の抽出を目指したものであるが，一方で特定職種に従事する人々に固有のオリエンテーションの抽出を目指した研究もある。たとえば，R&D研究者やソフトウェア技術者を対象とした研究からは，「プロジェクト志向」（Allen & Katz, 1986），「技術移転志向」（Bailyn, 1991），「起業家志向」（Garden, 1990）といった類型が指摘されている。特定職種に焦点を当てた研究は，職種に根差した類型に該当する人々をどのようにマネジメントすべきかという問題意識にもとづくものが多い。

# キャリア・ガイダンス（進路指導），職業指導

生駒俊樹

## キャリア・ガイダンス（進路指導）

人の生涯は，将来に向けて行われる選択の連続した過程である。教育に関わることでいえば，次の段階の学校を選択し，学校生活を送る。その後，職業に関わる場合には，学校生活を経て，職業を選択し，職業生活（余暇をともなった）を過ごす。そしていつの日にか，職業から退いた生活をおくる。キャリア・ガイダンスは，これらの全過程，それぞれの移行の前段階および移行後に行われる進路開発，支援活動の総体である。

前述の過程は，「航海」にたとえられることが多い。藤田（1980）は，航海とは以下の点で異なるという。「航海の場合，一般に，目的地は予め決まっており，その目的地に向けて最も適切な予定航路を進んでいく。それに対して，人々の進路選択過程では，目的地は多くの場合，予め定まっていない。むしろ，目的地を捜し，決定し，変更することこそ重要である。その限りにおいて，進路選択過程は極めて個人的で主体的な選択の過程である」。この選択の全過程を，的確に支援することがその役割である。

2011年4月に施行された大学設置基準第42条の2で，「社会的・職業的自立に関する指導等（キャリア・ガイダンス）」としてこの用語が明示され，大学関係者に注目されることとなった。

キャリア・ガイダンスの指導領域を，木村（2013）は以下の6つにまとめている。（　）は，生駒（2005）が記述した「進路指導の六領域」である。1. 自己理解（自己理解・生徒理解），2. 職業理解（進路に関わる資料・情報の提供），3. 啓発的経験（啓発的な経験の促進），4. カウンセリング（進路相談の実施），5. 方策の実行（就職・進学志望者への援助），6. 追指導・職場適応（追指導）。両者に大きな相違はないが，前者は就業への支援で一貫している。他方，後者には，中等教育段階の生徒を対象としてきた歴史的な経緯が反映している。

筆者は「自己理解」に偏りがちな，従前の進路指導の在り方には批判的である。高等学校・大学の授業およびキャリアデザイン支援を通じて，「社会理解」と「学ぶ楽しさを基に学び続ける」ことをきわめて重視し，実践している（生駒, 2008, 2010, 2013）。

下村（2013）は，近年の欧州のガイダンス論の特徴を「何を」行うかよりも「いかに」行うのかが問題とされ，狭い意味でのカウンセリングのみを重視してきたことへの反省がなされ，個人のためから，公共政策的な観点から捉えるようになってきたと指摘している。

## 職業指導

齋藤（1971）は職業指導を「個人がひとつの職業を選びそれに向かう準備をし，それにはいり，その中で進歩することを援助する過程であるが，職業的知識・技能を教授する職業教育は含まれない」と定義した。職業指導は戦前では主に初等教育段階で実施され，戦後1958年に告示された「中学校学習指導要領」で，「職業指導」は「進路指導」へと名称が変更された。その後，現在の学校現場では進路指導と「キャリア教育」が混在している。しかし，職業指導が現行の法律からなくなったわけではない。

現在，職業指導という用語は，教育職員免許法と職業安定法に明記されている（生駒, 2013）。前者は第四・五条において，中学校・高等学校教諭の免許教科として明記され，現在もその修得が可能である。後者は第四条の4で職業指導の内容を「職業に就こうとする者に対し，実習，講習，指示，助言，情報の提供その他の方法により，その者の能力に適合する職業の選択を容易にさせ，及びその職業に対する適応性を増大させるために行う指導をいう」と定義され，職業訓練機関で実施されている。

# キャリアカウンセリング

宮城まり子

## キャリアカウンセリングとは何か

労働環境の変化にともないキャリアの支援を行う「キャリアカウンセリング」に対するニーズが近年高まっている。メンタルヘルス支援のカウンセリングが「なおすカウンセリング」であるとすると，キャリアカウンセリングは「人を育て，能力を開発するためのカウンセリング」であり，治療型ではなく「育成型のカウンセリング」である。

米国のNCDA（National Career Development Association）はキャリアカウンセリングを次のように定義している。「個人がキャリアに関してもつ問題や葛藤の解決とともにライフキャリア上の役割と責任の明確化，キャリア計画と決定，その他のキャリア開発行動に関する問題解決を個人またはグループカウンセリングによって支援することである」。

## キャリアカウンセリングの目的

キャリアカウンセリングの機能とその目的は次のとおりである。

正しい自己理解の支援・キャリア形成の設計図の策定支援・キャリアの方向性の選択と意思決定の支援・キャリア目標達成のための戦略策定・情報提供・環境への適応と個人の発達支援・働くこと・生きることへの意欲を育て動機づける・自尊感情の形成と維持と向上の支援・肯定的自己概念や自己効力感の形成の支援・キャリアに関する情緒的問題解決の支援。キャリアカウンセラーは個人のキャリアに関する問題解決支援を行うとともに，働く環境（職場や組織）への働きかけ（コンサルテーション）を同時に行い，最終的に個人と組織が「win-winの関係性」を構築できる支援を行う。

## キャリアカウンセリングの7つのステップ

キャリアカウンセリングは次のような7つのステップによって行われる。

①相談者との信頼関係を構築する（傾聴，共感的な姿勢や態度を大切にする）
②キャリア情報を収集する（学歴，職歴，有する経験・知識・技能，資格，強み，家族状況，障害の有無など）
③アセスメントを行う（適性，興味，性格，価値観，コンピテンシーなど）
④目標を設定する（達成目標の明確化，目標の具体的な達成基準）
⑤目標達成のための課題を特定する（目標達成のための課題を明確化する）
⑥行動計画を立てる（何を，いつまでに，どのように，どれくらいの4要素を明確化，短期・中期・長期目標達成のための行動計画）
⑦フォローアップ，カウンセリングの評価，カウンセリング関係を終了する（進捗状況のフォロー，カウンセリングの振り返り，終了）

## 4. キャリア支援とメンタルヘルス支援の統合

キャリアに関する問題を抱え悩む人は，メンタルヘルス不調に陥りやすい傾向があり，一方メンタルヘルス不調の原因には，キャリアにその原因がある事例が増えている。昇格できない，失業，リストラ，就職できないなど，キャリアの問題はメンタルヘルス不調の原因となりやすく，キャリアカウンセリングの充実は，メンタルヘルス不調を予防する役割を果たすことが可能である。近年キャリアとメンタルヘルス支援を統合的に両面から支援することが求められている。

# キャリア教育, 職業教育

児美川孝一郎

　キャリア教育と職業教育の概念は，本来，無関係なものではない。両者が，あたかも対立する概念であるかのように主張する議論も存在しているが，そうした理解は必ずしも正確ではない。

　キャリア教育とは，「一人一人の社会的・職業的自立に向け，必要な基盤となる能力や態度を育てることを通じて，キャリア発達を促す教育」（中央教育審議会「今後の学校におけるキャリア教育・職業教育の在り方について（答申）」2011年。以下の引用も，同答申より）のことである。それは，教育課程における特定の分野や単元を指すのではなく，学校教育全体にかかわる包括的な概念である。したがって，キャリア教育は，「普通教育，専門教育を問わず，様々な教育活動の中で実施され」，当然，そこには「職業教育も含まれる」。そうした意味で，キャリア教育は，「変化する社会と学校教育との関係性を特に意識しつつ，学校教育を構成していくための理念と方向性を示すもの」とされるのである。

　他方，職業教育とは，「一定又は特定の職業に従事するために必要な知識，技能，能力や態度を育てる教育」である。人は，一定の専門性（職業的な知識やスキル）を身につけて仕事に従事し，その仕事を通じて社会に貢献していく。そのプロセスは，個人の側から見れば，人が生計を維持し，自己実現を果たしていく過程でもある。そのために，職業教育が重要な役割を果たすことは言うまでもないが，それは同時に，「一人一人の社会的・職業的自立」を目指すキャリア教育にとっても必要不可欠な機能なのである。

　要約すれば，キャリア教育の概念は，職業教育を含んで理解されなくてはならない。そして，両者は，密接不可分な関係にある。職業教育と結びつかないキャリア教育は，教育の中身の具体性や社会性を失って，空疎で，観念的な働き方・生き方の学習になりかねない。逆に，キャリア教育と結びつかない職業教育は，そもそもどの分野の職業教育を受けるのかの選択を，素朴な次元での個人の嗜好（志向）に任せてしまう可能性を否定できない。また，職業教育で身につけた知識・技能をもって，個人の側が，どのように職業と生活の世界を漕ぎ渡っていくのかに関わる教育にまでは届かないことにもなる。

　とは言え，日本において「キャリア教育の推進」が本格的に提唱されたのは，2003年の政府による「若者自立・挑戦プラン」策定以降のことである。その後，学校現場では，多少ともいびつな傾向が見られたとは言え，実践のレベルでのキャリア教育への取り組みが普及し，浸透した。しかし，同じ時期に，高校段階以上における職業教育も同様に発展したのかと問えば，必ずしもそうではない。こうした跛行的な展開は，本来の意味でのキャリア教育の充実・発展にとっても望ましくない事態である。

　なお，子どもと若者の「社会的・職業的自立」の支援を目標とするキャリア教育は，職業教育だけではなく，生活者としての自立に関わるライフデザイン（ライフキャリア）教育や，市民としての自立を促すシティズンシップ教育とも，それぞれ密接に関係している。これらを含んで学校教育全体で取り組まれるべき「広義のキャリア教育」と，勤労観・職業観の育成，職場体験・インターンシップの実施，自己理解や将来設計などに関わる「狭義のキャリア教育」とは，相互の有機的な関連が意識されつつ，混同されることなく取り組まれる必要があろう。

# キャリア権

諏訪康雄

　人びとが意欲，能力，適性に応じて希望する仕事を準備，選択，展開し，職業生活をつうじて幸福を追求する権利。この意味でのキャリア権はキャリアを支える法的基盤である。教育と学習により職業の能力形成を準備し，継続し，職業を開始し，展開し，終焉していく一連の過程を主体的に決定する意味と重要性を認め，職業を核にして人生を有意義なものにし，人間的にも成長していく生き方である職業生活を，法の世界においても尊重し，明確に位置づけ，支援していこうとするものである。

　キャリア権概念は，理念として，以前から憲法の「個人の尊重」「幸福追求権」(13条)，「意に反する苦役」からの自由 (18条)，「職業選択の自由」(22条)，「教育・学習権」(26条)，さらに「労働権」(27条) などに埋め込まれていた。すなわち，人は個人として尊重され，幸福追求の権利は公共の福祉に反しないかぎり，立法その他の国政のうえで最大の尊重が必要とされ，基本となる教育と学習が保障され，職業選択にあたっての自由，労働の権利と義務が規定されるといった，諸局面への対応が基本的人権規定のなかに散在している。

　キャリア権は，これらを体系的に再構成したものである。その基本構造は，個人としての尊重と幸福追求という一層目に，教育・学習という能力形成・人間形成をめぐる二層目がのり，さらに職業選択の自由と労働権といった三層目が重ねられる形で，キャリアという視点から概念化されている。したがって，一層目と二層目において必ずしも職業だけに直結しないキャリアの基盤をめぐる憲法上の保障（広義のキャリア権）がなされ，それを前提に，さらに三層目で職業の選択と展開に直接かかわる基盤の憲法上の保障（狭義のキャリア権または職業キャリア権）が図られる構造である。

　このように，理念としてのキャリア権は，正面からキャリアに焦点を当て，以前から存在してきた関連する諸権利を統合的に再構成する性格をもつ。さらに最近では，法律の条文中でより意識的な規定もおかれるようになった。たとえば雇用政策の基本法である雇用対策法の3条「基本的理念」は，適切な職業生活の設計，職業能力の開発向上，円滑な再就職（就職を含む）などにより「職業生活の全期間を通じて，その職業の安定が図られるように配慮されるもの」と位置づける（2001年改正法。キャリアは「職業生活」と訳され，2014年現在，31の労働法令の62か条に用例が数えられるようになった。また，裁判例においても，キャリアまたは職業生活の語と意義に言及し，その尊重に意を払おうとする例が出てきている）。

　したがって今後の課題としては，理念として理解され議論されはじめたキャリア権を，法解釈および立法により，より具体的な権利としてどのように根づかせていくかである。とりわけ，企業がもつ人事権に対し，働く個々人がもつキャリア権をどう対置し，両者間の調整を図っていくかは重要である。

　この点，人事権も法的には企業が有する人事をめぐる諸権利，諸権限の総称的な体系化であり，その労働者への法的拘束力は基本的に労働契約における合意を媒介とするように，キャリア権も同種のプロセスにより具現化することが考えられる。しかし，労使間の交渉力における格差を考慮するならば，個別の労働契約次元のみに期待することはあまりに迂遠であり，不十分となる怖れが強い。労働組合があるところでは団体交渉と労働協約をつうじたキャリア権の具体化と実現は想定できるが，17％台という組織率では限度がある。キャリア基本法のような立法を端的に用意したうえで，労使間で自律的にキャリア尊重の慣習と風土が形成されていくことが望まれるところである。

# キャリア構築理論

下村英雄

## 歴　史

　キャリア構築理論はサヴィカス（M. L. Savickas）が唱えた理論であり，パーソンズ（F. Parsons）からホランド（J. L. Holland）に至るマッチング理論（特性因子論），スーパー（D. E. Super）のキャリア発達理論などを統合・発展・展開した21世紀のキャリア理論と位置づけられる。グローバル化が進む変化の激しいキャリア環境に適合するように，キャリア発達理論をアップデートするにあたって，構成主義，構築主義，文脈主義などの考え方を取り入れ，意味や解釈，物語といった概念を重視する。現在，職業や仕事の側に外的・客観的な意味を求めても，それが適切に与えられない場合が多くなっている。そのため，人は自らの人生を一連のストーリーとして解釈し，自分の中に内的に意味や価値を認め，そこに安定性を見出す必要がある。したがって，キャリア構築理論は，最も端的には，職業行動に意味を挿むことでキャリアをつくり上げるという主張であると説明される。

　従来のキャリア理論が「賢い選択を行うこと」に注意を向けていたとすれば，キャリア構築理論では「賢く選択を行うこと」に関心を向けており，前者がどんなキャリアであるかを重視するとすれば，キャリア構築理論はいかにキャリアを考えるかを重視する。

　したがって，キャリア構築理論は，きわめて実践を意識した理論である。この理論はサヴィカス自身の30年にわたる実践経験を理論にまとめたものであり，従来のマッチング理論が職業指導，発達理論がキャリア教育の理論ベースであったとすれば，キャリア構築理論こそが正真正銘のキャリアカウンセリングの理論であると，サヴィカスは述べる。

## 特　徴

　キャリア構築理論には3つの重要概念がある。職業的パーソナリティ（vocational personality），キャリア適合性（career adaptability），ライフテーマ（life theme）である。

　職業的パーソナリティは，「個人のキャリアに関連する能力，ニーズ，価値観，関心」と定義される。これだけを見た場合，従来の特性因子論，マッチング理論，人－環境適合（person-environment fit）の延長線上にある概念である。ただし，従来のマッチング理論が人と環境のマッチングを目指し，人の職業興味や職業適性などの特性をある程度厳密に測定しうる客観的なものと捉えたのに対して，職業的パーソナリティは人と環境を適合する概念ではなく，せいぜい人と環境がどの程度似ているのかを示す手がかりに過ぎないと見る。このように考えたうえで，人と環境の適合性とは静的でも固定的でも厳然と客観的に存在しているものではなく，むしろ，人々の解釈や理解によるものであり，容易に変化しうる動的なものであり，その意味で主観的なものであり，そのように捉える方が現実に即していると考える。このように，表面上は職業的パーソナリティという古色漂う概念をもとに，新たな論点を提起していることになる。

　キャリア適合性を説明するにあたっても，サヴィカスは独特の説明を行う。まず，キャリア適合性は「現在あるいは直近の職業的発達課題，職業的移行，個人的トラウマなどに対処するための個人のレディネスおよびリソース」と定義される。従来，人－環境適合（P-E fit）を論じるにあたっては，PなりEなりを細かく論じることが多かった。それに対して，サヴィカスはむしろ自分はPとEに挟まれた「－」を論じているのだと述べる。PとEが完全にマッチングすることはないとし，継続的にPとEに対する意味づけや解釈を変化させていきながら次第に両者を近づけていくことでキャリアをつくり上げていくことが重要になると述べる。従来

からあるキャリア発達課題は，世間一般が人々に期待する年代別のキャリアの課題を示すという意味で，キャリアを考える際の一定の枠組みを提供する。一方で，いわばそうした常識的なキャリアの捉え方に個人独自の解釈から対処・対応するための考え方が重要となる。これがキャリア適合性であり，関心度，コントロール，興味，自信の4次元がある。なお，これらの議論は従来のスーパーやクライツ（J. O. Crites）らが行っていたキャリア成熟度の議論を現代的にリニューアルしたものと位置づけられる。

　ライフテーマは，職業生活の最も主観的な部分に関わるものであり人々の職業行動に意味を与え，なぜその仕事で働くのかを明確にする。ライフテーマは解決されるべき問題や到達する必要のある価値をあらわす。したがって，サヴィカスは，何に心が奪われているか（preoccupation）が問題なのであって，その解決を少なくとも仕事の場面で行うものが職業（occupation）であるとも述べる。また，構築という言葉のうちには，1人だけではなく，社会や他者との関わりによってキャリアが構築されるという意味も含む。そのため，カウンセラーの中心的な役割とは，個人がライフテーマを見つけるのを助けることであり，そのテーマを仕事の世界で活かす道をともに考えることとなる。そうすることで，人々は個人的な深い意味を知ったり，社会に向けて貢献したりすることとなる。長期的な目標を追求しつつ統一感のあるキャリアを形成することが難しい現状で，ともすればバラバラになりそうなわれわれのキャリアに統一感のある意味や価値観を与える解釈の枠組みが「ライフテーマ」ということになる。

### 実　　践

　キャリア構築理論を用いた実践では，各人の「ライフテーマ」を明らかにすることが最も重要な課題となる。サヴィカスはそのために次のような質問を用意している。
　『あなたのキャリアをつくり上げるために，どうすればあなたのお役に立てるでしょうか？』
　①大人になる時，誰を尊敬していましたか。その人について教えてください。
　②あなたは，定期的に，何か雑誌を読んだり，テレビ番組を見たりしていますか。どちらか一つだけですか？　そうした雑誌やテレビのうち好きなのは何ですか？
　③あなたの好きな本は何ですか？　どんなお話か教えてください。
　④あなたの好きなことわざやモットーを教えてください。
　⑤あなたのいちばん最初の思い出は何ですか。あなたが思い出せる出来事についてお話を3つ聞きたいと思います。3-6歳ぐらいの出来事，もしくは，あなたが覚えているいちばん初めの出来事についてお聞かせください。
　このような技法に関して，過去の原因によって，現在および未来の問題が生じるとみる，ある種の精神分析的なアプローチであり，現在のキャリアカウンセリングの手法として適切ではないとの批判がある。それに対して，サヴィカスは精神分析的なアプローチとの類似性を必ずしも否定していない。むしろ，人生初期の思い出などにはライフテーマを考えるにあたっての重要な手がかりが含まれるのであり，有意義なことであると考えている。
　キャリア構築理論では，ライフテーマが「なぜ」，パーソナリティタイプが「何を」，キャリア適合性が「いかに」を取り扱うことで，この理論は包括的な理論となる。ただし，意味や価値といったきわめて抽象的な概念を問題としているために，なかなか実践に結びつけにくいと感じる実践家は多い。しかし，この理論は現在の厳しいキャリア環境の現実に対応しようとしたものであり，むしろきわめて現実的な問題意識から出発した理論である。現在において，現実の厳しいキャリア環境に対応しようとするならば，自ずと，抽象的な意味や価値のような抽象的なレベルで自らのキャリアを解釈し，理解することが求められるのだと言えよう。

# キャリア・コーン

中村 恵

　企業など組織の中のキャリア（organizational career）を考えるとき，通常キャリアは仕事経験の連鎖として把握される。しかし，それは一つひとつの仕事が単純につながっていると見るわけでは必ずしもない。仕事を移ることを異動と呼ぶとき，その異動は3つの次元で捉えることができると，シャイン（Schein, 1971）は言う。このシャイン（1971）にもとづき，著名な著書 *Career Dynamics*（1978）の第4章で提示されているのが，いわゆるキャリア・コーン（あるいは，シャイン（1971）では，シリンダー（cylinder）とも表現されている）である。

　組織の構造は通常2次元のピラミッド型で表現される。一般層が所属する幅のある底辺の上に，次第に権限と責任が重くなる役職層が積み上がり，頂点にごく限られたトップ・マネジメント層が存在する。その形状自体には組織によって違いがあろうが，ピラミッド型という点では共通していると考えられる。しかし，その組織の中でキャリアを形成する個人にとってはその表現は不適当であるとシャインは指摘する。

　個人は組織の中で仕事を異動しながらキャリアを形成していくが，その異動は3次元の要素から成立している。それぞれの次元とその次元での異動の意味については，以下のごとくである。

　**(1) Hierarchical Dimension**: 組織内の役職もしくは仕事ランクを上下する縦の異動

　組織の中で役職を上昇させること，あるいは給与ランクが上昇する仕事に異動することを昇進と呼ぶ。日本では，企業内で設定された資格等級（職能資格等級，役割等級など）が上昇することを昇格（通常給与ランクの上昇をともなう）と呼んで，昇進とは別の定義を与えているが，昇格は昇進の必要条件となっているので，広い意味での「タテの異動」と呼んで差支えない。なお，役職や資格等級が下がる場合を降職あるいは降格と呼ぶ。

　**(2) Functional or Technical Dimension**: 組織内の人事，営業といった機能もしくは事業部門をまたぐヨコの異動

　民間企業を例にとれば，その組織が機能（functions）によって分かれていることがふつうである。人事・労務，経理・財務，営業・販売・マーケティング，商品仕入，情報システムなどといった表現で代表される。こうした機能分類は，おおむね多くの企業に共通しており，また洋の東西にかかわりなく，おおむね同じ機能分類概念が成立している。ヨコの異動とは，それら機能分類軸上でどれだけの幅を動くかを測ろうとしている。

　**(3) Inclusion or Membership Dimension**: 組織内の「中心」（inner circle）あるいは「コア」に近づいているかどうかという「放射状半径方向」の異動

　組織の中で経験を重ね，組織の中で信頼され，より責任が重くなっていくことを通じて，人は次第に組織の重要メンバーの一

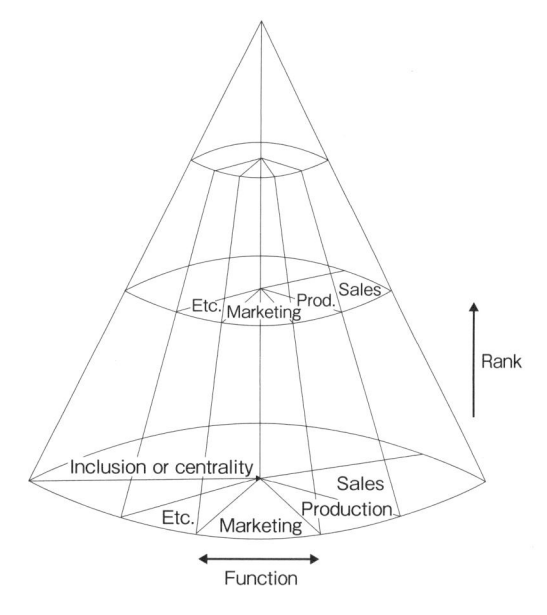

**図1　シャインのキャリア・コーン**（Schein, 1978）

員となり，いわば組織の「中心」に近づいていく。こうした動きは昇進と同時に起こる場合も多いが，同一職位・役職のままでも，より組織の中心に近づくことがある。支社課長から本社課長への異動などがその例として挙げられるかもしれない。またその逆に，役職上は昇進しているように見えても，実は組織の中心との距離は変わらないか，あるいは遠ざかっている場合もある。

　組織内の異動の次元からキャリアを考察したのは，シャインが初めてというわけではない。たとえば，マーチンらは，企業内における異動パターンについて論じた論文（Martin & Strauss, 1959）の中で，キャリアを企業内での垂直移動（vertical mobility）と水平移動（horizontal mobility）の合成として概念づけた。彼らの言う垂直移動がシャインの(1)の異動に，水平移動が(2)の異動に相当することを見てとるのは容易であろう。

　また(3)組織の中心やコアに向かう次元性についても，たとえば，ゴールドナー（Goldner, 1965）は，アメリカ企業でもあからさまな降格というのはめったになく，むしろ一見昇進には見えるが，実際上は閑職に追いやり，事実上の「降格」を行うということが広く行われていることに言及している。タテの次元のベクトルとは連動しない，まさに組織内「中心」への距離という次元で見た異動の存在の指摘である。

　この3次元の異動のうち，(1)タテの異動＝昇進については，別項目「トーナメント移動と早い昇進」においても扱われているので，ここでは他の2つの次元のうち，(2)ヨコの異動について，やや詳しくふれておく。

　(2)ヨコの異動は，機能（function）や事業の分類，あるいは部や課を超えた異動とされるが，これだけでは真のキャリアにおけるヨコの異動の幅を測るには不十分である。同じ機能分類，たとえば営業という職能の中でも，①場所（営業所・事業所，支社・支店，本社・本店など），②担当する商品群，③担当する顧客，④取引形態などのうち，その一つあるいはその組み合わせが変わる異動がある。

　たとえば，総合商社では鉄部門という一つの商品部門に配属されると，ずっとそこでの経験に終始すると言われるが，実際には本社か，支店かといった勤務場所，自動車向け鋼板なのか，資源としての鉄鉱石なのかなど扱う商品群，そして国内向け販売なのか，輸出なのか，輸入なのかという取引形態の組み合わせの違いによって真のキャリアの幅が形成される。

　近年，日本のホワイトカラーは機能職能をいくつも経験するジェネラリストでは必ずしもなく，むしろ専門の機能職能の中でキャリアの多くを蓄積しているという指摘がなされており，その場合にはその専門の機能職能の中での幅の広さこそが注目される。

　このことは，製造業ブルーカラーのキャリアにおいて，より注意が必要である。日本のブルーカラーは工場の中であればどんな仕事でもこなせると誤解されることがあるが，丁寧な研究によれば，ブルーカラーの仕事経験の幅の広さは，あくまで技能的に関連した工場の中の職場群に限定される。たとえば，工場の製造職場はしばしば機械加工職場と組立職場に分かれるが，工場労働者のキャリアはそのどちらかの職場を中心として形成される場合が多い。そのうえで，機械加工職場であればどの機械をどれだけ操作できるか，組立職場であればその持ち場をどれだけ経験しているかなど，むしろ限定された職場の中でこなす仕事の多さで技能の幅の広さが測られる。

　この技能の幅の広さを前提として，工程全体の構造を理解できる能力を身につけ，工程で発生する「異常」や「変化」に対応できる技能の深さを探ることが，工場労働者のキャリアを考察するうえにおいて重要であることも指摘されている。この点については，別項目「知的熟練論」も参照されたい。

# キャリア・ステージ（キャリア発達段階）

田澤　実

　ここでは，発達段階についてのイメージを持ってもらった後に，スーパー（D. E. Super）がライフ・ステージ（life stage）について言及した箇所を紹介する。

## 発達段階とは

　発達段階が問われる際には，多くの場合そこに時間軸が含まれる。何かが増減する量的変化が注目されることもあれば，あるときに飛躍的な転換が見られる質的変化が注目されることもある。このことは発達の連続性と非連続性として古くから議論されてきたことである。このように，個体の発達過程が連続的変化だけでなく，非連続的変化をも表すと考えるとき，相互に異質で独自の構造をもつとされる一定の区分された時期を発達段階と言う（中島ら，1999）。

　発達段階（developmental stage）の"stage"という言葉には，「段階」という意味と「舞台」という意味がある。このことについては，シェイクスピアの『お気に召すまま』に出てくる以下の一節が有名である。

　　すべてこの世は舞台，男も女も人みな役者，退場があり，また登場があって，ひとつの人生に幾つも役を演じるさだめ（南谷，2008, p.277）。

　この台詞のすぐあとには，人間の生涯発達として7つの時期区分の台詞が続く。すなわち，1）赤ん坊，2）ベソかき学童，3）思春期，4）兵士の役どころ，5）判事，6）ヨイヨイ爺さん，7）（再び訪れる）赤子の役回り，である。ここからわかることは，一人の人間は，一つの役を演じるのではなく，一生という時間の中でいろいろな役を演じるということである。

　ここで，段階と段階の間をイメージするために，具体例として，3）思春期，4）兵士の役どころ，5）判事の時期区分を扱った台詞をみてみよう。

　　次は思春期，恋の役，溶鉱炉（かまど）よろしく熱きため息，せつなき恋歌切々と，いとしき君の眉に寄せ。

　　お次は兵士の役どころ，豹さながらの鬚面に，罵り言葉の奇花爛漫，名誉にめっぽうご執心，やにわに喧嘩の花咲かせ，水のあぶくの功名（な）を求むるに，なんぞ恐れん大砲の口。

　　お次は判事，賂（まいない）の去勢チキンで腹は丸々，睨み鋭く髭それらしく，格言，金言，賢者の言，卑近な事例とり混ぜて，司直の役を演じおおせる（南谷，2008, p.277）。

　恋に心を寄せて思春期を過ごした男が，名誉欲に目の色を変えた髭面の兵士に変わり，その後は，賄賂を受け取りながらも法律によって裁く判事を演じていることがわかる。

　もし，この男性の人生を舞台で演じたら，「思春期」と「兵士の役どころ」の間に1回，「兵士の役どころ」と「判事」の間に1回の転換があるはずである。暗転かもしれないし，一度幕を下ろしてから再度上げるかもしれない。発達段階の定義では「相互に異質で独自の構造をもつとされる一定の区分された時期」と述べたが，このようにイメージすると理解しやすいかもしれない。

## キャリア・ステージ(キャリア発達段階)とは

スーパーら(Super et al., 1996)は,主要なライフ・ステージを「成長期(4歳から13歳)」「探索期(14歳から24歳)」「確立期(25歳から44歳)」「維持期(45歳から64歳)」「下降期(65歳以上)」の5段階に分類した。こうした成長,探索,確立,維持,下降といった一連のライフ・ステージをスーパーら(1996)は「マキシ・サイクル(maxicycle)」と呼んだ。これら5段階は,言い換えると,それぞれ「児童期」「青年期」「成人前期」「成人中期」「成人後期」に該当する。

スーパーら(1996)は,生涯を通じた発達課題において,サイクルとリサイクルがあるとした(表1)。この表の行方向には「青年期」「成人前期」「成人中期」「成人後期」の4つの段階が取り上げられている。一方,列方向にも「成長」「探索」「確立」「維持」「下降」がある。ここには,ある段階から次の段階へ移行する際の再探索と再確立が含まれている。このことをスーパーら(1996)は「ミニ・サイクル(minicycle)」と呼んだ。40年間にわたるスーパーの著作の軌跡を辿ったサロモン(Salomone, 1996)は「すべてではないが,多くの移行期に成長と探索が含まれることについて,一般の人々は納得しやすいかもしれない。しかし,すべての移行期に確立,維持,下降が含まれることについては信じがたいようである」(p.172)と述べている。この見解に従えば,プラスの側面だけでなく,マイナスの側面も含みうる点が読者には目新しく映るかもしれない。

この表について,スーパー(Super, 1994)は「人間が生涯を通じて,本質的には同じ発達課題をいかに異なる形式で直面するのかを示すようにした」(p.70)と述べている。たとえば,青年期であっても「下降」があるのがわかる。この時期は,趣味に費やす時間が減少し,デートや家庭,仕事生活の時間が増加する。次の段階の成人前期にも「下降」がある。スポーツをする時間が減少する。仕事や家庭に費やす時間がさらに増加するためでもあるが,身体能力が変化するためでもある。

なお,スーパー(Super, 1957)は,「探索・確立・維持・下降という過程は,単に職業面だけでなく,人生や人の生き方のすべての面を含む」(p.93)と述べている。表1にも,この考え方が示されている。

表1 生涯を通じた発達課題のサイクルとリサイクル (Super et al., 1996をもとに一部語句を修正しながら引用)

| | 年齢 | | | |
|---|---|---|---|---|
| | 青年期14-24歳 | 成人前期25-44歳 | 成人中期45-64歳 | 成人後期65歳以上 |
| 下降 | 趣味の時間を減らす | スポーツへの参加を減らす | 必要不可欠な活動に焦点を当てることになる | 労働時間を減らす |
| 維持 | 現在の職業選択を確かめる | 職業上の地位を確保する | 競争相手に負けないように自分の立場を守る | まだエンジョイできるものを続ける |
| 確立 | その分野で初歩的な職務をする | パーマネントな地位を得る | 新しいスキルを開発する | 常日頃からやりたいと思っていたことをやる |
| 探索 | より多くの機会についてもっと学ぶ | やりたい仕事をするための機会を探す | 働き続けるうえでの新たな問題を特定する | 退職のタイミングを見極める |
| 成長 | 現実的な自己概念を発達させる | 他者と関係をつくることを学ぶ | 自分の限界を受容する | 仕事以外の役割を開発する |

# キャリア・ストレス

金井篤子

　キャリア・ストレスとは，個人がキャリアを展開する際に生じるストレス（金井篤子，2000）を指す。従来のストレス研究で取り上げられてきた職務ストレスや組織ストレスの問題はキャリア・ストレスの問題に集約される（Latack, 1989）。なぜなら，①職務はキャリアを構成する重要な要素であるから，長期的に見れば，ストレスフルな職務体験はストレスフルなキャリアに結びつく，②個人は職場において，仕事の過重や役割曖昧性などの直接職務に関連するストレスに加えて，エイジングやキャリア中期における振り返り，失業や失業のおそれ，早期退職への圧力，女性やマイノリティの非伝統的分野への進出，ワーク・ノンワーク・バランスといった，いかにキャリアを展開するかという問題に，日常的に，あるいは人生の節目において直面している，③組織社会化，キャリア・トランジションなどの多くのキャリア・イベントやプロセスはストレスフルであり，効果的に管理されるべきである，からである。

　クーパーとマーシャル（Cooper & Marshall, 1976）も職務（組織）ストレス研究をレビューし，キャリア開発（career development）に関するストレッサー（ストレスの原因），すなわちキャリア・ストレッサーが存在することを示したが，その際，キャリア・ストレッサーを他の職務ストレッサー（職務そのもの，組織の役割，人間関係，組織構造や風土）と同列に扱っている。しかし，同列に扱った場合，いくつか説明しにくいストレス状況が発生する。たとえば，上司から残業を言い渡された場合，そのことがストレスになる人とほとんどその影響がない人，場合によっては嬉々として残業をこなす人もいる。その残業に何らかのキャリア開発の見通し（キャリア・パースペクティブ）があるかないかによって，残業の意味が違ってくるからである。一方，たとえば女性差別的環境のように，差別ありきの環境であれば，キャリア開発の見通しは立たず，キャリア開発志向の高い女性にとってはストレスフルである。このように，キャリア・ストレッサーはキャリア・パースペクティブを見出せない状況そのものであることから，他の職務ストレスや組織ストレスに対して第一次性・優先性（priority）を持つと言え，産業場面におけるメンタルヘルス支援においては，個人のキャリアの視点からストレスを考えることをより重視する必要がある。

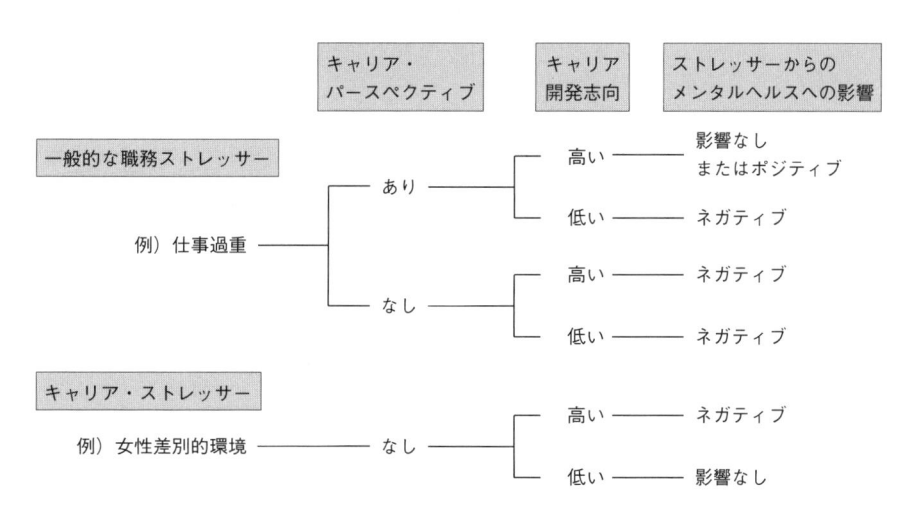

図1　キャリア・ストレッサーの第一次性（金井篤子，2000）

# キャリア・トラック（Career Track）

高綱睦美

　キャリア・トラックとは，出世や昇進を目指す働き方を指して使われる用語である。個人のキャリア形成のプロセスやそのたどった道を表す表現としてはキャリア・パス（career path）がよく用いられるが，それに対してキャリア・トラックは，「キャリア・トラックに乗る」と表現されるように，昇進や昇格を前提としたコース，あるいは仕事一筋に昇進を目指して働く働き方を指している。これに類似の表現としてファスト・トラック（fast track）という表現もある。

　日本においては管理職への出世が見込まれる職位を総合職と呼ぶことがあるが，米国などではこういった職位に相当する言葉はなく，この日本における総合職をメイン・キャリア・トラック（main career track）と呼ぶこともある。

　近年では女性のキャリア形成に対する研究を中心に，キャリア・トラックに対する働き方として，マミー・トラック（mommy track）の存在も注目され始めている。マミー・トラックとは1980年代後半にアメリカで誕生した用語で，子育てをしながら働く女性が，子育てと仕事を両立しながら働き続けるためのコースを言う。マミー・トラックは，女性のワーク・ライフ・バランスを配慮したコースとして捉えることもでき，女性の働き方の一つの在り方として有効な方法ではあるが，キャリア・トラックで働き続けたい女性にとっては，家庭や子どもを持つことでマミー・トラックへ移らざるをえなくなるため，子どもをとるかキャリア・トラックに残るかという選択を迫られてしまうという問題も生じている。

　この問題に関して大内（2012）は，女性の中期キャリアを分析するなかで，昇進を見据えたキャリア・トラックとマミー・トラックの関係を図示するとともに，女性が育児休暇や短時間勤務を取得することによりマミー・トラックを選ばざるをえない状況におかれていることや，マミー・トラックからキャリア・トラックに戻ることの難しさを感じていることなどの問題を個別のデータを分析し指摘している。その他にもいくつかの研究結果から，家庭や子どもを持つことでマミー・トラックに移らざるをえなくなる状況があることや，いったんマミー・トラックに乗ってしまうと再度キャリア・トラックに戻るのが難しくなるという現状が指摘されており，こうした現状は女性労働力の活用という面からみても損失を生む可能性があることから，今後各企業においても両コースの在り方について議論が必要になり，国としても政策面でさらに改善が必要になってくるとされている。

　一方で，家庭や子どもを持ったのを機に職を離れ家庭に入った女性が，子育て終了後に再就職を目指す場合などは，一度に正社員としてフルタイムの復帰を目指すのではなく，マミー・トラックを活用することも一つの方法である。コーエンとレービン（Cohen & Rabin, 2008）は，いったん職を離れた女性が職に復帰するためのガイドブックにおいて，7つのステップを示している。こうした復帰のための支援ステップも参考にしつつ，いったん職を離れても職に復帰したり，マミー・トラックを活用して就業を継続したり，マミー・トラックでの経験を生かして再度キャリア・トラックを目指すことが可能になるよう，柔軟な働き方を選択できるような社会であることが期待される。

　以上制度面での問題を指摘してきたが，これからの時代においては女性自身が自らのキャリア形成を主体的に考え，選択していくことは不可欠になるだろう。それと同時にまた男性も育児休業の取得だけに限らず，女性とともに多様なキャリアを選択しながらお互いの力を最大限生かしていけるような働き方を考えていくことが求められよう。

# キャリア・パースペクティブ

林 洋一郎

　キャリア・パースペクティブとは，大学生を中心とした若者が，将来の仕事や職場に対してどのような見通しを描くかに関する概念である。発達段階で言えば，学び舎から働きの場への移行（school to work transition）に関連が深い。

　確定した定義が存在するわけではないが，「自分が仕事生活の中で，何者かに変化する可能性への見通し」や「どんな生き方をしていくかという長期的見通し」という定義が一般的であろう（矢崎・金井・高井，2013）。金井篤子（2000）は，キャリア・パースペクティブには，所与の環境における個人の希望だけでなく，環境がキャリア開発の資源として取り込まれている点が重要であると主張した。

　矢崎・金井・高井（2013）は，キャリア・パースペクティブを測定するための尺度を開発した（表1）

　この尺度は，明確性と連続性という2因子から構成されている。大学生と短大生223名から得られたデータを因子分析することを通して推定された次元であり，信頼性も確保されている。

　ところでキャリア・パースペクティブという概念は，キャリアに対する見通しあるいは展望というように広く捉えれば，他にも類似概念が考えられる。

　時間軸に注目する概念に時間焦点（temporal focus）がある（Shipp et al., 2009）。時間焦点とは，個人が過去，現在，未来にどれくらい集中して注意を向けるかに関する概念であるとされている。個人は，過去の経験，現在の状況，将来に対する期待を統合するとされている。そしてこの統合された知覚を通して，個人は，現在の認知，態度，行動に影響を与えると考えられている。この知覚は，目標設定，自己制御，学習などと関連すると考えられている。

　また，キャリアの見通しや展望と直接に関連するわけではないが，関連する概念にキャリア・アイデンティティ・セーリエンスという概念がある（Carless & Wintle, 2007）。キャリア・アイデンティティ・セーリエンスとは，個人がキャリアに関わる事態や問題に直面する際に活性化するあるいは選好するアイデンティティ領域を示す概念である。一般的に，①主に家族との時間や関わりを重視する「家族セーリエントな個人」，②主に家族と仕事やキャリアとのバランスをとることを重視する「バランス・セーリエントな個人」，③主にキャリアにおける成功を重視する「キャリア・セーリエントな個人」の3タイプに区分される。個人がキャリアのどの領域を重視するかという点もキャリアの見通しや展望に影響を与えると考えらえる。

　他にもキャリア・オリエンテーションなどの類似概念を指摘できるが，キャリア・パースペクティブは，周辺に多くの類似概念を含む複合的な概念である。いずれも過去，現在，未来といったキャリアにおける時間に注目した概念という特徴がある。

**表1　キャリア・パースペクティブ尺度**（矢崎・金井・高井，2013）

| | |
|---|---|
| 明確性 | 将来仕事についてからの5年間の仕事上の目標を思いえがくことができる<br>将来仕事についてから10年後には自分が仕事上でどうありたいか，はっきりしている<br>将来やりたい仕事が，自分の人生の中でどのような意味を持つのかはっきりしている<br>将来つこうとしている仕事が，自分の生活の中でどのように位置づけられるか理解している<br>自分が将来働いている姿を思い浮かべることができる |
| 連続性 | 自分のやりたい仕事と今自分がしていることには関連がある<br>今自分がしていることは，将来の仕事に役立つ<br>将来つきたい仕事がある<br>自分が将来働くために，今何をしているか説明できる<br>今までの経験が，これからの自分の仕事にどう役立つか考えている |

# キャリア・プラトー（Career Plateau）

加藤容子

　組織内キャリア発達における停滞や停滞感を，高原・台地（プラトー）の比喩を用いてキャリア・プラトーと呼ぶ。これは中年期およびキャリア中期によく見られる現象である。この時期にはキャリアを確立し安定する反面（Super, 1970），時間や機会，キャリア展望に限界を感じてモチベーションを失ったり閉塞感を持つといった中年期危機を体験しやすく（Schein, 1978），ここでキャリア・プラトーの問題が起こっていると言える。ただし近年のわが国では，経済の低迷によるリストラクチャリング，高齢化や高学歴化の進行による人的資源管理の変容，雇用の流動化や多様化などにより，中年期に限らず普遍的に見られる現象でもあると指摘されている（山本, 1999, 2002）。

　キャリア・プラトーはフェレンスらによって「それ以上の階層的な昇進の見込みが非常に低いキャリアの地位」と定義されている（Ference, Stoner, & Warren, 1977）。彼らは管理職キャリアを「現在の業績」と「将来の昇進の見込み」の高低によって4つに分類した（表1）。組織内キャリア発達からみれば，多くの人は「学習者，新参者」として組織に参入するが，その後に高業績を上げてさらなる昇進が見込まれる「スター」となるのは一部であり，多くの人は昇進が停滞するプラトー状態に留まる。プラトー状態のうち，高水準の業績を上げている人は「堅実な人々」と命名され，組織の生産性の大部分を担っている（このうち，ポストの空きがないために昇進の見込みがない場合を「組織的プラトー」，本人に高水準の仕事への能力や意欲が欠けていると見なされている場合を「個人的プラトー」と分類される）。いずれにしても彼らは，現在の業績を高い水準で保っていることから，「効果的プラトー」の状態と言える。一方，将来の昇進の見込みが低いだけでなく現在の業績も不振である人は「無用な人々」であり，組織の生産性に寄与しない「非効果的プラトー」の状態とされている。職場においてはこのような非効果的なプラトーが問題視されている。

表1　管理職キャリアのモデル（Ference et al., 1977 より引用）

| 現在の業績 | 将来の昇進の見込み | |
|---|---|---|
| | 低 | 高 |
| 高 | 堅実な人々（solid citizens）<br>（効果的プラトー）<br>組織的プラトー　個人的プラトー | スター（stars） |
| 低 | 無用な人々（deadwood）<br>（非効果的プラトー） | 学習者，新参者（learners, comers） |

　またキャリア・プラトーには，現在の職位の年数などによる客観的側面と，個人の将来の昇進可能性の認知による主観的側面の両面がある（山本, 2000）。プラトー状態をもたらす要因の検討から，客観的プラトーには人的資源管理の施策が，主観的プラトーにはその慣習が主に影響を与えることが明らかとなっている（山本, 1999）。またプラトー状態が及ぼす影響については，昇進を外的に帰属させるほど，客観的プラトーは職務業績をより低下させ，主観的プラトーは職務業績を低下させて転職意思を高めることがわかっている（山本, 2002）。

　したがって，組織は非効果的なプラトーが起こりにくい施策や慣習の整備とともに，労働者の帰属意識に関与する心理教育などを行うことが有効だと考えられる。

# キャリア・プランニング（ライフ・プランニング）

宮城まり子

## キャリア・プランニングとは何か

　キャリア・プランニングとはキャリア計画であり，個人のこれからの働き方・生き方に関する将来計画を立てることを意味しており，キャリアデザインとも言われる。キャリア・プランニングは将来に向けた「ありたい自分，なりたい自分」，キャリア上の達成目標を明らかにし，「何を，いつまでに，どれくらい，どのように」など4要素から，目標に至る短期，中期，長期計画を立てることにより，自律的に自らのキャリアをマネジメントすることが欠かせない。大切なことは，自分のキャリアは主体的に自己管理（キャリア・マネジメント）し，会社や組織や他人に任せ依存しないことである。

## 生涯発達の長期的視点から計画する

　近年キャリア発達は生涯発達の視点を取り入れ，長期的な生涯キャリアを展望したキャリア・プランニングを重視している。すなわち単なる組織内キャリア形成に限定せず，高齢社会においては組織から出た定年後の人生をも含めた長期的キャリア・プランニング（ライフ・プランニング）を行うことが欠かせない。したがってまず，おおよその長期の設計図を描き，そのうえで当面の短期計画（半年から2年），中期計画（3-5年），長期計画（5年以上）に分けた設計図をもつことが考えられる。

　しかし環境変化が激しい時代には，若い時に立てたキャリア・プランは必ずしも計画どおりに進行するとは限らない。そのため，ライフステージの節目では，いったん立ち止まりこれまでを振り返りキャリア設計図の点検，再設計を状況に合わせて柔軟に行うことが欠かせない。状況に応じてキャリア計画を変更せざるをえないこともあるだろう。特に想定外の事態に遭遇したときには，①状況（situation），②自分自身（self），③支援を受けることが可能か，どのような資源があるか（support），④キャリアを形成するための戦略（starategy）など4要素を点検（4S点検）し，キャリア・プランニングを見直すことが必要である。

## キャリア目標の設定とキャリア計画

　キャリア目標を設定し計画を立てる場合には，4つの条件を満たすことを念頭におき計画するとよい。①現実的なキャリア目標であること，②目標は予測可能であること，③行動計画が可能であること，④合意が得られること，などである。

## 4．たまたまの偶然からキャリアは形成される

　キャリアは将来計画を立て，具体的に行動することから形成される一方で，計画には含まれない「たまたまの偶然」に遭遇することから形成される面もある。キャリアは事前計画に沿って形成されるというよりはむしろ「たまたまの偶然の連続」の中で形成される部分が大きい。しかし大切なことは，その偶然をキャリア形成に必然化し意味あるものに転換することである。また，積極的に行動することにより偶然を自ら創造することも必要である。ただ漫然とキャリア・チャンスを待つだけではなく，積極的行動を通して常日頃から準備し偶然のチャンスを自ら招き寄せるような自律性が大切である。キャリア・チャンスはこうした「準備のある人」の所にやってくると言えよう。

# キャリア・マネジメント

谷田部光一

今日、長期継続雇用慣行をベースとする日本的雇用システムが変化しており、それに対応できるようなキャリア・マネジメントの必要性が高まっている。キャリア、特にワークキャリアのマネジメントに関しては、企業が従業員のキャリアをマネジメントすることだと思いがちだが、筆者は以下のように広く捉えている（谷田部, 2010）。

「キャリア・マネジメントとは、①個人が自己のキャリア・ビジョン、キャリア・デザインに基づき主体的に行うキャリア開発・形成活動、②組織（企業・団体）が従業員対象に実施する各種の人材マネジメントシステムやキャリア開発・形成支援制度とその運用、③行政によるキャリア政策（雇用政策、能力開発政策、キャリア支援政策）—以上を統合する概念で、キャリアの意思決定やキャリア開発、キャリア形成に関わる各主体による一連の諸活動の総体である」。

## キャリア・マネジメントの主体と目的

以上のように、キャリア・マネジメントの主体は個人と組織であり、間接的ながら行政も第3の主体となる。キャリア・マネジメントの実践的な目的は、働く者、労働者個人の効果的なキャリア開発・形成の実現である。マネジメントの第1の主体となるのは、職業人としての就業者や雇用者個人であり、キャリアのセルフ・マネジメントが柱になる。自営も含む職業人個人が自らキャリア・デザイン、つまり自己のキャリア・ビジョンを踏まえながら職業人生を自分で設計、計画、構想し、それにもとづいて具体的にキャリア開発・形成活動を行うことである。

もう一つの主体である個別組織（個別企業、団体）や企業グループは、個人がキャリアを開発・形成する場と機会を提供し、キャリア開発・形成を支援する。個人は組織で働くことによって仕事経験の連鎖を形成し、職業能力を開発し、仕事をプロモートできるのである。人材マネジメント（人的資源管理）の諸制度・施策は、等級制度（昇格）、役職制度（昇進）、配置・異動・ローテーション、能力開発体系、評価制度、キャリア面談制度、CDP（Career Development Program：職歴開発制度）などそれ自体がキャリア・マネジメントのシステムと言える。また、キャリア・カウンセリング、メンタリング、コーチング、キャリア・デザイン研修、キャリア開発研修などはキャリア支援の制度である。

## 個人ニーズと組織ニーズの調和を図る

組織によるキャリア・マネジメントは、当然ながら組織（企業、団体）の活力や生産性のアップ、そして最終的には業績向上につながることを期待している。個人の内的、外的なキャリア開発・形成はこうした組織ニーズとの関わりの中で実現し、かつ相互補完的なので、個人ニーズと組織による人材マネジメントの調整、調和を図ることもキャリア・マネジメントの重要な役割である。いまや、従業員が自律的にキャリアを開発・形成し、組織はそれを積極的に支援する体制へ移行すべき段階にある。

行政（国、地方自治体と関連公益組織・機関）によるキャリア支援の方法としては、法案策定、雇用対策や能力開発の基本計画策定など政策レベルの活動、行政指導による支援のほか、能力開発施設の運営、助成金・奨励金・給付金による金銭的支援、求人情報や能力開発の情報提供サービス、相談・助言サービスなど多岐にわたる。セルフマネジメント、組織によるマネジメント、それに行政機関によるキャリア政策とが有機的に連動することにより、キャリア・マネジメントは効果的に展開できる。なお、行政以外に学校、労働組合、経営者団体、業種団体、人材業界、キャリア・カウンセラーなどもキャリア・マネジメントの側面的担い手になる。

# キャリア・モデル

坂本理郎

## キャリア・モデルの有効性

　キャリアデザインを行うためには，自己概念を理解し，外的環境の情報収集を行ったうえで，両者の統合（自己概念の現実化）を行うことが必要である。この統合を進めるために，キャリア・モデルが活用される。なおここでのキャリア・モデルとは，「職業や働き方に関して理想とする人物あるいは目標とする人物」（三後・金井篤子, 2005, p.90）のことである。

　古野（1999）は，キャリア・モデルを住宅展示場に見立てて，その有効性を説明している。家を建てたい人は，「モデルハウスを見たり，建築家の過去の作品を見たりして，想像を膨らませ，どんな家が心地よいか，ライフスタイルに合っているか，機能的か，予算はどうか，というようなことを考えていく。キャリア・デザインも同様に，モデルになる人とたくさん会い，自分なりのモデルを作っていく」（p.7）と言う。すなわち，設計図や縮尺された模型を見ているだけでは十分ではなく，現実に建築物をいくつも見ることによって，自分が建てたい家のイメージが具現化する。同じように個人のキャリアデザインも，何らかのアセスメント結果や記入後のワークシート，集められた情報を机上に並べて凝視しているだけでは難しく，現実の中で生活し働いている（いた）複数の人物（キャリア・モデル）を見ることによって，自分が歩みたいキャリアのイメージが具現化する。

## キャリア・モデルの実用

　キャリア教育の現場では，文献や資料を用いた（歴史上も含む）人物に関するキャリア・ヒストリーの分析や，対面によるインタビューが行われる。できるだけ多くのキャリア・モデルに出会うことによって比較検討を行い，自身のこだわりや価値観を浮き彫りにすることができるだろう。ただし学生は，両親や親戚，教師などの身近な人物か，逆にプロ・スポーツ選手などの社会的有名人をキャリア・モデルに選ぶことが多い。いずれの場合もキャリアデザインにプラスだが，身近な人物だけでは視野が広がらないし，社会的有名人だけでは現実離れして単なる憧れに終わる恐れもある。キャリア・モデルの選択肢を増やすためにも，身近ではないが遠く離れているわけでもないキャリア・モデルと出会う機会を創出することが肝要であろう。

　一方企業においても，キャリア・モデルを活用することができる。たとえば，職種ごとの典型的なキャリア・パスやキャリアのパターンを，実際にそのキャリアを歩む先輩社員のモデルとともに提示することによって，社内における現実的なキャリアの展望を持たせることにつながる。また近年，多くの企業で課題となっているワーク・ライフ・バランスの実現に向けて，社内の成功事例をキャリア・モデルとして共有することも有効である。

　現在のように変化が激しく，多様なキャリアがありえる時代では，ただ一つのキャリア・モデルをそのまま模倣しようとするよりも，複数のキャリア・モデルから，自分自身に活用できる部分を見出して参考にする方が得策となる場合も多いだろう。したがって企業は，従業員が幅広い人間関係が構築できるような支援を行うことが必要である。たとえば，直属の上司や先輩以外の他部署の先輩社員といった，いわば斜め上の人物をメンターにさせる方法や，新入社員など若手社員の研修の企画や運営に，多様な部署の先輩社員が参画するという実践が行われている企業もある。

# 経験学習

中原　淳

## 経験学習とは何か？

　経験学習を最も広義に解釈した場合，それは2つの要素から構成される。第1に，経験学習とは，個人が環境に働きかけることで得られる「経験」を契機に駆動するということである。第2に，そうして得られた経験を対象として内省（反省的思考・省察とも呼ばれる：reflection）がなされたときに生起する学習であるということである。

　経験学習の思想的基盤は，ジョン・デューイなど，プラグマティズムの思想にさかのぼることができる。当時，デューイは，学習を「抽象的概念・記号を個体内部に蓄積すること」である，という伝統的な教育アプローチに対して，アンチテーゼとなる教育論を提出した。そこで中核とされた概念が，前述した「経験」と「内省」の両概念である。

　デューイにとって経験とは，「個体が環境に積極的に働きかけること」であった。個人の能動的な働きかけによって経験は生まれ，さらに後続する経験を導く。やがて経験は相互に影響を与えあい「経験群」を構成し，この経験群に対する反省的思考を駆使することによって，個体は認知発達をとげるとする。

　経験学習は，1990年代以降，人的資源開発論・キャリア開発論の理論的・実践的な言説空間において，最も注目される概念の一つになった。現在，その様態は，もはや「経験学習ジャングル」といった様相を呈しており，理論的系譜の異なる多種多様な言説が，経験学習というアンブレラワードのもとに包括され，消費され，新たな実証研究が生み出されている。中原（2013）では，経験学習の思想的基盤をひもとき，その理論的系譜を述べた。本節は，これを改稿・引用しつつ，その中から主にキャリア開発論に関係が深いだろうと思われる経験学習の2つの理論的系譜を取り上げる（詳細は中原，2013にあたられたい）。本節で扱われるのは，①経験学習モデル，②経験からの学習論である。

## 経験学習モデル

　人的資源開発論・キャリア開発論の言説空間で最もよく知られているのは，ディビット・コルブの提示した「経験学習モデル（experiential learning model）」であろう（Kolb,1984）。コルブは，デューイの学習理論を，実務家に利用可能な循環論に単純化し，その理論の普及に努めた。経験学習モデルは，同時期に注目されたドナルド・ショーンによる「省察的実践家」の概念と共振しながら普及し，1990年代以降の同領域の言説空間において，最も支配的なポジションを維持し続けている。

　それでは経験学習モデルとはいったいどのようなものだろうか。コルブは，デューイの経験と学習に関する理論を，「具体的経験」−「内省的観察」−「抽象的概念化」−「能動的実験」という4つの要素からなる循環モデルに2次元化した。経験学習モデルにおける学習とは，これら4つの要素が循環しながら，知識が創造され，学習が生起すると考えられている。

　「能動的実験や具体的経験を伴わない内省的観察・抽象的概念化」は，「抽象的な概念形成」に終わり，実世界において実効をもたない。また「内省的観察・抽象的概念なしの能動的実験や具体的経験」は，這い回る経験主義に堕する傾向がある。「行動や経験を伴った内省」を起こしつつ，「内省を伴った行動」をいかに実践すること，すなわち「行動・経験と内省の弁証法的な関係」をいかに模索するか，が重要だとされている。

　経験学習モデルを主軸とした研究としては，本邦においては楠見（1999），松尾（2013）などの研究が存在する。

楠見（1999）は，経験学習に関する意識調査を，管理職と大学生の2つの群に対して行い，群間比較を行うことで，管理職に特徴的な「経験から学ぶ態度」は何かを明らかにした。

本邦における経験学習の本格的導入は松尾（2006）によってなされた。松尾は，その後，経験学習モデルと熟達理論を下敷きに，さまざまな職種・職位の経験学習プロセスを明らかにしている。

### 経験からの学習論

デューイの理論を循環論として記述した経験学習モデルが，教育・学習の観点から描写された理論であるとするならば，これから紹介する「経験からの学習論」は，よりビジネス志向と管理傾向が強くなる。それは，本節の理論が，もともとマネジャー・リーダーの脱線研究や，リーダーシップ開発論のコンテキストで発展してきた，というルーツをもつからである。

その中心人物となったのは，1980年代，南カリフォルニア大学のモーガン・マッコールらである（McCall, 1988）。

マッコールらは，従来のマネジャー教育やリーダーシップ教育が，「日常の仕事を離れ，教室・研修室で行われる傾向があったこと」や「マネジメントやリーダーシップは天賦の才能である」と位置づけられる傾向があったことを批判し，リーダーは現場の業務経験で発達することを主張した。すなわち，リーダーシップは天賦の才能ではなく，後天的に学習・開発可能なものである，と捉えるということである。

これらの信念を背景に，1980年代，マッコールらが行った調査のフレームワークは，いわゆる回顧的インタビューの形式をとる。彼らは，すでに組織内において成功を収めた上級役員を対象に，自らが量子力学的な跳躍（仕事のうえで飛躍的に成長した出来事）をとげた経験が何かと，そこで得られた教訓のペアを回顧してもらい，その共通項を明らかにするということを試みた。その結果，リーダーとしての発達，および，リーダーシップの開発のためには，「プロジェクトチームへの参画」「悲惨な部門・業務の事態改善・再構築」「新規事業・新市場開発などのゼロからの立ち上げ」などのリーダーシップを発揮しなければならない「経験」が重要であることがわかった。

マッコールらの研究潮流は，ほどなく，日本国内にも発展した。その先鞭をつけたのが神戸大学の金井壽宏である。金井らは，日本企業に勤める20人の経営幹部に同様の調査を行い同様の知見を得ている。

### 経験学習研究の課題

最後に経験学習研究の課題を述べる。経験学習の理論的課題としては，「社会的要因の欠如」が数多く提出されており，その克服が目指されてきた。多くの人文社会科学の研究が示すように，人は生まれながらにして社会的存在であり，社会的援助を通して発達する。従来の経験学習研究は，そうした人間の社会性，学習における他者の重要性をあまり考慮してこなかった。しかし，これらの事態は改善しつつある。

実証研究としては，階層データを用いる高度な統計手法を駆使して，経験学習に影響を与える個人的資質が，組織・職場レベルの社会関係資本の影響を受けることを明らかにする研究も出てきている。理論研究としては，内省の概念を社会的に達成される事象として位置づける研究群も発展しつつある。つまり内省を個人が独力によって達成するものと考えるのではなく，組織レベルで集合知として達成されるものとして位置づける研究である。

経験学習を社会的なものとして捉え直していく実証研究や理論研究は，従来別々のものとして発展してきた経験学習理論，組織学習理論，組織開発論などとつなぐ契機になりうる。

# 経済産業省の社会人基礎力，文部科学省の基礎的・汎用的能力

伊藤文男

### 提唱された背景と位置づけ

　経済産業省（2006）は，早急な対応が迫られる構造的な課題を抱えている日本において，新しい経済成長を実現する道筋を示すための『新経済成長戦略』を発表した。この成長戦略に示す国際産業戦略と地域活性化戦略を実現するための具体的な横断的施策の一部，柔軟な人材育成の仕組みにある，「職場や地域で活躍する上で必要となる力」の一つとして「社会人基礎力」の概念は位置づけられている。

　一方，中央教育審議会（2011，以下「中教審」という）は，特に近年，若者の「社会的・職業的自立」や「学校から社会・職業への移行」をめぐるさまざまな課題が見受けられるという認識のもと，人々の生涯にわたるキャリア形成を支援する観点から，「今後の学校におけるキャリア教育・職業教育の在り方について」を答申した。その答申において，「社会的・職業的自立」「学校から社会・職業への円滑な移行」に必要な力の一部に「基礎的・汎用的能力」は位置づけられている[1]。

### 育成を目指す力の全体構成と具体的な要素

　経済産業省・社会人基礎力に関する研究会（2006）は，経済成長を支える人材育成の観点から「職場や地域で活躍する上で必要となる力」として，図1のとおり4つを挙げ，これらは相互に作用しながらともに成長していくものであり，良い経験や活動を通して循環的に向上するものとしている。この中の「社会人基礎力」は，「職場や地域社会で多様な人々と仕事をしていくために必要な基礎的な力」と定義され，「前に踏み出す力」「考え抜く力」「チームで働く力」の3つの力と「主体性」「課題発見力」「発信力」などの12の具体的な能力要素により構成される。

基礎学力
（読み，書き，算数，基本ITスキル 等）

基礎学力・専門知識を活かす力
（社会人基礎力）
（前に踏み出す力，考え抜く力，チームで働く力）

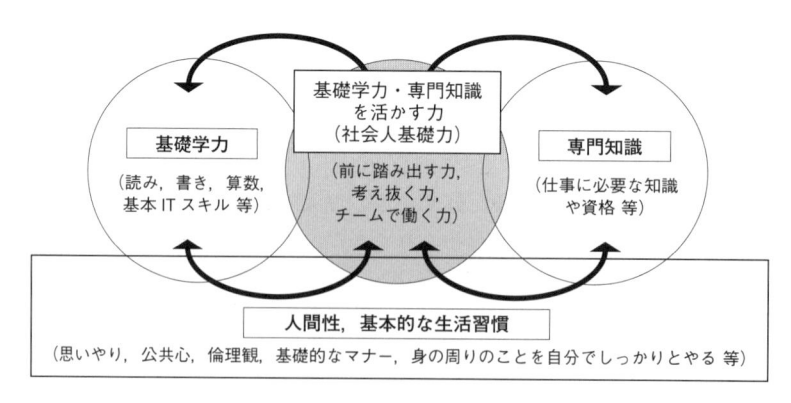

専門知識
（仕事に必要な知識や資格 等）

人間性，基本的な生活習慣
（思いやり，公共心，倫理観，基礎的なマナー，身の周りのことを自分でしっかりとやる 等）

**図1　職場や地域で活躍する上で必要となる力**

---

1) 中教審は，「社会人基礎力」を含め各界から提示されているさまざまな力を参考としたが，主なものは以下のとおり。
①「キャリア発達にかかわる諸能力」　国立教育政策研究所（「職業観・勤労観を育む学習プログラムの枠組み開発」「キャリア発達にかかわる諸能力（例）」2002年11月），②「人間力」　内閣府・人間力戦略研究会（『人間力戦略研究会報告書』2003年4月），③「就職基礎能力」　厚生労働省（「若年者の就職能力に関する実態調査結果」2004年1月），④「生きる力」　中教審（「幼稚園，小学校，中学校，高等学校及び特別支援学校の学習指導要領等の改善について」2008年1月），⑤「学士力」　中教審（「学士課程教育の構築に向けて（答申）」2008年12月）

一方，中教審は，「社会的・職業的自立」「学校から社会・職業への円滑な移行」に必要な力として，図2の5つの要素を挙げている。

「基礎的・汎用的能力」は「仕事に就くこと」に焦点を当て，「分野や職種にかかわらず社会的・職業的自立に向けて必要な基盤となる能力」として定義され，「人間関係形成・社会形成能力」「自己理解・自己管理能力」「課題対応能力」「キャリア・プランニング能力」の4つの能力から構成されている。

「基礎的・汎用的能力」の枠組みを基に，「社会人基礎力」の具体的な能力要素を比較すると，以下のとおり（表1）となり，それぞれが提唱する力について大きな違いはないと言えよう。

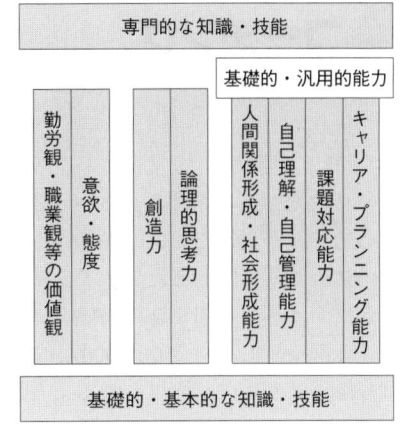

図2 「社会的・職業的自立，社会・職業への円滑な移行」に必要な力に含まれる5つの要素

表1 「基礎的・汎用的能力」と「社会人基礎力」の内容比較

| 基礎的・汎用的能力 | | 社会人基礎力 | |
|---|---|---|---|
| 能力 | 具体的な要素 | 力 | 具体的な能力要素 |
| 人間関係形成・社会形成能力 | 他者の個性を理解する力，他者に働きかける力，コミュニケーション・スキル，チームワーク，リーダーシップ等 | 前に踏み出す力 | 働きかけ力 |
| | | チームで働く力 | 発信力，傾聴力，柔軟性，情況把握力，規律性 |
| 自己理解・自己管理能力 | 自己の役割の理解，前向きに考える力，自己の動機付け，忍耐力，ストレスマネジメント，主体的行動等 | 前に踏み出す力 | 主体性 |
| | | チームで働く力 | ストレスコントロール力 |
| 課題対応能力 | 情報の理解・選択・処理等，本質の理解，原因の追究，課題発見，計画立案，実行力，評価・改善等 | 前に踏み出す力 | 実行力 |
| | | 考え抜く力 | 課題発見力，計画力 |
| キャリア・プランニング能力 | 学ぶこと・働くことの意義や役割の理解，多様性の理解，将来設計，選択，行動と改善等 | | |
| | | 考え抜く力 | 創造力 |

## 育成方法

産業界では，教育とはすなわち人材育成を指すが，学校教育の分野では，社会における「自己実現」を基本的な理念としているものの，現実には，教科学習を中心としたアカデミズムと，学校組織という枠の中での社会性の涵養に重きがおかれ，産業界からの要請に直接応えようとすることには抵抗感が強い（内閣府・人間力戦略研究会，2003）と指摘された。

中教審が示すとおり，学校教育における教育の本旨が，一人ひとりがより幸福な人生を送っていくことができるようにするためのものであることは変わらない。しかし，前述のとおり，育成を目指す力に大きな差異はなく，経済産業省（2010）が推奨するプロジェクト形式の課題解決型学習＝PBL（Project Based Learning）や学外の企業や団体の協力を得て実施する「社会連携型科目」などは，中教審で提示された教育の推進方策と共通する点は多い。

なお，答申は，「基礎的・汎用的能力」の各能力をすべての者が同じ程度あるいは均一に身につけることを求めるものではないとしている。さらに，これらの能力をどのようなまとまりで，どの程度身につけさせるのかは，学校や地域の特色，専攻分野の特性や子ども・若者の発達の段階によって異なり，各学校が具体の能力を設定し，工夫しながら教育を行うべきとしており，教育の実施主体者のスタンスに負うところが大きい。

# コーチング

浅海典子

「コーチ」の語源は15世紀にハンガリーの町「コチ」で作られた馬車の呼び名であり、そこから「目的地へ送り届ける」という意味が生じたとされている。現在の「コーチング」に至る最初のモデルが現れたのは、1970年代の米国である。

テニスの指導者であったティモシー・ガルウェイはコーチの役割を、プレイヤーの「内なる敵」がプレイへの集中を妨げないようにコントロールし、プレイヤーの学習を助けることだとした（Gallwey, 1974／邦訳, 2000）。このプレイヤーの意識に働きかけるコーチの方法が、1980年代以降、ビジネスに応用されるようになった。

コーチングの定義は理論モデルによってさまざまであるが、以下の共通点がある。①コーチはクライアント（コーチを受ける人）の目標達成を手助けする、②コーチは目標達成の方法を教えるのではなく、クライアントの学習と行動をサポートする、③コーチは質問や傾聴などの対話の技術によってクライアントの意欲と可能性を引き出す。

ジョン・ウィットモアはガルウェイの理論をビジネス向けに手直しして、「GROWモデル」を基礎とするコーチング・モデルを発表した。Goal（目標設定）、Reality（現状確認）、Options（選択肢・代替戦略案）、What, When, Who, Will（何をいつ誰がするのか、実行の意思）の4段階でコーチが質問することによって、クライアントの「意識」と「責任感」を高め、潜在能力を開花させることができるとする（Whitmore, 2002／邦訳, 2003）。

ローラ・ウィットワースらによる「コーアクティブ・コーチング」は、コーチとクライアントとの対等な関係性が重要だとする。コーチは「傾聴」「直感」「好奇心」「行動と学習」「自己管理」の5つの資質を活かして、触媒となってクライアントの人生全体を高める（Kimsey-House et al., 2011／邦訳, 2012）。

ほかに、コーチングと関係の深い理論には「NLP（神経言語プログラミング）」「ポジティブ心理学」などがある。

ピーター・キャペリ（Cappelli, 1999／邦訳, 2001）は、米国では1980年代以降の企業のリストラによって労働市場が台頭し、その結果企業内部の人材育成機能が低下して、エグゼクティブ・コーチングのビジネスが急成長したとする。1990年代には米国と欧州でコーチ養成機関が次々と設立され、日本でも1997年に個人を対象とするコーチング・ビジネスが始まった。

企業がコーチングを導入する方法には、①マネジャーにコーチングを学ばせる、②組織変革などのために社内でコーチを育てる、③経営幹部にコーチをつける、の3つがある。現在、日本企業の人材戦略は成果重視から意欲向上・能力開発重視へと移行しつつあり、マネジャーの役割も、業績評価者から、部下の意欲と能力を引き出すコーチへと変化している。そこで、マネジメント教育の一環として上記①のマネジャーにコーチングを学ばせる企業が増えており、日産自動車、キリンビール、ソニー、中部電力など大企業を中心に広がっている。

NLPの開発者の一人であるロバート・ディルツは、コーチに求められる機能を以下のように整理している。Caretaking and Guiding（環境を整える）、Coaching（観察とフィードバックで才能を引き出す）、Teaching（新たな学習を助ける）、Mentoring（価値観や信念の形成を助ける）、Sponsorship（潜在能力を探求し開発を助ける）、Awakening（自らの完全性と調和性により他者を覚醒させる）（Dilts, 2003／邦訳, 2006）。人材育成の現場で重要なことは、クライアントの状況と必要性に適ったコーチングである。

# コンピテンシー

松高 政

　Competency（Competence）はオックスフォード英英辞典によると「①あることをするために必要十分な能力，②裁判所，官庁等の権限，③仕事や業務に求められる特有の技能」とある。
　この用語が理論として注目されるのは，1970年にハーバード大学のマクレランド（McClelland, 1973）が行ったアメリカ国務省外交官の選考研究やボヤティズ（Boyatzis, 1982）が行った米国海軍の監督職の研究である。当時，外交官は試験によって評価・選抜されていたが，試験の得点と業績との相関が見られず，人材評価の方法として適切ではないと疑問視されていた。そこで，選考時に個人の業績予測が可能になる新たな評価の方法として開発されたのがコンピテンシー理論である。高い業績に結び付く個人の行動様式を定義し，コンピテンシーを測定・評価する手法を確立し，人材開発・目標管理への応用可能性を示唆した。
　これらの研究成果は，マクレランドの弟子であるスペンサー（Spencer & Spencer, 1993／邦訳, 2001）らに引き継がれ，現在の代表的なモデルとして定着した。このモデルを応用し，さまざまなコンサルティング会社などが，独自のコンピテンシー・モデルを作成している。
　スペンサーらの理論は，よく氷山にたとえて説明される。氷山は，実際に目に見える部分よりも見えない部分が大半である。人の能力も同様に，スキルや知識などの見える能力だけでなく，価値観や特性も大きく関係している。コンピテンシーは，スキルや知識に加えて，価値観や特性までを含めた全体を反映した行動のうちで，成果につながる行動の特性をまとめたものを指し，これによって人材を評価する方法である。
　コンピテンシー理論の特徴は，高業績者とその他の人を区別する能力を意味する観点と，多くの人々に共通して求められる標準的な能力を意味する2つの観点が存在することである。ビジネスの領域では主に高業績者とその他の人を区別する能力として，教育・司法・心理などの領域では標準的な能力として用いられることが多い。
　日本のビジネス領域においてコンピテンシーが注目された理由は，職能資格制度の行き詰まりにあると考えられている。職能資格制度の欠点を補い成果主義化を進めるための方策として，潜在能力（どんな能力を所有しているか）よりも顕在能力（どんな能力を発揮しているか）を重視する「高業績者に特有の成果を上げる行動特性」という意味で人事管理制度に導入されてきた。
　一方，教育や心理学などの領域では，主に標準能力を表す言葉として用いられる。たとえば経済協力開発機構（OECD, 2001）では，「コンピテンシー（能力）とは，単なる知識や技能だけではなく，技能や態度を含む様々な心理的・社会的なリソースを活用して，特定の文脈の中で複雑な要求（課題）に対応することができる力」と定義し，「社会・文化，技術的ツールを相互作用的に活用する能力（個人と社会との相互関係）」「多様な社会グループにおける人間関係形成能力（自己と他者との相互関係）」「自律的に行動する能力（個人の自律性と主体性）」の3つを「キー・コンピテンシー」として発表した。経済産業省（2006）が打ち出した「社会人基礎力」も，コンピテンシーという言葉こそ直接には使われていないが，「主体性：物事に進んで取り組む力」「働きかけ力：他人に働きかけ巻き込む力」「実行力：目的を設定し確実に行動する力」といったように，特定の業種や職種に限定されない標準的な能力として提示されている。
　このように，コンピテンシーの概念は，用いられる領域や場面によって，さまざまな意味で使われている。

## 自己効力感

山田智之

　自己効力感（self-efficacy）とは，バンデューラ（Bandura, 1977a）が社会的認知理論の中で提案した概念であり，自分自身に対する信頼感や有能感を示すものである。

　バンデューラ（1977a）は，人間の行動を決定する要因として先行要因，結果要因，認知要因の3つの要因を挙げている。その中の先行要因における期待の重要性を指摘し，期待を結果予期と効力予期の2つに区分した社会的学習理論を提唱している。結果予期とは，ある行動がどのような結果を生み出すのかという予測であり，効力予期とは，うまく行えるかどうかという自分の遂行能力に対する予測を意味するものである。このうち後者の効力予期が自己認知されたものを自己効力感として見出している（図1）。

人 ──────── 行動 ──────── 結果
　　　　　│　　　　　　　　│
　　　　効力予期　　　　結果予期

**図1　結果予期と効力予期の関係**（Bandura, 1977a）

　さらに，ベッツとハケット（Betz & Hackett, 1981）は，バンデューラ（1977b）の社会的学習理論を職業選択の領域に応用した社会認知的理論を構築し，認知された自己効力感は職業選択の幅や興味に対して影響を及ぼしていることを明らかにしている。

　バンデューラ（1995）は，自己効力感の源として，制御体験（mastery experiences），代理体験（vicarious experiences），社会的説得（social persuasion），生理的・感情的状態（physiological and mood states）の4つのソース（情報源）を挙げている。制御体験とは，自己が自己の経験に対して持つ認識であり，いわゆる成功体験のことである。しかし，たやすく成功した体験では意味がなく，忍耐強い努力によって障害を乗り越える体験が必要とされ，強い自己効力感をもつために最も有効なソースである。代理体験とは，自己が他者の経験に対して持つ認識である。モデルの成功を見ると自分も同様のことができると思うことであり，実際のモデリングと象徴的（シンボリック）なモデリングがある。社会的説得とは，自己に対する言葉による他者からの説得や励ましによって「自分はできる」との認識を持つことである。しかし，社会的説得のみによる自己効力感は容易に消失しやすいといった傾向がある。生理的・感情的状態とは，自己効力感に影響を与える自己の状態である。たとえば，成功体験があり，手本となる良いモデルもおり，周囲からの励ましがあったとしても，自分の体調や気分によって，自己効力感に差がでてくることなどがこれにあたる。

　ところで，このような自己効力感は大きく分けて2つに分類することができる。その一つは，特定の課題や特異場面の行動に影響を及ぼす自己効力感（self-efficacy）であり，臨床・教育場面における研究でよく用いられているものである。もう一つは，シャーラーら（sherer et al., 1982）によって，特性的自己効力感（generalized self-efficacy）として示されたものであり，具体的な個々の課題や状況，年齢や性別に影響されない，より長期的に一般化した日常場面での行動に影響を与える自己効力感である。

# 自己実現：マズローが提唱した「自己実現」

坂爪洋美

　自己実現という言葉を初めて用いたのは，ドイツ出身の神経科医ゴールドシュタイン（K. Golstein）である。ゴールドシュタイン以外にも，多くの学者が自己実現について概念化を図っており，心理学領域に限定しても，ロジャース（C. R. Rogers），ユング（C. G. Jung），ホーナイ（K. Horney）といった著名な学者が自己実現について概念化を行っている。臨床心理学・精神医学領域における自己実現の各概念は，キャリア形成を考えるうえで，またキャリア形成のサポートを提供する人々にとって重要な概念であるが，ここではキャリアが形成される場に最も関連がある経営学領域において最も浸透し，現在もその概念をめぐってさまざまな議論が展開されているマズロー（A. H. Maslow）の「自己実現（self-actualization）」概念を紹介する。

## 欲求階層説（hierarchy of needs）とは何か

　マズローの欲求階層説は，人間の基本的欲求が階層をなすという欲求階層性と，欲求の1つである自己実現を，理論的特徴とする。ここでは，欲求階層説の概要について紹介する。マズロー（1954）は，人が生得的に持っている欲求を基本的欲求（the basic needs）と呼んだうえで，基本的欲求を5つに分類した。具体的には生理的欲求（生理的・肉体的な欲求），安全の欲求（保障，安全に対する欲求），所属と愛の欲求（集団への帰属や友情，愛情を求める欲求），承認の欲求（自尊心や他人から優れた評価などを求める欲求），自己実現の欲求（自分の能力を伸ばしたいという欲求）である。

　これらの5つの基本的欲求は階層をなしているとマズローは主張した。基本的欲求は，相対的優勢さによってヒエラルキーを構成していると述べている（Maslow, 1954）。基本的欲求の中で最も優勢な欲求は，生理的欲求であることからこれが最も優勢となる。そして，ある欲求が充足されると，それよりも相対的に優勢ではない欲求が出現すると主張した。すなわち，生理的欲求が充足されれば安全の欲求，安全の欲求が充足されれば所属と愛の欲求，所属と愛の欲求が充足されれば承認の欲求，承認の欲求が充足されれば，自己実現の欲求という階層性が存在すると主張した。

## 欲求階層説における自己実現

　自己実現についてさらに説明をしていこう。マズローによれば自己実現とは，その人が本来潜在的に持っているものを実現しようとする欲求であるという点で人々の間で共通であるが，どのようになりたいかという具体的な自己実現の形には個人差があり，人々の間で多様な形として出現することになる。

　自己実現について理解を深めるために，改めて基本的欲求に戻ろう。マズローは基本的欲求を欠乏欲求（deficiency-needs）と成長欲求（growth-needs）の2つに大別した。欠乏欲求とは，満たされることが求められる欲求でありながら基本的に欠乏した状態にあり，同時にそれは自分以外の外部によって満たされなければならない欲求のことである。前述の5つの欲求のうち，自己実現の欲求を除く4つの欲求が欠乏欲求に該当する。

　一方，成長欲求は，自己実現の欲求のみで構成されることから，この2つは実質的に同一のものと考えられる。成長欲求は欠乏欲求とは異なり，その欲求が満たされたからといって別の欲求へと移行することはなく，さらにその欲求（つまり成長欲求）を求めるようになる。つまり成長欲求の充足がさらなる成長欲求へとつながるということである。成長欲求のこの特徴を，

マズローは「長期的性格（long-term in character）」という言葉を用いて表現している。成長欲求である自己実現の欲求は，欠乏欲求が持つ，満足されれば次の欲求へと移行するといった短期的な性質とは異なり，人が長期的に追い求めるものだと言える。

　成長欲求である自己実現の欲求に対しては，自己という言葉に焦点が絞られるあまり，他者といった環境との関係性について誤った印象が呈されている感がある。松山（2000）は，自己実現の概念が，マズローの本来の主張とは異なり，自己中心的で非社会的なものと捉えられがちなことを批判した。そこで，ここではマズローの自己実現概念について詳細な検討を行っている，三島（2009）による整理を参照し，この点を整理する。

　三島（2009）は，マズロー（1962, 1970）における主張を整理し，成長欲求に動機づけられた人間の行動の特徴の一つとして，自立的であり，利己的でなく無我であるとし，「それゆえ，自己実現というときの自己とは，あまり個人的なにおいをもつものではないと言えよう」（p.102）と述べている。また，三島（2009）は，成長欲求に動機づけられた人間は，自分以外の人間を客観的，全体的に捉えることができ，これが欠乏欲求との違いであるとしている。そしてマズローの言葉を引用し，「より端的に言えば，自己実現人は，非利己的性質をもつのである」と述べている。これらの議論を踏まえるならば，自己実現とは，環境を視野に入れない自己中心的なものではなく，逆に非利己的であり，自分以外の他者を，欲求を満たすための対象ではなく，独立した存在として認めるものであると言えよう。

### 自己実現と存在価値

　成長欲求である自己実現の欲求は，どのようにして生じるのであろうか。欲求階層説の立場に立てば，基本的欲求の中でより優勢な欲求である欠乏欲求に該当する4つの欲求が充足されることにより生じると言える。一方で，人が自己実現に至る共通のプロセスを明らかにしようとした調査から，マズローは，成長欲求の源泉として，①真実，②善，③美，④統合・全体性，⑤躍動・過程，⑥独自性，⑦完全性，⑧完成・終局，⑨正義，⑩単純，⑪富裕・全体性・統合性，⑫無為，⑬遊興性，⑭自己充足，⑮有意義，という15項目を抽出した。

　三島（2009）は，成長欲求である自己実現の欲求とこれらの存在価値との関係性に触れたうえで，マズローが提唱した自己実現の概念の特徴として次の3点を指摘する。第1に，自己実現の欲求とは，存在価値を反映させて生きたいという欲求である。同様の主張は金井壽宏（2001）でもなされている。金井（2001）は，自己実現は自分の存在価値を示していくことによって，長期的に探し続けるものであると述べている。

　第2に，自己実現とは，存在価値にもとづいて生き続けることである。三島（2009）では，例示として職場の同僚が高い営業成績を上げた場合の自己実現欲求に動機づけられている人の特徴として，欠乏欲求に動機づけられた人が持つ「自分は同僚に比べて出世が遅れてしまう」「同僚の顧客を横取りしよう」といった考えでなく，同僚の実力を冷静に見通し，同僚に感謝をするとさえ考えるとしている。他者は欲求を満足させるための存在ではないことに起因する。

　第3に，自己実現とは非常に困難である。大部分の人は，欠乏欲求を満足させることを選択する。それは前述したように欠乏欲求が成長欲求よりも優勢な基本的欲求であるためである。結果として成長欲求を選択する人はごくわずかとなる。

# 柔軟な働き方

平林正樹

　日本社会の少子化・高齢化や，家族形態，男女の性別役割分業観，生活価値観の多様化などを背景に，仕事と生活の調和（ワーク・ライフ・バランス）を実現・向上させることが，働く人々の生活だけでなく，会社や仕事に関する満足度を大きく左右する時代となってきた。また，ダイバーシティ・マネジメントの観点からも女性の活躍を推進するため，従来の「男性・正社員による長時間労働」を前提とした硬直した働き方を見直して，働く人々を「時間」と「場所」の制約から解放する「柔軟な働き方」が求められている。

　「時間」の面での柔軟な働き方や制度には，育児・介護などの休業制度や短時間勤務制度，時差出勤制度，フレックスタイム制，裁量労働制などがある。

　短時間勤務制度とは，所定労働時間を通常よりも短くする制度で，2009（平成21）年の育児・介護休業法の改正によって，3歳未満の子どもを養育する労働者に対し，1日の所定労働時間を原則として6時間とすることなどを事業主に義務づけている。フレックスタイム制とは，労使協定にもとづき，労働者が各自の始業時刻と終業時刻を原則として自由に決められる制度で，労働時間規制は協定の定める1ヶ月以内の清算期間単位で行われる。

　裁量労働制とは，業務の遂行方法が大幅に労働者の裁量に委ねられる一定の業務に携わる労働者について，労働時間の計算を実労働時間ではなく，みなし時間によって行うことを認める制度である。これには，専門的な職種の労働者について労使協定により，みなし時間制を実施する「専門業務型」と，経営の中枢部門で企画・立案・調査・分析業務に従事する労働者に関し，労使委員会の決議によって実施する「企画業務型」の2種類がある。

　厚生労働省の「平成25年就労条件総合調査」によると，フレックスタイム制を適用している企業の割合は5.0％，「専門業務型裁量労働制」を適用している企業割合は2.2％，「企画業務型裁量労働制」を適用している企業割合は0.8％にとどまっている。

　一方，「場所」の面での柔軟な働き方には，テレワークがある。

　テレワークとは，情報通信技術（ICT: Information and Communication Technology）を活用した，場所や時間にとらわれない柔軟な働き方のことであり，働く場所によって，①自宅利用型テレワーク（在宅勤務），②モバイルワーク，③施設利用型テレワーク（サテライトオフィス勤務など）の3つに分けられる（日本テレワーク協会）。総務省の「平成25年通信利用動向調査」によると，テレワークを導入している企業の割合は9.1％である。なお，在宅勤務と同じ意味合いで使用されるSOHOとはSmall Office Home Officeの略で，主に情報通信機器を利用して小規模なオフィスや自宅などで行う事業のことである。在宅勤務は勤務スタイルであるのに対し，SOHOは事業スタイルと言えよう。

　これらの柔軟な働き方を可能とするためには，結婚，妊娠・出産，育児，介護などの人々のライフステージに応じて働き方を柔軟に変えることができる企業の支援とそれらを許容する社会的な環境の整備が重要である。また働く人々においては，仕事と生活の両立を可能とするために自律的に業務を遂行し，持てる能力を継続して十分に発揮するための「働く姿勢」が，より求められる。

# 職業移動

小杉礼子

　ここでは社会学的視点から職業移動について概説する。この場合の「職業」は個人の行う仕事という意味だけでなく，幅広い含意を持つ。勤務先企業の属する産業や企業規模，あるいは，従業の地位や雇用形態までも含んだ言葉として用いられることが少なくない。こうした幅広い意味で用いられるのは，職業が，社会学における中心的な関心領域である社会階層と関連づけて捉えられているからである。

## 個人の社会的地位の移動としての職業移動

　「社会階層とは，全体社会において社会的資源（個人にとって欲求充足の源泉となり，社会体系にとっては機能的要件充足の源泉となる，物的対象，関係的対象，文化的対象の総称）ならびにその獲得機会が，人びとのあいだで不平等に配分されている社会構造状況を表示する，整序概念である」（富永，1979）。社会階層が世襲的に固定された身分制社会に対して，近代産業社会においては社会的資源の配分は自由競争にゆだねられるのが原則である。しかし，現実には，それはどの程度実現されているのか。すなわち，社会の平等・不平等の度合いを明らかにしようという問題意識から，社会学における社会階層の研究は取り組まれてきた。その社会階層の分析単位が社会的地位であり，職業は，その社会的地位を実証的に捕捉する代表的な指標として扱われてきた。

　社会的地位は職業ばかりでなく，名声や威信，収入，財産，人間関係など多元的な基準を持つ概念だが（安田，1971），そのうち職業は，主な基準となるものと考えられてきた。職業は，収入や生活水準の他，学歴や人間関係などの情報をも含む総合的なものとみることができるからである。こうした文脈があるので，社会学においての職業は，「標準職業分類」などにおけるそれとはかなり異なる，広い含意を持つ概念として扱われてきたのである。

　その社会階層に切り込む実証的な研究が社会移動の研究であり，うち，最も多くの研究蓄積があるのが職業移動についての研究である。

　職業移動は，世代間移動と世代内移動とに分けることができる。世代間移動は親の世代から子どもの世代に職業的地位が継承されるかに焦点を当てる。社会的不平等の再生産を論じるもので社会学における古典的なテーマであると同時に，近年，格差拡大の議論の中であらためて注目を浴びているものである（佐藤，2000；石田他，2011など）。

　世代内移動は，一人の個人の生涯における職業の変遷である。職業経歴，職業キャリアと言い換えうる。職歴のパターン化を図り，その背後に働く社会的要因を検討する。雇用促進事業団職業研究所（1979）では，中小企業生産労働者や建設・単純労働者は後に自営業主に変わることが少なくないのに対して，大企業の生産労働者は移動そのものが少ない（＝職業的閉鎖性が高い）といったパターンを抽出し，労働市場における二重構造の存在を論じているが，これは，個人の経歴から社会の構造を明らかにしようとしたものである。近年では，非正規雇用の増加とそこに付随する格差の拡大への関心から，雇用形態に注目した職業キャリアの類型化とその中での非正規から正規への移行の課題などの議論が盛んに行われてきたが，これも世代内移動を扱った研究の一つとみることができる（労働政策研究・研修機構，2010など）。

## 職業移動の実態調査

　職業移動の実証的研究において最も重要な役割を果たしてきたのが，1955年以来10年に一度行われてきた「社会階層と社会移動全国調査」（SSM調査 The National Survey of Social

Stratification and Social Mobility）である。第1回目の調査は日本社会学会によって行われたものだが，第2回目以降は社会学研究者のグループが順次引き継いで実施してきた。調査の目的は，わが国にどのような不平等の構造があるのか，また，その生成過程はいかなるもので，人々はそれをどう意識しているかなどを明らかにすることにある。個人の職業経歴を詳しく聞く設計で，訪問調査により実施されてきた。直近の調査である2005年の第6回調査は，全国の選挙人名簿より無作為抽出した20-69歳の男女約1万4千人を調査対象として実施された。

　この調査においては，付帯的に個々の職種についてその威信を問う調査を行い，そこから「職業威信スコア」を作成してきた。具体的には，調査対象者に対して，さまざまな職種名を挙げたリストを示し，そのそれぞれについて「世間一般の考え方にしたがって」，「最も高い」から「最も低い」までの5段階で評価してもらうものである。これを点数化してその平均値を求め，これを威信スコアとする。職業の序列化である。あるいは，分析においても，大企業ホワイトカラーとか中小企業ブルーカラーといったカテゴリーのある「SSM総合職業分類」を用いたり，上層ホワイトカラー，下層ブルーカラーなどの序列性のある分類を用いたりすることが少なくない。職業移動についても，上昇か下降かという移動の方向性が議論される。

　もちろん社会学でも，職業が一元的に序列化しうるものではないことは十分理解されている。しかし，一方で「職業に極めて漠然とした価値的な上下の観念が付きまとっていることは否定できない」（安田，1971）し，また，社会的な不平等の問題に関心を寄せることから，「上下」という見方を織り込まざるを得ない。

　社会学における職業移動の研究では，「職業には貴賤がない」という理想は理想としつつ，現実の解明を模索し続けてきた。

**表1　雇用形態に注目した職業キャリアの類型化の例**（労働政策研究・研修機構，2010，p.45より）

| 職歴パターン | 度数 | 構成比 | 累積 | 職歴パターン | 度数 | 構成比 | 累積 |
|---|---|---|---|---|---|---|---|
| 計 | 4021 | | | | | | |
| 正社員のみ | 1487 | 37.0 | 37.0 | 正→短 | 26 | 0.6 | 65.2 |
| 正→無→正 | 211 | 5.2 | 42.2 | 正→短→無→短 | 25 | 0.6 | 65.8 |
| 正→無→短 | 183 | 4.6 | 46.8 | 正→無→正→無→短 | 25 | 0.6 | 66.4 |
| 正→自営 | 111 | 2.8 | 49.5 | *正→無→長→正 | 23 | 0.6 | 67.0 |
| *長→正 | 87 | 2.2 | 51.7 | 短→無→短 | 22 | 0.5 | 67.5 |
| *短→正 | 75 | 1.9 | 53.6 | 自営・経営のみ | 22 | 0.5 | 68.1 |
| 正→無→短→無→短 | 73 | 1.8 | 55.4 | 正→短→正 | 21 | 0.5 | 68.6 |
| *正→長→正 | 63 | 1.6 | 57.0 | 家族→自営 | 21 | 0.5 | 69.1 |
| 家族従業員のみ | 56 | 1.4 | 58.3 | 正→派 | 19 | 0.5 | 69.6 |
| 正→家族 | 54 | 1.3 | 59.7 | *正→無→短→正 | 19 | 0.5 | 70.1 |
| 長時間非正規のみ | 43 | 1.1 | 60.8 | 正→無→家族 | 18 | 0.4 | 70.5 |
| 短時間非正規のみ | 34 | 0.8 | 61.6 | 正→無→派 | 17 | 0.4 | 70.9 |
| 正→無→自営 | 33 | 0.8 | 62.4 | *長→無→正 | 16 | 0.4 | 71.3 |
| 正→無→正→無→正 | 29 | 0.7 | 63.1 | *短→無→正 | 14 | 0.3 | 71.7 |
| 正→無→長 | 28 | 0.7 | 63.8 | 正→長→無→短 | 14 | 0.3 | 72.0 |
| 正→長 | 27 | 0.7 | 64.5 | （以下略） | | | |

注：自＝自営業・経営・自由業，家族＝家族従業員，正＝正社員，短＝短時間非正規（週当たり労働時間が正社員より短い），長＝長時間非正規（週当たり労働時間が正社員とほぼ同じ），派＝派遣社員，他＝その他の働き方。
*は非正規から正社員への移行を含むパターン。

# 職業観・勤労観（キャリア観・就業観）

望月由起

　社会が大きく変化するなか，若者の「職業観」や「勤労観」を問題視する声が高まっており，その育成が急務となっている。「職業観」は職業に対する価値的な理解であり，職業が果たす意義や役割の認識である。さまざまな職業の世界や職業倫理の理解や認識など，「勤労観」にはない独自の要素が含まれる。一方「勤労観」は勤労に対する価値的な理解や認識であり，「職業観」に比べて役割遂行への意欲や勤勉さ，責任感といった情意面が重視される。キャリア観，就業観同様に，「職業や働くことを通してどのように生きていくのか」といった「生き方」の選択決定やその後の行動にも影響を及ぼしうるものである。

　平成11年12月，中央教育審議会答申「初等中等教育と高等教育との接続の改善について」において，「望ましい職業観・勤労観及び職業に関する知識や技能を身に付けさせるとともに，自己の個性を理解し，主体的に進路を選択する能力・態度を育てる教育」として，キャリア教育の必要性が提唱された。それを受け，平成14年11月，国立教育政策研究所・生徒指導研究センターにより「児童生徒の職業観・勤労観を育む教育の推進について（調査研究報告書）」が出された。同報告書では，「『職業観・勤労観』は，職業や勤労についての知識・理解及びそれらが人生で果たす意義や役割についての個々人の認識であり，職業・勤労に対する見方・考え方，態度等を内容とする価値観である。その意味で，職業・勤労を媒体とした人生観ともいうべきものであって，人が職業や勤労を通してどのような生き方を選択するかの基準となり，また，その後の生活によりよく適応するための基盤となるものである」とし，学校段階における職業的（進路）発達課題について解説するとともに，「職業観・勤労観を育む学習プログラムの枠組み（例）」を示している。学校段階においては，同報告書でも指摘するように，「達成への動機を高め，学ぶこと・働くことへの意欲や積極的な態度をどのように育てていくか，また，これと表裏一体をなし，生涯にわたる職業的（進路）発達の基盤となる職業観・勤労観の形成・確立の過程を，児童生徒の発達段階を踏まえながら，いかに系統的・計画的にかつ温かく，きめ細かく支援していくか」は重要な課題となっている。それに向き合うべく，「職業観・勤労観を育む学習プログラムの枠組み（例）」は多くの学校現場などで実践的に活用されている。

　とは言え「職業観・勤労観」を育成することは，一律の「職業観・勤労観」を教え込むことではない。働く意義や目的を探究し，生活環境や進路をめぐる環境の変化なども踏まえながら，「自分なりの職業観・勤労観」を形成し確立していくプロセスへの指導・援助を行うという姿勢が重要である。

　さらにその育成にあたっては，「自分なりの職業観・勤労観」という多様性に重きをおきながらも，そこに共通する「望ましさ」を備えたものを目指すことが求められている。同報告書では，その「望ましさ」の要件として，以下の点を挙げている。

・**基本的な理解・認識面**：①職業には貴賎がないこと，②職務遂行には規範の遵守や責任が伴うこと，③どのような職業であれ，職業には生計を維持するだけではなく，それを通して自己の能力・適性を発揮し，社会の一員としての役割を果たすという意義があること。

・**情意・態度面**：①一人ひとりが自己及びその個性をかけがえのない価値あるものであるとする自覚，②自己と働くこと及びその関係についての総合的な検討を通した，職業・勤労に対する自分なりの構え，③将来の夢や希望の実現を目指して取り組もうとする意欲的な態度。

# 職業訓練（職業教育訓練）

八幡成美

　国際的には職業教育訓練（VET：Vocational Education and Training）と呼ぶのが一般的である。職業人としてのエントリーレベル（他者の支援を得て業務を完結できるレベル）の技能・知識を備えた人材を育成するのが主目的である。

　職業訓練には，受講対象者により新規学卒者であれば「学卒者訓練（養成訓練）」，失業者なら「離職者訓練」，障害者なら「障害者訓練」などがあり，また，企業で働いている人が対象なら「在職者訓練（向上訓練）」と呼ばれる。また，国や地方自治体が実施する「公共職業訓練」，都道府県知事の認可のもとで事業主や業界団体などが実施する「認定職業訓練（修了すると技能照査を受けて2級技能士補の資格が取れるコースが多い）」があり，その他にNPOや民間企業などが実施する職業訓練機関もある。さらに，公共職業訓練校が民間企業や専門学校などに「委託」して数ヶ月間の職業訓練を実施する「委託訓練」もある。

　学卒者訓練（養成訓練）は中卒者3年，高卒者1年のコースが多いが，より高度なテクニシャン人材の養成を狙った職業能力開発短期大学校（専門課程，2年），職業能力開発大学校（専門課程，応用課程，各2年）がある。若年者向けに日本版デュアル訓練がある。これは企業での実習と教育訓練機関での座学を並行的に実施して，実務能力を身につけさせるもので，ドイツのデュアルシステムの考え方を取り入れたものである。

　公共職業訓練分野での学卒者向け訓練コースは，専門学校などとの競合を避けるため設備を必要とするモノづくり系のコースが主体である。就職率はきわめて高く，中小企業分野への貴重な人材供給源となっている。

　離職者訓練は，雇用保険加入者が失業給付を受けながら求職活動をしても「職業能力が不足しており，再就職が困難である」とハローワークが判断して斡旋された人が受講する職業訓練で，3ヶ月，6ヶ月間などの短期コースが多い。職業訓練受講中は失業給付が延長給付となる。

　リーマンショックを契機とする不況下でフリーターなど雇用保険に未加入だった人たちの失業が社会問題化し，「特定求職者就職支援法」が制定され，「求職者支援訓練」が実施されている。これは企業や学校，NPOなどが訓練主体で事務系やサービス職種の訓練を実施しており，所得制限はあるが，受講中は「職業訓練受講手当」（月額10万円）と「通所手当」が支給されるセーフティネットとしての訓練システムである。

　手工業の世界では，親方のもとで人格教育も含めた徒弟訓練で多能的熟練形成をすすめ，経験を積み上げながら自律的な職人として一人前に育て上げることが洋の東西を問わず昔から行われていた。学校教育では全人格や教養を第一義的に志向するが，職業訓練では実利に直結しており，できるまで繰り返してスキルを身につける。しかし，技術革新が進み，産業も高度化した現代では，多くの職業に求められる能力が技能だけでなく高度な知識に裏づけられたものとなっており，結果的に職業訓練と職業教育の境界は低くなり，職業教育訓練と呼ぶ方がふさわしい。

　とは言え，これら職業教育訓練で習得した技能・知識だけでは一人前に働くことは難しい。実務能力を身につけるには一定の職務経験が必要であり，OJTによって習得する職業能力（実務能力）が加味されなくては一人前とは言えない。そして，部下に対するOJTが指導できるまでには10年ぐらいかかるのが一般的である。

# 職業適性と適性検査

川﨑友嗣

## 職業適性

　ある職業に向いているかどうかを判断するとき、一般にその個人の能力や興味などに注目して、職業との対応関係を考えることが多い。このように、職業との対応関係を考える際に注目する個人の心理学的特性を職業適性（vocational aptitude）と呼んでいる。職業適性には、これを能力であると捉える狭義の適性概念と、興味やパーソナリティなども含め、より広範な個人の特徴であると捉える広義の適性概念がある。スーパーは両者を区別し、広義の適性概念を職業適合性（vocational fitness）と呼んでいる（Super, 1994）。

　職業適合性は、能力とパーソナリティからなっており、能力は技量（proficiency）と適性（aptitude）に分けられる。技量とは学力・業績や技能のように、「現在どのようなことができるかという能力」（長縄、1997）を指すのに対し、適性は能力のうち「将来どのようなことができるかを予測させる学習可能性にかかわるもの」（長縄、1997）であり、これが狭義の職業適性である。狭義の職業適性には知能、空間視知覚、知覚の速さと正確さ、精神運動能力のほか、心理学的に測定不能な未知の能力が含まれる。また、パーソナリティは欲求（needs）や人格特性（traits）、価値観（values）、興味（interest）、態度（attitude）から構成されている。

## 適性検査とその活用

　適性検査は職業適性検査と進路適性検査に分けることができるが（川﨑、2003, 2013）、ここでは職業適性検査について述べる。職業適性検査には能力を測定し、狭義の適性を予測しようとするものと、能力に加えてパーソナリティ、興味、価値観などを測定して、広義の適性を予測しようとするものがある。

　いずれであっても、適性検査は心理学的に測定可能な個人の適性の一部を測定しており、個人の特性をすべて把握できるわけではない。このような限界は、必ずしも適性検査の価値を損なうものではなく、むしろ測定の限界があるという点を理解したうえで活用することが大切である。個人にとって職業を選ぶことは、人生における重要な選択の一つであるが、適性検査はこの問題について明確な答えを提供するためのものではない。キャリアの選択は本人が決定すべきものであり、適性検査はそのための情報提供が目的である（川﨑、2013）。また、適性検査の結果は将来を確実に予測するものではないという点にも留意が必要であろう。職業選択や職業適応には多くの要因が関わっており、適性検査の結果ですべてを把握できるわけではない（川﨑、2003）。一方、適性検査の特徴は、個人の特性を生かす職業分野（たとえば、事務や営業／物を扱う仕事、人と関わる仕事など）を示すために、職業世界を体系的に捉えた情報を提供してくれる点にある。

　以上のような適性検査の特徴をよく理解し、自己理解のツールとしてだけでなく、職業理解のツールとして活用することが有効である。

# 職場体験，トライやる・ウィーク（キャリア・スタート・ウィーク），ジョブ・シャドウイング

荒井 明

### 職場体験

　文部科学省の定義によれば「職場体験」とは，生徒が事業所などの職場で働くことを通じて，職業や仕事の実際について体験したり，働く人々と接したりする学習活動のことを指す。主に中学生に「望ましい勤労観・職業意識の醸成」を目的に2日間から5日間実施するものである。実践例としては，兵庫県の「地域に学ぶ『トライやる・ウィーク』」（1998年～），富山県の「社会に学ぶ『14歳の挑戦』」（1999年～）などが挙げられる。国立教育政策研究所の「平成24年度職場体験・インターンシップ実施状況等調査結果」によれば，公立中学校における職場体験の実施状況は98.0%と非常に高い数字となっているが，大半が2日ないしは3日の実施期間となっており，5日間の職場体験を実施しているのは，兵庫県，富山県，滋賀県のみとなっている。

### トライやる・ウィーク（キャリア・スタート・ウィーク）

　兵庫県が全国に先駆けてスタートした取り組みである「地域に学ぶ『トライやる・ウィーク』」は，「試みる」，「挑戦する」という「トライアル」の「アル」を「やってみて挑戦（try）してみる」という「やる」に変え，1週間の体験を印象づけた名称である。この取り組みは，1997年に発生した当時14歳の中学生が引き起こした「神戸連続児童殺傷事件（酒鬼薔薇聖斗事件）」が契機となり，社会に触れる機会の少ない中学生の時期から，社会勉強の一環として兵庫県内の中学2年生を対象として実施されている5日間の職場体験である。2003年に文部科学省，厚生労働省，経済産業省，内閣府の合同会議において，「若者自立・挑戦プラン」が策定され，このプランにもとづき文部科学省が請け負った「アクションプラン」の具体化が「キャリア・スタート・ウィーク」である。文部科学省は平成17年より子どもたちの勤労観，職業観を育むために「学ぶこと」「働くこと」「生きること」をテーマに，全国の138の地域において中学校における5日間以上の職場体験を行うことを推進する「キャリア・スタート・ウィーク」の取り組みを開始した。短期間では体験することのできない，「働くことの素晴らしさ・喜び」「仕事の厳しさ」などの理解を進めるため，「5日間」という時間の長い職場体験を推奨したのである。中学生にとっての5日間は，「緊張」の初日，「仕事を覚える」2日目，「仕事になれる」3日目，「仕事を創意工夫する」4日目，「精神的にも肉体的にも疲れているが達成感を味わえる」5日目であり，この厳しい5日間を乗り越えることがキャリア・スタートの経験となる。

### ジョブ・シャドウイング

　「ジョブ・シャドウイング」とは，アメリカで定着している職業教育の一種で，中学生や高校生が興味の持つ企業の職場にて，半日から1日程度従業員に影のように密着し，その仕事内容や職場の様子を観察することでさまざまなキャリア選択肢があることに気づくためのキャリア探索活動である。1980年代以降のアメリカで，若年者の失業率が上昇し，米国の生産力，競争力の低下が懸念され，1994年にクリントン政権において「学校から職業への移行機会法（School-to-Work Opportunities Act）が施行された。3つの要素①「学校における学習」，②「職場における学習」，③「学校・職場の両者を結合させる学習」を義務づけており，ジョブ・シャドウイングは②の「職場における学習」の取り組みの一つで，インターンシップと違い，企業側の負担も軽く短時間で体験することができるというメリットもあり，日本においても徐々に取り組みが進行している。

# 自律的なキャリア（バウンダリレス・キャリア，プロティアン・キャリア）

堀内泰利

　欧米において，1980年代後半以降の経済停滞，グローバル競争激化に対応するため，企業でダウンサイジング，リストラクチュアリングが推し進められ，雇用の流動化，安定した長期雇用の崩壊が進んだ。その結果，特定の企業内で長期的，安定的に形成される伝統的キャリアに代わる，新しいキャリア概念として，バウンダリレス・キャリア（boundaryless career），プロティアン・キャリア（protean career），キャリア自律（career self-reliance）が提唱されるようになった。日本においても，1990年代末以降，終身雇用と年功序列をベースとした雇用慣行が揺らぐなか，自律的なキャリア形成の必要性が提唱されるようになった。

### バウンダリレス・キャリア

　アーサー（Arthur, 1994），アーサーとルソー（Arthur & Rousseau, 1996）は，伝統的な企業内キャリアに対して，組織の境界内に限定されないバウンダリレス・キャリアという新しい概念を提唱した。従来は，比較的安定した事業環境と，階層的組織構造を持った大企業の組織を前提とした組織キャリアの研究が中心であったが，競争激化，小規模な企業の躍進，大企業の経営や組織の変革により，安定した雇用，組織キャリアが減退し，よりダイナミックなバウンダリレス・キャリアが現れているとし，これら組織の境界を超える新しいキャリアの研究が求められていると主張した。バウンダリレス・キャリアの例として，米国のシリコンバレーで典型的に見られる企業を横断的に移りながら形成されるキャリアなどを挙げている。

### プロティアン・キャリア

　プロティアン・キャリアは，ホール（Hall, 1996, 2002）によって提唱された新しいキャリアの概念である。産業社会の構造変化によって個人と会社間の伝統的心理的契約（ハードワーク，業績，ロイヤルティとコミットメントにより雇用保障が得られる）が，新たなプロティアン・キャリア契約に変わったとしている。プロティアンとはギリシャ神話の神プロテウスから名づけており，変幻自在であることを意味し，プロティアン・キャリアとは，組織によってではなく個人によって管理されるものであり，キャリアを営むその人の欲求に見合うようにそのつど方向転換されるものであるとしている。そしてキャリアは生涯を通じた経験・スキル・学習・転機・アイデンティティの変化の連続であり，プロティアン・キャリアを実現するためには，アイデンティティとアダプタビリティの2つのメタ・コンピテンシーが必要であるとしている。

### キャリア自律

　キャリア自律は，ウォーターマンら（Waterman et al., 1994）によって提唱された概念である。企業のダウンサイジング，リストラクチャリングにより，従業員のモラールとコミットメントが低下するなかで，社員のコミットメントを高め，企業の競争力を強化する視点で提唱された。エンプロイヤビリティを維持し高める責任を社員と会社が共有し，社員は会社の成功にコミットしながら競争力あるスキルを身につけ，自らキャリアをマネージし，会社は社員にキャリア開発の機会を提供する義務があるとし，社員がキャリア自律していく必要性を強調した。花田（2001）は，自己の価値観をベースとしたキャリア開発の重要性を認識し，自分自身を継続的にモチベートし，自分の意志をベースに主体的に行動でき，チャンスを能動的に捉え，事態を切り開くことができる人材がキャリア自律を実践できる人材であるとしている。

# 人事の経済学

松繁寿和

## 2つの革命的変化

　人事の問題を経済学的に分析する研究の発展は，2つの期間に大きく分けることができる。組織内の制度に注目し，労働者の行動を操作する手段として賃金を扱う数学的理論モデルが発達した時期と，金銭的報酬の限界や合理的選択を行わない人間の側面を分析する実証分析が行われるようになった時期である。これらの研究動向の変化は，単に学問的関心が移ったというレベルではない。分析の視点や方法に関して革命的な変化が起きたと言える。

　一般均衡理論の成立以降，経済学の主たる分析対象は市場であり，効率的な資源配分を達成するためにいかに競争的な市場をつくり上げるかが学問的関心であった。そして，市場はそこで取引される財やサービスの価格を決定し，個々の経済主体はそれらの価格を与件として利益を合理的に最大化すると仮定された。

　このような経済学は，国内政策としては独占禁止法の理論的背景となり，市場取引を制限する規制や干渉を排除すべきとの主張を前面に押し出すこととなる。また，国際経済においても自由な貿易から生み出す恩恵を強調し，GATTやWTOなどの政策を援護する。このような考え方は，戦後経済大国となったアメリカの経済政策の支柱であったとも言える。

　しかし，1980年代に日本の製品が世界を席巻し，アメリカの経済的地位を脅かすようになると，日本企業の強さの謎を解くことが求められるようになる。焦点は，個々の経済主体が自由に経済活動を行う場である市場から企業内部の人事制度へ移ることになる。賃金制度やインセンティブ施策，人材の育成方法や配置の方法が分析の対象となった。そして，それまでの理論では説明困難な事実に直面することとなり，経済学は大きな転換を余儀なくされる。こうして人事の経済学が誕生した。

## 情報の非対称性とインセンティブシステムとしての報酬

　革命的変化の一つの側面は，賃金の取り扱いが180度転換したことである。先述のように完全競争モデルでは，賃金は市場で決定され企業はそれを与件として扱うものであった。しかし，人事の経済学では，賃金は労働者の行動を変えるための手段とされている。

　そのような手段が必要となる背景として，それまでの経済理論が前提としてきた情報が完全に入手できるという条件が満たされていないことがある。一般に，財を購入するときには，買い手はその財について十分な情報を持っている。たとえば，自動販売機で飲料水を購入するときには，選択した缶の中身を把握している。サービスに関しても同様で，美容院を選択する際は，美容師の腕を信じている。

　しかし，労働者に関してはその前提が成り立ちにくい。企業は労働者の多くの側面に関して十分な情報を入手できない。まず，労働者が保持している技術や能力に関する情報である。自分がどのような仕事をどの程度できるかを労働者は知っているが，企業は簡単には把握できない。労働者から提供される情報をどの程度信用していいのかわからない。一つの問題は，労働者から常に正しい報告がなされるとは限らないからである。往々にして，労働者は自分を高く売るために虚偽の申告を行う。一方，企業はそのような行動に対処するために，間接的な情報や仕事ぶりを観察し能力や技能を推測することになるが，それでも完全に情報を補えない。たとえば，能力の指標として学歴や過去の仕事経験を利用するが，それらも個々の労働者の特性を完全に説明できない。また，仕事ぶりの観察を通じても，能力や技術を完全に測定することは難しい。仕事の成果は，本人の能力や技術以外に職場環境や用いた機械や道具の状態や一緒

に働いている職場の同僚たちの能力や働き方にも依存するからである。

　さらに，労働者の仕事ぶりを正確に測ることも，容易ではない。労働者の働きぶりを監督することで発生する費用はモニタリングコストと呼ばれるが，正確に労働者が注いだ労力を測定することは難しい。ここでも，各労働者の能力を把握し仕事の中身を理解し，労働者と仕事を取りまく多くの環境要因を把握することが求められるからである。また，それらを見分けられる能力を持つ者を自身の仕事から外して，他者の仕事ぶりを四六時中監督させることはきわめて大きな人的ロスをともなう。

　そこで，企業は，能力や技術などの入手可能な情報，たとえば学歴などと報酬支給額の関係を工夫し，労働者自らが能力や技術を顕在化させるように仕向けることとなる。努力の水準に関しても同様に，仕事の成果と賃金の関係，あるいは年齢や勤続年数と賃金の関係に細工を施すことで，モニタリングコストをあまり掛けずに，真面目に働くインセンティブを生み出すような賃金制度をつくり上げる。

　こうして，いかに効率的に適性を持った労働者を採用し適所に配置するか，あるいは，いかに怠業を阻止し働く意欲を喚起するかに関する議論が進むこととなった。また，情報の非対称性や仕事の特性に関する条件に応じて，数学的モデルを変更していくことで人事の経済学は理論的な精緻化を行ってきた（Lazear, 1998; Milgrom & Roberts, 1992; 伊藤，2003）。

　このような理論的発展に対応し，実証分析は当然企業内のデータを必要とするようになる。特に，それまでの労働者属性や賃金に関するデータだけでなく，個々の労働者の評価データや職務特性に関する情報を盛り込んだ人事マイクロデータを用いた研究が進められることになる（Baker et al., 1994a, 1994b）。

### 金銭的報酬の限界と非合理的選択

　以上のような流れは，労働者や仕事に関する情報の不完全性を前提としたミクロ分析の発展であったと言える。完全情報の仮定は崩壊しているが，依然として企業や労働者の行動原理は変わっていないからである。与えられた情報制約の中で，企業は利潤最大化を行い，労働者は効用最大化を行うという世界を描いている。特に，理論モデルは一般に金銭的対価を中心とした行動選択理論であると言える。

　しかし，近年の行動経済学や幸福の経済学の発展とともに心理学，生理学や生物学の知見が行動分析に導入されることで，2つ目の革命的変化が起きた。人の満足度や幸福度を上げる要因として金銭的報酬以外の側面が注目されるようになった。また，人々が常に合理的選択を行うわけではないという根源的疑問さえも提示されるようになった（Frey, 2008）。人事の経済学においても，非経済人あるいは非合理的個人の行動に影響を与えるものとして人事制度や労働者の行動を捉えなおすことが必要となった。

　これらの側面を分析するには，新たな理論的フレームワークと実証分析に耐えるデータの入手が求められる。現在のところ，理論に関しては合理的経済人を前提として組み立てられた理論的モデルに比肩するほどの理論構築はなされていない。しかし，実証面においては，幸いにして組織心理学や組織経営学におけるこれまでの蓄積がある。従業員意識調査や満足度調査は，多くの企業で行われており，それらを利用した実証分析の発展は大いに期待できる。事実，すでに人事制度における非金銭的側面の分析，たとえば上司が部下に与える影響（Lazear et al., 2012）や従業員の認識の限界（松繁，2013）に関しては分析が始まっている。また，今後は福利厚生制度が従業員の行動に与える影響，人事における過程公平性や納得度の重要性，仕事の自立性などの価値測定が困難であった側面へも分析が広がっていくと思われる。

# 人的資本

原 ひろみ

## 人的資本

　人的資本とは，学校教育や職業訓練といった学習活動や経験を通じて獲得される個人の知識やスキルのことをいう。通常，資本とは，工場や機械設備などの物的なストックのことを指し，生産活動に投入される生産要素を指す。人的資本は無形であるが，物的資本と同様に，生産活動に用いられる重要な資本の一つであり，生産要素と捉えられる。

　人的資本を形成し，個人の生産性を高めるための活動のことを，人的資本投資あるいは人的投資と言う。個人が人的資本投資を行うと，その人は知識やスキルを獲得するので，限界生産性が上がり，結果として賃金が上がるという理論仮説が考えられる。この理論は人的資本理論と呼ばれる。

## 人的資本投資

　人的資本投資には，主に学校教育と職業能力開発の2つがある。学校教育で身につける読み・書き・計算などの基礎学力は，仕事をするうえで必要不可欠な能力である。また，たとえば大学で学ぶ専門科目などは，仕事をするための知識を身につける際のベースとなる。学校教育は，それ自体が生産性を高めるとともに，職業能力を身につけるための土台を作り，仕事に役立つスキルや知識を身につけるための能力を高める。これをトレーナビリティという。トレーナビリティが高い人の方が，職業能力開発を行った場合の成果は大きい。

　一方，職業能力開発とは，仕事に役立つ能力や知識を身につけるための学習活動全般のことである。職業能力開発の対象者と費用負担の関係から大雑把にタイプ分けすると表1のようにまとめることができる。

表1　職業能力開発の主なもの

| 対象 \ コスト負担者 | 企業 | 個人 | 政府 |
|---|---|---|---|
| 就業者 | 企業内訓練<br>・OJT<br>・Off-JT | 自己啓発 | 公共職業訓練の在職者訓練や有期実習型訓練（キャリアアップ型）などの公的な支援のある訓練 |
| 失業者，無業者 |  | 自己啓発 | 公共職業訓練の離職者訓練や，求職者支援訓練，有期実習型訓練（基本型）などの公的な支援のある訓練 |

## 人的資本理論：企業内訓練の経済理論

　企業内訓練には直接的にも間接的にも費用がかかるが，通常訓練が行われると，労働者の経済的能力が成長する。訓練を費用の投入と収益の獲得という投資の関係として理解するという視点は，アダム・スミス（Adam Smith）の時代からある。このような視点からの研究が特に盛んになったのは1950年代以降のことで，シュルツ（T. W. Schultz），ベッカー（G. S. Becker）やミンサー（J. Mincer）らのシカゴ大学の研究者を中心とするグループによってである。彼らが発展させたこの理論は人的資本理論と呼ばれ，数多くの実証研究を相携えながら発展し，人的資本投資が個人の所得の規定要因として重要であることが明らかにされてきた。

　また，それ以外にも，訓練を労働市場における通用性という視点から一般的訓練と企業特殊

訓練に分けて考えることで，人的資本という概念は労働市場で観察されるさまざまな事象の説明を可能にする。ベッカーはその有名な著書の中で，労働者の転職行動や不況期における企業の労働保蔵を説明するために，その区別を強調した説明を行った（Becker, 1975）。

　一般的訓練とは，訓練を実施した訓練企業だけでなく，それ以外の多くの企業にとって有用な一般的スキルを付与する訓練と定義される。よって，一般的スキルは転職しても通用する。一般的スキルの例として，ワープロや表計算などの基礎的なパソコンスキル，ビジネスマナー，語学力，企業会計の基礎知識などが挙げられる。

　一方，企業特殊訓練によって習得したスキルは，訓練を受けた企業では役立つが，他の企業では役に立たないと定義される。企業特殊スキルとして，その会社でしか使われていない機械設備に関する知識や，自社の各セクションの機能についての知識など，転職したら使えなくなる知識やスキルが挙げられる。

　人的資本理論のエッセンスは，個人は訓練を受けると，スキルを身につけ，生産性が上昇し，その結果として，賃金は上がるということである。ある企業が一般的訓練をし，労働者が一般的スキルを身につけた場合，それはどの企業でも役立つスキルであるから，外部企業もそのスキルに見合った賃金をオファーする。であるから，訓練企業も同様に生産性の上昇に見合った高い賃金を支払わなければ，その労働者に離職されてしまう。つまり，一般的スキルを身につけた労働者は，訓練企業で働き続けても，転職した場合でも，訓練前より高い賃金を獲得できることになる。そうすると，訓練リターンを受け取れるのは労働者だけとなるので，企業は一般的訓練のコストを負担するインセンティブをもたず，労働者がコスト負担をすることになる。

　しかし，企業特殊スキルは，訓練企業でだけ役に立つスキルであるから，転職先ではそのスキルを活かせないため，賃金上昇にはつながらない。そうであれば，この労働者は訓練企業に勤め続けたい。つまり，訓練を受けた後に労働者は離職するインセンティブをもたない。一方，企業も，より高い生産性を実現できるようになった訓練労働者を雇い続けたい。採用コストや訓練コストを考えたら，新規採用するよりも企業にとって有利だからである。すなわち，企業と労働者ともに訓練を行い（訓練を受け），雇い続ける（雇われ続ける）ことにメリットがある。そのため，たとえ景気が悪化しても，一時的なものであれば，企業は企業特殊スキルを身につけた労働者を解雇することよりも，雇い続けることが選択肢となる。

　このように，企業内訓練は個人の所得分配を規定し，訓練によって身につけたスキルに関する概念を通じて，労働者の転職行動や企業の労働保蔵行動といった労働市場の観察事象を説明する。

　そして，1990年代以降，情報の経済学が企業内訓練の実施メカニズムの説明にも応用され，理論的発展がもたらされた。つまり，それまでの完全市場での人的投資行動から，不完全競争市場での人的投資行動へと研究関心が移ったのである。スティーブンス（M. Stevens），アセモグル（D. Acemoglu）やピシュク（J.-S. Pischke）らを中心に複数の理論モデルが発表され，新しい人的資本理論と呼ばれている。

# 心理的契約

佐藤　厚

## 心理的契約の概念

　心理的契約とは，個人と他者や組織の間の互恵的な交換項目に関する個人の信念（Rousseau, 2005, p.301）である。心理的契約の定義にも複数あるが，それが，個人の信念（belief），個人を契約の履行へと拘束するなんらかの合意（agreement），交換に関するなんらかの項目（term），互恵的な交換（reciprocal exchange），という4つのキーワードを含んでいるという点が重要である（服部, 2011, pp.25-26）。

　雇用における理想的な契約は，従業員と他者や組織の双方の期待について詳細に定めることだが，典型的な契約は，現実には不完備なものとなる。個人の情報収集には自ずと制約があり，それが限定された合理性を有するからであり，また組織の側からすると，変化しつつあるすべての環境条件を，あらかじめ特定することはそもそも不可能であるからである。

## 関係的契約と取引的契約

　ルソー（Rousseau, 1995）は，雇用関係の心理的契約に関して，スポット的な取引的（transactional）契約と，雇用期間制約のない雇用関係にみられる関係的（relational）契約を区別した。関係的契約が，包括的な人と組織との関係，期間の定めのない契約，非言語的で暗黙の了解といった項目で特徴づけられるのに対して，取引的契約は，職務への非人格的な関与，期間限定的な契約，特定化された条件へのコミットメントといった特徴を持つ。

　心理的契約の概念は，企業の吸収合併やリストラクチャリングを背景に1980年代から関心を集めてきたが，それは労使間でのしばしば曖昧な相互期待と深い関わりがある。伝統的なキャリア形態から新しいキャリア形態への変化を指摘する研究の多くは，この間の心理的契約の変化を，長期の関係的な契約（たとえば職務保障を約束することと引き換えに組織への忠誠心を求める）から取引的な契約（個人と組織双方が与えるもの得るものに関してより明確な交渉をすることをベースにした）への変化として捉えてきた（佐藤, 2011, p.212）。

　ルソー（1995, pp.33-34）によると，心理的契約プロセスには，組織や社会的背景からの外的なメッセージもしくは社会的な手掛かりと，個々人の内的な解釈もしくは前提的思い込みが作用しているとされる。不確実性の高い環境下での関係的契約は，かかるプロセスにおける個人と組織との相互期待の曖昧さのゆえに，心理的契約の不履行が生じるため，契約項目を明示した取引的契約を志向するようになるからである。

## 心理的契約に関する日本での実証研究

　雇用環境や人事管理の変化を背景にした心理的契約不履行の可能性は，不履行の負の影響やその軽減策への関心を高める。日本での心理的契約に関する研究もこうした関心を共有しつつ，しばしば曖昧な契約項目を多く含む日本的雇用慣行の変化と心理的契約の不履行とその負の効果という文脈での実証的研究を蓄積しつつある。その背景には，「契約不履行の理由を外的な要因に帰属しやすい状況が発生」していること，また「日本企業にとって雇用の安定性を遵守するインセンティブが低くなっていること」などの事情がある（服部, 2010, 2011）。欧米での先行研究でも，雇用主による契約不履行が，従業員の職務満足，組織コミットメント，組織市民行動，業績などを低下させ，離職意図や離職を高めることが報告されている。

　こうしたことから，今後多くの日本企業にとっては，契約をいかに遵守するかに加えて，契約不履行の際のコストをいかに最小化するかが，重要な課題となってくるだろう。

# セカンドキャリア

小島貴子

　2014年現在、日本は、世界一の長寿国である。しかし、1950年の日本における男性の平均寿命は58.00歳、女性は61.50歳であった。

　2013年の日本は男性が79.94歳で女性が86.41歳となっている。この約60年強でなんと日本の平均寿命は20年以上伸びて世界一の長寿国となった。

　戦前の日本において「セカンドキャリア」に相当する概念としては、「隠居」と呼ばれ、仕事から完全に離れ、現役を退いた状況を指す概念があった。しかし、この20年近くで急激に伸びた平均寿命は、日本の経済の発展、生活改善・定期健診や健康への関心の高さからもたらされたものにほかならない。インターネットで多様な情報を得ることができるようになり、交通網の整備・移動手段のスピード化で、引退後の生活の選択肢も幅広くなった。よって多くの人が定年を迎え、定年後も新たな職を求めることから、「セカンドキャリア」という言葉が生まれてきたと言える。

　また、スポーツ選手が現役を引退した後の人生を「セカンドキャリア」とも言う。リストラ後や転職後の再就職の意味で使われることもあり、ともに職業を新たにするという意味が多く含まれている。

　キャリア理論では、ドナルド・スーパー（D. E. Super）が生涯におけるライフロールである各役割の始まりと終わり、重なりを「ライフ・キャリア・レインボー」で表した。

　ライフ・キャリア・レインボーでセカンドキャリアを解釈すると、職業人のロールを終えた下降段階からをセカンドキャリアと捉えていくのが今までは一般的であった。さらに社会的・家庭的な大きな役割を終え、新しい老齢期へ入る余裕のキャリアと捉えることが多い。この引退期からは、余暇を楽しむ人・市民・家庭人・配偶者のロールでキャリアを過ごし、自分自身のキャリアの中では、学生・職業人のロールを得ることは少ないと考えられている。しかし、平均寿命が延びている日本においては、一般的に職業を引退してからの時間が20年以上となっているうえでは、簡単に引退後の人生ということで捉えることは不自然になってきた。また少子化・非婚化も加速し、単身老後を迎える人が増えるなか、セカンドキャリアはさまざまな要因を考えて設計するものとなってきたとも言える。経済的な側面だけでなく、社会参加の意味でも再雇用や再就職を希望する人が多くなり、すでに職業人としてのロールも伸びていると考えてもよいのではないだろうか？　さらに、社会人大学院や、リカレント教育の普及で再度学び直す、新しい学びへというキャリア選択も決して珍しくない。ということは、セカンドキャリアを引退後の下降段階と捉えるよりも、新しいキャリアをつくるという視点で見ることもできるのではなかろうか。また、職業の多様性や雇用形態の変化の激しいなかでは、新しくパラレル・キャリアという発想も生まれてきた。これは、職業を一つと限定せずに、複数の職業を持ちながらキャリアを形成するというものである。このような多重な職業を持つことが可能な雇用形態ならば、それも一つのセカンドキャリアと言えるだろう。現代日本では、セカンドキャリアを引退期と捉えるよりも新たな挑戦期、老後への積極的社会参加準備段階と捉えることはできないだろうか。

# 組織コミットメント

平野光俊

　組織コミットメント（organizational commitment）とは，組織との関わり合いにおける個人の態度と行動に関わる概念であり，これまで組織行動論の分野で多くの研究が蓄積されてきた。組織コミットメントの代表的な定義としてはポーターら（Porter et al., 1974）による「特定の組織に対する同一化と没入」が挙げられる。したがって組織におけるメンバーシップの継続もしくは中止に関するインプリケーションを持つ（Meyer et al., 1993）。

　組織コミットメントに対する研究アプローチは，態度的コミットメント（attitudinal commitment）と行動的コミットメント（behavioral commitment）の2つに分けられる（Mowday et al., 1982）。前者は個人が組織との関係の在り方を考えはじめるプロセスに焦点化され，組織の価値観および目標と個人のそれがどれほど整合しているかを考える際のマインドセットとして捉えられる。一方，後者は個人が特定の組織にロックインされる過程に焦点化され，個人がそれに対してどのように対処していくかということに関わる。両者の区別は研究者の組織コミットメントに対するアプローチの違いも反映している。前者は態度としてのコミットメントが特定の行動を惹起するインパクトを扱い，後者は特定の行動の再現が特定の態度の強化につながっていく過程を扱っている。

　メイヤーとアレン（Meyer & Allen, 1991）は，組織コミットメントを構成する下位次元は以下の3つのテーマに関わると考えた。第1のテーマは組織に対する情緒的愛着（affective attachment）である。これは組織と個人の感情的な関係に着目し，組織への愛着や価値観への一体化といった側面に関わるコミットメントである。第2のテーマは，個人が組織から離れる場合の知覚されたコストである。これはベッカー（Becker, 1960）が唱えたサイドベット（side-bet；正規の勝負や賭けと別の勝負相手とする賭け）によって説明される。ベッカーは，組織コミットメントを，ある活動が中止したときに失うことになるサイドベットの集積によって生起する態度と捉えている。たとえば，企業年金など所属している企業に対する金銭的投資が転職することによって失われる場合，サイドベットが顕在化するので個人は進んで組織の価値や目標を受け入れ定着しようとする。第3のテーマはなるべく長く組織に留まるべきと考える規範意識や義務感（obligation）である。以上のテーマに対応させた組織コミットメントは，それぞれ情緒的コミットメント（affective commitment），継続的コミットメント（continuance commitment），規範的コミットメント（normative commitment）と呼ばれる。

　キャリアと組織コミットメントの関係では，主としてキャリア発達における組織コミットメントの変化に対する研究と，キャリアコミットメント（career commitment）と組織コミットメントの関係を分析する研究がある（鈴木，2013）。キャリアコミットメントとは「専門職を含む特定の職業（occupation）への態度」と定義される（Blau, 1985）。高度な知識や技術に支えられて成り立つ専門職では，組織人としての役割から離れ，職業人として独自の態度をとるようになる（田尾，1991）。たとえば医師は，医学に関わる知識・技術の一貫した体系の下で職業価値を内面化し，仕事それ自体のために働くよう内発的に動機づけられている。近年は研究開発，知財，法務など専門部門で働く高度専門職人材が増えている。企業組織に働く高度専門職の組織コミットメントとキャリアコミットメントの間にはどのような関係があるのか，またキャリア発達とともに双方へのコミットメントがどのように変化するのかという観点は現代の重要な研究テーマである。

## 組織社会化

小川憲彦

### 組織社会化とは

組織社会化は「個人が組織における役割を引き受け，組織の一員として参加するために必須の価値観や能力，期待される行動，および社会的知識を正しく認識する過程」(Louis, 1980) などと定義される概念である。

一般に，新人が新たな組織に参加する際に一人前になっていく過程という理解がなされがちであるが，必ずしも正確ではない。オープン・システムとしての組織内の役割は，環境によって変化する。役割はまた，個人の異動や昇進といったキャリアの進展によっても変化するため，それに応じた新たな知識や技術あるいは価値観を身につけていく必要がある。つまり，組織参入1年目だけではなく，中長期的なキャリア発達の過程において継続的に生じる過程なのである。

### 組織社会化研究の概要

初期の組織社会化研究でさまざまに提案されたのが，組織社会化の「段階モデル」である。これは，組織社会化の進展を複数の段階に分けて記述したもので (cf. 小川, 2005)，大まかには三段階に集約することが可能であろう。学校での経験や組織による募集・選抜活動といった予期的社会化 (Merton, 1949) の過程において，組織参入を動機づけるさまざまな期待を形成する準備段階，実際に組織に参加して現実を認識する遭遇段階，および期待と現実との調整を図り新たな態度を形成する変化の段階である (Louis, 1980)。

こうした段階モデルは必ずしも実証的な裏づけを持ったものではなく，記述的・規範的なモデルに留まることが多かったが，近年ではより一般的な分析枠組み（図1）を用いた縦断データによる実証的探求がなされている。

### 組織社会化の促進要因

組織社会化を促す（あるいは抑制する）要因は，全体社会，当該組織，および組織に参加する個人へと大別可能である。社会とは当該組織を包含する社会環境全体である。ある組織に入る以前から，個人は関連する情報を，家庭，学校，マスコミなどを通じてさまざまに受け取っている。この過程で得られる情報は，組織外からの伝聞にもとづくことも多く，正確性を欠き

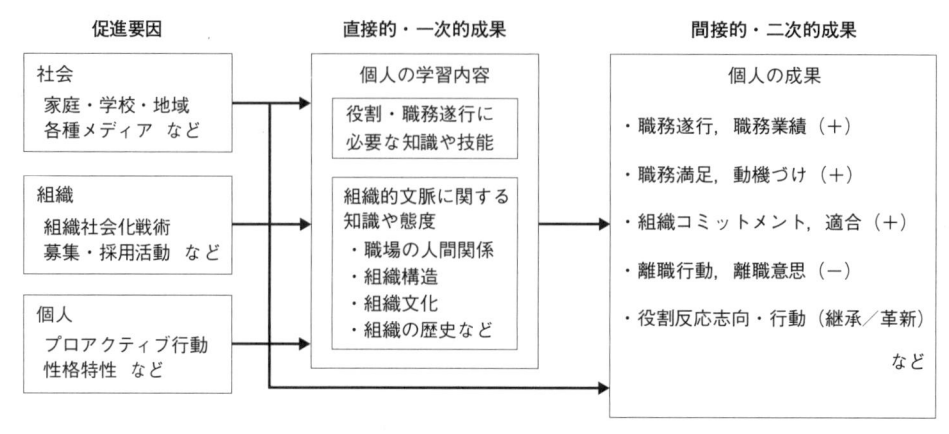

**図1　実証的組織社会化研究の基本的分析枠組み**

がちである。募集・選抜活動などで当該組織から発信される情報も，ブランドの向上や優良な人材の獲得を意図するため，過大に美化される傾向にある。この結果，いわゆるリアリティ・ショックが経験され，組織社会化の進展を阻むことがある。

　組織の作用の代表的なものには「組織社会化戦術」（Van Maanen & Schein, 1979）がある。これは，研修などを含む，当該組織による成員の組織社会化に向けた方針や一連の施策である。社会化戦術は，①集合対個人，②公式対非公式，③規則対不規則，④固定対可変，⑤連続対断続，⑥付与対剥奪という各々の対を極とする6次元から構成される。これら対の前者（すなわち集合・公式・規則・固定・連続・付与）をまとめた理念型を制度的社会化戦術，後者のセット（個別・非公式・不規則・可変・断続・剥奪）を個人的社会化戦術と呼ぶ。

　社会化戦術の実証的な効果については比較的多くの成果が蓄積され小川（2005）などにまとめられているが，特に社会的側面に関する戦術，すなわち上司や同僚あるいはメンターといった社会化を行うエージェントとの社会的相互作用の重要性が指摘されている（Saks, Uggerslev & Fassina, 2007）。

　社会化の客体と見なされがちな個人であるが，自らの適応を促す社会化の主体としても捉えることができる（e.g., Morrison, 1993）。情報収集，既存成員との関係構築，社交への参加といった個人の積極的な適応行動を総称して「プロアクティブ行動」と呼ぶ（cf. Ashford & Black, 1996）。この作用もまた，組織社会化の促進に一定の役割を果たす（Bauer et al., 2007）。また，近年では，個人の自己効力感などの性格特性や能力による，社会化成果に対する調整効果なども検討されている。

## 組織社会化の成果

　組織社会化の成果に対する考え方にはさまざまなものがある。理論的志向性の強い研究者は，組織の規範の学習を強調し，社会化の否定的結果として個人の過剰適応を懸念する傾向がある（Fisher, 1986）。たとえば組織の価値観などを完全に受け入れる「適応」，逆に完全に拒絶する「反抗」，中心的価値観のみを受け入れて他は拒絶する「創造的個人主義」といった分類がこれに該当する（cf. Schein, 1968）。与えられた役割に対し従来とは異なる手法や使命を取り入れて遂行しようとする「革新的役割反応（ないし志向）」，与えられた役割に対し前任者と同様の役割遂行を維持しようとする「保守的役割反応（ないし志向性）」といった社会化戦術研究における成果変数は，こうした流れを汲むものである。

　一方，実証志向的な研究者においては，より操作的で組織にとって機能的な変数を用いる傾向にある（cf. Bauer et al., 2007）。在籍期間に始まり，職務満足や組織コミットメントといった伝統的な態度変数が用いられてきたが，近年ではより直接的かつ組織社会化独自の成果としてさまざまな「学習内容」が提案されている（e.g., Chao et al., 1994; Klein & Heuser, 2008）。それらを集約すれば，職務遂行に必要なスキルや知識と，その他の組織的文脈に関わる知識（役割期待，人間関係，組織文化，組織構造や戦略など）の学習に大別可能である。これらは現在では，直接的・一次的な成果としての学習内容と，一般的職務態度などの間接的・二次的成果の関係に緩やかに整理されている。

# ダイバーシティ

荻野勝彦

　キャリアデザインにおいてダイバーシティ（多様性）とは，ワークフォース・ダイバーシティを指すことが多い。

　これはもともと米国発の概念で，当初，1960年代以降の米企業におけるダイバーシティへの取り組みは，法的規制への対応という観点が中心で，多くは差別禁止，機会均等に関係づけられていた。たとえば米IBMのウェブサイトを見ると，民族・人種，皮膚の色，宗教，性別，性同一性または性表現，性的指向，出身国，障害の有無，年齢，ベトナム退役軍人支援法上の地位について機会均等を保障するとの記載がある（http://www-03.ibm.com/employment/us/diverse/equal_opportunity.shtml）。この時期から，ダイバーシティ委員会を設置してマイノリティの採用や管理職登用などをチェックし，また，従業員に対してダイバーシティ教育を行うといったダイバーシティ・マネジメントを実施する企業が多くみられるようになったと言う。

　1990年代に入ると，米国企業の事業のグローバル展開が拡大するとともに，米国の人口構成や労働力構成が大きく変化し，ダイバーシティに対しても法令遵守や企業倫理といった側面だけではなく，それを受容したうえで競争優位につなげていこうとする今日的な意味でのダイバーシティ・マネジメント，ダイバーシティ＆インクルージョン（diversity & inclusion）の考え方が拡大した。その背景には「画一的な人々の集まりからは画一的な発想しか生まれない。多様な人々が協働することで，創造的・独創的な発想が生まれる」という考え方があると言う。

　今日では，こうした考え方は米国の主要企業があまねく共有するものとなっている。たとえば米GEのウェブサイトには（多様な発想・価値観を持つ人々が協働する）ダイバーシティは生産性，創造性，技術革新と競争力のために不可欠であると明記されている（http://www.ge.com/careers/culture/diversity）。米Microsoftのウェブサイトにも，ダイバーシティが業績と製品を改善し，従業員の生活や地域コミュニティを豊かにするとの記載がある（http://www.microsoft.com/en-us/diversity/programs/ergen/default.aspx）。

　日本でもこうした考え方は外資系企業から拡大し，2000年には日本経営者団体連盟（日経連，2004年に経済団体連合会に統合）がダイバーシティ・ワーク・ルール研究会を設置してダイバーシティ・マネジメントの方向性を示す（最終報告は2004年）など，今世紀初頭には広く注目を集めるに至った。その最大の特徴は，米国ではダイバーシティといえば第一に人種，民族の多様性が想起されるのに対し，わが国ではこうした問題が少なくとも表立っては注目されることが少なかったことを反映して，ダイバーシティを「異なる属性（性別，年齢，国籍など）や異なる発想・価値」としている点であろう。実際，わが国でダイバーシティといえば，多くの企業ではまずは女性と考えられているようだ。

　ダイバーシティが本当に創造的な成果や企業業績の改善につながるかどうかについては，米国を中心に多くの調査があるが，現時点で明確な結果は得られていないようだ。わが国でも，ダイバーシティの企業経営への有効性を示す調査結果などが出始めており，今後が注目される。

# 知的熟練論

中村　恵

　この節では，法政大学小池和男名誉教授の概念としての「知的熟練」に関する議論を取り上げ，解説を行う。労働者とりわけ工場労働者の熟練研究，ひいてはそのキャリア研究において，この「知的熟練」という概念は，参考にすべき避けて通れない視点をうみだしているからである。

　小池教授の熟練研究を理解するには，まず小池（1977）『職場における労働組合と参加』を見ておく必要がある。この書物は，日本とアメリカのブルーカラーの熟練形成に焦点を当て，その差とそれがもたらす労使関係への含意を考察している。そこでの結論は，日本のブルーカラーはアメリカのブルーカラーよりも，主に職場の中で関連する仕事間をよく異動しており，そのことが日本のブルーカラーの技能の高さを反映しているとするものである。仕事経験を異動の量で代理し，それが技能のレベルを規定していると想定し，技能はいわば2次平面上で考えられていた。

　ただし，仕事経験が広がると，工程の理解や機械の構造の理解が深まり，工夫や改善がよく行われるようになり，生産効率が上がる。「技能の広がり」が持つそうした効果も，日本のブルーカラーの技能の高さに反映されていると教授は考えていた。この工程全体や機械の構造を理解することは，想像されるようにすぐれて「知的」なものであり，伝統的に考えられてきたブルーカラーの熟練の内容からはずれている。残念ながら，小池（1977）の段階では，こうした熟練の内容はまだ概念化されていなかった。

　小池熟練論は，仕事経験の広がりの観察からさらに進む。より細かく検討すれば，同じ仕事を同量経験しても，技能のレベルに差がある場合がありえよう。単純なケースは，仕事の習熟度の違い，すなわち個人の習熟度曲線の違いに起因することが考えられる。だが，より重要なケースは，1つの職務で行う仕事の質，あるいは仕事で使われる技能の質に起因するものであろう。この点に着目して構築されたのが，小池教授の熟練論に追加された「知的熟練」の概念である。

　それがつくられたのは小池和男・猪木武徳編（1987）においてである。この書物は，明示的に「知的熟練」の概念を取り入れ，日本と東南アジア諸国との熟練比較を行った。まず技能形成に関して，2つの概念が用意される。1つは，「キャリアの広がり」である。この概念は，小池（1977）における概念を踏襲している。すなわち，持ち場の経験の広がりという意味での「ヨコの広がり」と，どこまで昇進できるかという「タテの広がり」である。そしてもう1つが，「技能の深さ」という概念である。この概念こそがこの書物で新しく導入されたものであり，熟練を測る指標として，もう1次元加わったことになる。

　この「技能の深さ」とは具体的に何か。職場の仕事を観察していると，それは2つの種類の仕事に分かれる。マニュアル化され，繰り返しの多い「ふだんの作業」（usual operation）と，「ふだんとちがった作業」（unusual operation）である。このうち，「ふだんとちがった作業」を，さらに2つに分ける。「変化への対応」と「異常への対応」の2つである。これらの「ふだんとちがった作業」が「技能の深さ」と関係している。

　職場ではさまざまな変化が発生している。製品構成，生産量，生産方法，労働者構成の変化などである。たとえば，製品構成の変化をとろう。1つの生産ラインには，意外と多くの種類の製品が流れている。そうした多様な製品の生産をこなすためには，たとえば頻繁な治工具の取り換え，およびその微調整が必要になる。微調整がうまくいかなければ不良品が発生し，生産効率が落ちる。「変化への対応」の重要性がここにある。

また職場では，必ずトラブルが生じている。それにいかに対処していくかが問われる。その対処には手続きが必要となる。1つは検査し不良を取り除くこと，第2には発生したトラブルの原因の推定である。しかし，こうした手続きをうまく行うためには，バックグラウンドの知識が必要になる。機械や製品の構造，生産の仕組みの理解である。不良の多くは製品や生産の仕組みそのものから発生することが多いので，こうした理解は「異常への対応」を行うためには不可欠なものとなる。

　こうした「変化と異常」に対応するための技能の内実こそが「知的熟練」と定義されるものである。こうした技能は，機械や製品の構造，生産の仕組みの深い理解を必要とするため，部分的に技術者のものと共通し，それゆえ「知的」と呼ばれることになる。

　「知的熟練」すなわち「技能の深さ」を形成するためには，「仕事経験の広がり」を必要とする。持ち場を多く経験していれば，より生産工程や機械の構造の理解が深まるからである。しかし他方，「仕事経験の広がり」を持ったからといって，「知的熟練」が必ず形成されるものでもない。たとえば，オペレイターの仕事経験が広がっても，「異常への対応」はそれを専門とする保全工ないしは技術者が行うという方式が考えられよう。「分離方式」と呼ばれる。それに対して，オペレイターが「異常への対応」にも実際に関わる場合を「統一方式」と呼ぶ。小池理論に従えば，「統一方式」が「分離方式」に優越すると考えられる。「異常への対応」は，それが起こったその場にいる労働者が対処した方が，いちいち保全工や技術者を呼びにいくよりも効率的だと考えられるからである。日本は他国と比べてこの「統一方式」をよく進めているとし，小池教授は日本の生産現場の効率性，優位性を高く評価する。

　ただし，前提条件がある。「知的熟練」という以上，オペレイターにも相応の知的能力適性が求められるということである。ひらたく言えば，相当の教育レベル水準が必要だということになろう。それが満たされなければ，「知的熟練」の形成も，かえって効率を損なうものとなるだろう。また，求められる能力が「知的」なものであるだけに，その知的能力の形成には，教育達成度あるいは学歴を一定としても，個人差が見られよう。その個人差をゼロにすることはできないが，可能な限り小さくすることはできる。そのためには，逆に学校教育および企業内教育（OJTおよびOff-JT）の質を高める必要があろう。その意味において，「知的熟練」の形成と維持には，幅広い分野での反省と検討が必要になると考えられる。

　「知的熟練」論の核心は，こうした熟練が，機械化が進めば進むほど必要になると理解することにあると思われる。世の多くの議論では，高度の機械化のもとでは熟練を機械が吸収し，人には繰り返し作業のみが残るとされることがある。しかし，機械化のもとで吸収されるのはむしろ繰り返し作業の方であり，「ふだんとちがった作業」特に「異常への対応」の比重が高まると理解されているのである。それゆえ，今後の経済発展にとって「知的熟練」の役割は増大すると見なされている。

　この「知的熟練」概念は，仕事や技能の内実に踏みこむことによってはじめて創出された概念である。ブルーカラーのキャリアを，単なる職種経験あるいは持ち場など仕事経験の連鎖としてだけで捉えていれば，それは生み出されなかったであろう。キャリア研究において，職場で記録に残りにくい技能の内実をも検討することがいかに重要かを示唆している。

　なお，この概念はもともとブルーカラーの熟練の内実を検討するなかでつくり上げられてきたが，その適用範囲はホワイトカラーにも広がると考えられる。ホワイトカラーの仕事においても，あるいはそれにおいてこそ，市場環境の変化や「ふだんとは異なった」状況への対応と知的工夫が強く求められていると考えられるからである。ホワイトカラーの仕事およびそこに求められる能力や技量の内実の，よりいっそうの追究が必要である。

# トーナメント移動と早い昇進

中村　恵

　企業内キャリアの中で，ホワイトカラーにとって最も重要な移動は垂直移動，すなわち昇進である。トーナメント移動とは，昇進競争の在り方の実態に関する実証研究の先鞭をつけたローゼンバウム（Rosenbaum, 1984）がつくりだした概念である。

　従来社会学の中では，昇進競争の枠組みとして，あたかも「美人コンテスト」のように，キャリアのかなり終盤まで昇進（＝優勝）の機会が残されているような競争移動（contest mobility）と，キャリアの初めからごく少数の人材が選抜され，彼らのみが成功者としてその後の昇進が約束されるような庇護移動（sponsored mobility）の2タイプが考えられていた（Turner, 1960）。

　ローゼンバウム（1984）は，アメリカのある製造業大企業社員670名余の十数年間に及ぶ人事データの分析によって，昇進競争の実態は，競争移動でも庇護移動でもない，むしろ各選抜点で次第に参加者がしぼられていく，いわば甲子園の高校野球大会のような「トーナメント」型であると結論づけた。

　ローゼンバウムは，このトーナメント移動の発見とともに，もう一つ重要な指摘を行っている。「早い昇進」（early promotion）である。ある職位レベルでの昇進トーナメントの勝者（＝昇進者）の特徴を調べてみると，そのレベルにより早く到達したものの方が，次のレベルへの昇進確率が高いということを見出した。そのことをキャリアの初期にまで引き戻していくと，キャリアの初期に早く昇進したものほど，その後の昇進確率も高いということになる。それを彼は「早い昇進」と表現した。

　ただし，ローゼンバウムは，3番目の指摘として「効率＝モチベーション仮説」を提唱している。企業にとって，昇進は2つの側面を有する。一つは，もちろん能力あるものをより重要な役割につけるという効率性の基準にもとづいた人材選抜の側面である。しかし他方，昇進は企業の構成員にとって重要な報酬の一部であるから，それは構成員のモチベーションとしても機能する。そして，この2つの側面はトレード・オフの関係にある。昇進は選抜であるから，誰に対しても平等に配分するわけにはいかない。しかしそれが報酬である以上，配分の機会に恵まれなければその個人の仕事のモチベーションは小さくなる。

　職位をコントロールしたうえで年齢別に昇進確率を検討すると，確かにそれぞれの職位で，ある年齢を超えると昇進確率は低下する。だが，詳細に吟味すると，学歴による差が認められる。大卒ではかなり急激な昇進率の低下が起きるが，高卒では下落はするが低下度はより緩やかである。しかも，急激な低下を見せる大卒の昇進率も，その低下が起こる年齢に必ずしも明白なカット・オフの年齢は見出さず，むしろ25歳から45歳というかなり幅の広いレンジでその低下が起こっていることを発見している。

　この事実から，企業は効率性の面から投資回収期間が相対的に長い若年者を選好して昇進させてはいるが，他方残された者のモチベーションを維持するためにある年齢以降の昇進確率を一挙に低下させることはしない，という解釈をローゼンバウムは与えている。そうした仮説を彼は「効率＝モチベーション仮説」と呼んでいる。

　こうしたローゼンバウムの研究にならって，アメリカでも日本でも研究が蓄積されてきた。アメリカにおける代表的な研究としては，フォーブスとピアシー（Forbes & Piercy, 1991）を挙げておく。ここでは，特に日本の研究のうち，すべてを網羅するのではなく，重要なものに限定して解説を行う。

　まず，花田（1987）の研究がある。日本の大企業6社の人事データを使い昇進・昇格の実態を分析した。日本企業では年功昇進が規範となっており昇進競争が乏しいという通説に対して，

ほとんどの企業でまさにローゼンバウムが言うような「トーナメント移動」が行われ，激しい昇進・昇格競争が展開されているという実態が明らかにされた。

そうした日本のホワイトカラーの昇進競争を，よりミクロの視点から分析した研究が若林（1986）である。あるデパートの大卒社員を入社から7年間追跡調査を行い，その7年目の昇進の遅速や人事考課の成績を，入社前の学業成績，入社後の上司との関係，仕事への評価などで説明しようとした。その結果，7年目の昇進の遅速の決定因として，入社3年目までの仕事ぶりの評価と上司との関係の良否が効いているという発見をした。彼はこの発見の解釈として，日本企業においても実際には入社後かなり早い時点で事実上の選抜がなされているのだと主張する。

だが，いくつかの議論点が残る。一つは，昇進トーナメントの性格に関わる。第1次選抜に残ったものの中からトーナメントの勝者が結果的に生まれていたとしても，その過程においていわゆる敗者復活のファクターが昇進管理政策に含まれているか否かは，トーナメント参加者のモラールの維持の長期化にとって重要であろう。

もう一つは，その第1次選抜の時期である。多くの研究の第1次選抜時期は，データを見れば相対的にアメリカに比較すると遅い。花田のデータでも，入社数年で昇進に大きな差をつけているケースは見当たらない。ローゼンバウムの研究では，入社数年ですでにかなりの差がついていることが明らかになっているので，この違いは大きい。また，若林のデータでも，7年目の昇進の差はわずか半年である。もし，このわずかの差がその後の昇進にも意味を持つとしたら，それは敗者復活がない場合にかぎられる。ゆえに，論点はその敗者復活の有無に再び帰着する。

この点を踏まえて日本のホワイトカラーのキャリア形成の実態を探ったのが小池（1991）である。個別企業のキャリア・データおよびそれにもとづいたヒアリング調査によって，日本の大企業では入社15年目ぐらいまで昇進に大きな差はつかず，また仕事経験の内実としてのキャリアにも差があまり認められないことを見出し，そのかぎりで日本の昇進競争は「遅い選抜」であると主張した。付け加えて，ヒアリング調査は多くの企業において「敗者復活」が認められることも指摘している。この「遅い選抜」と「敗者復活」の存在は，その後今田・平田（1995）において，ある製造業に属する大企業の1コーホート（同一入社年度集団）を対象としたきわめて詳細な人事データの分析によって確認された。

こうした欧米流の「早い選抜」と日本流の「遅い選抜」は，生産性に与える影響がどのように異なっているだろうか。この点に解釈を与える研究をサーベイしているのが伊藤（1993）である。彼の議論をまとめると，「早い選抜」では入社数年までで経営幹部候補が決まってしまい，その選抜にもれた者はやる気がなくなってしまう。それに対して，「遅い選抜」ならば，昇進競争が，少なくとも表面上長く続いているので，競争参加者は昇進の可能性を信じて努力する。最終的には敗者となる者の昇進インセンティブを長く維持できる点で「遅い選抜」が優位にたつと論じている。劇的な変化が起こらないような日常のビジネスを想定した場合，経営者よりも実務層の生産性がより重要だと仮定するならば，この議論は十分に成立するように思われる。

彼の議論で欠けている点があるとすれば，それは実務層が持つ技能の内実の検討である。かりに，「遅い選抜」の方が実務層の昇進インセンティブを長く維持することができても，その過程で蓄積される技能のレベルが「早い選抜」方式での実務層のそれより低ければ，組織全体の生産性の優劣は，「遅い選抜」が優位とは一義的に言えないかもしれない。日本企業による海外進出や外国人採用などグローバル化が進んでいる現在，この点のさらなる検討が望まれる。

# トランジション

岡田昌毅

## トランジションとは

　トランジション（transition）は，金井壽宏（2002）によれば，人生行路（ライフコース）や人生の中で何度か繰り返し起こる（ライフサイクル）ことという文脈の中で，日常語としては「転機」と訳され，生涯発達心理学の文脈では「移行」ないしは「移行期」（しばしば危機でもある節目）を指す言葉である。他にも，「節目」「移行期」「過渡期」「危機期」などと訳され，研究者によりその捉え方も異なっている。
　ここではトランジションの概念について整理するために，大きく2つの考え方を取り上げる。一つめは，発達段階の移行期としての考え方で，成人期には共通した発達課題や移行期があるという前提に立ち，人生行路やライフサイクルなどの連続性の中でトランジションを捉えようとするものである。ブリッジス（W. Bridges）は，この立場に立っている。もう一つは，人生上の出来事としての考え方で，転職，失業，結婚，離婚，引越し，本人や家族の病気などの，各個人におけるその人独自の出来事として捉えようとするものである。シュロスバーグ（N. K. Schlossberg）は，トランジションを人生上のさまざまな出来事と捉え，その対処に焦点を当てていることから，この立場に立っている。

## 発達段階の移行期としての「トランジション」

　ブリッジス（Bridges, 1980）は，成人の発達的観点より，個人や組織に適応する転機のプロセスについて論じている。彼は，トランジションが古い状況から抜け出し，過渡期のどっちつかずの混乱を経験し，そこから新しい状況へ向かって再び前進し始めるプロセスであると考え，「終焉」「中立圏」「開始」の3つの様相を示すことを明らかにした。
　終焉とは，今まで慣れ親しんだ社会的な文脈からの離脱，アイデンティティの喪失，その人の世界がもはや現実でないとの覚醒，方向感覚の喪失などの「象徴的な死」を経験することである。中立圏とは，古い生き方と新しい生き方の間の無人地帯のことであり，一時的な喪失状態に耐える時期である。この時期には，今までと違う見方で世界を見たり理解したりする変容体験，深刻な空虚感が経験される。開始とは，かつての人生の局面を破壊し，どこを通ってきたかわからない旅が終わった時である。社会的に見れば，離脱状態から帰還し，そこで得られた洞察や考えを形にしたり，行動に移したりすることを意味する。
　ブリッジスは，これらのプロセスからなるトランジションの特徴を4つの法則にまとめている。
　〔法則1〕トランジションのはじめの頃は，新しいやり方であっても，昔の活動に戻っている。
　〔法則2〕すべてのトランジションは何かの「終わり」から始まる。新しいものを手に入れる前に，古いものから離れなければならない。それは外的にも内的にも言えることである。
　〔法則3〕自分自身の「終わり」のスタイルを理解することは有益だが，誰でも心のどこかでは，人生がそのスタイルに左右されているという考えに抵抗する。
　〔法則4〕まず何かの「終わり」があり，次に「始まり」がある。そして，その間に重要な空白ないしは休養期間が入る。
　トランジションを人生における発達過程として見てい

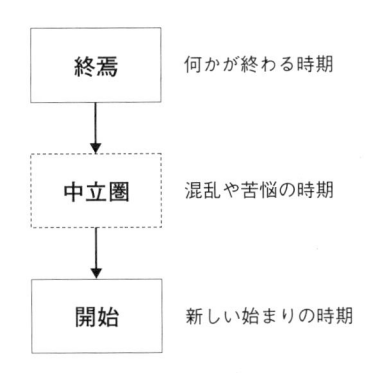

```
┌──────┐
│ 終焉 │　何かが終わる時期
└──┬───┘
   ↓
┌──────┐
│ 中立圏│　混乱や苦悩の時期
└──┬───┘
   ↓
┌──────┐
│ 開始 │　新しい始まりの時期
└──────┘
```

図1　ブリッジス・モデル（金井, 2002）

くと，その概念は，人生全体を通して考えた時のみに意味をもつ。なぜなら，人生はトランジションという形でしか前進したり花開いたりできないからである。「終わり」から「始まり」に進むというパターンは，人が変化し成長する過程を表している。トランジションのポイントは，1回の変化で簡単に切り抜けられるようなものではない。たとえば，依存から自立へのトランジションは，人が両親の世界から次第に離れていく過程と見なした方がよい。それにともなって，価値観やアイデンティティなどの内的変化が生じ，自己イメージや外見が発達していく。この過程は，家を出て20歳になったからといって，完成するわけではない。人は30歳になっても40歳になっても，さらに50歳になっても，自立という人生の大トランジションをやり遂げるために変化し続ける。

### 人生上の出来事の視点から見た「トランジション」

シュロスバーグ（Schlossberg, 1989）は，トランジションを成人のさまざまな人生上の出来事として捉え，転機に直面する個人の援助を目的としてさまざまな理論の知見を取り入れ，4Sシステムを提唱した。シュロスバーグは，成人の発達を考える際の視点として，①文脈的・文化的視点，②発達的視点，③ライフ・スパンの視点，④転機の視点の4つに整理している。成人の行動を理解するためには，個々人が自らの役割，人間関係，日常生活，考え方を変えてしまうような転機に注目することが重要であるとして，トランジションを中心概念に据えた。シュロスバーグは，個人の発達においては，出来事そのものではなく，それをどう受取り，どう対処していくかが重要であると述べている。

シュロスバーグは，転機を理解するための構造を3つに整理している。1つめは，転機へのアプローチで，転機のタイプが「予測していた転機」「予測していなかった転機」「期待していたものが起こらなかった転機」の3つであること，そして転機には「始まり」「最中」「終わり」というプロセスがあることから，個人が転機のどの位置にいるかを見極めることが重要であるとした。2つめは，転機を乗り越えるための資源として4Sシステム（状況 situation, 自己 self, 周囲の援助 support, 戦略 strategies）の内容を吟味していくことから，対処資源の活用と脆弱性を明らかにすることができると考えた。3つめは，個人の対処資源を強化していくこと，つまり新しい戦略を採るということである。シュロスバーグは，どんな転機でも，それを見定め，点検し，受け止めるプロセスを通じて乗り越えていくことができるとしている。シュロスバーグは，トランジション・プロセスの統合モデルを以下のように示している（図2）。

転機の始まり（Moving In）
新しい役割，人間関係，日常生活，
仮定・考え方（Assumption）
こつを覚える：社会化
アイデンティティの持越し

転機の終わり（Moving Out）
分離または何かの終わり
役割の終わり
役割，人間関係，日常生活，考え方
からの離脱（Disengagement）

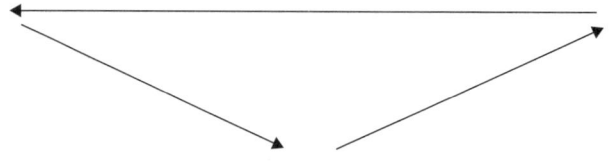

転機の最中（Moving Through）：どっちつかずの状態
通過儀礼における過渡的段階の時期
新しいものの模索：役割，人間関係，日常生活，考え方
ニュートラルゾーン：空虚と混乱の時期
再生の循環過程
希望と精神性

**図2 トランジション・プロセスの統合モデル** (Goodman et al., 2006, p.50.)

# 内部労働市場論

玄田有史

「内部労働市場」は、経済学、法学、社会学などの分野を超え、労働問題を語るあらゆるテキストに登場する重要概念である。では、内部労働市場とは何なのか。

> 「労働市場とは、労働力の配分と価格づけを行う。内部とは、配分と価格がおもに企業の内部で行われていることをいう。具体的には、企業のなかで経験をつみ、より難しい仕事に昇進していくしくみであり、かのアメリカ鉄鋼企業や日本の大企業の状況を意味している」。
>
> 小池和男『仕事の経済学 初版』p.83, 1991 年

> 「企業内の人材形成と活用の仕組み」
>
> 菅野和夫『雇用社会の法 初版』p.35, 1996 年

> 「1つの企業、1つの事業所などのある運営単位内において労働力の価格づけと配分が一定の運営上のルールと手続きによって決められているとき、そこには内部労働市場が形成されているといわれる」。
>
> 上西充子「能力開発とキャリア」、佐藤博樹・佐藤厚編『仕事の社会学』p.19, 2004 年

内部労働市場論の特徴は、賃金や仕事、役職などが、企業内の固有のやり方によって決められることを指摘した点にある。対照的なのは、新古典派経済学である。新古典派経済学では、賃金や仕事は、労働者が企業間を移動するなかで、労働市場全体の需要と供給が一致する水準に自然と落ち着くと考える。

企業を超えた、いわば「世間相場」によって、賃金や仕事が決まると考える新古典派に対し、「企業内部」の仕組みを重視するのが、内部労働市場論である。言い換えれば、新古典派経済学の想定するような賃金や仕事の決まり方がなされる状況を「外部労働市場」と言う。

内部労働市場という概念が広く知られるきっかけとなったのが、1971 年に刊行されたドーリンジャーとピオーリによる『内部労働市場とマンパワー分析』である（原題は Doeringer, P. B., & Piore, M. (1971). *Internal labor markets and manpower analysis.* Lexington, MA: D.C. Heath. 1985 年に出版された改訂版の日本語訳も 2007 年に刊行された（白木三秀監訳、早稲田大学出版））。

ピオーリらの研究は、アメリカの企業 75 社の管理者や組合役員への丁寧な聞き取りの成果として結実したものである。だが、実はそれよりおよそ 10 年前に、すでに内部労働市場の存在を指摘していたのが、日本の小池和男であったこともキャリアデザイン関係者は知っておくべきだろう[1]（小池和男（1962）. 日本の賃金交渉 東京大学出版会など）。

キャリア形成支援という観点から内部労働市場について考察する場合、課題となるのは、報酬の格差と熟練形成の機会の分断、すなわち「二重性」の問題である。労働市場が内部労働市

---

[1] 小池は『日本労働研究雑誌』（2003 年 4 月号）の特集「労働研究の流れを変えた本・研究」で、ピオーリらの本を論評している。その中で小池は内部労働市場の概念を広めた同書の意義を認める一方、先任権や仕事別賃金など、1960 年代の米国ブルーカラーに固有の慣行や制度のみを前提に内部労働市場を論じたことに一定の疑義を加えている。小池の主張するように、内部労働市場は特定の国や企業にのみ見られるものでなく、ホワイトカラーを中心に普遍性を持つ概念と捉えるのが、今では主流である。

場と外部労働市場に分断される「労働市場の二重構造」問題を，理論経済学者の石川経夫は，次のように指摘した[2]。

「労働市場が第一次（primary）労働市場と第二次（secondary）労働市場の2つに分断されているという労働市場の二重性の概念は，今や経済学者の間で広く受け入れられるに至った。第一次労働市場とは，そこでの仕事に学習機会や訓練の機会が多く存在し，かつ雇用調整や賃金体系につき確立した規則や慣行が存在する，企業の内部労働市場の集合として特徴づけられる。これに対し第二次労働市場（外部労働市場あるいは縁辺労働市場とも呼ばれる）では，仕事に学習機会は乏しく（しばしば「行き止まりの仕事」と言われる），労働者は市場の需給の変動に直接さらされることになる。所得分配の観点から見ると，前者に属する労働者は教育および経験の両者に対して高い報酬を享受し，一般に高賃金であるのに対し，後者の労働者は低賃金であり，教育や経験のいずれに対しても，報酬の増加はわずかしかない」（『分配の経済学』p.337）。

労働市場の二重構造問題は，戦後から高度成長期頃までは，主に企業規模や産業による分断の背景として，注目されてきた。しかしバブル経済崩壊後の1990年代以降，非正規雇用の就業者が増加するにつれ，正社員とそれ以外の社員の分断を考察し，問題や解決策を考慮するうえで，二重構造に基づく解釈が取り上げられることも多くなっている。

ではキャリア形成という観点から，二重構造問題の解消に取り組もうとしたとき，何が問われるべきなのだろうか。まずは，内部労働市場から排除された人々にとっての学習や熟練の機会を広く準備することである。（近年は減りつつあるとも言われるが）企業によって能力開発の機会が提供されることの多い正社員に比べ，外部労働市場に滞留する非正社員にとってそのような機会が提供されることは限られている。とすれば公的なかたちでの訓練機会を非正社員などに幅広く提供していくことが求められる。それは訓練機会の効果的な内容の問題であり，同時にそのための財源確保の問題でもある。

また先の石川経夫は，内部労働市場の入り口における門戸が広く平等に開かれているならば（経済学ではそれを「競争的」と呼ぶ），非自発的失業や賃金格差，さらには不本意な非正規雇用など，二重構造による深刻な経済問題の多くは理論的に解消可能だと説く（石川経夫『所得と富』岩波書店，第6章）。それは従来からの採用システムの大幅な見直しがキャリアデザインの観点から必要なことを意味している。

さらには内部労働市場を有する企業の起業や成長を促進することができるならば，より多くの人々に対して熟練形成の機会を提供することになる。それは創業支援や企業成長に向けた施策の在り方と密接にかかわる。加えて内部労働市場には属さないものの，企業を横断するなかで経験を積み，熟練を形成する「職人層」を育成する労働市場の整備も重要だろう。

キャリア形成の研究者や支援者の英知を結集し，日本から二重構造問題を解決する手立ての発見と社会への実装が期待されている。

---

[2] 二重構造論は，日本の労働研究によって独自に展開されてきた歴史を有している。日本の二重構造論にとりわけ重要な役割を果たしたのが，氏原正治郎による京浜工業地帯で働く労働者に関する1951年の実態調査である。報告において氏原が工場労働者を「二重構造」模型として分類したことは，その後の労働研究に影響を与えていく。氏原の二重構造は1957年に有沢広巳が雑誌「世界」で紹介したことで，国内での認知を広げた。東京大学出版会から刊行の氏原の著作は『日本の労使関係』（1968年，UP選書），『日本労働市場分析＜上＞＜下＞』（1971年，東大社会科学研究叢書）など，大学図書館の他，Amazonや古本書店により購入することで現在も読むことができる。

# ニート，フリーター

上西充子

「フリーター」とは，もともとはリクルートのアルバイト情報誌『フロム・エー』編集長であった道下裕史が，夢に向かってチャレンジしている若者を応援するために生み出した言葉だった（道下，2001）。その後，「夢」の有無にかかわらず，非在学でパート・アルバイトの仕事に従事する若者が「フリーター」と呼ばれていくようになった。

厚生労働省がフリーターをはじめて定義したのは平成3年版の『労働白書』である。その後2002年から定義は変更され，「15～34歳で，男性は卒業者，女性は卒業者で未婚の者とし，①雇用者のうち勤め先における呼称が『パート』又は『アルバイト』である者，②完全失業者のうち探している仕事の形態が『パート・アルバイト』の者，③非労働力人口のうち希望する仕事の形態が『パート・アルバイト』で，家事も通学も就業内定もしていない『その他』の者」をフリーターと定義している（平成18年版『労働経済白書』）。その定義によればフリーターの総数は2003年の217万人から2005年には201万人に減少しているが，25-34歳層では減少幅が小さく，高止まりしていることが捉えられていた。

「ニート」は，イギリスにおいては，教育・雇用・職業訓練のどの活動にも従事していない（Not in Education, Employment or Training）16-18歳の若者を指し，重点的な政策対応が必要な者を指していた（沖田，2003）。その中には当然失業者も含まれる。

しかし日本では玄田・曲沼（2004）によって「働くことにも学ぶことにも希望を失った若者」として「ニート」という言葉が浸透した。そこでは求職活動を行っている失業者は除外されている。

厚生労働省は平成16年版労働経済白書において，この玄田の捉え方に沿った「無業者」数の推計を行っている。年齢15-34歳，卒業者，未婚者であって，家事・通学をしていない者，として捉えられた「無業者」数は2003年に52万人であった。

「フリーター」は，安易にフリーターを選ぶ勤労観が未成熟な若者の問題として，また「ニート」は，働く意欲に乏しい若者の問題として捉えられがちである。そのため政策的にも若者への働きかけが主に展開されてきた。フリーター対策としては，ジョブカフェにおけるワンストップの就職支援，トライアル雇用による就職支援，日本版デュアルシステムによる実践的な能力開発などが展開された。ニート対策としては，個別相談やコミュニケーション訓練などから段階的な支援を行う地域若者サポートステーション，共同生活を通じて生活リズムの立て直しや他者との関わり方を学んでいく若者自立塾などが展開された。

しかし，フリーターやニートを「若者の側の問題」と捉えることには批判がある。本田・内藤・後藤（2006）は，日本の「ニート」が失業者を定義から除外することによって「働く意欲がない人」というイメージの普及につながり，労働需要側ではなく労働供給側である若者の自己責任にすべてが還元されるような風潮が支配的になっていることを批判した。

近年ではフリーターについても，バブル崩壊後の企業の正規雇用の採用抑制のなかで，「不本意な職業選択の結果として非正規雇用へと追いつめられる者が増えていった」（平成23年版労働経済白書）という認識に変わってきている。厚生労働省は2010年からは全都道府県に学生と既卒者を対象とした「新卒応援ハローワーク」を設置するとともに，卒業後少なくとも3年は新卒として応募できるように，主要経済団体などに協力を要請している。

# 日本版デュアルシステム

今野浩一郎

　日本版デュアルシステムは政府が行う公共職業訓練の一タイプである。公共職業訓練は対象者，実施機関，訓練内容，実施方法などが異なる多様なタイプから構成されている。表1は訓練の内容・実施方法，主要な訓練対象者から公共職業訓練の構成を整理したものである。

表1　公共訓練の構成

| | | 訓練の内容・実施方法 | | |
|---|---|---|---|---|
| | | OJT・Off-JT 結合型 | | Off-JT 型 |
| | | 雇用型 | 非雇用型 | |
| 主要な対象者 | 新規学卒者（高等学校卒業者） | | | 学卒者訓練 |
| | 求職者（雇用保険受給可） | | | 離職者訓練 |
| | 求職者（雇用保険受給不可） | | | 求職者支援制度 |
| | 実践的能力の習得が必要な求職者 | | 日本版デュアルシステム | |
| | フリーター等正社員経験の少ない者 | 有期実習型訓練 | | |
| | 新規学卒者中心の15歳以上40歳未満の者 | 実践型人材養成システム | | |

　公共職業訓練は伝統的には公共職業訓練機関によって学卒者訓練と離職者訓練を主に行ってきたが，フリーターなどの就職困難者が増えてきたこと，訓練の実施を民間教育訓練機関に任せる体制を整備してきたことなどを背景にして，いまでは表1に示すような多様な訓練コースを提供している。またOff-JT型訓練が主流であったが，近年，働きながら能力を養成するOJTとOff-JTを組み合わせたOJT・Off-JT結合型訓練が拡充されている。

　このOJT・Off-JT結合型には，企業と雇用契約を結び賃金を得ながらOJTを受ける，したがって訓練の実施は企業に任せる雇用型と，教育訓練機関が実施主体になる非雇用型（委託型と呼ばれている）の2つのタイプがあり，後者の非雇用型が日本版デュアルシステムである。日本版デュアルシステムは新卒未就職者，無業者，フリーターなどの若者を一人前の職業人に育てることを目的に平成16年に開始された仕組みで，現状では，厚生労働省と文部科学省によって実施されている。以下では，多くの人が受講している厚生労働省の日本版デュアルシステムについて説明したい。

　まず同システムには，都道府県から委託を受けた専門学校などの民間教育訓練機関が行うコースと公共職業訓練機関が行うコースの2つがある。前者は標準的な期間が4ヶ月程度であり，訓練機関などでのOff-JT約3ヶ月，企業でのOJT約1ヶ月というのが代表的な構成であり，後者の公共職業訓練機関が行うコースは標準が6ヶ月である。訓練対象者は「実践的能力の習得が必要な求職者」とされ，雇用保険が受給できる求職者も，受給できない求職者も，新規学卒の求職者も無料で受けることができる。求職者は受講するにあたって，公共職業安定所から受講の指示あるいは推薦を受けること，ジョブカードが交付されていることが必要である。

　厚生労働省の職業能力開発分科会（平成23年1月25日開催）の資料によると，同システムの受講者数は約9.5万人（平成22年11月末までの累積）である。これに雇用型の約2.5万人（平22年12月末までの累積）を加えると，OJT・Off-JT結合型訓練の受講者は12万人弱となる。受講者数は多くはないが，日本版デュアルシステムも含めたOJT・Off-JT結合型訓練はこれからの公共職業訓練の在り方を考えるうえで重要な試みである。

# 働くことの意味

森田慎一郎

　働くことの意味は，働くことの理由あるいは働くことで得られるものなどを含む概念であり，ワーク・モチベーションや職業観などにも通じる概念である。働くことの意味は，時代によって大きく変遷してきた。古代ギリシャにおいては，労働は奴隷が従事すべきものと考えられており，働くこと自体に意味はほとんど見出されていなかった。しかし，中世末期の宗教改革によって現れたプロテスタンティズムにおいて禁欲と勤勉が重視されたことが，働くことに対して「個人の利益のみならず世の中全体の利益の創出にも貢献する」という意味が付与されるきかっけになった。その後，資本主義を中心に社会が発展しさらに成熟するにつれて，働くこと自体は，組織の機能の一部として局部化する傾向にあり，全体像の見えにくいものとなっている。その影響を受けて，働くことの意味は，複雑化し，個人の生き方や考え方に委ねられる部分が大きくなっていると言える。

## わが国における働くことの意味

　現代日本に通じる働くことの意味の源流は江戸時代にあると言われる。尾高（1984）によれば，戦乱の世を経て迎えた江戸時代における秩序の安定と鎖国体制のもとで，一定の土地に永住する人々が代々従事するという形式の農業が基礎的な産業であったことが，家や村などを構成単位とする運命共同体を次々に生成させた。この運命共同体の中では，生涯にわたって没我献身することが求められ，仕付け教育と年功による地位の序列が重んじられる代わりに，構成員各人の全生活に対して温情的な配慮がなされていた。その後，近代的な経営組織体が都会地につくられたときに，創始者たちは，かつての運命共同体をモデルとした人事的な管理手法を導入し，やがてその手法は，日本の大企業などに見られる終身雇用や年功序列などの雇用慣行に発展していった。

　このような雇用慣行のもとでは，組織による手厚い保護があるため，働くことの意味として，「組織との一体化」と評されるほどの安心感が得られやすくなる。一方で，どんな職務にも適応でき職場の和を乱さないような「つぶしのきく」人材になることが求められ，特定の職務において専門性を追求していくことはあまり求められないため，働くことの意味として，職務の遂行そのものから充実感を得ることは難しくなる。このことは，「つぶしのきく」人材を求めることによって個人の持つ個性や創造性が埋没しかねないというリスクとともに問題視されており，それがゆえに，とりわけ1990年代のバブル経済崩壊後は，従来の日本的雇用慣行の見直しを図る組織も現れている。

　さらに，働くことの意味は，個人の在り方をめぐる文化の違いから論じられることもある。日本では他者との協調性や結びつきが重視されるのに対して，欧米では他者と異なる自己の独自性を見出し表出することが重視されるという指摘は，マーカスとキタヤマ（Markus & Kitayama, 1991）を初めとして数多く見られるが，このような文化差は，働くことの意味にも影響を与えると考えられている。たとえば，働くことの意味に関する国際比較研究では，日本の大学生はカナダの大学生よりも，働くことによって，「なぜ働かないのか」という周囲からの非難を受けなくて済む，ということに意味を感じる一方で，カナダの大学生は日本の大学生よりも，働くことによって自己が成長する，ということに意味を感じているという報告もある（森田ら，2012）。

## 働き方の多様化と働くことの意味

　近年の日本における各種調査によれば，ライフスタイルの変遷を背景に，人生は仕事だけではないという方向へ人々の意識が変化してきているとともに，働くことの意味の全般的な傾向としては，若い世代を中心に，収入は一定水準以上を求めない代わりに，職務そのものに達成感や自己実現や楽しみを求める傾向が強くなってきていることが推測される。

　ただし同時に，働き方の多様化がますます進展しており，それにともなって，働くことの意味も多様化していることが考えられる。働き方の多様化の背景要因には，産業構造の転換や女性の社会進出の拡大などとともに，非正規雇用者の割合の増加が挙げられる。労働経済白書（厚生労働省，2012）によれば，全雇用者の中の非正規雇用者の割合は，1990年代初頭の約5分の1からほぼ一貫して増加し約3分の1に達している。これは，組織が経営の効率化を目指して人件費を可能な限り縮小した結果とも言える。これにより，非正規雇用者における低収入の問題と，人員削減後の職場に勤める正規雇用者における過剰な労働の問題が顕在化している。すなわち，収入が一定水準に届かない状態や過労状態にあっても働き続けるという働き方も存在感を強めつつある。このような働き方のもとでの働くことの意味は，上述の全般的な傾向とは異なり，生きていくために当座をしのぐことや，労働条件が悪くとも安定的な雇用を確保しておくことにあると考えられる。

## 働くことの意味を踏まえた支援の在り方

　働くことの意味が多様化していると考えられる現代においては，個人における働くことの意味の違いを理解したうえで支援を行う必要がある。したがって，研究や実践活動を通して，働き方の違いを含んださまざまな要因別に働くことの意味を把握することが，効果的な支援に向けての第一歩になると言える。ここで，実際に支援を行う対象は，将来，働く場へ移行していく立場にある学生と，現時点で働いているもしくは働き口を探している社会人という2種類に大別される。

　学生を対象とする支援としては，まず，不特定の学生に対する一括支援がある。その代表は，学校で集団に対して行われるキャリア教育である。社会に出て働くという経験をほとんど持たない学生に対して，働くことの意味を教えることはきわめて重要である。そこでは，長期的に見て避けることのできない時代の変化や景気の変動にも柔軟に対応できるよう，働くことの意味を多角的に捉える素地を形成することが肝要となる。次に，特定の学生を対象とする個別支援があり，それらは，学生支援などと呼ばれている。近年の大学では，「キャリアセンター（呼称は大学によって異なる）」が，働くことに関する専門的な学生支援の中核を担っていることが多く，そのような場では，就職活動を促進するような情報を提供することに加えて，働くことの意味の問い直しの作業を行うことが支援の鍵となることも少なくないであろう。

　社会人を対象とする支援としては，まず，組織における不特定の従業員を対象とした一括支援がある。たとえば，外部講師を招聘し，働くことの意味をテーマとしたキャリア研修を行うことが挙げられる。次に，特定の従業員を対象とした個別支援がある。たとえば，外部からキャリアコンサルタントやキャリアカウンセラーを新たに雇い入れたり，組織の内部でキャリアコンサルタントやキャリアカウンセラーの役割を担う人材を養成したりすることで，働くことの意味を含んださまざまなテーマを扱う個別相談サービスを，組織の構成員に提供している場合が該当する。

　以上より，働くことの意味が，複雑化，多様化する今日，働く当事者である個人，あるいは，その個人を雇用する組織を支援するために，働くことの意味をきめ細かく理解することの重要性はますます高まっていると言えるだろう。

# パフォーマンス・マネジメント（リストラ，リテンション）

廣石忠司

　一般的にパフォーマンス・マネジメントとはいわゆる「成果主義」「業績主義」などと称される業績による管理のことを指すが，ここでは賃金などの処遇制度を除き，従業員の退社をめぐる問題に限定して述べる。

　なお表題にもあるリストラとは「リ・ストラクチャリング」であり，本来は事業の再構築である。事業の再構築とは従来の事業を閉鎖し，新事業に進出することを意味する。そのためには閉鎖する事業の従業員を解雇せざるをえない場合も多いが，これを日本のマスコミはリストラ＝解雇と解してしまった。したがって従業員を辞めさせること全般をリストラということは誤用である。事業の再構築を行わず，単に従業員を解雇するのであれば，「ダウンサイジング」という言葉の方が適当であろう。しかし誤用の使い方の方が一般的になってしまっているため，本項でも「退社させること」をリストラと称することにする。

　さて，低業績の従業員は社外に排出して，高い業績の従業員を引き留めるのが通常の発想である。しかし解雇には労働契約法上規制がかかっており，合理的理由が必要とされる。また，労働契約締結時に業務内容が限定される事例はまれであろう。そのためある職務で低業績であったとしても，他の職務に異動させれば変化するかもしれない。そう考えると単なる低業績を理由とする解雇は無効とされる可能性が大きいというのが判例の考え方である。したがって企業実務では訴訟リスクを負ってまで解雇することは控えることが多い。

　そこで企業が考えるのは解雇ではなく，従業員を自ら退職させることである。自分から退職を申し出るなら，労働法上問題は少ない。そのために全社的に業績が悪いようなら，まず希望退職を募集することになる。あるいは従来の評価を明らかにすることが前提となるが，特定の個人を退職させようと思うなら評価結果をもとに，このまま在社していても本人のためにならないことを説得することがよく行われる。その際には再就職支援会社の紹介を行うなどして，他の企業への転職を誘うこともある。

　単純に考えれば単に退職を要求するだけでは従業員は承諾するはずがない。承諾させるためには退職金プラスアルファの優遇措置を設けることが常である。上述した再就職支援会社の紹介はその一つであるが，退職金の割増制度を設けることも行われる。

　ここで問題が発生する。退職の優遇措置を好待遇にすれば高業績従業員から退職する恐れが出てくるのである。そこで，優秀な従業員に対しては辞めさせずに引き留めておく必要がある。これが引き留め策，つまり「リテンション」である。

　このリテンションのために企業はさまざまな工夫をしてきた。たとえば退職優遇措置を受けるための要件として「会社が認めた者」に限る，という方策であるが，この限定は裁判例で肯定されたものの，退職そのものを撤回させることはできない。また，実務上は会社が認めるか否かで「会社が自分を必要としているか否か」が明確になるため，従業員に対する心理的影響は大きい。

　そのためリテンション策の基本は本人が会社にとって必要不可欠な人材であることをアピールすることである。そのための施策としては本人の希望に沿った今後のキャリアの明示，また必要があれば賃金の増額といったものが考えられる。そして何といっても，会社の将来性への期待・そして希望を持たせることが不可欠なのである。

# プランド・ハップンスタンス（計画された偶発性）

大庭さよ

　クランボルツ（J. D. Krumboltz）は，1999年に *Journal of Counseling and Development* に Planned happenstance: Constructing unplanned opportunities（計画された偶発性―想定外の機会をつくりだすこと―）を掲載した。プランド・ハップンスタンス理論（planned happenstance theory, 1999）は，キャリア意思決定における社会的学習理論（social theory of career decision making, 1979）を発展させたキャリアカウンセリングにおける学習理論（learning theory of career counseling, 1996）を改訂したものである。キャリア意思決定における社会的学習理論，キャリアカウンセリングにおける学習理論については，『新版キャリアの心理学（ナカニシヤ出版）』を参照していただくこととし，ここではプランド・ハップンスタンス理論について説明をしたうえで，最後にプランド・ハップンスタンス理論の後に発表されたハップンスタンス学習理論（happenstance learning theory, 2009）についても言及する。

## プランド・ハップンスタンス理論（planned happenstance theory）

　従来のキャリアカウンセリングにおいては，「未決定（indecision）を減らすこと」「個人の特性と職業の特性の一致を増やすこと」が重要と考えられていたが，プランド・ハップンスタンス理論では，「未決定」を望ましい状態と考え，クライアントが偶然の出来事をつくり出し，認識し，自分のキャリア発達に組み入れていけるように支援することが，キャリアカウンセリングの目標である，と考えられている。プランド・ハップンスタンスの偶然の出来事に対する考え方は，決して運だけの考え方ではなく，クライアントがチャンスをつくり，見つけ出していくための行動をとれるようになることに重点を置く考え方である。キャリアカウンセラーは，想定外のチャンスに巡り合える確率を高めるような探索的な活動に従事するようにクライアントに教える必要がある。

　チャンスを認識し，つくり出し，自分のキャリア上の機会としてそれを利用できるようになるためには，好奇心（curiosity），粘り強さ（persistance），柔軟さ（flexibility），楽観性（optimism），リスクテイキング（risk taking）の5つのスキルが必要であり，キャリアカウンセラーはクライアントがこれらのスキルを伸ばしていけるように支援する必要がある，と考えられている。

　プランド・ハップンスタンスのモデルにもとづいたキャリアカウンセリングの方法は従来のキャリアカウンセリングとは異なり，次のようなステップを踏む（Mitchell, Levin, & Krumboltz, 1999）。

### ステップ1：クライアントのヒストリーにおけるプランド・ハップンスタンスを標準化する

　従来のキャリアカウンセリングでは，第一回目のセッションではクライアントとの信頼関係をつくり，クライアントのバックグラウンドやヒストリーを聞いていくが，プランド・ハップンスタンスにもとづいたアプローチでは，彼らのヒストリーから想定外の出来事がすべての人に影響を及ぼし，その出来事の前や後にとった行動が多大な影響を及ぼすことにクライアントが気づけるように支援することが最初のステップとなる。

### ステップ2：好奇心を学習や探索のためのチャンスにかえていけるようにクライアントを支援する

　想定外の出来事が起きたときにクライアントはその出来事を探索のためのチャンスとして見なすことができるようになるべきである。

ステップ3：望ましい偶然の出来事をつくりだせるようにクライアントに教える　キャリアカウンセラーは，想定外の出来事は否応なく生じるだけではなく，望ましい偶然の出来事をつくり出すために建設的な行動を始めることもできることをクライアントに強調する必要がある。

ステップ4：クライアントが行動を起こす際の障害を克服できるように教える　クライアントはスキル不足や思いこみのために想定外のチャンスを学習や探索のために利用することができない場合があるため，クライアントが実際に行動を起こせるようにカウンセラーは支援する必要がある。

　さらに，プランド・ハップンスタンス理論からのキャリアカウンセラーへのアドバイスとして次の5点が挙げられており（Mitchell, Levin, & Krumboltz, 1999），この5点にプランド・ハップンスタンス理論の考え方が凝縮されていると思われる。
　①想定外の出来事がキャリアに影響を及ぼすことは普通，かつ当然のことであり，望ましいことであることを認識しなさい。
　②未決定を治療すべき問題として捉えるのではなく，用意周到なオープンマインドな状態と見なしなさい。その状態は思いがけない未来の出来事をクライアントが利用することを可能にする。
　③新しい活動を試みたり，新しい興味を開発したり，古い信念に疑問を呈したり，生涯にわたる学習を続けるための機会として想定外の出来事を利用する方法をクライアントに教えなさい。
　④将来，有益な想定外の出来事が起こりやすくなるように行動を始めることをクライアントに教えなさい。
　⑤クライアントがキャリアを通して学習できるよう継続的な支援をしっかり提供しなさい。

## ハップンスタンス学習理論（happenstance learning theory）
　クランボルツはこれまで発表した論文に最新の修正を加えハップンスタンス学習理論（happenstance learning theory）としてまとめている。ハップンスタンス学習理論は，個人個人が人生を通じてたどるそれぞれの道がどのようになるのか，そしてそれはなぜなのか，を説明しようと試みたものであり，キャリアカウンセラーがそのプロセスを促進する方法について言及したものである。そして，ハップンスタンス学習理論では，人間の行動は各人の計画された状況と想定外の状況，両方から得られた数えきれない学習経験の産物である，と主張しており，4つの命題を提示している（Krumboltz, 2009）。
　①キャリアカウンセリングの目標はさらに満足できるキャリアや個人的な生活に到達するための行動をクライアントがとれるようになることを支援することである。
　②キャリアアセスメントは，個人の特性と職業の特性をマッチングさせるために用いるのではなく，学習を促すために用いられるのである。
　③クライアントは，有益な想定外の出来事をつくり出す方法として，探索的な行動に携わることを学習する。
　④キャリアカウンセリングが成功したかどうかは，キャリアカウンセリングのセッションの外にある現実の世界でクライアントが何を成し遂げたか，によって評価される。
　ここでは，クランボルツの論文に沿って，プランド・ハップンスタンスについて紹介してきたが，事例から具体的なイメージをつかみたい場合は，2004年に出版された *Luck is no accident.*（その幸運は偶然ではないんです！）を一読されることをお勧めする。

# ヘキサゴン・モデル

川﨑友嗣

　ホランドの職業選択理論は，個人と環境との相互作用に注目し，パーソナリティと環境を同じ6つのタイプとして捉えたことで知られる。パーソナリティと環境の6タイプは六角形で表されることから，六角形モデル（hexagonal model）とも呼ばれている。ホランドの理論は1960年代に提示され，その後，繰り返し修正されたが，本稿では主にホランド（Holland, 1985, 1997）にもとづいて，理論の概要を紹介するとともに，支援への適用について考える。

## 4つの仮説

　ホランドのタイプ理論は，次に示す4つの仮説を前提としている。
　①われわれの文化圏において，大多数の人は，現実型・研究型・芸術型・社会型・企業型・慣習型の6つのパーソナリティ・タイプのうちの1つに分類される。
　②現実的・研究的・社会的・慣習的・企業的・芸術的の6つの環境的モデルがある。
　③人々は，自分の持っている技能や能力が生かされ，価値観や態度を表現でき，自分の納得できる役割や問題を引き受けさせてくれるような環境を求める。
　④人の行動は，パーソナリティと環境との相互作用によって決定される。
　たとえば，現実的タイプの人は，現実的な環境において，自分らしさを発揮することができるという考え方である。そうすると，現実的な環境には現実的なタイプの人が多く集まることになることから，この点に注目した場合には，ホランドの理論は「類は友を呼ぶ」という考え方の理論であるとも言われている。
　基本的には人と仕事のマッチングに適用できる理論ではあるが，ホランドの理論は個人と環境との相互作用を強調する力動的なモデルであるという点において，パーソンズ（F. Persons）に始まる特性‐因子（trait-and-factor）理論とは異なっている。そのため，個人‐環境適合（person-environment fit）理論とも呼ばれている（Rounds & Tracey, 1990）。
　なお，「われわれの文化圏」とは米国文化圏を意味しているが，VPI職業興味検査の開発チームによって，ホランドの6タイプは日本においてもなり立つことが検証されている（雇用職業総合研究所, 1987）。したがって，ホランドの理論は日本人にも適用可能であると考えることができる。

## パーソナリティと環境の6タイプ

　ホランド自身は，6つのタイプについて詳細に説明しているが，ここではVPI職業興味検査（日本労働研究機構, 2002）の説明を紹介する。

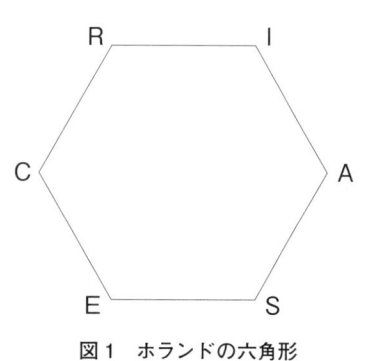

図1　ホランドの六角形

　①現実的（Realistic）：機械や物を対象とする具体的で実際的な仕事や活動
　②研究的（Investigative）：研究や調査などのような研究的，探索的な仕事や活動
　③芸術的（Artistic）：音楽，美術，文芸など芸術的領域での仕事や活動
　④社会的（Social）：人に接したり，奉仕したりする仕事や活動
　⑤企業的（Enterprising）：企画や組織運営，経営などのような仕事や活動

⑥慣習的（Conventional）：定まった方式や規則に従って行動するような仕事や活動

　これらのタイプは，六角形として表されるが（図1），心理学的類似性はタイプ間の距離に反比例するとされている。つまり，距離の近いタイプ（たとえば，RとI）は類似性が高く，距離の遠いタイプは類似性が低いことを意味しており，最も長い対角線で結ばれるタイプ（たとえば，AとC）は正反対の特徴を持つ。したがって，6タイプは対極的な3つのペアからなり立っていると見なすこともできる。

　ホランドは，個人が6つの領域に対して，どの程度興味を持っているかを測定するツールとして，VPI（Vocational Preference Inventory：日本版はVPI職業興味検査）やSDS（Self-Directed Search：日本版はSDSキャリア自己診断テスト）を開発している。これらの検査においては，6タイプのうち得点の高い3つのタイプを用いた3文字コードで結果が表される（たとえば，RIA）。

　この3タイプが六角形上で隣接しており，類似性の高い特徴を合わせ持っている場合には，一貫性（consistency）が高いと判断される。個人であっても，環境（職業）であっても，一貫性の高いケースは出現頻度が高く，一貫性の低いケースは出現頻度が低いことが知られている。ホランドは，相反する特徴を合わせ持っている一貫性が低い場合には，内的な葛藤が生じるため，仕事選びが難しくなる可能性を指摘しているが，それは必ずしも不適応を起こすという意味ではない。むしろ，自身の特徴をじょうずに生かすことができれば，十分に適応は可能である。たとえば，クリエイティブな発想（Aの特徴）とペーパーワークのような反復作業（Cの特徴）を合わせて持っていれば，職場において貴重な戦力になりえると考えられる。

　アセスメントの結果，得点の高いタイプと低いタイプが明確に分かれている場合は，興味が分化（differentiation）していると見なされ，ホランドのタイプによってパーソナリティを明確に規定できることになる。職業選択のためには，その前段階において，ある程度まで興味が分化していることが望ましいと考えられている。また，個人のパーソナリティと環境のタイプが合致している程度を表す概念は，一致度（congruence）と呼ばれており，合致しているほど，その環境（職業）でうまくやっていける可能性が高いと考えられている。これらはホランド理論において重要な概念である。

## キャリアデザイン支援への適用

　ホランドの理論は彼自身の職業カウンセラーとしての経験に端を発しており，その後，実証研究を繰り返して洗練されている。きわめて実践的であること，また前述のアセスメント・ツールに加えて，アメリカの職業分類に掲載されているすべての職業に3文字コードを付与した「ホランドの職業辞典（Dictionary of Holland Occupational Codes）」（Gottfredson & Holland, 1996）も自ら開発していることから，幅広くキャリアデザイン支援に適用され，今日に至っている。特に「ホランドの職業辞典」は，アメリカのキャリアカウンセラーにとって，きわめて有用な職業情報である。

　前述のように，ホランドの理論は基本的にはマッチング・モデルであるが，支援の実践においては，一致度を厳密に追求するのではなく，人と職業との対応関係を柔軟に捉えることが重要であろう。また，ホランドのタイプ理論を機械的に当てはめることがないよう，個人の状況をよく配慮することが大切である。

# ポジティブ・アクション

荻野勝彦

　内閣府男女共同参画局のウェブサイトを見ると，ポジティブ・アクションについて「一般的には，社会的・構造的な差別によって不利益を被っている者に対して，一定の範囲で特別の機会を提供することなどにより，実質的な機会均等を実現することを目的として講じる暫定的な措置のこと」と定義づけている（http://www.gender.go.jp/policy/positive_act/）。

　厚生労働省のウェブサイトでは男女雇用機会均等の観点から，ポジティブ・アクションを「固定的な男女の役割分担意識や過去の経緯から，営業職に女性はほとんどいない，課長以上の管理職は男性が大半を占めている等の差が男女労働者の間に生じている場合，このような差を解消しようと，個々の企業が行う自主的かつ積極的な取組」と具体的に説明している（http://www.mhlw.go.jp/positive-action.sengen/about.html）。

　このように，なんらかの事情ですでに雇用上の格差が存在している場合には，企業が男女雇用機会均等法が定めている採用，配置，教育訓練などにおける差別禁止規定を遵守しても，その解消には非常に長い期間を要する。早期の解消を実現するためには，差別禁止からさらに踏み込んだ積極的な措置，すなわちポジティブ・アクションが必要となる。したがって，それは格差解消までの暫定的なものにとどまることになる。こうした施策に対しては男性に対する逆差別であるとの批判があり，ポジティブ・アクションにはこれを不当な差別とは解しないとの含意がある。

　ポジティブ・アクションの重要性は，こうした格差解消の側面にとどまらない。わが国の生産年齢人口が減少するなか，日本経済が今後も成長していくためには，女性をはじめこれまで必ずしも十分に活用されてこなかった労働力の活用が不可欠と言われる。企業経営，人事管理の側面でも，女性の勤続の伸長，能力向上，職域拡大などを通じた人材確保，生産性向上が可能となる。また，男女の協働を通じて従来にない発想を生み出していくといった，ダイバーシティ・マネジメント上の効果に期待する企業も多い。

　取り組み状況を厚生労働省の「平成24年度雇用均等基本調査」企業調査の結果で見ると，ポジティブ・アクションに取り組んでいる企業，今後取り組む企業の割合は，平成22年度にはそれぞれ28.1，10.6％，平成24年度には32.5，12.1％となっている。特に，従業員5,000人超の大企業では7割を上回る企業ですでに取り組まれている。一方で，すでに女性は十分に活躍していると思うのでポジティブ・アクションに取り組む予定がないとしている企業も約4分の1にのぼる。

　また，厚生労働省の女性の活躍推進協議会ワーキンググループがとりまとめた『ポジティブ・アクションの取組事例集』によれば，具体的な取り組み内容としては採用拡大（女性がいない・少ない職種に女性を積極的に採用，面接選考担当者に女性を登用など），職域拡大（女性がいない・少ない職種に女性を積極的に配置，自己申告制度の導入・活用など），管理職登用（昇進・昇格基準や人事考課の明確化・周知，評価者研修の実施など），職場環境・風土改善（女性の意見を反映したセクハラ防止対策，雑用・掃除など社内慣行の見直しなど）が挙げられている。

# メンタリング

野上 真

　メンタリングは，能動的に個人のキャリア発達を支援する人間関係を指す概念である。メンタリングにおいて，支援する側をメンターと呼び，支援される側をプロテジェ（もしくはメンティー）と呼ぶ。メンタリングは，青少年教育，高等教育，キャリア・ガイダンスなどの分野で，個人の成長を促進する要因として注目されてきた。

　特にキャリア・ガイダンスにおけるメンタリングの機能を把握するうえで，しばしば参照されるのは，クラム（Kram, 1988／邦訳, 2003）の理論的枠組みである。これによれば，メンタリングの機能はキャリア的機能と心理・社会的機能の2つに大別される。前者は，仕事に関わる学習や，キャリア目標の達成を助ける機能であり，スポンサーシップ，推薦や紹介，コーチング，保護，やりがいのある仕事の割り当てという要素が含まれる。一方，後者は職業人としてのアイデンティティの形成を助ける機能であり，役割モデリング，個人的受容，カウンセリング，交友という要素が含まれる。

　上司が部下に発揮するリーダーシップ，また職場の関係者との間で授受されるソーシャル・サポートの中には，メンタリングと同様，個人のキャリア発達を促進する機能が含まれる（Godshalk & Sosik, 2007; 小野・西村，1999）。そのため，リーダーシップやソーシャル・サポートとメンタリングを，概念上いかに区分するかという議論もなされている。たとえば，メンタリングが個人のキャリア発達の促進を主目的とするのに対し，リーダーシップは集団目標の達成を主目的とし，成長支援行動はその手段の一つと捉えうることが指摘されている（久村，1997）。また，メンタリングにおける支援には，相手の成長のため，あえて「試練」となりうる働きかけを行うことも含まれており，この点は一般的なソーシャル・サポートと異なることが指摘されている（小野・西村，1999）。

　さて，職場で日常的に見られるメンタリングは，プロテジェ，メンター双方の自己実現を促進する。メンタリングが機能することにより，プロテジェの有能さが向上するのはもちろんのこと，メンターは指導者としての有能さを確証できるためである（Kram, 1988）。また，メンタリングが組織内で数多く形成され，機能することにより，人的資源開発や情報伝達の促進，暖かみのある組織風土の醸成といった組織レベルのメリットももたらされることが指摘されている（久村，1997）。

　こうしたメリットは経験的にも知られており，職場の公式な業務の一環としてメンタリングを形成しようとする試みも行われている。それがメンター制度（メンタリング・プログラム）の導入である。メンター制度のもとでは，先輩が後輩のメンターとして正式に任命され，一定期間，後輩のキャリア発達を支援する。こうした制度が存在することにより，後輩メンバーはメンターを得る機会に恵まれやすくなる。

　ただし，メンター制度で形成されたメンタリングは，インフォーマルな相互作用の中で自然発生するメンタリングと比較した場合，メンターとプロテジェ双方の役割認識が欠け，親密さが生じにくいなどの問題が生じうることも指摘されている（Godshalk & Sosik, 2007）。メンター制度に頼るまでもなく，メンタリングが自然に醸成され，維持されやすいような環境が整っているならば，理想的であると言えよう。たとえば，個人の発達を奨励する環境や人材育成が評価される環境，相互作用が生じやすい環境は，メンタリングの形成を促進することが示唆されている（麓，2012）。

# モチベーション

大里大助

　モチベーションとは，行動の方向，行動のエネルギー，行動の持続性を説明する概念である（Campbell et al., 1970; Steers & Porter, 1975）。

　モチベーションの理論は，一般的に「内容理論」と「過程理論」の2つに大別することができる。「内容理論」は，行動に影響を及ぼす実体や動機の内容を特定することに主眼を置いた理論である。これに含まれる代表的なモチベーションの理論としては，欲求階層理論，二要因理論，内発的動機づけなどがある。次に「過程理論」は，人がどのように動機づけられていくかの心理的メカニズムを過程を追ってモチベーションのプロセス全体について説明することを目的とするものである。期待理論，衡平理論，目標設定理論などの理論がこれに含まれる代表的な理論である。

## 内容理論

　欲求階層理論は，マズロー（Maslow, 1954）によって提唱されたものである。この欲求階層理論は，数多くあるモチベーション理論の中で最も知られている理論であろう。マズロー（1954）は人間主義の立場から人間の欲求を階層的に捉え，欲求階層理論において5つの人間がもつ欲求を想定している。それは，生理的欲求，安全の欲求，所属と愛の欲求，尊厳の欲求，自己実現の欲求である。

　これら5つの欲求は，階層をなしており，最低次の生理的欲求から最高次の自己実現の欲求まで1つの欲求だけが順に優勢となり満足化されていくのである。ただし，同時に複数の欲求によって動機づけられることはないのである。マズロー（1954）は，尊厳の欲求までを欠乏欲求と呼び，自己実現欲求と区別した。欠乏欲求は，人がその時点で満たされていない欲求を満たすことに動機づける欲求であり，その欲求が満たされると，次の1段階上位の欲求を満たそうとするモチベーションが新たに生じるのである。最高次欲求である自己実現の欲求は，単に欠乏を満たすだけの欲求ではなく，限りなく続く欲求なのである。

　ハーズバーグ（Herzberg, 1966）は，臨界事象法によって，高感情の時によく出現した要因は，達成，承認，仕事そのもの，責任，昇進の5要因で，逆に，低感情の時によく出現した要因は，会社の政策と経営，監督技術，給与，対人関係－上司，作業条件の5要因であることを見出した。前者の5要因は，仕事の内容そのものに関わっている要因で，満たされれば満足となり，人をより動機づけるという効果をもつと考えられた。そのためこの要因は，「動機づけ要因」と名づけられた。また，後者の5要因は，仕事を取り巻いている環境という周囲状況に関係しており，職務不満足の防止に役立つと考えられたことから，医学上の防止と環境にならって，「衛生要因」と名づけられた。

　重要なことは動機づけ要因と衛生要因を，職務満足と職務不満足における両極的なものとは考えず，2つの分離した個別のものとしたことである。

　二要因理論は，その後，仕事場面において，衛生要因の改善だけでは，職務満足にはつながらないため，動機づけ要因を充実させて職務満足感を与えるという観点から実務界において職務設計や職務充実の理論的背景となったのである。

　内発的動機づけという概念は，1950年代以降，従来の伝統的な動機づけ理論への批判として提唱された。内発的動機づけとは，人がそれに従事することにより，自己を有能で自己決定的であると感知することができるような行動である（Deci, 1975）。デシ（Deci, 1975）は，内発的に動機づけられている人に外発的報酬を与えると，その人は自分が動機づけられている行動に

対して疑問を抱くような方向に認知変化が生じ，内発的動機づけを低下させることを実証した。デシ（1975）は，このような外発的報酬が内発的動機づけを低下させるという現象を説明するために認知的評価理論を提唱した。この理論では，最初，人の認知された因果律の所在が内部にある場合，人は，自己が有能で，かつ自己決定的であると感じてある行為を行っている。ところが，そこに外発的報酬が導入されると，認知された因果律の所在が外的なものとなり，内発的動機づけを低下させるのである。

**過程理論**

期待理論においては，人のモチベーションの強さは得られる結果の大きさと，それが得られるかもしれないという期待の大きさに注目している（Vroom, 1964）。期待理論では，モチベーションは，期待（努力によって成果が得られるという主観的確率），誘意性（本人にとっての結果の魅力度），手段性（成果が報酬に結びつくと感じる主観的確率）という3つの要素の積で規定できるとされている。

ブルーム（Vroom, 1964）の研究は，ローラーら（Lawler Ⅲ et al., 1971）によって修正が加えられて，拡大が試みられたのである。ローラーらは，モチベーション（F）の過程における要因を，努力（E），業績ないし達成（P），報酬（O），報酬の誘意性（V）の4つを用いて，（F）を（E→P）期待と（P→O）期待の2種類の期待と報酬の誘意性（V）との関係を次のような式で示した。

$$F=\Sigma[(E \rightarrow P) \times \Sigma(P \rightarrow O)V] \quad (\Sigma=各報酬への期待と各報酬の誘意性の積和である。)$$

衡平理論（Adams, 1963）とは，人は自己のインプット（Is）とアウトカム（Os）の比率と，他者のインプット（Io）とアウトカム（Oo）の比率との比較において，不衡平が感じられた場合，不衡平を解消しようとし，また，衡平を感じた場合には，それを維持しようとするモチベーションが生じるという考え方である。アダムス（Adams, 1963）によると，不衡平は，自己のインプットに対するアウトカムの比率が，他者のインプットに対するアウトカムの比率と異なると感じた時に生じる。すなわち，自己のインプットとアウトカムの比率と他者のインプットとアウトカムの比率との間に不衡平感が存在する場合には，それを解消しようと動機づけられ，衡平感が存在している場合にはそれを維持しようと動機づけられるというのが衡平理論の基本的な考え方なのである。

目標設定理論（Locke & Latham, 1984）では，目標が人の行動の直接的な規定要因であるとしている。そこでは，目標は設定しない場合よりも，自己で目標を設定するか，もしくは，他者によって目標が設定されれば，人はモチベーションを高め，高い業績を上げるようになるとの考え方である。

目標設定理論において，ロック（Locke et al., 1984）は，困難度：高く困難な目標の方が高い業績を達成，具体性：曖昧な目標よりも明確な目標の方が高い業績を達成，受容目標は受容されていなければならない，フィードバック：目標達成の過程で成果がフィードバックされること，の4つの要素が成果に影響を及ぼすとしている。この高く困難な目標が受容されるには，目標設定への参加，衡平さ，目標設定者への信頼，目標の合理性，価値観などの要因に依存している。

モチベーションには，数多くの理論が存在している。そのような中で，モチベーションには，欲求，外発的報酬，内発的報酬，公平感，期待，フィードバック，目標などの要素が関連しているということは明らかとなってきた。これらのキーワードは，組織が，その組織に所属している人々の持つモチベーションを理解するための重要な手助けとなるであろう。

# 弱い紐帯

玄田有史

「弱い紐帯」は，アメリカの社会学者マーク・グラノヴェター（Mark Granovetter）が1974年に刊行した著作 *Getting A Job*（初版）によって広く知られるところとなった概念である。弱い紐帯は，英語の「ウィークタイズ（Weak Ties）」の和訳である。

その著作はグラノヴェターが，1970年にボストン近郊のニュートン市に在住の282人の男性ホワイトカラーに対し行った調査にもとづく。同書は改訂版が1995年に刊行され，その日本語全訳が1998年にグラノヴェターに博士論文の指導を受けた渡辺深氏の翻訳によって『転職』（ミネルヴァ書房）として刊行されている。

著者であるグラノヴェターは「本書は，米国において高い水準の職業に就いている労働者がどのように転職をするのかを考察し，特に，情報がどのように人的つながりのネットワークを通じて流れるのかにスポットライトを当てている」という序文を和訳版に寄せている。

弱い紐帯とは何か。『転職』のなかで著者は次のように記す。「自然で直観的な考えでは，自分と強い紐帯を持つ人々のほうが就職情報で援助しようと動機づけられていると思うかもしれない。しかし，自分と単に弱く結びついている人々が，自分のまだ持っていない就業情報にもっと接近できるという構造的な傾向がある」（p.51）という。この構造的傾向こそが，弱い紐帯である。

具体的には，弱い紐帯がどのような効果をもたらすのか。その主な内容を渡辺深氏による「訳者あとがき」から抽出してみる。

「転職する際に，労働者は強い紐帯を持つ（いつも会う）人よりも，弱い紐帯を持つ（まれにしか会わない）人から役に立つ情報を得る」（p.284）。

「いつも会っている人々には，既に知られている同じ情報を共有するという社会構造的な傾向があるので，労働者は，かえって，たまに会う人から多くの新しい情報を入手する可能性がある」（p.284）。

「（弱い紐帯という）人脈の活用が，ノイズを除去し，信頼できる良い情報を安価で収集するための最も効率的な手段」（p.286）。

グラノヴェターはこれらの傾向を，友人との接触頻度を「しばしば（少なくとも週2回以上）」「時々（年2回以上週2回未満）」「まれに（年1回以下）」に区分し，頻度の少ないコンタクトほど，高い収入や満足度など，就職に有利な効果を及ぼしていた事実から見出した。

弱い紐帯仮説は，発表当時，日本の社会学者にとって少なからず驚きを持って迎えられた。そもそも転職が米国に比べて活発ではなかった日本では，転職の決め手になる要因についての知見の学術的な蓄積が十分でなかった。さらには経験的に考えれば，日本では「コネ」（コネクションの略）と呼ばれるような血縁や地縁にもとづく強い紐帯を持つ人々の方が，学卒後の就職などでも有利であると暗に考えられてきたからである。

実際，『転職』の翻訳者でもあった渡辺深が，グラノヴェターの手法を踏まえて1985年に行った研究は，日本人の支配的な感覚を裏づけるものであった。首都圏在住の転職経験を持つ20-54歳の正社員男性812人を渡辺が分析したところ，転職で弱い紐帯を活用している割合は，米国に比べて著しく低くなっていた。さらに弱い紐帯よりは，強い紐帯の方がより多くの有益な就職情報を提供していた（詳細は，渡辺，1991, 1992, 1999, など）。

弱い紐帯を含む人的なつながりが転職に明確な効果を与えないという研究は他にも存在した。チェ・インソクと守島基博は1999年に連合総合開発研究所が実施した調査を分析し，ハローワークなどの公的経路に比べて，人的つながりを通じた転職が，より望ましい転職結果をもた

らしていないと結論した。

　このように日本では弱い紐帯仮説に否定的な見解が多かったのに対し，その効果が日本でも近年生じつつあることを示唆する研究が登場する。その一つが，玄田有史の『仕事のなかの曖昧な不安』（2001 年，中央公論新社）だった（以下，同書を『曖昧本』と記す）。

　同書第 7 章では，2000 年に生命保険文化センターが行った大学卒・大学院卒の 18-59 歳男女の転職データを用いて，転職の規定要因を計量分析した。その結果，「転職の際，有益な助言をしたのは誰か」という問いに対し，かつての職場以外の友人・知人を挙げた人ほど，そうでない人に比べ，転職の納得度・満足度，収入増加，労働条件など，あらゆる面で改善がみられた。その結果を「弱い紐帯と訳された Weak Ties の存在が日本での幸福な転職のためにも重要な役割を果たす」（p.184）と解釈したところ，その内容は多くの反響を得るところとなった。

　弱い紐帯の日本における有効性に関する指摘は，別の研究でもみられる。社会学者の平田周一，渡辺深，西村幸満が，2002 年に東京とその近郊に居住する 30 代，40 代の男性に対して実施した調査報告も，その一つである。そこでは弱い紐帯を用いた転職者の方が，①現職の職位が高く，②規模の大きな企業で働く場合が多く，③転職時に年収が増加しているものが多くなっていた。

　実際，日本の転職市場において，弱い紐帯仮説が強まりつつあるかどうかを結論づけるには，さらに詳細な研究の蓄積が待たれるところである。弱い紐帯の計測には，その接触頻度やコンタクトの内容など，結びつきの「強弱」をいかに正確に計測するかについて，新たなアプローチの開発が必要になる。『曖昧本』（第 8 章）では，転職のみならず，自営業の復活や起業・創業の促進にもウィークタイズが重要なカギを握るという仮説を提示したが，その成否についてもさらなる検証が期待される。

　加えて弱い紐帯が日本でも重要となりつつあるのが事実であったにせよ，そのことと転職に有利なウィークタイズをいかに社会全体に浸透させるかは，また別の問題である。社会学者の苅谷剛彦は『曖昧本』への書評として次の意見を寄せている。「『ウィークタイ』が重要というが，この概念を提唱したアメリカの社会学者，グラノベッターらの研究は，こうしたネットワークの形成が，個人の社会経済的地位によって大きく影響されることにも注目している。個人を取り巻く社会的ネットワーク自体が，階層的地位と相関しているのである」。

　苅谷の指摘については，筆者にも思い当たるフシがある。2002 年当時，『曖昧本』を読んだ私のゼミの女子大学生 F は，みずからウィークタイズを獲得すべく努力していた。しかしなかなかうまくいかないなかで，彼女はこう言った。「ウィークタイズをつくるには，おカネと時間がかかるんです」。

　キャリア形成支援の課題の一つとは，おカネや時間のない人であっても，どうやって仕事に有益な情報をもたらすウィークタイズを獲得できるのか，その具体的な道筋を示すことにある。SNS などインターネットの利用が広がれば，ウィークタイズも自然と得やすくなるという意見もあるが，事はそう単純でない。単にインターネットに接続するだけで，キャリアに有益な情報が得られるわけではなく，むしろキャリア形成のために「ネットを使いこなす」だけのスキル形成こそが，問われている。

　弱い紐帯（ウィークタイズ）は，今後のキャリア形成支援の在り方を考えるうえで，重要な論点を提示しているのである。

# ライフ・キャリア・レインボー（Life-Career Rainbow）

高綱睦美

　ライフ・キャリア・レインボーはスーパー（D. E. Super）の提唱した理論的アプローチを図で表したものである。スーパーは1980年に提唱したライフ・スパン／ライフ・スペース・アプローチ（life-span, life-space approach）において，それまでの職業を中心としたキャリア発達の捉え方に対し，キャリア発達をライフ・スパン（時間）とライフ・スペース（役割）という2つの次元から捉えることを提唱し，人生を虹にたとえて図示した。

## ライフ・スパン／ライフ・スペース　アプローチ

　図1を見ると，一人の人間が子ども，学生，余暇人，市民，労働者，家庭人と複数の役割を果たしていることが読み取れる。それぞれの役割の中でグレーになっている部分は各役割にかける時間やエネルギーの程度を示しており，たとえば0歳から5歳ごろまでを見ると，子どもの役割のみが全体を占めていることがわかる。そして5歳を過ぎるころから幼稚園などに入ることで子ども役割に加えて学生の役割を果たしていることを表している。

　また，学生の役割について注目してみると，いったん25歳前後で終了しているものの，30歳前後と35歳前後に再び学生役割が増加し，45歳前後には労働者としての役割と入れ替わるように学生役割が多くの時間を占めていることがわかる。これは，一度学校を卒業し社会に出たのちに，再び学生として何かを学ぶ機会を得たり，労働者としての役割を果たすことを一時中断し，学生として学びを得ていることを示している。

　その他子ども役割では，成長にともなってその役割にかける時間やエネルギーが低下し，一方で他の役割にかける時間やエネルギーが増加しているが，成人したからといって子ども役割が完全になくなるわけではなく，45歳前後からまた増加している。これは，親の介護など，親に対する子ども役割が増加することを意味しており，65歳頃親の死と同時に子ども役割が終わるのである。

　そして，この図のモデルは65歳で職業を離れ，その後余暇人や市民・家庭人として人生を過

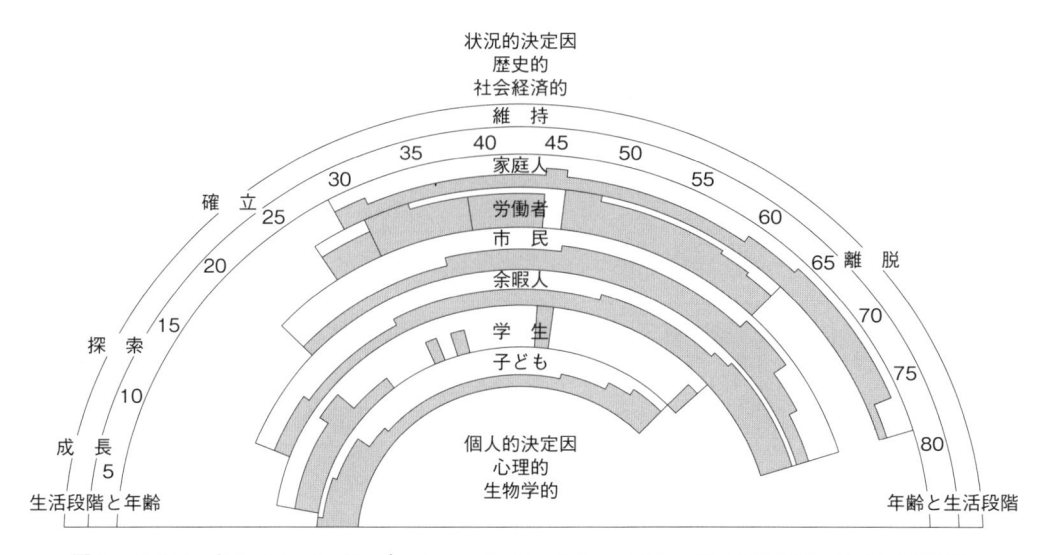

**図1　ライフ・キャリア・レインボー**（Super, Savickas & Super, 1996 p.127を改変／菊池, 2012より再引用）

ごし，80 歳を前に人生を終えている。このように，人は多様な人生役割（life-role）を果たしながら生きていくと同時に，生まれてから死に至るまで生涯キャリアが発達し続ける存在であることを示しているのである。これらを概観してわかるように，人は労働者としてのみ人生を送るわけではなく，その他のいくつもの役割を果たしながら生きているということを改めて指摘したこともライフ・キャリア・レインボーの大きな貢献であろう。職業キャリアが人の人生に大きな影響を与えるものであることは言うまでもないが，それと同様に労働者以外の役割も含めたライフ・キャリアを視野に入れてキャリアを形成していくことが重要なのである。

また，ここで指摘された人生役割は，個人が置かれた社会や環境によってその意味が変化することも忘れてはならない。たとえば学生の役割と子どもの役割を中心に果たしている人と労働者の役割と学生の役割を果たしている人とでは，学生としての役割の価値に違いがあるだろう。同じ人生役割を果たしているとしても，その個人がどのような社会や環境の中でその役割を果たしているのかによって，その役割が意味するものは変化するのである。このような文化・社会的な要因の影響については，ライフ・キャリア・レインボーではまだ十分に説明されておらず，後にスーパーがアーチ・モデルを提唱した際考慮されたものの，いまだ十分に説明できていない。この点については，今後さらなる研究が進められることが期待されている。

## ライフ・スパンを通じた発達課題のサイクル・リサイクル

先に示したライフ・スパン／ライフ・スペースのアプローチを基礎として，スーパーは発達課題のサイクル・リサイクルについても述べている。

図1の半円の外周に記された成長，探索，確立，維持，離脱という言葉は，発達段階を意味している。スーパーは暦年齢に関連したライフ・ステージをマキシ・サイクルと呼び，そのマキシ・サイクルの中でさらに成長・探索・確立・維持・離脱というリサイクル（ミニ・サイクル）を繰り返し，その都度再検索・再構築が行われることでキャリア発達が促されると指摘した。各段階において示される発達課題は，達成すると次の課題の達成も促され，課題が達成できないと次の課題達成や適応が困難になるという性質を持っている。こうした年齢によってある程度予測可能な発達課題に加え，個々人が置かれた環境において直面する個別の課題にも適応していくことで，人は両面から生涯キャリア発達を遂げていくのだと指摘している。こうした理論的アプローチからも，キャリア発達がライフ・スパンを通じて行われるものであることが確認できる。

スーパーは，キャリア発達の研究で得られた知見を10の命題にまとめたことに始まり（最終的に14の命題にまとめた），職業的発達段階の提示，自己概念への着目，職業適合性の概念整理，キャリア成熟の測定方法の開発など数多くの知見を提供してきた。「なりたい自分」になることを目指して自分の果たすべきライフ・ロールを考え，それぞれの年齢や環境において直面する課題に対して探索・構築を繰り返すことでキャリア発達を遂げるとともに，職業だけにとどまらないライフ・キャリア全体を視野に入れてキャリア形成を行うこと。スーパーの理論的アプローチは多様な概念を取り入れ過ぎていると批判されることもあるが，今改めてキャリア形成支援を考える際，立ち返ってその本質から学ぶことも多いアプローチだと言える。

# リアリティ・ショック

小川憲彦

## リアリティ・ショックとは

　リアリティ・ショック（RS）とは，「ある組織に参入する前に確立された個人の期待と，その組織の成員になった後の個人の知覚との不一致」（Dean, 1983）とされる。一般には，ある組織に対する参入前の個人の期待と参入後の現実との差異に対するネガティブな感情，心理的衝撃，あるいは驚きを指す。

　RSは，知覚した個人のモラール（士気），職務満足，および組織コミットメントといった職務態度に対してマイナスの影響を及ぼし，深刻な場合は当該組織からの自発的な離脱を引き起こす。これに対する実践的処方として，より現実的な職務・組織情報を提供することで，事前に形成される期待を現実的水準に調整しようとするRJP（現実的職務予告）が知られている（Wanous, 1992; 金井壽宏, 1994）。

## リアリティ・ショックの源泉としての期待

　会社をはじめとする組織に参加する前の段階で，個人はさまざまな期待を持っている。主な期待の内容には，①組織で遂行する仕事内容に対する期待，②職場の人間関係，組織構造や制度，報酬，組織文化といった仕事を行う環境や文脈に対する期待，および③自身のキャリアに対する期待がある（Dean, 1983）。

　期待への源泉はさまざまにあるが，RJPとの関連で問題視されるのは組織の募集・選抜活動である。この過程には，広告宣伝活動としての側面があるため，募集組織はその魅力を強調して提示する傾向がある。その結果，応募者側は過度で非現実的な期待を形成し，これがRSをもたらす主要因になるとされた（cf. Wanous, 1992）。

　しかし，個人の主観的な「期待」にもとづく以上，募集を含む予期的社会化段階の諸情報に対する個人の認知（合理化）もまたその原因である。古典的な満たされた期待（met expectation）仮説にもとづくRJP研究，近年の心理的契約の影響に関する研究は，本質的には同じ個人の「期待」という現象を探求している。

## リアリティ・ショックの機能的側面

　忌避すべき対象として注目されがちなRSであるが，この現象に対してルイス（Louis, 1980）は組織参入過程において個人の適応を促す機能的側面を見出している。

　彼女によれば，組織参入時の主な経験は，「変化」・「対比」・「驚き」に特徴づけられ，「驚き」を契機とした意味形成の過程が，個人に新しい認知枠組みを生み出すという。「変化」とは，新しい環境と古い環境との間の客観的差異，「対比」とはその差異のうち個人に知覚された特徴，「驚き」とは個人の予想と新しい環境における経験との差異およびそれにともなう感情的反応である。これら一連の過程は組織参入後のRS発生過程に他ならない。

　予想に反して「驚き」が生じた場合，個人の中に認知的不協和が発生するが，不協和解消のためには，なぜ予想どおりの結果が起きなかったのかを説明する理由づけが必要となる。新人はそのための意味形成過程を通じてこれまでの認知枠組み（スキーマ）を修正し，新たな場に適した行動をとるようになる。小川の研究（2005）はRSが自己の能力への気づきの契機として機能しうることを実証している一例である。

# 労働時間と過労死

石毛昭範

　労働時間管理の意義は，労働投入量の管理と，従業員の健康管理・生活向上のための基準・目安と言われる（今野浩一郎・佐藤博樹, 2002; 毛塚, 2000）。この後者について，長時間労働が健康上の問題の原因になったり，自由時間が減り家庭・社会生活の充実を妨げたりする可能性があることから，労働時間管理が必要になったとされる。わが国では労働時間管理の方法として直接規制と間接規制を併用している。前者は上限時間を越える労働を原則禁止し，例外として労使協定（いわゆる36協定）の締結を条件とした時間外・休日労働や，管理監督者などへの労働時間規定の適用除外を認めている。後者では例外としての時間外・休日労働に対する割増賃金（いわゆる残業手当）の支払義務を使用者に課し，コスト面で長時間労働の防止を図っている。

　しかし，これらの規制にもかかわらず長時間労働はなお蔓延している。原因として，まず仕事量が過剰なことが挙げられる（小倉, 2009）。またいわゆる成果主義人事制度に対応し，従業員が成果を上げようとして（高橋, 2005），昇進競争に勝つために（黒田・山本, 2009），あるいは仕事を通してスキルを向上させようとして（明石, 2009），長時間労働などの厳しい労働条件が長期雇用や年功的処遇などの交換条件になっていたために（今野晴貴, 2012），長時間労働が見られる。

　週40時間制の導入や週休2日制の普及により，平均の総実労働時間は短くなっている（中村・石塚, 1997; 黒田, 2008）。しかし正規従業員の平均労働時間はなお2,000時間程度で，20-54歳男性では週60時間以上労働が20%を超える（小倉, 2013）。また割増賃金の支払われない時間外労働（いわゆるサービス残業）もしばしば摘発されている。長時間労働など過酷な労働条件で若年労働者を"使い潰す"いわゆる「ブラック企業」も問題になっている（今野晴貴, 2012）。

　そして他の先進諸国ではまず見られないとされる「過労死」をはじめ，長時間労働による健康被害は少なくない。「過労死」とは過重な労働が原因で脳・心臓疾患を発症し死に至ることを言う。2012年度の過労死の労災請求件数は285件にのぼる。労働時間規制，特に健康管理面の規制の不十分さを示している。健康管理に関する企業の義務は安全配慮義務の一つとして労働安全衛生法65条に規定されているが，努力義務で罰則はない。過労死を含む脳・心臓疾患への労災認定の判決（最高裁2000.7.17）をきっかけに，健康管理面から労働時間管理を求める動きが高まり，厚生労働省は過労死に対する労災認定基準を改定，法改正も行った。しかし，現在でもいわゆる36協定さえあれば，労働時間の上限は法的には存在しないのが実態である（濱口, 2013）。

　長時間労働の解消のためには，業務運営・組織運営（特に人員配置）の見直しや，裁量性のある労働時間制度（労働時間の柔軟化），さらにはヨーロッパ諸国のように「最長労働時間」や「労働時間の間に一定の非労働時間をおくことの義務づけ」（勤務間インターバル）などによる対応が必要になろう（石毛, 2011）。弾力的な労働時間制度（変形労働時間制・フレックスタイム制・裁量労働制）は労働時間短縮を目的の一つとしている。しかし仕事の量・質，評価制度などを見直さない限り，労働時間制度を変えても長時間労働の解消にはつながらない（佐藤博樹, 1997）。仕事の裁量度を高め，目標設定を労働者の主体性に任せるとしても，過度に高い目標を設定して長時間労働に陥ることを回避するために，働き過ぎをチェックする措置が必要である（佐藤厚, 2008）。

　なお，2014年1月に政府の過労死防止対策を定めた過労死防止基本法が国会で成立，今後の本格的な対策が期待される。

# 若者自立・挑戦プラン

深谷潤一

### 「若者自立・挑戦プラン」の概要
　平成15年当時，若者の就労環境は完全失業率10.1％（15-24歳階級），フリーター217万人，若年無業者78万人（総務省統計局労働力調査）と厳しく，職業能力の蓄積がなされず中長期的な競争力・生産性の低下から経済基盤が崩壊し，社会不安の増大などの深刻な社会問題が懸念された。対策として文部科学・厚生労働・経済産業・経済財政政策担当の4大臣（翌年官房長官も参画）による「若者自立・挑戦戦略会議」から誕生したプランである。

### プランの具体化と推進
　平成16年度の予算総額は526億円で，具体的政策として以下が示された。
　①「教育段階から職場定着に至るキャリア形成及び就職支援」
　キャリア教育，日本版デュアルシステム，学生向けキャリア・カウンセリングの開発，若者ジョブサポーター，早期離職対策，若年向けキャリア・コンサルタント養成などの推進。
　②「若年労働市場の整備（多様な就職システムとフリーターなどの安定就労対策）」
　トライアル雇用や，YESプログラム（厚労省）などによる安定就労の動機づけ・知識・技能の付与と評価制度，正社員登用制度の事例収集と普及，人材ニーズ調査などの推進。
　③「若者の能力の向上（キャリア高度化プラン）／就業選択肢の拡大」
　大学院などで社会人向け短期教育プログラム開発や専門職大学院の設置などを推進。
　④「若者が挑戦し，活躍できる新たな市場・就業機会の創出（創業・起業の活性化）」
　「起ちあがれニッポン DREAM GATE」事業などの推進。
　⑤「都道府県による Job Café（通称）の設置」
　産業界，教育，地域と行政が連携したワンストップサービスセンターの設置。

### その後の展開
　平成17年度は，中学校などでの「キャリア・スタート・ウィーク（職場体験）」，「スーパー専門高校」，「若者自立塾（22年度事業終了）」，「ジョブパスポート（現「ジョブ・カード」）」，「若者の人間力を高めるための国民運動」や意見・情報交換を行うウェブサイト「ニュートラ」，「若者チャレンジキャラバン」などが開始された。予算案679億円。
　平成18年度は予算案761億円。「フリーター25万人常用雇用化プラン」，「若者自立塾」拡充，「地域若者サポートステーション」新設，農林漁業へ就業促進などが加わった。
　以上により，若者の働く意欲喚起，職業的自立を促進し，若年失業者などの増加傾向の改善と国民の問題意識が啓発された。さらに，平成15年当時，ニート状態の若者などにキャリア・コンサルタントが対応することは困難とされていたが，愛知県での若者自立塾において，わが国初のキャリア・コンサルタント常駐体制での支援が行われ，そこでの就労実績から，就労に困難を抱える若者へのキャリア・カウンセリングの必要性・有効性が実証された。その後，若者就労支援現場への標準レベル以上のキャリア・コンサルタントの配置が促進され，さらに多様な就労支援施策にキャリア・コンサルタントの配置が求められるムーブメントに至った。すなわち，「若者自立・挑戦プラン」とは日本版の職業指導運動と言えるであろう。

# ワークシェアリング

脇坂 明

## ワークシェアリングの基本的方法

ワークシェアリング（work-sharing）とは，「ワーク（仕事）」を「シェア（分かち合う）」する仕事のやり方で，不況期に注目されてきたものである。ワークシェアリング（以下，WSと略）の基本的な方法は，休業にしろ短時間勤務にしろ労働時間の短縮である。かりに年間労働時間を一律10%減らせば（たとえば年間労働時間を2,000時間から1,800時間に短縮），雇用者数は11.1%増える。新たな仕事の増加による雇用創出がなくとも，このように失業は大幅に減る。

この方策は困難な前提を想定している。一つは，いままで働いていた人が給与の10%減を受け入れるという前提である。もう一つは，短い労働時間になっても，生産性が落ちないことである。前者が本当に可能かどうかは，労働者が前向きでないと実現しない。後者の前提は微妙な点だが，重要なところである。短い労働時間になっても，時間当たり生産性が落ちない条件は，ひとえに個々の職場での作業のやり方や仕事分担の見直しがうまくいくかどうかにかかっている。

## ワークシェアリングの類型

WSのタイプもいろいろあり，WSを導入しようとする背景によっても異なる。WSのタイプは，大きく分けると3つになる。

まず「雇用維持型」特に「緊急避難型」で，不況期に労使で最も多く議論されるのは，このタイプのWSである。ドイツのフォルクスワーゲン社の事例が有名だが，わが国の例を後に紹介する。「雇用創出型」は，雇用創出を目的としたWSである。これは国または企業単位で労働時間を短縮して，マクロ経済全体としての雇用を増やすことを目的とし，オイルショック以後のヨーロッパ諸国において行われた。2001年のフランスの週35時間労働制が有名である。「多様就業促進型」WSは歴史的な流れからいえば，一番新しいタイプである。勤務の仕方を多様化し，積極的により多くの雇用機会をつくり出していくことを目的としている。たとえば正社員であっても，処遇や条件の良いパートタイムの仕事で，5時間，6時間働きたいという人たちのために雇用を与えるものである。「多様就業促進型」の事例で，最も大きなインパクトを与えたのはオランダである。ゆえにワーク・ライフ・バランス（WLB）と密接に関係し，楠田丘（2011）を「WSなくしてWLBはない」とまで言わしめている。

## 事例

半導体製造装置メーカーT社の本社工場では2001年10月から国内の3工場に週休3日制を導入した。樹脂封止装置で世界トップシェアを持つT社だが，IT不況で急激に売上が下降，WSとして週休3日制の導入に踏み切った。

金曜を休みとし，生産ラインを土日含めて3日間連続して止める。最終金曜日は有給休暇扱いとし，残りの金曜日は基本給の2割をカットした。このため1ヶ月3%の減収となる。対象者は営業や総務を除く約260人で期限は受注状況で判断し，工場の稼働率は4割程度で，空き時間は技術訓練や研修に使っていた。

半導体市場が近い将来に必ず回復するときに備えて，短期間に納入できる体制を維持する緊急避難的な措置としての同制度の導入であった。実際，その後，回復基調になり，2002年4月から週休2日制に戻すことになった。

# ワーク・ライフ・バランス (Work-Life Balance)

加藤容子

　ワーク・ライフ・バランスとは，仕事と生活（家庭生活，余暇活動，地域活動など）との調和を保つことを意味する。わが国においては，2007年にワーク・ライフ・バランス推進官民トップ会議において憲章と行動指針が示され，国，地方公共団体，産業界によって，その実現が目指されている。その背景には，働き方（過労，非正規労働）の改革，男女共同参画の実現，女性の労働率や出生率の向上という課題がある。加えて，個人の意識が性別役割分業への賛成から反対へ移行しているという流れ（内閣府男女共同参画局，2009など）もこれを後押ししている。

　ワーク・ライフ・バランスの概念は未だ整理されていないが，その先行概念であるワーク・ファミリー・バランスは図1のように示されている。仕事役割と家庭役割の葛藤的な状態をワーク・ファミリー・コンフリクト（Greenhause & Beutell, 1985），仕事役割と家庭役割の促進的な状態をワーク・ファミリー・ファシリテーションと呼び（Wayne, Musisca, & Fleeson, 2004），仕事役割が家庭役割に影響を与える方向とその逆の方向があるとまとめられる。そして多くの実証研究によって，それらの先行要因や及ぼす影響が検討されている（Eby, Casper, Lockwood, Bordeaux, & Brinley, 2005）。

　ワーク・ライフ・バランスの実現を阻害するものとして，職場や家庭，地域におけるジェンダー・ステレオタイプにもとづいた風土が指摘される。ジェンダー・ステレオタイプとはジェンダーによって特性や能力，行動が異なるという社会的信念を指し，男性ステレオタイプでは作動性（agency），女性ステレオタイプでは共同性（communion）が中核的概念とされている。これらのステレオタイプによるとらわれからの解放が，ワーク・ライフ・バランスの実現につながるものと考えられる。

　キャリア理論においてはハンセンによる統合的ライフ・プランニングにその考え方が表れており，ここでは複数役割のキャリアを統合することは成人にとって重要な課題であること，そのためには男女の共同と共生，広い視野を持ち多様性を認めることなどが必要であると提言されている（Hansen, 1997）。

|  | コンフリクト | ファシリテーション |
|---|---|---|
| 仕事→家庭 | 仕事→家庭葛藤<br>(Work-to-Family Conflict) ↓ | 仕事→家庭促進<br>(Work-to-Family Facilitation) ↑ |
| 家庭→仕事 | 家庭→仕事葛藤<br>(Family-to-Work Conflict) ↓ | 家庭→仕事促進<br>(Family-to-Work Facilitation) ↑ |

影響の方向（縦軸）／影響のタイプ（横軸）

図1　ワーク・ファミリー・バランスの2次元モデル（Frone, 2002より作図）

# 第1章 文　献

### キャリア（渡辺）

Arnold, J. (2011). Career concepts in the 21st century. Read discuss at www.thepsychologist.org.uk/ No.2, February, 106-109.

Blustein, D. L., & Noumair, D. A. (1996). Self and identity in career development: Implications for the theory and practice. *Journal of Counseling and Development*, **74**, 433-441.

Collin, A. (2006). Career. In J. H. Greenhause, & G. A. Callanan (Eds.), *Encyclopedia of career development*, Vol.I., Thousand Oaks, CA: Sage. pp.60-63.

Herr, E. L., Cramer, S. H., & Niles, S. G. (2004). *Career guidance and counseling through the lifespan: Systematic approaches* (8th ed.). Bostotn, MA: Allyn and Bacon.

川﨑友嗣（1994）．米国におけるキャリア発達研究の動向　日本労働研究雑誌，**409** 号（2-3月合併号），52-61．

中西信男（1994）．カウンセリングの最近の動向　中西信男・渡辺三枝子（編）最新カウンセリング入門　ナカニシヤ出版　pp.7-22．

岡田昌毅（2007）．ドナルド・スーパー：自己概念を中心としたキャリア発達　渡辺三枝子（編著）新版キャリアの心理学　ナカニシヤ出版　pp.23-46．

Savickas, M. L. (2011). Vocational designing and career counseling: Challenges and new horisons. International Conference: Vocational Designing and Career Counseling での基調講演, 13th Sept., 2011, Padova, Italy.

Super, D. E. (1990). A life-span, life-space approach to career development. In D. Brown, & L. Brooks (Eds.), *Career choice and development: Applying contemporary theories to practice* (2nd ed.). San Francisco, CA: Jossey-Bass. pp. 197-261.

渡辺三枝子（2007）．キャリアとは　渡辺三枝子（編著）新版キャリアの心理学　ナカニシヤ出版　pp.5-16．

### キャリア（中村）

Davis, K., & Moore, W. E. (1945). *Some principles of stratification. American Sociological Review*, **10**(2), 242-249.

Gunz, H., & Peiperl, M. A. (Eds.) (2007). *Handbook of career studies*. New York: Sage.

小池和男（1977）．職場の労働組合と参加　東洋経済新報社

小池和男（1981）．中小企業の熟練　同文館

小池和男・中馬宏之・太田聰一（2001）．もの造りの技能　東洋経済新報社

中村　恵（1987）．ホワイトカラーの企業内キャリア―その論点と分析枠組み―　神戸学院経済学論集，**19**(1)，109-139．

Schein, E. H. (2007). Afterword: Career research – Some issues and dilemmas. In H. Gunz, & M. A. Peiperl (Eds.), *Handbook of career studies*. New York: Sage.

八幡成美（1998）．雇用者から自営業への移行　日本労働研究雑誌，**452** 号（1月），2-14．

### インセンティブ

Deci, E. L. (1975). *Intrinsic motivation*. New York: Plenum Press.

Milgrom, P., & Roberts, J. (1992). *Economics, organization and management*. Englewood-Cliffs, NJ: Prentice Hall.（奥野正寛・伊藤秀史・今井晴雄・西村　理・八木　甫（訳）（1997）．組織の経済学　NTT 出版）

### LMX（Leader-Member Exchange）理論

Danseresu, F., Graen, G., & Haga, W. J. (1975). A vertical dyad linkage approach to leadership within formal organizations. *Organizational Behavior and Human Performance*, **13**, 46-78.

Graen, G. B., & Uhl-Bien, M. (1995). The Relationship-based approach to leadership: Development of LMX theory of leadership over 25 years: Applying a multi-level, multi-domain perspective. *Leadership Quarterly*, **6**(2), 219-247.

金井篤子（1994）．働く女性のキャリア・ストレス・モデル―パス解析による転職・退職行動の規定要因分析―　心理学研究，**65**(2)，112-120．

若林　満（1987）．管理職へのキャリア発達―入社13年目のフォローアップ―　経営行動科学，**2**(1)，1-13．

Wakabayashi, M., & Graen, G. B. (1984). The Japanese career progress study: A 7-year follow-up. *Journal of Applied Psychology*, **69**, 603-614.

### エンパワメント

Solomon, B. B. (1976). *Black empowerment: Social work in oppressed communities*. New York: Columbia University Press.

### キャリア・アンカー

金井壽宏（2003）．キャリア・デザイン・ガイド―自分のキャリアをうまく振り返り展望するために―　白桃書房

日本キャリア・カウンセリング研究会（2007）．時代を拓くキャリア開発とキャリア・カウンセリング―内的キャリアの意味―　E. H. シャイン博士　講演会＆シンポジウム＜対訳＞　日本キャリア・カウンセリング研究会

Schein, E. H. (1990). *Career anchors: Discovering your real values* (revised edition). San Francisco, CA: Jossey-Bass/Pfeiffer.（金井壽宏（訳）（2003）．キャリア・アンカー―自分のほんとうの価値を発見しよう―　白桃書房）

Schein, E. H. (1995). *Career survival: Strategic job and role planning*. San Diego, CA: Pfeiffer & Company.（金井壽宏（訳）（2003）．キャリア・サバイバル―職務と役割の戦略的プラニング―　白桃書房）

Schein, E. H. (1978). *Career dynamics: Matching individual and organizational needs*. Reading, MA: Addison-Wesley.

（二村敏子・三善勝代（訳）(1991)．キャリア・ダイナミクス――キャリアとは，生涯を通しての人間の生き方・表現である。―― 白桃書房）
Schein, E. H., & Van Maanen, J. (2013). *Career anchors: The changing nature of work and careers participant workbook* (4th ed.). San Francisco, CA: John Wiley & Sons.

### キャリア・オリエンテーション
Allen, T. J., & Katz, R. (1986). The dual ladder: Motivational solution or managerial delusion. *R&D Management*, **16**, 185-197.
Arthur, M. B., & D. M. Rousseau (1996). The boundaryless career as a new employment principle. In M. B. Arthur, & D. M. Rousseau (Eds.), *The boundaryless career: A new employment principle for a new organizational era*. New York: Oxford University Press.
Bailyn, L. (1991). The hybrid career: An explanatory study of career routs. *R&D Journal of Engineering and Technology Management*, **8**, 1-14.
Garden, A. M. (1990). Career orientations of software developers in a sample of high tech companies. *R&D Management*, **20**(4), 337-353.
Hall, D. T. (2002). *Careers in and out of organizations*. Thousand Oaks, CA: Sage.
坂爪洋美（2008）．キャリア・オリエンテーション　白桃書房
Schein, E. H. (1978). *Career dynamics: Matching individual and organizational needs*. Reading, MA: Addison-Wesley.（二村敏子・三善勝代（訳）(1991)．キャリア・ダイナミクス　白桃書房）
Schein, E. H. (1990). *Career anchor: Discovering your real values*. San Diego, CA: Pfeffer.（金井壽宏（訳）(2003)．キャリア・アンカー――自分のほんとうの価値を発見しよう―― 白桃書房）

### キャリア・ガイダンス（進路指導），職業指導
藤田英典（1980）．進路選択のメカニズム　山村　健・天野郁夫（編）青年期の進路選択　有斐閣　p.106.
生駒俊樹（2005）．地域との連携による「啓発的経験」によって，生徒の自己理解を目指す　成蹊大学文学部紀要，**40**, 97-114.
生駒俊樹（2008）．学校間連携とキャリア形成　キャリアデザイン研究，**4**, 141-151.
生駒俊樹（2010）．社会理解を重視した進路指導の展開　生駒俊樹（編著）実践　キャリアデザイン　高校・専門学校・大学　ナカニシヤ出版　pp.25-40.
生駒俊樹（2013）．職業指導，進路指導の歴史　生駒俊樹・梅澤　正（著）キャリアデザイン支援と職業学習　ナカニシヤ出版　pp.3-62.
生駒俊樹（2013）．大学でのキャリアデザイン支援の実践　生駒俊樹・梅澤　正（著）キャリアデザイン支援と職業学習　ナカニシヤ出版　pp.63-102.
生駒俊樹（2013）．高等学校での進路指導の実践　生駒俊樹・梅澤　正（著）キャリアデザイン支援と職業学習　ナカニシヤ出版　pp.103-139.
木村　周（2013）．キャリア・コンサルティング　理論と実際 3 訂版　雇用問題研究会　pp.201-202.
齋藤健次郎（1971）．職業指導の歴史　日本近代教育史事典編集委員会（編）日本近代教育史事典　平凡社　p.372.
下村英雄（2013）．成人キャリア発達とキャリアガイダンス　労働政策研究・研修機構　pp.147-153.

### キャリア構築理論
Savickas, M. L. (2005). The theory and practice of career construction. In S. D. Brown, & R. W. Lent (Eds.), *Career development and counseling: Putting theory and research to work*. Hoboken, NJ: John Wiley & Sons. pp.42-70.
Savickas, M. L. (2011). *Career counseling*. Washington, DC: American Psychological Association.

### キャリア・コーン
Goldner, F. (1965). Demotion in industrial management. *American Sociological Review*, **30**(3), 714-724.
小池和男（1977）．職場の労働組合と参加　東洋経済新報社
小池和男・猪木武徳（1987）．人材形成の国際比較――東南アジアと日本　東洋経済新報社
小池和男・中馬宏之・太田聰一（2001）．もの造りの技能　東洋経済新報社
小池和男（1991）．大卒ホワイトカラーの人材開発　東洋経済新報社
小池和男・猪木武徳（編著）(2002)．ホワイトカラーの人材育成――日米英独の比較　東洋経済新報社
Martin, N. H., & Strauss, A. L. (1959). Patterns of mobility within industrial organizations. In W. L. Warner, & N. H. Martin (Eds.), *Industrial men*. New York: Harper & Row.
Schein, E. H. (1971). The individual, the organization, and the career: A conceptual scheme. *Journal of Applied Behavioral Science*, **7**(4), 401-426.
Schein, E. H. (1978). *Career dynamics: Matching individual and organizational needs*. Reading, MA: Addison-Wesley.
Vardi, Y., & Hammer, T. H. (1977). Intraorganizational mobility and career perceptions among rank and file employees in different technology. *Academy of Management Journal*, **20**(4), 622-634.

### キャリア・ステージ（キャリア発達段階）
中島義明・子安増生・繁桝算男・箱田裕司・安藤清志・坂野雄二・立花政夫（編）(1999)．心理学辞典　有斐閣
南谷覺正（2008）．『お気に召すまま』の「すべてこの世は舞台」の翻訳について　群馬大学社会情報学部研究論集，**15**,

259-278.
Salomone, P. R. (1996). Tracing Super's theory of vocational development: A 40 year retrospective. *Journal of Career Development*, **22**, 167-184.
Super, D. E. (1957). *The psychology of careers: An introduction to vocational development*. New York: Harper & Brothers.（日本職業指導学会（訳）(1960). 職業生活の心理学：職業経歴と職業的発達　誠信書房）
Super, D. E. (1994). A life-span, life-space perspective on convergence. In M. L. Savickas, & R. W. Lent (Eds.), *Convergence in career development theories*. Palo Alto, CA: CPP Books. pp.63-76.
Super, D. E., Savickas, M. L., & Super, C. M. (1996). The life-span life-space approach to careers. In D. Brown, L. Brooks, & Associates (Eds.), *Career choice and development* (3rd ed.). San Francisco, CA: Jossey-Bass. pp.121-178.

## キャリア・ストレス

Cooper, C. L., & Marshall, J. (1976). Occupational sources of stress: A review of the relating to coronary heart disease and mental ill health. *Journal of Occupational Psychology*, **49**, 11-28.
金井篤子 (2000). キャリア・ストレスに関する研究―組織内キャリア開発の視点からのメンタルヘルスへの接近　風間書房
Latack, J. C. (1989). Work, stress, and careers: A preventive approach to maintaining organizational health. In M. B. Arthur, D. T. Hall, & B. S. Lawrence (Eds.), *Handbook of career theory*. New York: Cambridge University Press. pp.252-274.

## キャリア・トラック (Career track)

Cohen, C. F., & Rabin, V. S. (2008). *Back on the career track: A guide for stay-at-home moms who want to return to work*. Create Space (Independent Publishing Platform). p.xiii.
大内章子 (2012). 大卒女性ホワイトカラーの中期キャリア―均等法世代の総合職・基幹職の追跡調査より―　ビジネス・アカウンティング・レビュー, **9**, 85-105. 関西学院大学経営戦略研究会

## キャリア・パースペクティブ

Carless, S. A., & Wintle, J. (2007). Applicant attraction: The role of recruiter function, work-life balance policies and career salience. *International Journal of Selection and Assessment*, **15**, 394-404.
金井篤子 (2000). キャリア研究における発達的視点の意義　小嶋秀夫・速水俊彦・本城秀次（編）人間発達と心理学　金子書房　pp.82-89.
Shipp, A. J., Edwards, J. R., & Lambert, L. S. (2009). Conceptualization and measurement of temporal focus: The subjective experience of the past, present, and future. *Organizational Behavior and Human Decision Processes*, **110**, 1-22.
矢崎裕美子・金井篤子・高井次郎 (2013). キャリア・パースペクティブとその形成要因としての進路探索行動：大学生を対象とした短期縦断的検討　キャリアデザイン研究, **9**, 167-177.

## キャリア・プラトー (Career Plateau)

Ference, T. P., Stoner, J. A., & Warren, E. K. (1977). Managing the career plateau. *Academy of Management Review*, **2**, 602-612.
Schein, E. H. (1978). *Career dynamics: Matching individual and organizational needs*. Reading, MA: Addison-Wesley.（二村敏子・三善勝代（訳）(1991). キャリア・ダイナミクス　白桃書房）
Super, D. E., & Bohn, M. J. (1970). *Occupational psychology*. Belmont, CA: Wardsworth.（藤本喜八・大沢武志（訳）(1973). 職業の心理　ダイヤモンド社）
山本　寛 (1999). 組織の人的資源管理施策と管理職のキャリア・プラトー現象との関係―大企業の課長職を対象として　日本経営学会誌, **4**, 28-38.
山本　寛 (2000). 昇進の研究　創成社
山本　寛 (2002). 組織従業員のキャリア・プラトー現象と昇進の原因帰属―原因帰属理論の観点から　経営行動科学, **16**, 1-14.

## キャリア・マネジメント

谷田部光一 (2010). キャリア・マネジメント―人材マネジメントの視点から―　晃洋書房

## キャリア・モデル

古野庸一 (1999). キャリアデザインの「必要性」と「難しさ」　Works, **35**, 4-7.
三後美紀・金井篤子 (2005). 高校生のキャリアモデルに関する探索的研究―キャリア教育授業における自由記述回答の分析から　経営行動科学学会年次大会発表論文集, **8**, 90-94.

## 経験学習

金井壽宏 (2002). 仕事で「一皮むける」　光文社
Kolb, D. A. (1984). *Experiential learning: Experience as the source of learning and development*. Englewood Cliffs, NJ: Prentice Hall.

楠見　孝（1999）．中間管理職のスキル，知識とその学習　日本労働研究雑誌，**474** 号, 39-49．
松尾　睦（2006）．経験からの学習　同文館出版
McCall, M. W. (1988). *The lessons of experience: How successful executives develop on the Job*. New York: The Free Press.
中原　淳（2013）．経験学習の理論的系譜と研究動向　日本労働研究雑誌，**639** 号, 4-14．

**経済産業省の社会人基礎力，文部科学省の基礎的・汎用的能力**
中央教育審議会（2011）．答申「今後の学校教育におけるキャリア教育・職業教育の在り方について」
　　http://www.mext.go.jp/component/b_menu/shingi/toushin/__icsFiles/afieldfile/2011/02/01/1301878_1_1.pdf
経済産業省（2006）．『新経済成長戦略』財団法人経済産業調査会
経済産業省（2010）．『社会人基礎力育成の手引き』学校法人河合塾
経済産業省・社会人基礎力に関する研究会（2006）．社会人基礎力に関する研究会「中間取りまとめ」
　　http://www.meti.go.jp/policy/kisoryoku/honbun.pdf
内閣府・人間力戦略研究会（2003）．「人間力戦略研究会報告書」
　　http://www5.cao.go.jp/keizai1/2004/ningenryoku/0410houkoku.pdf

**コーチング**
Cappelli, P. (1999). *The new deal at work: Managing the market-driven workforce*. Boston, MA: Harvard Business School Press.（若山由美（訳）（2001）．雇用の未来　日本経済新聞社）
Dilts, R. (2003). *From coach to awakener*. Capitola, CA: Meta Publications.（佐藤志緒（訳）　田近秀敏（監修）（2006）．ロバート・ディルツ博士のNLPコーチング─クライアントに「目標達成」「問題解決」「人生の変化」をもたらすNLPコーチングの道具箱　ヴォイス）
Gallwey, W. T. (1974). *The inner game of tennis*. New York: Random House.（後藤新弥（訳）（2000）．新インナーゲーム─心で勝つ！　集中の科学　日刊スポーツ出版社）
Kimsey-House, H., Kimsey-House, K., Sandahl, P., & Whitworth, L. (2011). *Co-active coaching: Changing business, transforming live*. (3rd ed.). London: N. Brealey.（CTIジャパン（訳）（2012）．コーチング・バイブル（第3版）東洋経済新報社）
Whitmore, J. (2002). *Coaching for performance, growing people, performance and purpose*. London: N. Brealey.（清川幸美（訳）（2003）．はじめのコーチング　ソフトバンクパブリッシング）

**コンピテンシー**
Boyatzis, R. E. (1982). *The competent manager: A model for effective performance*. New York: Wiley.
海老原嗣生（2003）．コンピテンシーとは，何だったのか　Works，**57**, 2-3．リクルートワークス研究所
古川久敬（2002）．コンピテンシーラーニング─業績向上につながる能力開発の新指標　日本能率協会マネジメントセンター
岩脇千裕（2007）．日本企業の大学新卒者採用におけるコンピテンシー概念の文脈─自己理解支援ツール開発に向けての探索的アプローチ　JILPT Discussion Paper Series, 07-04．労働政策・研修研究機構
経済産業省　社会人基礎力 <http://www.meti.go.jp/policy/kisoryoku/>
McClelland, D. C. (1973). Testing for competence rather than for "intelligence". *American Psychologist*, **28**, 1-14.
文部科学省　OECDにおける『キー・コンピテンシー』について <http://www.mext.go.jp/b_menu/shingi/chukyo/chukyo3/016/siryo/06092005/002/001.htm>
Spencer, L. M., & Spencer, S. M. (1993). *Competence at work*. New York: Wiley.（梅津祐良・成田　攻・横山哲夫（訳）（2001）．コンピテンシー・マネジメントの展開─導入・構築・活用　生産性出版）

**自己効力感**
Bandura, A. (1977a). Self-efficacy: Toward a unifying theory of behavioral change. *Psychological Review*, **84**, 191-215.
Bandura, A. (1977b). *Social learning theory*. Englewood Cliffs, NJ: Prentice-Hall.（原野広太郎（監訳）（1980）．社会的学習理論─人間理解と教育の基礎─　金子書房）
Bandura, A. (1995). *Self-efficacy in changing societies*. Cambridge, UK: Cambridge University Press.（本明　寛他（訳）（1995）．激動社会の中の自己効力　金子書房）
Betz, N. E., & Hackett, G. (1981). The relationship of career-related self-efficacy expectations to perceived career options in college women and man. *Journal of Counseling Psychology*, **28**, 399-410.
Sherer, M., Maddux, J. E., Mercandante, B., Printice-Dunn, S., Jacobs, B., & Rogers, R. W. (1982). The self-efficacy scale: Construction and validation. *Psychological Reports*, **51**, 663-671.

**自己実現：マズローが提唱した「自己実現」**
Maslow, A. H. (1954). *Motivation and personality* (1st ed.). New York: Harper & Brothers.（小口忠彦（訳）（1971）．人間性の心理学　産能大学出版部）
Maslow, A. H. (1962). *Toward a psychology of being* (1st ed.). Princeton, NJ: D. Van Nostrand.（上田吉一（訳）（1964）．完全なる人間　誠信書房）
Maslow, A. H. (1970). *Motivation and personality* (2nd ed.). New York: Harper & Brothers.（小口忠彦（訳）（1987）．人間性の心理学　産能大学出版部）

Maslow, A. H. (1998). *Maslow on management, with added interviews by Deborah Stephens and Gary Heil*. New York: John Wiley.（金井壽宏（監訳）・大川修二（訳）(2001). 完全なる経営　日本経済新聞社）
松山一紀 (2000). 人事管理概念としての自己実現—Maslow 再考—　産業・組織心理学研究, **13**(2), 105-112.
三島重顕 (2009). 経営学におけるマズローの自己実現概念の再考 (2)：マグレガー, アージリス, ハーズバーグの概念との比較　九州国際大学経営経済論集, **16**(1), 97-125.

### 柔軟な働き方
独立行政法人労働政策研究・研修機構<http://www.jil.go.jp/>
一般社団法人日本テレワーク協会<http://www.japan-telework.or.jp/>
川喜多喬・依田素味 (2008). 人材育成キーワード 99—常識編—　泉文堂
厚生労働省 (2013). 平成 25 年就労条件総合調査結果の概況
佐藤博樹 (2011). 労働時間管理　従業員の生活支援　佐藤博樹・藤村博之・八代充史（著）新しい人事　労務管理［第 4 版］　有斐閣
総務省 (2014). 平成 25 年通信利用動向調査
財団法人 21 世紀職業財団 (2009). 両立支援のための柔軟な働き方研究会報告書

### 職業移動
石田　浩・近藤博之・中尾啓子（編）(2011). 現代の階層社会 (2) 階層と移動の構造　東京大学出版会
雇用促進事業団職業研究所（編）(1979). 日本人の職業経歴と職業観　至誠堂
労働政策研究・研修機構 (2010). 非正規社員のキャリア形成—能力開発と正社員転換の実態—　労働政策研究報告書 No.117.
佐藤俊樹 (2000). 不平等社会日本：さよなら総中流　中央公論新社
富永健一 (1979). 日本の階層構造　東京大学出版会
安田三郎 (1971). 社会移動の研究　東京大学出版会

### 職業適性と適性検査
川﨑友嗣 (2003).　適性テスト　松原達哉（編著）臨床心理学シリーズ　第 3 巻　臨床心理アセスメント演習　培風館 pp.143-162.
川﨑友嗣 (2013). 進路適性検査の種類と特色　松原達哉（編著）臨床心理アセスメント新訂版　丸善出版　pp.139-144.
長縄久生 (1997). 能力・適性（解題）日本労働研究機構（編）リーディングス日本の労働　⑥職場と人間　日本労働研究機構
Super, D. E. (1994). A life span, life space perspective on convergence. In Savickas, M. L., & Lent, R. W. (Eds), *Convergence in career development theories: Implications for science and practice*. Palo Alto, CA: Consulting Psychologists Press. pp.63-74.

### 職業体験，トライやる・ウィーク（キャリア・スタート・ウィーク），ジョブシャドウイング
玄田有史・曲沼美恵 (2004). ニート—フリーターでもなく失業者でもなく—　幻冬舎
杉田万起・村田弘美 (2004). JOB SHADOWING　職業体験ジョブシャドウイング　リクルートワークス研究所
山田智之 (2006). 教職員のための職場体験学習ハンドブック　実業之日本社
全国進路指導研究会 (2006). 働くことを学ぶ—職場体験・キャリア教育—　明石書店

### 自律的なキャリア（バウンダリレス・キャリア，プロティアン・キャリア）
Arthur, M. B. (1994). The boundaryless career: A new perspective for organizational inquiry. *Journal of Organizational Behavior*, **15**, 295-306.
Arthur, M. B., & Rousseau, D. M. (1996). *The boundaryless career: A new employment principle for a new organizational era*. New York: Oxford University Press.
Hall, D. T. (1996). Protean careers of the 21st century. *Academy of Management Executive*, **10**, 8-16.
Hall, D. T. (2002). *Careers in and out of organizations*. Thousand Oaks, CA: Sage.
花田光世 (2001). キャリアコンピテンシーをベースとしたキャリア・デザイン論の展開—キャリア自律の実践とそのサポートメカニズムの構築をめざして　*CRL Research Monograph*, No.1.
Waterman, R., Collard, B., & Waterman, J. (1994). Toward the career resilient workforce. *Harvard Business Review*, July-August, 87-95.（土屋　純（訳）(1994). キャリア競争力プログラムが創る自律する社員　ダイヤモンド・ハーバード・ビジネスレビュー, Oct.-Nov, 71-81.）

### 人事の経済学
Baker, G., Gibbs, M., & Holmstrom, B. (1994a). The internal economics of the firm: Evidence from personnel data. *The Quarterly Journal of Economics*, **109**(4, November), 881-919.
Baker, G., Gibbs, M., & Holmstrom, B. (1994b). The wage policy of a firm. *The Quarterly Journal of Economics*, **109**(4, November), 921-955.
Frey, B. S. (2008). *Happiness: A revolution in economics*. Cambridge, MA: The MIT Press.
伊藤秀史 (2003). 契約の経済理論　有斐閣
Lazear, E. P. (1998). *Personnel economics for managers*. New York: John Wiley & Sons.（樋口美雄・清家　篤（訳）

(1998). 人事と組織の経済学　日本経済新聞社)

Lazear, E. P., Kathryn L. S., & Christopher, T. S. (2012). The value of bosses. *NBER Working Paper*, No.18317. National Bureau of Economic Research.

Milgrom, P., & Roberts, J. (1992). *Economics, organization & management*. Englewood Cliffs, NJ: Prentice Hall. (奥野正寛・伊藤秀史・今井晴雄・西村　理・八木　甫（訳）(1997). 組織の経済学　NTT 出版)

松繁寿和 (2013). 序列を知らずに働く　中嶋哲夫・梅崎　修・井川静恵・柿澤寿信・松繁寿和 (編著) 人事の統計分析―人事マイクロデータを用いた人材マネジメントの検証　ミネルヴァ書房　pp.272-283.

### 人的資本

Becker, G. S. (1975). *Human capital* (2nd ed.). New York: Columbia University Press.

### 心理的契約

服部泰宏 (2010). 日本企業のリストラと心理的契約　日本労働研究雑誌, 4月号 (No.597), 70-73.

服部泰宏 (2011). 日本企業の心理的契約　白桃書房

Rousseau, D. M. (1995). *Psychological contracts in organizations: Understanding written and unwritten agreement*. Thousand Oaks, CA: Sage.

Rousseau, D. M. (2005). Psychologicai contract. In S. Cartwright (Ed.), The Blackwell encyclopedia of management. *Human resource management* (2nd ed.). Oxford, UK: Blackwell. p.301.

佐藤　厚 (2011). キャリア社会学序説　泉文堂

### 組織コミットメント

Becker, H. S. (1960). Notes on the concept of commitment. *American Journal of Sociology*, **66**(1), 32-40.

Blau, G. J. (1985). The measurement and prediction of career development. *Journal of Occupational Psychology*, **58**, 277-288.

Meyer, J. P., & Allen, N. J. (1991). A three-component conceptualization of organizational commitment. *Human Resource Management Review*, **1**(1), 61-89.

Meyer, J. P., Allen, N. J., & Smith, C. A. (1993). Commitment to organizations and occupations: extension and test of a three-component conceptualization. *Journal of Applied Psychology*, **78**, 538-551.

Mowday, R. T., Porter, L. M., and Steers, R. M. (1982). *Employee-organization linkages: The psychology of commitment, absenteeism, and turnover*. New York: Academic Press.

Porter, L. W., Steers, R. M., Mowday, R. T., & Boulian, P. V. (1974). Organizational commitment, job satisfaction, and turnover among psychiatric technicians. *Journal of Applied Psychology*, **59**(5), 603-609.

鈴木竜太 (2013). 組織と個人とキャリアの関係―日本人の関係性のキャリア―　金井壽宏・鈴木竜太 (編著) 日本のキャリア研究―組織人のキャリア・ダイナミクス―　白桃書房　pp.43-67.

高橋弘司 (2002). 組織コミットメント　宗方比佐子・渡辺直登 (編著) キャリア発達の心理学―仕事・組織・生涯発達―　川島書店　pp.55-79.

田尾雅夫 (1991). 組織の心理学　有斐閣

### 組織社会化

Ashford, S. J., & Black, J. S. (1996). Proactive during organizational entry: The role of desire for control. *Journal of Applied Psychology*, **81**(2), 199-214.

Bauer, T. N., Morrison, E. W., & Callister, R. R. (1998). Organizational socialization: A review and directions for future research. In G. R. Ferris, & K. M. Rowland (Eds.), *Research in personnel and human resources management*. Vol.16. Greenwich, CT: JAI Press. pp.149-214.

Bauer, T. N., Bodner, T, Erdogan, B., Truxillo, D. M., & Tucker, J. S. (2007). Newcomer adjustment during organizational socialization: A meta-analytic review of antecedents, outcomes, and methods. *Journal of Applied Psychology*, **92**, 707-721.

Chao, G. T., O'Leary-Kelly, A. M., Wolf, S., Klein, H. J., & Gardner, P. D. (1994). Organizational socialization: Its content and consequences. *Journal of Applied Psychology*, **79**, 730-743.

Fisher, C. D. (1986). Organizational socialization: An integrative review. In K. M. Rowland, & G. R. Ferris (Eds.), *Research in personnel and human resource management*. Vol.4. Greenwich, CT: JAI Press. pp.101-146.

Klein, H. J., & Heuser, A. E. (2008). The learning of socialization content: A framework for researching orientating practices. In J. J. Martocchio (Ed.), *Research in personnel and human resource management*. Vol.27. Bingley, UK: Emerland. pp.279-336.

Louis, M. R. (1980). Surprise and sense making: What newcomers experience in entering unfamiliar organizational settings. *Administrative Science Quarterly*, **25**(2), 227-251.

Merton, R. K. (1949). *Social theory and social structure*. Glencoe, IL: Free Press. (森　東吾・森　好夫・金沢　実・中島竜太郎 (訳) (1961). 社会理論と社会構造　みすず書房)

Morrison, E. W. (1993). Longitudinal study of the effect of information seeking on new comer socialization. *Journal of Applied Psychology*, **78**, 173-183.

小川憲彦 (2005). 組織社会化研究の展望　神戸大学大学院経営学研究科博士課程モノグラフ, No.0522.

Saks, A. M., Uggerslev, K. L., & Fassina, N. E. (2007). Socialization tactics and newcomer adjustment: A meta-analytic

review and test of a model. *Journal of Vocational Behavior*, **70**, 413-446.
Schein, E. H.（1968）. Organizational socialization and the profession of management. *Industrial Management Review*, **9**(2), 1-16.
Van Maanen, J., & Schein, E. H.（1979）. Toward a theory of organizational socialization. In B. M. Staw（Ed.）, *Research in organizational behavior*. Vol.1. Greenwich, CT: JAI Press. pp.209-266.

## 知的熟練論
愛知県労働部（1987）．知的熟練の形成―愛知県の企業　愛知県労働部
小池和男（1977）．職場の労働組合と参加　東洋経済新報社
小池和男（1986）．マイクロエレクトロニクス機械と知的熟練　小池和男（編著）現代の人材形成　ミネルヴァ書房
小池和男・猪木武徳（編著）（1987）．人材形成の国際比較―東南アジアと日本―　東洋経済新報社
小池和男・中馬宏之・太田聰一（2001）．もの造りの技能　東洋経済新報社
小池和男（2008）．海外日本企業の人材形成　東洋経済新報社

## トーナメント移動と早い昇進
Forbes, J. B., & Piercy, J. E.（1991）. *Corporate mobility and paths to the top*. New York: Quorum Books.
花田光世（1987）．人事制度における競争原理の実態―昇進・昇格のシステムからみた日本企業の人事戦略　組織科学, **21**(2), 44-53.
今田幸子・平田周一（1995）．ホワイトカラーの昇進構造　日本労働研究機構
伊藤秀史（1993）．査定・昇進・賃金体系の経済理論―情報とインセンティヴの見地から―橘木俊詔（編）査定・昇進・賃金決定　有斐閣
小池和男（1991）．大卒ホワイトカラーの人材開発　東洋経済新報社
小池和男・猪木武徳（編著）（2002）．ホワイトカラーの人材育成―日米英独の比較　東洋経済新報社
Rosenbaum, J. E.（1984）. *Career mobility in an corporate hierarchy*. Orland, FL: Academic Press.
Turner, R. H.（1960）. Sponsored and contest mobility and the school system. *American Sociological Review*, **25**(6), 855-867.
若林　満（1986）．大卒新入社員のキャリア形成過程を探る　月刊リクルート2・3月号, 15-19.

## トランジション
Bridges, W.（1980）. *Transitions: Making sense of life's changes*. Reading, MA: Addison-Wesley.（倉光　修・小林哲郎（訳）（1994）．トランジション：人生の転機　創元社）
Goodman, J., Schlossberg, N. K., & Anderson, M. L.（2006）. *Counseling adults in transition: Linking practice with theory*（3rd ed.）. New York: Springer.（cited in: 渡辺三枝子（編著）（2007）．新版キャリアの心理学―キャリア支援への発達的アプローチ―　ナカニシヤ出版）
金井壽宏（2002）．働くひとのためのキャリア・デザイン　PHP新書
Schlossberg, N. K.（1989）. *Overwhelmed: Coping with life's ups and downs*. Lexington, MA: Lexington Books.（武田圭太・立野了嗣（監訳）（2000）．「選職社会」転機を活かせ　日本マンパワー出版）

## 内部労働市場論
Doeringer, P. B., & Piore, M.（1971）. *Internal labor markets and manpower analysis*. Lexington, MA: D. C. Heath.（白木三秀（監訳）（2007）．内部労働市場とマンパワー分析　早稲田大学出版部）
石川経夫（1991）．所得と富　岩波書店
石川経夫（1999）．分配の経済学　東京大学出版会
小池和男（1962）．日本の賃金交渉　東京大学出版会
小池和男（1981）．仕事の経済学初版　東洋経済新報社
小池和男（2003）．ドーリンジャ＝ピオレ『内部労働市場』　日本労働研究雑誌, **513**号, 8-11.
菅野和夫（1996）．雇用社会の法（初版）　有斐閣
上西充子（2004）．能力開発とキャリア　佐藤博樹・佐藤　厚（編）仕事の社会学　有斐閣
氏原正治郎（1968）．日本の労使関係　東京大学出版会
氏原正治郎（1971）．日本労働市場分析＜上＞＜下＞　東京大学出版会

## ニート，フリーター
玄田有史・曲沼美恵（2004）．ニート―フリーターでもなく失業者でもなく―　幻冬舎
本田由紀・内藤朝雄・後藤和智（2006）．「ニート」って言うな！　光文社
道下裕史（2001）．エグゼクティブフリーター　ワニブックス
沖田敏江（2003）．イギリスにおける若年者就業支援政策　日本労働研究機構　諸外国の若者就業支援政策の展開―イギリスとスウェーデンを中心に―　資料シリーズ, No.131.

## 働くことの意味
厚生労働省（2012）．労働経済白書（平成24年版）　日経印刷株式会社
Markus, H. R., & Kitayama, S.（1991）. Culture and self: Implications for cognition, emotion, and motivation. *Psychological Review*, **98**, 224-253.

森田慎一郎・石津和子・高橋美保（2012）．働くことの意味づけと職業への志向に関する日本とカナダの大学生比較　キャリアデザイン研究, **8**, 183-193.
尾高邦雄（1984）．日本的経営―その神話と現実―　中央公論社

### プランド・ハップンスタンス（計画された偶発性）
Krumboltz, J. D., & Levin, Al S. (2004). *Luck is no accident: Making the most of happenstance in your life and career*. Atascadero, CA: Impact Publishers.（花田光世・大木紀子・宮地夕紀子（訳）．(2005)．その幸運は偶然ではないんです！　ダイヤモンド社）
Krumboltz, J. D. (2009). The happenstance learning theory. *Journal of Career Assesment*, **17**, 135-154.
Mitchell, K. E., Levin, Al S., & Krumboltz, J. D. (1999). Planned happenstance: Constructing unexpected career opportunities. *Journal of Counseling & Development*, **77**, 115-124.
渡辺三枝子（編著）（2007）．新版キャリアの心理学　ナカニシヤ出版

### ヘキサゴン・モデル
Gottfredson, G. D., & Holland, J. L. (1996). *Dictionary of Holland occupational codes* (3rd ed.). Odessa, FL: Psychological Assessment Resources.
Holland, J. L. (1985). *Making vocational choices: A theory of vocational personalities and work environments* (2nd ed.). Englewood Cliffs, NJ: Prentice-Hall.（渡辺三枝子・松本純平・舘　暁夫（訳）（2000）．職業選択の理論　雇用問題研究会）
Holland, J. L. (1997). Making vocational choices: A theory of vocational personalities and work environments (3rd ed.). Odessa, FL: Psychological Assessment Resources.（渡辺三枝子・松本純平・道谷里英（訳）（2013）．ホランドの職業選択理論―パーソナリティと働く環境―　雇用問題研究会）
雇用職業総合研究所（1987）．VPI職業興味検査［改訂版］手引　日本文化科学社
日本労働研究機構（2002）．VPI職業興味検査［第3版］手引　日本文化科学社
Rounds, J. B., & Tracey, T. J. (1990). From trait-and-factor to person-environment fit counseling: Theory and process. In W. B. Walsh, & S. H. Osipow (Eds.), *Career conseling: Contemporary topics in vocational psychology*. Hillsdale, NJ: Lawrence Erlbaum Associates. pp.1-44.

### メンタリング
麓　仁美（2012）．メンタリングを規定する要因に関する研究　松山大学論集, **24**(3), 77-107.
Godshalk, V. M., & Sosic, J. J. (2007). Mentoring and leadership: Standing at the crossroads of theory, research, and practice. In B. R. Ragins & K. E. Kram (Eds), *The handbook of mentoring at work: Theory, research, and practice*. Los Angeles, CA: Sage. pp.149-178.
久村恵子（1997）．メンタリングの概念と効果に関する考察―文献レビューを通じて―　経営行動科学, **11**(2), 81-100.
Kram, K. E. (1988). *Mentoring at work: Developmental relationships in organizational life*. Lanham, MD: University Press of America.（渡辺直登・伊藤知子（訳）（2003）．メンタリング―会社の中の発達支援関係―　白桃書房）
小野公一・西村康一（1999）．ソーシャル・サポートとメンタリング―キャリア発達をめぐる社会的支援の実証的研究　亜細亜大学経営論集, **34**(2), 39-57.

### モチベーション
Adams, J. S. (1963). Toward an understanding of inequity. *Journal of Abnormal and Social Psychology*, **67**, 422-436.
Campbell, J. P., Dunnette, M. D., Lawler, E. E., III, & Weick, K. E. (1970). *Managerial behavior, performance, and effectiveness*. New York: McGraw-Hill.
Deci, E. L. (1975). *Intrinsic motivation*. New York: Plenum.（安藤延男・石田梅男（訳）（1980）．内発的動機づけ―実験社会心理学的アプローチ―　誠信書房）
Herzberg, F. (1966). *The work and the nature of man*. Cleveland, OH: The World Publishing Company.
Lawler, E. E., III et al. (1686). *Pay and organizational effectiveness: A psychological view*. New York: McGraw-Hill.（安藤瑞夫（訳）（1972）．給与と組織効率　ダイヤモンド社）
Locke, E. A., & Latham, G. P. (1984). *Goal setting: A motivational technique that works*. Englewood Cliffs, NJ: Prentice-Hall.（松井賚夫・角山　剛（訳）（1984）．目標が人を動かす　ダイヤモンド社）
Maslow, A. H. (1954). *Motivation and personality*. New York: Harper & Row.（小口忠彦（訳）（1987）．人間性の心理学　産能大学出版部）
McGregor, D. M. (1960). *The human side of enterprise*. New York: McGraw-Hill.（高橋達男（訳）（1970）．企業の人間的側面　産業能率大学出版部）
Steers, R. M., & Porter, L. M. (1975). *Motivation and work behavior*. New York: McGraw-Hill.
Vroom, V. H. (1964). *Work and motivation*. New York: John Wiley & Sons.（坂下昭宣・榊原清則・小松陽一・城戸康彰（訳）（1982）．仕事とモチベーション　千倉書房）

### 弱い紐帯
Granovetter, M. (1995). *Getting a job* (2nd ed.). Chicago, IL: University of Chicago Press.（渡辺　深（訳）（1998）．転職―ネットワークとキャリアの研究　ミネルヴァ書房）
チェ・インソク，守島基博（2002）．転職理由と経路，転職結果　日本労働研究雑誌, **506**号, 38-49.

玄田有史（2001）．仕事のなかの曖昧な不安　中央公論新社
平田周一・渡辺　深・西村幸満（2003）．転職のプロセスと結果　日本労働研究機構 資料シリーズNo.137
苅谷剛彦（2002）．書評：仕事のなかの曖昧な不安　日本労働研究雑誌，**505** 号，56-58．
渡辺　深（1991）．転職—転職結果に及ぼすネットワークの効果　社会学評論，**42**，2-15．
渡辺　深（1992）．転職方法—就業情報が転職に及ぼす影響　組織科学，**25**，72-84．
渡辺　深（1999）．「転職」のすすめ　講談社

## ライフ・キャリア・レインボー（Life-Career Rainbow）
菊池武剋（2012）．この学問の生成と発展【教育・心理】：キャリア教育　日本労働研究雑誌，**621** 号（4月），50-53．
Super, D. E. (1980). A life-span, life-space approach to career development. *Journal of Vocational Behavior*, **16**, 282-298.
Super, D. E., Savickas, M. L., & Super, C. M. (1996). The life-span, life-space approach to careers. In D. Brown, L. Brooks, & Associates (Eds.), *Career choice & development* (3rd ed.). San Francisco, CA: Jossey-Bass. pp.121-178.
Super, D. E. (1994). A life span, life space perspective on convergence. In M. L. Savickas, & R. W. Lent (Eds.), *Convergence in career theory: Implications for science & practice*. Palo Alto, CA: Consulting Psychologists Press. pp.63-74.

## リアリティ・ショック
Dean, R. A. (1983). Reality shock: The link between socialization and organizational commitment. *Journal of Management Development*, **2**(3), 55-64.
金井壽宏（1994）．エントリー・マネジメントと日本企業のRJP指向性：先行研究のレビューと予備的実証研究　神戸大学経営学・会計学・商学研究年報，**40**，1-66．
Louis, M. R. (1980). Surprise and sense making: What newcomers experience in entering unfamiliar organizational settings. *Administrative Science Quarterly*, **25**(2), 227-251.
小川憲彦（2005）．リアリティ・ショックが若年者の就業意識に及ぼす影響　経営行動科学，**18**(1)，31-44．
Wanous, J. P. (1992). *Organizational entry: Recruitment, selection, and socialization of new comers* (2nd ed.). Reading, MA: Addison-Wesley.

## 労働時間と過労死
明石陽子（2009）．キャリア積極性と労働時間　キャリアデザイン研究，**8**，115-126．
濱口桂一郎（2013）．物理的な労働時間規制を強力に進めよ　情報労連REPORT（2013），**10**，18-19．
今野浩一郎・佐藤博樹（2002）．人事管理入門　日本経済新聞社
石毛昭範（2011）．管理職従業員の労働時間管理と健康管理　経営行動研究年報，**20**，72-77．
毛塚勝利（2000）．賃金・労働時間法の法理　日本労働法学会（編）賃金と労働時間　有斐閣
今野晴貴（2012）．ブラック企業　文藝春秋
黒田祥子（2008）．1976-2001年タイムユーズ・サーベイを用いた労働時間・余暇時間の計測　一橋大学経済研究所ディスカッション・ペーパー，No.377．
黒田祥子・山本　勲（2009）．ホワイトカラー・エグゼンプションと労働者の働き方：労働時間規制が労働時間や賃金に与える影響　RIETI Discussion Paper Series, 09-J-021.
中村二朗・石塚浩美（1997）．労働時間短縮の意義と効果—マクロ経済的視点から　日本労働研究雑誌，**536** 号，14-23．
小倉一哉（2009）．管理職の労働時間と業務量の多さ　日本労働研究雑誌，**592** 号，73-87．
小倉一哉（2013）．正社員の研究　日本経済新聞出版社
佐藤　厚（2008）．仕事管理と労働時間—長労働時間の発生メカニズム　日本労働研究雑誌，**575** 号，27-38．
佐藤博樹（1997）．労働条件の弾力化が機能する条件　日本労働研究雑誌，**448** 号，44-53．
高橋陽子（2005）．ホワイトカラー＜サービス残業＞の経済学的背景　日本労働研究雑誌，**575** 号，56-68．

## 若者自立・挑戦プラン
総務省統計局労働力調査　長期時系列データ（基本集計）【年平均結果—全国】　年齢階級（10歳階級）別完全失業者数及び完全失業率（1968年〜）
若者自立・挑戦戦略会議（2003）．若者自立・挑戦プラン
若者自立・挑戦戦略会議（2003）．若者自立・挑戦プランの具体化
若者自立・挑戦戦略会議（2004）．若者自立・挑戦プランの推進
若者自立・挑戦戦略会議（2004）．若者自立・挑戦プランの強化の基本的方向
若者自立・挑戦戦略会議（2004）．若者自立・挑戦プランの強化の具体化
若者自立・挑戦戦略会議（2004）．若者自立・挑戦プランのためのアクションプラン（案）
若者自立・挑戦戦略会議（2005）．「若者自立・挑戦のためのアクションプラン」の強化
若者自立・挑戦戦略会議（2006）．「若者自立・挑戦のためのアクションプラン」（案）2006年1月17日（改訂）

## ワークシェアリング
楠田　丘（編）（2011）．人材社会学　産労総合研究所　p.40.
脇坂　明（2002）．日本型ワークシェアリング　PHP研究所
Wakisaka, A. (2002). Work-sharing in Japan. *Japan Labor Bulletin*, **41**(6), 7-13.

**ワーク・ライフ・バランス（Work-Life Balance）**

Eby, L. T., Casper, W. J., Lockwood, A., Bordeaux, C., & Brinley, A. (2005). Work and family research in IO/OB: Content analysis and review of the literature (1980-2002). *Journal of Vocational Behavior*, **66**, 124-197.

Frone, M. R. (2002). Work-family balance. In J. C. Quick, & L. E. Tetrick (Eds.), *Handbook of occupational health psychology*. Washington, DC: American Psychology Association. pp.143-162.

Greenhaus, J. H., & Beutell, N. J. (1985). Sources of conflict between work and family roles. *Academy of Management Review*, **10**, 76-88.

Hansen, S. S. (1997). *Integrative life planning: Critical tasks for career development and changing life patterns*. San Francisco, CA: Jossey-Bass.（平木典子・今野能志・平　和俊・横山哲夫（監訳）乙須敏紀（訳）（2013）．キャリア開発と統合的ライフ・プランニング―不確実な今を生きる6つの重要課題　福村出版）

内閣府男女共同参画局（2009）．男女共同参画社会に関する世論調査

Wayne, J. H., Musisca, N., & Fleeson, W. (2004). Considering the role of personality in the work-family experience: Relationships of the big five to work-family conflict and facilitation. *Journal of Vocational Behavior*, **64**, 108-130.

# 第2章
## キャリアデザイン支援の背景と課題

　キャリアデザイン支援にあたっては，支援者は，支援対象者が置かれた社会的・経済的状況を適切に認識したうえで，支援の内容や実施方法を検討することが必要である。たとえば若者の支援を行う場合，支援者の目に見える問題の背後に，貧困というより大きな問題が隠れているかもしれない。支援対象者は，支援者自身とは異なる社会的・経済的状況に置かれている。そのことへの自覚を欠いた支援は，一方的な押し付けとなる危険を含んでいる。

　本章では主な支援対象者として「中学・高校生」「短大・大学生」「非正規雇用者・ニート」「女性」「組織人」「高齢者」「障害者」を取り上げ，それぞれの支援対象者が置かれた社会的・経済的状況をデータに即しながら把握する。支援とかかわる，政策的な動きも取り上げる。それらの把握を通じて，支援にあたるうえでの実践上の課題を示すことをねらいとする。

# 1. 中学生・高校生のキャリアデザイン

山野晴雄

### 中学校卒業者の進路の推移

2013年3月中学校卒業者の進路状況は，卒業者数118万5,054人のうち，高校が98.4％，高等専修学校が0.3％，就職が0.4％となっている。高校進学率は1974年に90％を超えて以降，漸増している（文部科学省，2013）。

高校教育の実体は義務教育となっているが，文部科学省は「適格者主義」を堅持し，各都道府県でも入試方法の多様化と選抜基準の多元化を進める一方，高校再編計画では大幅な高校統廃合を進めており，「希望者全入」は実現していない。高等専修学校には不登校などさまざまな背景をもった生徒が在籍しているが，実践的な職業教育を行う後期中等教育機関の一つとなっている。また，就職者はごく少ないが，早期離職が多く，高校中退者とともに，その後の不安定な生活が問題となっている。

### 高校卒業者の進路の推移

2013年3月高校卒業者の進路状況は，卒業者数108万8,124人のうち，大学が47.4％，短大5.4％，専門学校17.0％，就職17.0％となっている。大学進学率は1990年以降上昇を続けてきたが，ここ3年は微減となっている。短大は1994年の13.8％以降下降線を描いている。専門学校は2004年の19.2％をピークに減少していたが，ここ4年連続上昇している。就職は2005年まで減少が続いていたが，ここ4年は上昇している。また，「一時的な仕事に就いた者及び進学も就職もしていない者」の率は2002年の10.5％から減少傾向にあり，13年は6.2％となっている（文部科学省，2013）。

大学進学者が増加した要因としては，18歳人口の減少にもかかわらず入学定員が抑制されなかったこと，私立大学・短大を中心に推薦入試・AO入試が広まり大学進学が容易になったこと，高校側も大学進学率を上げることが学校の評価につながることから大学進学指導にシフトしたことなどが挙げられる。ここ3年間頭打ちになった背景には，長引く経済不況のもとで高い学費が負担できない家庭層の増加や大学生の厳しい就職環境が影響しているものと考えられ

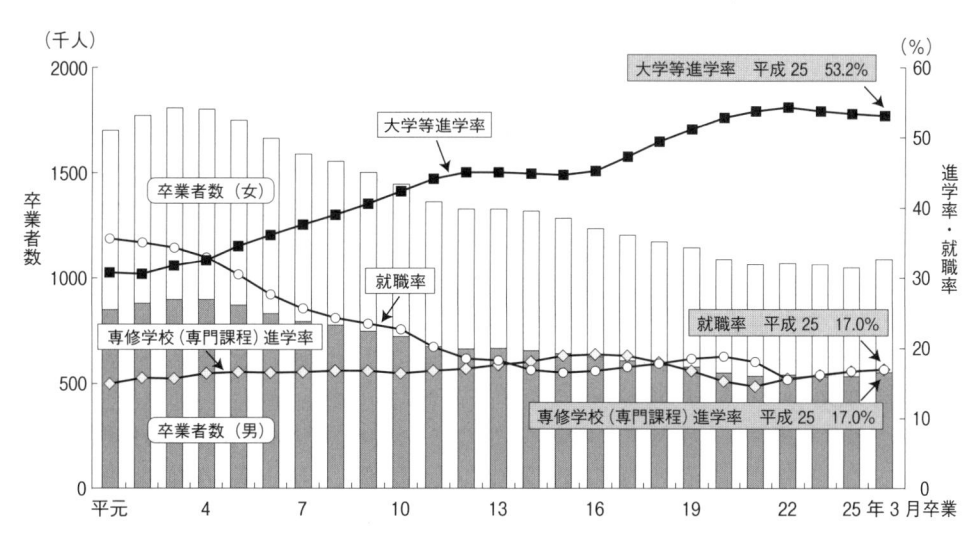

**図1　高校生の卒業後の進路の推移**（文部科学省，2013．学校基本調査—平成25年度（確定値）結果の概要—）

る。短大進学者が減少している要因としては，女子の進学が大学にシフトしていること，幼児教育や栄養系など資格取得に関わる学科を除いてはかつてのように就職に有利ではなくなったこと，定員割れから大学へ転換する短大が増えたことなどが挙げられる。

専門学校進学や就職が微増している背景には，大学の学費負担ができない家庭層を中心に大学進学をあきらめ，資格取得や就職と直結している専門学校への進学や直接就職するケースが少なくないと考えられる。

### キャリア教育政策の展開

2000年代に入り，就職難やフリーター・ニートの増加，早期離職といった若年雇用問題が社会問題化し，2003年に政府に若者自立・挑戦戦略会議がつくられ「若者自立・挑戦プラン」が策定されると，文科省はその一環として「小・中・高を通じたキャリア教育の推進」を掲げ，キャリア教育の普及と定着に向けた施策を矢継ぎ早に打ち出した。特に「キャリア教育の推進に関する総合的調査研究協力者会議報告書」（2004）の発表以降，学校現場でもキャリア教育が本格的に取り組まれるようになり，2004年は「キャリア教育元年」と言われた。

文科省によるキャリア教育政策は，学校現場からの内在的要因や必要性に応じて展開されたものではなく，トップダウンの手法で現場に下ろされ，展開されてきた特徴を持っている。そのため，そこには，以下に示すようなさまざまな問題点が指摘されている（児美川, 2007, 2013b, 2014; 本田, 2009）。

キャリア教育の推進は，若年雇用問題の深刻化への学校教育の対応という性格を持ち，雇用構造や労働市場の改革ではなく，若者の勤労観・職業観の未成熟や就業意識の希薄さを問題にし，若者にてこ入れすることによって，若年雇用問題に対処しようという構図を持っていた。したがって，若者に職業的知識や能力の獲得を保障するための職業・労働教育の充実を図るという観点は軽視され，若者に「エンプロイアビリティ」の向上，すなわち既存の労働市場に「適応」することが重視され，労働法教育など「抵抗」の側面を教えることは軽視された。また，学校現場でキャリア教育を進めるための財政的支援や人的配置は，研究指定校などの一部に限られ，学校教育全体に対する条件整備はなされなかった。その結果として，キャリア教育の施策としては，職場体験学習やインターンシップの実施が中心となり，キャリア教育の取り組みの中で企業・学校やNPOとの連携は進んだものの，一部には，学校側が，講師派遣や教育プログラム提供などを業者に丸投げする状況も見られ，外部人材活用にともなう全体の質保証も課題となっている。

小学校段階からキャリア教育が取り組まれるようになったが，最も立ちおくれているのが高校，特に生徒の7割を占める普通科高校である。そのため，普通科でも就業体験活動の実施・充実を図ることや学校設定科目としてキャリア教育や職業教育の教科目を設置することなどが提唱されているが（中央教育審議会, 2011），教育条件整備がともなっているわけではなく，どれだけの効果を上げるのかは疑わしい。中・長期的には，現行の普通科高校にいても，職業的レリバンスを強め，労働・職業教育が受けられるような制度改革が構想される必要がある。

### キャリア教育の実施状況

このようなキャリア教育政策のもとで学校現場でのキャリア教育の取り組みは，どのような状況にあるのか。

キャリア教育の取り組み状況を示す指標としてよく使われているのが，職場体験・インターンシップの実施状況である。国立教育政策研究所（2013b）が取りまとめた調査結果によれば，公立中学校における職場体験の実施状況は98.0％で，過去最高となったが，実施日数は「3日」が39.4％で最も多く，「5日」の実施校は14.8％で，5年連続減少傾向にある。また，高校

におけるインターンシップの実施状況は，公立高校では 79.8％と過去最高となったが，私立高校は 40.5％にとどまり，「在学中に 1 回でも体験した生徒数」については，職業に関する学科の59.2％，総合学科の 41.3％に比べ，普通科は 13.9％と低い。大学進学指導にシフトをしている私立高校や普通科高校では，総じてキャリア教育に対して積極的でないことを物語っている。

　国立教育政策研究所（2013a）は 2012 年に全国の公立小学校・中学校・高校を対象にキャリア教育・進路指導に関する総合的実態調査を実施している。その調査結果によれば，中学校・高校では，キャリア教育の全体計画・年間指導計画ともに 7 割から 8 割の学校で作成されており，校内体制ではほぼすべての学校にキャリア教育の担当者が配置されている。中学校での職場体験活動は，ほとんどの学校で実施されており，約 9 割の卒業生が「有意義だった」と評価している。中学校では，職場体験活動にとどまらず教育活動全体を通じたキャリア教育の充実を図ること，キャリア教育の継続性・系統性の確保の面から卒業学年に焦点を当てた組織体制を改善することが，課題として指摘されている。また，高校では，全体計画において体験的な学習が重視されているものの，就業体験活動の実施は各学年共通して「0 日」が最多であり，保護者や卒業生の就業体験への期待は高いにもかかわらず，その充実に向けた担任の意識は低いという結果となっている。キャリア教育の内容では，「大学・専修学校など上級学校への訪問や見学，体験入学，学校説明会」「自分を理解する学習（キャリア・カウンセリング，諸検査を含む）」「将来設計全般に関する学習」「職場の訪問や見学，職業の調査・研究活動」「大学・専修学校など上級学校の関係者を招いて行う学校説明会」などは 85％以上の学校で取り組まれているが，「グローバル化などの社会・経済・産業の構造的変化に関する講話・講演」や「就職後の離職・失業など，将来起こりえる人生上の諸リスクへの対応に関する学習」などの取り組みは低くなっている。生徒・卒業生調査では，多くが「就職後の離職・失業など，将来起こりえる人生上の諸リスクへの対応」についてもっと指導してほしかったと回答している。この調査結果からは，公立高校におけるキャリア教育は，自己理解や進路情報の収集と活用，キャリアプランなどに重点が置かれ，現代社会の労働や働き方の実態・制度・構造や労働者の権利などの学習は十分でないことが知られる。このことは，「勤労観・職業観」の形成，「汎用的・基礎的能力」の育成により，生徒を労働市場に「適応」させていくという文科省の指導が，学校現場に浸透していることが知られる。

　児美川（2013a）は，学校現場に浸透している，「やりたいこと」至上主義や「自己理解」「職

**表 1　平成 24 年度職場体験・インターンシップ実施状況**
（国立教育政策研究所生徒指導・進路指導研究センター, 2013b より筆者作成）

①中学校職場体験実施状況

|  | 学校数 | 実施校数 | 実施率 |
|---|---|---|---|
| 国立 | 76 | 45 | 59.2％ |
| 公立 | 9,781 | 9,582 | 98.0％ |
| 私立 | 75 | 174 | 23.2％ |

②高等学校インターンシップ実施状況

|  | 学校数 | 実施校数 | 実施率 | 職業学科 | 普通科 | 総合学科 | 全体 |
|---|---|---|---|---|---|---|---|
| 国立 | 19 | 3 | 15.8％ | --- | 13.3％ | 0.0％ |  |
| 公立 | 4,260 | 3,362 | 78.9％ | 86.8％ | 72.9％ | 90.7％ |  |
| 私立 | 1,436 | 581 | 40.5％ | 71.8％ | 39.5％ | 66.7％ |  |
| 全体 | 5,715 | 3,946 | 69.0％ | 83.8％ | 63.7％ | 88.1％ |  |
| 体験した生徒数 |  |  |  | 152,665 | 136,160 | 30,795 | 325,429 |
| 在学中に 1 回でも体験した 3・4 年生の数 |  |  |  | 124,852 59.2％ | 110,757 13.9％ | 24,863 41.3％ | 264,832 24.1％ |

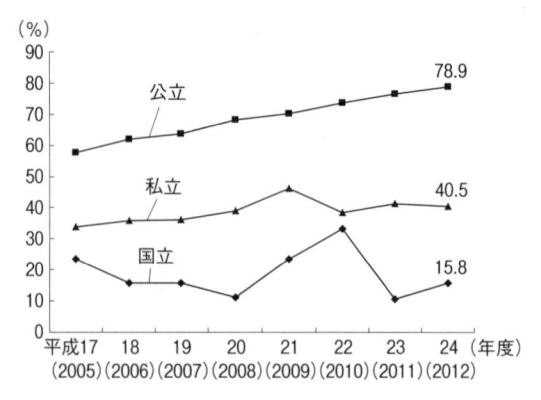

(1) 実施率（全日制・定時制・通信制）

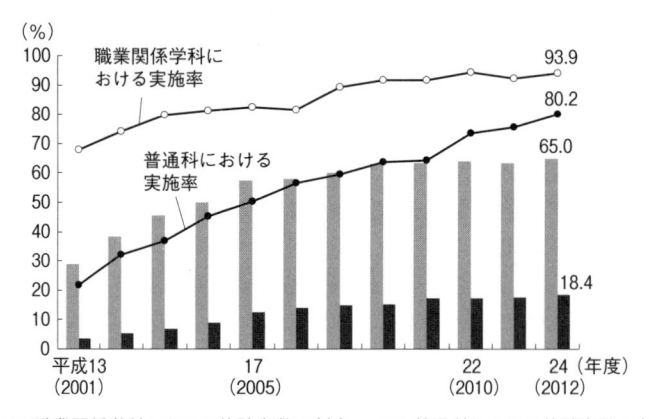

(2) 普通科と職業関係学科（全日制・定時制・通信制）

（出典）文部科学省国立教育政策研究所「職業体験・インターンシップ実施状況等調査」，文部科学省資料
（注）「体験者数」とは，3年間を通して1回でも体験した3年生の数の全体に占める割合。

**図2　高等学校でのキャリア教育の取り組み**（内閣府，2014）

業理解」「キャリアプラン」という3つの主要なジャンルにもとづく「俗流キャリア教育」を批判し，職業・労働教育，シティズンシップ教育やライフキャリア教育に取り組むことの必要性を説いている。これまで学校教育は，「正社員への準備教育」として位置づけられ，キャリア教育は子ども・若者を既存の労働市場に「適応」させていくことを最重点の課題としてきた。しかし，新規学卒就職・長期雇用・年功型賃金の「日本的雇用慣行」のシステムが機能不全に陥っている今日，そうした実態を踏まえたうえで，子ども・若者の「学校から仕事への移行」「おとなへの移行」を支援する仕組みが，学校教育の内外に構築されていく必要がある。高校でのキャリア教育では，現代資本主義のもとでの労働の実態や労働法，相談・支援機関の存在などを生徒に認識させる労働教育の機会が提供される必要がある。特に普通科高校の場合には，進学校であっても，卒業後にどこで専門的知識・能力を身につけて，職業世界に入っていくのか，大学卒業後の生き方や働き方をどのようにしていくのかというガイダンス機能を強化することが重要となっている。

### 高卒求人の減少と高卒就職支援の変化

　高校生の就職は，高校が職業紹介の一部または相当部分を分担するか，公共職業安定機関（ハローワーク）の職業紹介を通じて行われ，大学生のように企業が直接生徒に求人募集をすることはない。そして「推薦指定校制」やかけ持ち受験をしない「一人一社制」による，高校と

企業との間の信頼関係にもとづく「実績関係」のなかで生徒が就職していくという「日本的高卒就職システム」によって行われてきた。

新規高卒者の採用に関するスケジュールは，毎年6月20日から管轄ハローワークでの求人票受付，7月1日以降に求人票が学校に送られ生徒に公開，9月5日以降学校から企業への推薦，応募書類の提出，9月16日以降企業での採用選考開始，と決められている。生徒は求人票をもとに受験先企業を決めていくことになるが，進路相談，会社説明会（職場見学）の参加や推薦の調整などの就職指導は高校教員が行うことになっている。

この就職システムは高卒者が学校から職業へスムーズに移行するさいに重要な役割を果たしてきた（苅谷，1991）。しかし，1990年代後半以降，「日本的雇用慣行」のシステムが崩れ始め，非正規雇用が増加するようになると，高卒就職でも，高卒求人の激減にともない，「日本的高卒就職システム」がゆらぎ，就職できずにフリーターやニートとなる者も増加し，高校生の就職環境は厳しい状態に置かれるようになった（労働政策研究・研修機構，2008）。1992年3月卒業者の高卒求人は153.7万人，求人倍率3.08であったのが，2014年3月卒業者の場合は17.2万人，求人倍率0.93まで減少している（厚生労働省，2013）。職種別でも，事務職・販売職は減少し，技能職・サービス職が中心となっている。こうした状況を受けて，2002年には「一人一社制」原則の見直しが行われ，秋田・鳥取・沖縄の3県では9月16日の選考開始から複数応募を可能にし，他の都道府県でも10月ないし11月以降から複数応募を認める申し合わせをしている（ただし，実際に複数応募を指導している高校はほとんどない）。また，ハローワークにジョブサポーターを配置したほか，合同就職面接会を開催したり，インターネット求人情報サービス「高卒就職支援システム」によって求人の共有を図ったりして，高校と連携して生徒の就職相談・支援に当たるようになった。

こうした高卒者への就職支援にもかかわらず，高校卒業後，就職しても3年以内に早期離職する者が約40%存在する。その離職理由としては，「職場の人間関係がつらい」「仕事がつらい，ストレスが大きい」という項目を挙げる場合が多い（国立教育政策研究所，2014）。就職者の人数が多い普通科では就職内定率は相対的に低く，専門学科では高いものの，大学・専門学校への進学者も増えており，キャリア教育の充実や相談・支援体制の強化が重要となっている。

## 「子どもの貧困」と就学支援

子どもの貧困化は，1990年代後半からの格差社会の進行とともに増加し，厚生労働省（2014）の調査によれば，18歳未満の子どもの相対的貧困率は1985年の10.9%から2009年の15.7%へ，12年には過去最悪の16.3%と上昇し，6-7人に1人の子どもが貧困の状態にある。国際的にみても，日本の子どもの貧困率は，ユニセフ（UNICEF, 2012）の推計によると，2000年代半ばにおいて，先進35か国中9番目の高さにあり，決して低くはない。子どもの貧困率が上昇した要因としては，子育て期の家庭の経済状況が悪化し，子育て世帯に対する公的扶助が不足している一方で，子育て・教育費用が上昇したため，貧困化する子どもが増加したこと，また，離婚の増加など家族形態の変化も加わり，ひとり親世帯，特に母子世帯の母親の賃金水準が低く，貧困が避けられない状態にあることなど，さまざまな要因が絡んでいる（宮本，2012; 阿部，2014）。

子ども・若者の貧困化の実態は，高校段階でより鮮明に現れている。高校生の貧困化は，中退や高卒就職の大きな要因となっている。青砥（2009）によれば，埼玉県立高校の中退率は入学試験の平均点が低い高校ほど高く，学力の低い生徒の集まる高校では，親が失業している世帯や母子世帯が多い。内閣府（2011）が高校中退後2年以内の者を対象に実施した調査では，56.2%が働いているが，その77.2%はフリーター・パートで，長期的なキャリア形成につながっていない。また，「在学中」の30.8%の者のうち，49.7%は通信制高校，30.8%は全日制・定

時制高校であるが，そこでの退学率も低くはない実態がある。政府は，2010年度より公立高校の授業料無償化（私立高校は就学支援金の支給）を実施し，経済的理由による中退は減少したが，14年度より所得制限が導入されることになり，「社会全体で子どもたちの学びを支える」という理念は放棄されることとなった。

若年雇用問題の深刻化にともない，2000年代に入って以降，若者を労働市場に復帰させる積極的労働市場政策として，フリーターの就労を支援するジョブカフェの設置，ニートの状態にある若者を支援する若者自立塾（2009年の事業仕分けで廃止）や地域若者サポートステーションの開設，職業能力育成プログラムによる職業訓練など，さまざまな若者就労支援施策が導入されてきた。この「若者自立・挑戦プラン」に掲げられた包括的政策メニューは，非正規雇用労働者の急増に対して，プランが対象としている若者は限定的で，この枠組にのりにくいノンエリート青年は排除されるという限界があった（中西・高山，2009）。しかも，学齢期における対策は，学卒資格を与えることに重点が置かれたため，仕事に就いて自立するための具体的な支援はほとんどなく，貧困層の子どもたちのための「学び直し」の機会や進学に代わる職業訓練や就職支援をする体制も整えられていない。

2010年に「子ども・若者育成支援推進法」が施行され，推進法を具体化する5年間の長期計画「子ども・若者ビジョン」も策定された。そのねらいは，困難を抱える子ども・若者を放置せず，早期に継続的な支援を行い，ドロップアウトを防ぎ，社会的・職業的自立を保障することにある。さまざまな社会的リスクが連鎖・複合し，若者を社会の周縁に追いやる「社会的排除」の防止が大きな課題となっている今日，既存の行政の壁を取り払い，教育・生涯学習・就労・社会保障・家族・健康医療等に関する包括的な自立支援，すなわち「社会的包摂」方策を推進することが求められている。

また，2014年には子どもの将来がその生まれた環境によって左右されることのないように，子どもの貧困の解消，教育の機会均等，次世代への貧困の連鎖の防止などを図る「子どもの貧困対策基本法」が施行された。子ども・若者の貧困克服へ向けた政策の実施が課題となっている。

### 文　献

阿部　彩（2014）．子どもの貧困Ⅱ―解決策を考える　岩波書店
青砥　恭（2009）．ドキュメント高校中退―いま，貧困が生まれる場所　筑摩書房
中央教育審議会答申（2011）．今後の学校におけるキャリア教育・職業教育の在り方について
本田由紀（2009）．教育の職業的意義―若者，学校，社会をつなぐ　筑摩書房
苅谷剛彦（1991）．学校・職業・選抜の社会学―高卒就職の日本的メカニズム　東京大学出版会
国立教育政策研究所（2013a）．キャリア教育・進路指導に関する総合的実態　調査第一次報告書
国立教育政策研究所生徒指導・進路指導研究センター（2013b）．平成24年度職場体験・インターンシップ実施状況等調査結果
国立教育政策研究所（2014）．「高等学校政策全般の検証に基づく高等学校に関する総合的研究」報告書
児美川孝一郎（2007）．権利としてのキャリア教育　明石書店
児美川孝一郎（2013a）．キャリア教育のウソ　筑摩書房
児美川孝一郎（2013b）．日本における若者キャリア支援の展開と課題　教育科学研究会（編）地域・労働・貧困と教育　講座教育実践と教育学の再生4，かもがわ出版
児美川孝一郎（2014）．権利としてのキャリア教育　小池由美子（編）新しい高校教育をつくる―高校生のためにできること　新日本出版社
厚生労働省（2013）．平成25年度「高校・中学新卒者の求人・求職状況」取りまとめ
厚生労働省（2014）．平成25年国民生活基礎調査の概況
宮本みち子（2012）．若者が無縁化する　筑摩書房
文部科学省（2013）．平成25年度学校基本調査
内閣府（2011）．若者の意識に関する調査（高等学校中途退学者の意識に関する調査）報告書
内閣府（2014）．平成26年度版子ども・若者白書
中西新太郎・高山知樹（編）（2009）．ノンエリート青年の社会空間　大月書店
労働政策研究・研修機構（2008）．日本的高卒就職システムの変容と模索　労働政策研究報告書，No.97.
UNICEF Innocenti Research Centre（2012）．*Measuring child poverty: New league tables of child poverty in the world's rich countries.* Florence, Italy: UNICEF.

# 2. 短大生・大学生のキャリアデザイン

上西充子

## 大学進学率の上昇と短大進学率の低下

　大学進学率（現役）は，1990年代初めまでは20％前後であったが，その後大幅に上昇し，2010年には47.9％に達した。その後，大学進学率は頭打ち傾向を示し，2013年の大学進学率（現役）は47.4％となっている（文部科学省，2013a）。

　この変化の背景には，若年人口の減少，高卒求人の急減，短大の大学への転換，抑制されなかった大学の入学定員，などの要因がある。

　高校卒業者数は1992年の1,807,175人をピークとして2013年の1,091,614人へと，40％も減少している。1992年は高卒求人数のピークでもあった。わずか3年後の1995年には高卒求人数は62％も減少する（文部科学省・厚生労働省2002，図表5）。一方で高校卒業者の減少にもかかわらず，大学の入学定員は抑制されなかった。

　大学進学率が上昇する一方で，短大の大学への転換もあり，短大進学率はゆるやかに低下した。1994年の13.8％をピークとして，2013年の短大進学率（現役）は5.4％まで低下している。

　高校卒業者が減少するなかで大学の入学定員が抑制されなかったことは，大学進学を容易にした。2012年度入学者のうち，AO（アドミッション・オフィス）入試による入学者の比率は8.6％，推薦入試による入学者の比率は34.9％に及んでいる（文部科学省，2013b）。

　金子元久らが行った高校生追跡調査によれば，高校3年生のうち，大学進学者でも3分の1の者は高校3年時の授業外学習時間が1時間以下という結果が出ている（金子，2012）。進学率が大幅に上昇した結果，従来の大学生とは異なるタイプの大学生が多く入学してきている現実は認めなければならない。

　1992年3月には高校卒業者の33.1％が就職し，大学・短大への進学者は32.7％であった。これに対し2013年3月の高校卒業生の進路は，大学47.4％，短大5.4％，専門学校17.0％，就職16.9％，一時的な仕事に就いた者1.2％，進学も就職もしていない者4.9％，などとなっている（文部科学省，2013a）。

## 短大・大学卒業者の進路

　2013年3月の短大卒業者の進路は，大学などへの進学10.5％，就職73.5％，一時的な仕事に就いた者3.4％，進学も就職もしていない者10.0％，などとなっている。同年の大学卒業者の進路は，大学院等への進学11.3％，就職67.3％，一時的な仕事に就いた者3.0％，進学も就職もしていない者13.6％，などとなっている（文部科学省，2013a）。

　大学卒業者について近年の推移を見ると，進学率がほぼ一定である一方で，就職率は景気変動に応じて大きく変動しており，就職率が低下している時期には進学も就職もしていない者の比率が高い傾向がみられる（図1）。新卒一括採用という雇用慣行は，職業経験のない若者の安定的な雇用を実現するという利点をもつと同時に，「就職氷河期」世代に象徴されるように，就職活動時の景気動向による運・不運を若者に強いるものであると言える。

　図1は卒業者の進路を表しているが，留年・中退者の動向にも留意が必要である。文部科学省（2013a）によると，2013年3月に最低就業年限の4年で卒業した者の比率は79.1％となっている。

　4年間で卒業しない者の中には留学経験者もいるだろうが，就職活動が順調に進まず，就職留年する者の存在も見過ごせない。同じく文部科学省（2013a）によれば，4年で卒業した者の比率は，2009年3月卒業者では80.5％であったのに対し，2010年3月卒業者では76.7％に低下

(千人)　　　　　　　　　　　　　　　　　　　　　　　(％)

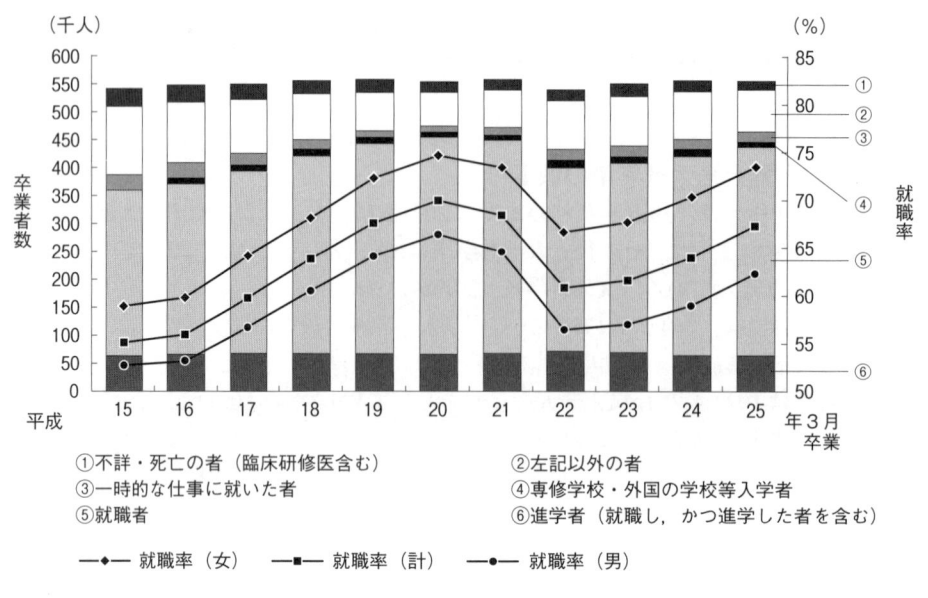

**図1　大学（学部）卒業者の状況**（文部科学省，2013a）

①不詳・死亡の者（臨床研修医含む）　②左記以外の者
③一時的な仕事に就いた者　　　　　　④専修学校・外国の学校等入学者
⑤就職者　　　　　　　　　　　　　　⑥進学者（就職し，かつ進学した者を含む）

――◆――就職率（女）　――■――就職率（計）　――●――就職率（男）

している。2010年3月卒業者は就職活動中にリーマンショックの影響を受けた世代であり，卒業生に占める就職者の比率は2009年3月卒業者の68.4％から2010年3月卒業者では60.8％に低下している。就職状況が悪化した時期には，就職率が低下するとともに就職留年が増えていることが，ここから伺われる。

大学によっては就職留年者に対し，学費を減免するなどの支援措置を設けているところもあるが，新規学卒就職の機会を狙って就職留年した者が満足のいく結果に至っているのかどうか，詳細は明らかではない。

### 大学設置基準の改定

前述のとおり大学進学率は上昇し，学術研究を目的とするよりも就職を目的として進学する者は増えている。

そのような現実を踏まえ，「大学は，生涯を通じた持続的な就業力の育成をめざし，教育課程の内外を通じて社会的・職業的自立に向けた指導等に取り組むことが必要であり，そのための体制を整えるものとし」て，2010年2月25日に大学設置基準の一部を改正する省令が交付され，2011年4月1日から施行されることとなった（文部科学省，2010）。

この改正により，「大学は，当該大学及び学部等の教育上の目的に応じ，学生が卒業後自らの資質を向上させ，社会的及び職業的自立を図るために必要な能力を，教育課程の実施及び厚生補導を通じて培うことができるよう，大学内の組織間の有機的な連携を図り，適切な体制を整えるものとする」という一条が加えられた。

この「社会的・職業的自立に向けた指導等」は，「教育課程の内外を通じて」「大学内の組織間の有機的な連携を図り，適切な体制を整え」て取り組むことが必要と述べられていることに留意が必要であろう。キャリア教育科目を一つ設ける，教育課程とは独立にキャリアセンターを設ける，といったことが求められているのではない。それぞれの大学・学部の状況に応じて，学生が社会的・職業的自立を図るために必要な能力を培えるための適切な支援を，教育課程の内外を通じて総合的に行うことが求められていると考えられる。

## インターンシップ拡充を求める動き

前項に示したように大学設置基準の改定においては，社会的・職業的自立に向けた指導などが大学に求められることとなった。とは言え，その具体的な在り方は，それぞれの大学・学部の教育上の目的や置かれた状況に応じて，個々の大学・学部に委ねられている。

しかしながら他方では，数値目標を設定してインターンシップを拡充しようという動きが政府内から起こっている。若者・女性活躍推進フォーラム（2013）の提言では「政府は，インターンシップに参加する学生の数の目標設定を行った上で，大学等と地域産業界との調整を行う仕組みを構築し，学生に対して，卒業・修了前年度の夏季・春季休暇中に行うインターンシップ，地元企業の研究やマッチングの機会の拡充をはじめ，キャリア教育から就職まで一貫して支援する体制を強化する」とされている。ほぼ同じ文言は政府が2013年6月14日に閣議決定した成長戦略「日本再興戦略」にも盛り込まれている。

日本学生支援機構（2011）の調査（2010年9月）によれば，インターンシップを「授業科目として実施している（全学）」大学は34.8％，「授業科目として実施している（学部単位）」大学は32.9％となっている。これらは大学としての実施割合である。授業と関わりなく参加しているインターンシップも含め，学生の参加割合を見ると，たとえばリクルートキャリア（2014）の調査では，2014年卒の学生のインターンシップへの参加率は23.9％となっている。マイナビ（2013）の調査では，2015年3月卒業予定の学生のインターンシップ参加率は32.7％である。

現状においては，企業説明会の前倒しとほとんど変わらない内容のインターンシップもあり，他方で賃金支払いが不要な労働力として違法に利用されていると疑われる内容のインターンシップもある。また，内定後に内定者インターンシップと称して拘束度の高い形でインターンシップへの参加が促されることもある。インターンシップを拡充するのであれば，インターンシップの質の再検討も必要であろう。

## 大学生の経済事情

1997年以降，民間の給与所得者の平均給与は年々減少傾向にある。そのなかで勤労者（40-49歳）の平均年収に対する授業料の割合は年々増加している（文部科学省，2012）。そのような状況のなかで大学進学率が上昇したことは，多くの学生が学生生活における奨学金への依存度を高める結果となった（図2）。大学・短大生の奨学金受給率は1999年度から急上昇し，2010年度には35.9％に達している（文部科学省，2012）。

しかし日本の奨学金制度は，国際的に見れば特異な制度であり，日本学生支援機構（かつての日本育英会）の奨学金制度は，給付型がなく，貸与型のみとなっている。その貸与型奨学金の中でも，1999年度以降に急激に拡大したのは，有利子奨学金（第二種奨学金）であった。1998年度には無利子貸与人員2,005人，有利子貸与人員650人であったのが，2012年度には無利子貸与人員2,767人，有利子貸与人員8,496人となっている（文部科学省，2012）。

無利子・有利子ともに返済が必要であるが，雇用情勢が厳しいなか，返済負担も重くなっ

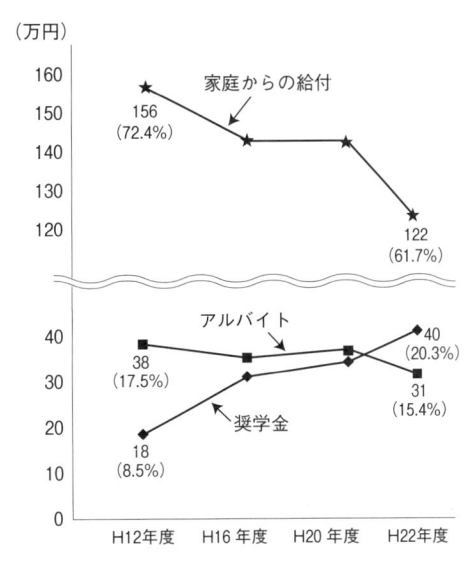

図2　学生生活費の内訳（文部科学省，2012）

ている。年収300万円未満の者などを対象とした返還期限猶予制度もあるが，通算で5年が限度となっている。また，減額返還制度も最長10年が限度となっている。有利子奨学金には年10％もの延滞金が課され，奨学金の返済に苦しむ若者の問題がクローズアップされてきている。

これに対し，2012年度には年収300万円以下相当の家計の学生を対象として，卒業後に一定の収入（年収300万円）を得るまでの間，返還期限を猶予する「所得連動返還型無利子奨学金制度」が新設された。今後，返済負担の問題は緩和されていくのか，また大学生を対象とした給付型奨学金制度の創設は実現するのか，注目される[1]。

### 留　　学

グローバル化の進展により，国際的に活躍できるグローバル人材への社会的要請は強まっている。一方で日本人の海外留学者数は，1980年代半ばから増加し2005年には82,945人に達したが，その後減少傾向を示し，2010年には58,060人となっている（文部科学省，2013c）。

この傾向は若者の「内向き志向」を表すものとも捉えられがちだが，若年人口が減少傾向にあること，また，大学の学費負担が家計に重くのしかかっていることも考慮する必要がある。日本生産性本部（2013）の「2013年度　新入社員　春の意識調査」では「海外勤務のチャンスがあれば応じたい」に対して，「そう思う」とする回答が2011年の設問開始以降，継続して過半数を上回り，2013年度調査では55.0％に達している。このような調査結果を踏まえて，若者の「内向き志向」が進んでいるのではなく海外志向が二極化しているのだ，とする見方もある。

### 就職活動・採用選考スケジュールの変更

新規大卒者の就職活動・採用選考スケジュールには，近年，大きな変化がみられる。

日本経済団体連合会は採用選考活動の早期開始を自粛する「倫理憲章」（「採用選考に関する企業の倫理憲章」）を設け，会員企業への賛同を求めてきた。従来は就職情報サイトなどへの登録が卒業前年の10月1日から開始され，慣例的に企業の広報活動も同日から開始されてきたが，2011年3月15日に改訂された「倫理憲章」では，2013年4月入社の学生の採用選考活動から適用されるものとして，「広報活動」は卒業・修了学年前年の12月1日以降，面接等実質的な「選考活動」は卒業・修了学年の4月1日以降に開始するものとされた。従来よりも就職活動の開始が2ヶ月後ろ倒しされ，「選考活動」開始までの時期も2ヶ月短縮されたのである。

さらに2013年9月には，「倫理憲章」にかわって「採用選考に関する指針」が設けられ，2016年4月入社の学生の採用選考活動から適用されるものとして，「広報活動」の開始時期を卒業・修了年度に入る直前の3月1日以降へとさらに後ろ倒しすることとなり，「選考活動」も卒業・修了年度の8月1日以降へと後ろ倒しすることとなった（日本経済団体連合会，2013）。

これは政府が2013年6月14日に閣議決定した成長戦略「日本再興戦略」の中で，学修時間の確保や留学等促進のためにスケジュール変更を求めたことに対し，日本経済団体連合会が応じたものである。就職活動で後れを取ることを危惧して大学生が留学をためらう場合があることから，留学への支障を取り除こうとしたものと考えることができる。

このような就職活動・採用選考のスケジュール変更に対しては，卒業までに就職が決まらない可能性が出てくるとして，学生や就職支援担当者から不安の声も見られる。しかし，企業説明会に出向くより前に情報を批判的に吟味する能力を高め，業界研究・企業研究を深めておくことは，採用側のイメージ戦略に乗せられないためにも大切なことであろう。

---

1) 2014年度には低所得世帯の高校生を対象とした返済不要の「奨学給付金」制度が新たに導入された。また，長野県は2014年度から，全国で初めて，給付型奨学金を創設した（上限30万円，30人程度）。

## 「ブラック企業」・早期離職と労働法教育

フリーターとして社会に出ていくことのリスクを指摘して正社員就職と就業継続を目指させる指導を行ってきた方々に広く知っていただきたいのが，「ブラック企業」問題である。「ブラック企業」とは主として若者の間にインターネット上で広がった言葉であるが，文春新書『ブラック企業』(今野，2012) の刊行後は，広く一般にも認知される問題となった。

労働問題に取り組む弁護士らが企画委員会を設けて2012年から実施している「ブラック企業大賞」のホームページでノミネートされた企業の選考理由を見ると，異常なまでの長時間労働の果てに若くして過労自殺に追い込まれた若者の事例などが紹介されており，正社員として意欲をもって働き始めた若者が企業によって使い潰されていく様子に胸が痛む。

2013年に今野らによって結成された「ブラック企業対策プロジェクト」は，ブラック企業を，狭義には「新興産業において，若者を大量に採用し，過重労働・違法労働によって使い潰し，次々と離職に追い込む成長大企業」，広義には「違法な労働を強い，労働者の心身を危険にさらす企業」と定義している（ブラック企業対策プロジェクト，2013）。

「ブラック企業」という言葉は，若者の雇用問題の捉え方の枠組みを「若者の意識」の問題から「若者の働かせ方」の問題へと変える力を持っている。実際のところ，図3に見られるように，転職経験のある大卒者が最初の就職先を離職した理由のトップは「労働時間・休日・休暇の条件がよくなかった」であり，つまりは労働条件の悪さが離職理由となっている。働き続けることができないような劣悪な労働条件の企業の問題が顕在化している今日，自己分析をベースとした職業選択だけではなく，『就職四季報』や有価証券報告書，新聞データベースなどの客観情報を活用した業界・企業選択の重要性が増してきている。大学のキャリア支援は，学生がそのような客観情報を活用するための支援を行えているだろうか。

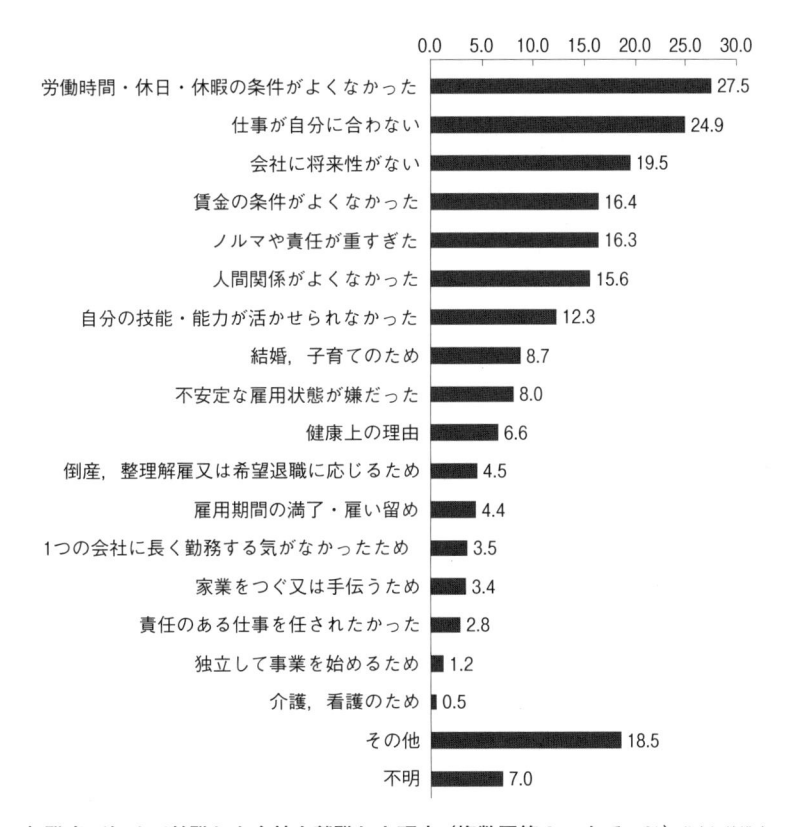

| 離職理由 | % |
|---|---|
| 労働時間・休日・休暇の条件がよくなかった | 27.5 |
| 仕事が自分に合わない | 24.9 |
| 会社に将来性がない | 19.5 |
| 賃金の条件がよくなかった | 16.4 |
| ノルマや責任が重すぎた | 16.3 |
| 人間関係がよくなかった | 15.6 |
| 自分の技能・能力が活かせられなかった | 12.3 |
| 結婚，子育てのため | 8.7 |
| 不安定な雇用状態が嫌だった | 8.0 |
| 健康上の理由 | 6.6 |
| 倒産，整理解雇又は希望退職に応じるため | 4.5 |
| 雇用期間の満了・雇い留め | 4.4 |
| 1つの会社に長く勤務する気がなかったため | 3.5 |
| 家業をつぐ又は手伝うため | 3.4 |
| 責任のある仕事を任されたかった | 2.8 |
| 独立して事業を始めるため | 1.2 |
| 介護，看護のため | 0.5 |
| その他 | 18.5 |
| 不明 | 7.0 |

図3 大卒の転職者が初めて就職した会社を離職した理由（複数回答3つまで：%）(厚生労働省2010より作成)

また，就職に際して「ブラック企業」を避けるという戦略は，現実には限界がある。劣悪な労働条件の企業で働くことになった時に，「おかしい」と思えること，誰かに相談できることが大事である。より本質的には，雇用が契約関係であること，労働者としての権利とは会社との「関係」の中にこそあることの理解が求められよう（今野，2013）。しかし現在のキャリア教育は，雇用保障や企業福祉をともなう企業の「メンバーシップ」を獲得・維持するために「無限の指揮命令」を受容してきた従来の日本型雇用（濱口，2013）を暗黙のうちに前提としているように思われる。労働法教育をキャリア教育の中にどのように効果的に取り入れていくのか，課題は多い。

## 大学院進学者の進路

最後に大学院進学者の進路状況を簡単に見ておこう（文部科学省，2013a）。2013年3月の修士課程修了者は76,511人。うち進学者10.4％，正規の就職者70.5％，正規の職員などでない者3.2％，一時的な仕事に就いた者1.7％，進学も就職もしていない者12.5％，などとなっている。

ただし専攻分野によって進路状況は大きく異なり，人文・社会科学系の修士課程修了者の進路は不安定である。正規の職員などとして就職した者の割合は「工学」で87.2％，「農学」で73.1％，「理学」で68.3％であるが，「社会」で54.6％，「人文」では32.5％，となっている。「一時的な仕事に就いた者」および「進学も就職もしていない者」の割合は「人文」で31.5％，「社会」で28.7％，「理学」で9.2％，「工学」で5.6％，「農学」で12.3％を占めている。

2013年3月の博士課程修了者は16,445人。正規の就職者50.5％，正規の職員等でない者15.3％，一時的な仕事に就いた者6.1％，進学も就職もしていない者は18.7％，などとなっている。専攻分野別に見ると，正規の職員等の割合は「人文」で19.6％，「社会」で38.0％，「理学」で38.3％，「工学」で55.3％，「農学」で42.7％。「一時的な仕事に就いた者」および「進学も就職もしていない者」の割合は「人文」で47.7％，「社会」で33.5％，「理学」で27.3％，「工学」で21.8％，「農学」で33.9％となっている。高度人材育成が多方面で謳われているにもかかわらず，理工系においても博士課程修了者の進路は修士課程修了者の進路に比べて厳しいものとなっている。

## 文　献

ブラック企業対策プロジェクト（2013）．ブラック企業対策プロジェクト設立趣旨文　<http://bktp.org/about-us>
濱口桂一郎（2013）．若者と労働　中央公論新社
金子元久（2012）．高校と大学教育―調査から見えるもの　中央教育審議会高等学校教育部会第11回（2012年8月10日）資料4
今野晴貴（2012）．ブラック企業　文藝春秋
今野晴貴（2013）．日本の労働はなぜ違法がまかり通るのか？　星海社
厚生労働省（2010）．平成21年若年者雇用実態調査結果の概況（2010年9月2日）
マイナビ（2013）．2015年卒マイナビ大学生　広報活動開始前の活動調査 集計結果報告（2013年12月）
文部科学省・厚生労働省（2002）．「高卒者の職業生活の移行に関する研究」最終報告（2002年3月5日）
文部科学省（2010）．大学設置基準及び短期大学設置基準の一部を改正する省令の施行について（通知）（2010年3月12日）
文部科学省（2012）．(独) 日本学生支援機構（JASSO）奨学金貸与事業の概要　独立行政法人日本学生支援機構の在り方に関する有識者検討会 第1ワーキンググループ第2回（2012年6月20日）資料2
文部科学省（2013a）．学校基本調査―平成25年度（確定値）結果の概要―（2013年12月20日）
文部科学省（2013b）．平成25年度国公私立大学・短期大学入学者選抜実施状況の概要（2013年10月18日）
文部科学省（2013c）．「日本人の海外留学者数」及び「外国人留学生在籍状況調査」について（2013年2月8日）
日本学生支援機構（2011）．大学，短期大学，高等専門学校における学生支援の取組状況に関する調査（平成22年度）（2011年6月）
日本経済団体連合会（2013）．採用選考に関する指針（2013年9月13日）
日本生産性本部（2013）．2013年度　新入社員　春の意識調査（2013年4月22日）
リクルートキャリア（2014）．就職白書2014　～インターンシップ編～（2014年3月12日）
若者・女性活躍推進フォーラム（2013）．我が国の若者・女性の活躍推進のための提言（2013年5月19日）

# 3. 非正規雇用者・ニートのキャリアデザイン

堀 有喜衣

## 非正規雇用とは何か

　「非正規雇用」は一般に知られた言葉となっているが，実はかなり多様に用いられている。厚生労働省『非正規雇用問題に係るビジョン報告書』（2012年）によれば，非正規という働き方の捉え方は，事業所での呼称だけでなく，法令や統計上の定義においても大きく異なっているという。そこで報告書においては暫定的な定義として，「正規雇用」の3つの条件を満たさない者を便宜的に「非正規雇用」と呼んでいる。「正規雇用」の3つの条件とは，労働契約の期間の定めはない，所定労働時間がフルタイムである，直接雇用である（労働者派遣のような契約上の使用者ではない者の指揮命令に服して就労する雇用関係（間接雇用）ではない），ことである。

　以下では，「非正規雇用」の概念が多様だということを踏まえ，この定義を念頭に置きながら検討を進める。

## 非正規雇用率の上昇

　2012年に実施された『就業構造基本調査』によれば，「雇用者（役員を除く）」53万人あまりのうち，「正規の職員・従業員」が3,311万人（61.8％），「パート」「アルバイト」が合わせて139万5千人（26.1％），労働者派遣事業所の派遣社員2.2％，契約社員5.4％，嘱託2.2％，その他2.2％となっている。

　しかし雇用形態は性別や年齢によって大きく分布が異なる。図1は，男女別・年齢別非正規比率の推移を示したものである。

　男性よりも女性で高い傾向がある。25-34歳層の女性には既婚女性が多く含まれていると思われるが，若年女性についても3分の1は非典型雇用で働いていることがわかる。男性も若年層で高くなっており，性別を問わず，若年層の非正規率が高くなっている。

　厚生労働省『就業形態の多様化に関する総合実態調査』によれば，企業が非正規雇用を活用する理由は，「賃金の節約のため」「1日，週の中の仕事の繁閑に対応するため」で高くなっており，労働者は「自分の都合のよい時間に働ける」「家計の補助・学費等を得たい」などの回答が多い。

　一見，企業側と労働者側のニーズが合致しているようにも見えるが，実際には，正社員になりたかったがなれないので非正規社員として働く者は少なくない。図2は，非典型雇用者に対

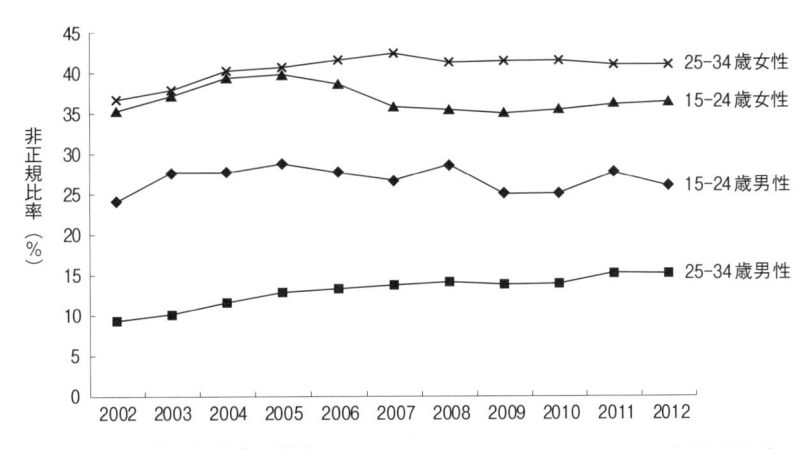

**図1　年齢別非正規比率の推移**（「労働力調査」（年平均）15-24歳については在学中を除く）

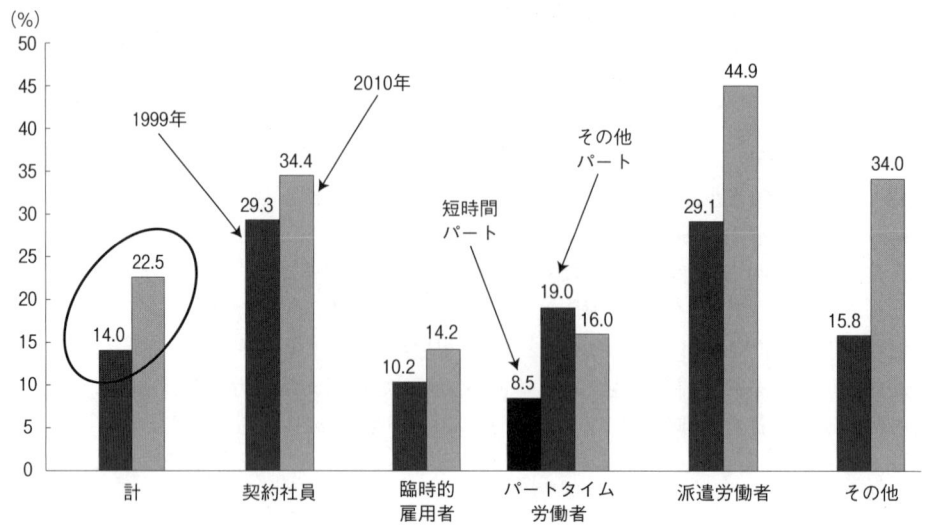

**図2 正社員として働ける会社がなかった者の割合** (厚生労働省, 1999, 2010)

して，正社員として働ける会社がなかったから非典型雇用に就いたと回答した者の割合である。1999年から2010年にかけて，14％から22.5％に上昇している。特に契約社員や派遣労働者で著しいことがわかる。

ところで正社員ではない働き方をする被雇用者は，以前から一定数存在した。

その代表的な者は，学生アルバイトと主婦パートである。彼ら彼女らは，学生のように学業の傍ら一時的にアルバイトしている者，あるいは主婦パートについては主婦が本業で正社員になることを望まないような意識の者であったため，非典型雇用であることがもたらす不安定性は顕在化することはなかった。

しかし，学生でもなく主婦でもない若者層が非典型雇用者として働くようになると，雇用の不安定さや弱い社会保障に直面することになる。将来の主たる稼ぎ手になる層が非典型雇用になって初めて，非典型雇用者の問題が社会的に認知されるようになったのである。

### 正社員登用の動向

しかしいったん非典型雇用になったとしても，正社員への道が開かれていないわけではない。非典型雇用から正社員への移行には大きく分けて，非典型雇用者として働いていた企業において正社員になるケース（以下，正社員登用と呼ぶ）と，別の企業において正社員になるケースがある。

労働政策研究・研修機構が2008年10-12月に実施した，25-45歳未満を対象とした調査によれば（労働政策研究・研修機構，2010），これまでのキャリアの中で非典型雇用から正社員への移行経験をもつ割合は19.2％を占めていた。また，調査時点の現職が正社員である者のうち，非正規雇用から正社員への移行を経験した割合は13.9％であったが，企業間移動が10.7％，同一企業内での登用は3.2％であった。正社員への移行を経験した者を分母とすると，うち22.9％が登用によるものである。

さらに正社員登用が起こりやすい景気回復期（2003-2008年）に絞った分析によれば，正社員への移行は20代前半に起こりやすいが，登用の場合には20代後半にも起こっており，非正規期間のOff-JTや自己啓発経験，あるいは正社員なみの労働時間で働いていることが登用に効果を及ぼすことがわかっている（小杉，2010）。したがって，正社員の移行においては年齢の壁があるものの，企業内からの登用の方がより年齢の壁を低くすることができると考えられる。

それでは雇用主側は正社員登用についてどのような意向をもっているのか。厚生労働省が無作為に抽出した民間企業1万社に対して2009年に実施した「有期労働契約に関する実態調査（事業所調査）」を見ると（有効回答率60.5%），有期契約労働者を雇用している事業所のうち，制度をもっている割合は46.5%であり，制度がある事業所のうち，「転換実績がある程度ある」のが52.2%，「転換実績は少ない」が31.2%，「転換実績はない」が15.9%となっている。

正社員転換制度がある場合に，正社員転換を実施するうえでの支障を尋ねたところ（複数回答），「特に支障はない」が51.3%，「正社員に転換するには能力が不足している」17.1%，「正社員に転換すると雇用調整がしにくくなる」9.3%，「正社員としてのポストが少ない」20.8%，「応募が少ない」15.0%，「転換を受け入れる環境・意識が整っていない」3.4%となっている。

他方で，同時期にインターネット調査で5,000人に対して実施された「有期労働契約に関する実態調査（個人調査）」によれば，「正社員として雇用してほしい」という希望は，正社員と比較した職務タイプでの分類によると，正社員同様職務型や高度技能活用型では3割を占めるが，別職務・同水準型や軽易職務型では低くなっている。図2で確認した不本意非正規の割合にも共通することだが，有期雇用者には相当なヴァリエーションがあり，みなが正社員になることを希望しているというわけではない。

この点について，政策的配慮という観点から「非正規弱者」について探究した浅尾（2014）によると，世帯の生計維持の中心的な存在であるか，また収入の多寡によって「非正規弱者」を定義すると，非正規雇用者の2割弱（非正規労働者が1,800万人程度とすると，360万人程度）となり，さらに緊要な状況にある層が50万人程度になると推計している。

こうした研究が示すように，非典型雇用者に対する支援は，それぞれの労働者が置かれた立場を踏まえたうえでなされざるをえないことが，非典型雇用支援の取り組みの問題の難しさを示していると言える。

## ジョブ・カードからキャリアパスポートへ

正規雇用を希望しながらやむをえず非典型雇用に就いた人々にとって，不安定な状況から抜け出す手段として期待されるのが，公的に行われる職業訓練である。

現在の日本において公共職業訓練は，「職業能力開発促進法（能開法）の法令等により運営されている職業訓練等」と，求職者支援法に基づく訓練に分類される。まずは前者に区分される公共職業訓練としてもっとも斬新なジョブ・カード制度について整理する。

ジョブ・カード制度とは，「職業能力開発システム」の通称であり，複数の職業能力開発施策を，社会的通用性を持った職業能力評価のツールであるジョブ・カードの傘下に集めたものである（以下，堀，2012）。ここでは，職業能力開発システム全体を「広義のジョブ・カード」，評価を呈示する機能を「狭義のジョブ・カード」と把握する。なお制度の詳細はしばしば変更されるので，詳しくお知りになりたい場合には，最新の資料を参考にされたい。

「狭義のジョブ・カード」は，能力評価とその呈示という機能をもつ。作成は認定キャリアコンサルタントが行うが，キャリアコンサルタントの客観的な評価も入るため，自分で作成するいわゆる履歴書とは異なる。

「広義のジョブ・カード」としての職業訓練は，（新規に）雇用されてなされるか否かで，雇用型訓練と委託型訓練（日本版デュアルシステム）の2つに分かれる。「広義のジョブ・カード」成立の背景には，公共職業訓練に実習併用型の職業訓練が追加され，OJTが公共職業訓練の構成要素として認められるようになったという公共職業訓練の大きな転換が存在しているが，中でもジョブ・カード訓練において新しいのは「雇用型訓練」の「有期実習型訓練」である。「有期実習型訓練」とは，フリーターなどの正社員経験が少ない人が対象であり，3-6ヶ月の，非正社員という雇用身分での訓練（OJTとOff-JT）を経て，双方が合意したら正社員にな

るというものである。

　仕事を通じてスキルを身につけるというのは，日本型のキャリア形成の要諦であるが，この訓練は雇用されないと行われない。そこで，訓練費用を公的な補助で賄うことによって採用のハードルを下げ，有期ではあるが雇用を生み出し，継続して雇用されることを意図した制度である。雇用型訓練はさまざまな国で見られる形態であり，普及が期待される。

　「有期実習型訓練」は事業仕分けに巻き込まれつつも，正社員への移行に一定の成果をあげてきたが，2014年7月現在においては，ジョブ・カード制度は抜本的に見直され，「キャリア・パスポート（仮称）」として再編される予定である。

### 求職者支援制度[1]

　求職者支援制度は雇用保険を受給できない者に対するセーフティネットの一つとして，平成23年10月に施行された。学卒未就職者や雇用保険に入っていなかった人々も公共職業訓練の対象になり，一定の要件を満たせば給付金が支給され，ハローワークによる手厚い就職支援を受けられるようになった。職業訓練は民間の事業者によって主に担われる。

　求職者支援制度は，基礎コースと実践コースがある。実践コースは，IT，営業・販売・事務，医療事務，介護福祉，デザイン，その他の6コースに分かれており，最も受講者の人数が多いのは営業・販売・事務である。就職率はどの分野でも7割を超えるが，最も高いのが介護福祉となっている。平成23年度の受講者は5万758人，平成24年度は9万8,543人，平成25年度は7万4,964人となっている。

### 生活困窮者自立支援法

　生活困窮者自立支援法は，「生活保護に至る前の段階の自立支援策の強化を図るため，生活困窮者に対し，自立相談支援事業の実施，住居確保給付金の支給その他の支援を行うための所要の措置を講ずる」ことを目的として2013年に成立した。生活困窮者自立支援法は，雇用保険のない勤労世代が，生活保護の手前で就労支援を行うことを通じて自立を促すことが期待されている。先の求職者支援制度の対象者よりも，より生活に困窮していた状況にあるケースが想定されているものと思われる。施行は2015年の予定であるが，法律の概要は次の3点である（厚生労働省，2014）。

　第一に，「自立相談支援事業の実施及び住居確保給付金の支給」を行うことであり，必須事業となっている。福祉事務所設置自治体は，「自立相談支援事業」（就労その他の自立に関する相談支援，事業利用のためのプラン作成など）を実施すること，福祉事務所設置自治体は，離職により住宅を失った生活困窮者などに対し家賃相当の「住居確保給付金」（有期）を支給することである。

　第二に，これに加えて任意事業であるが就労に必要な訓練を日常生活自立，社会生活自立段階から有期で実施する「就労準備支援事業」，住居のない生活困窮者に対して一定期間宿泊場所や衣食の提供などを行う「一時生活支援事業」，家計に関する相談，家計管理に関する指導，貸付のあっせんなどを行う「家計相談支援事業」，生活困窮家庭の子どもへの「学習支援事業」その他生活困窮者の自立の促進に必要な事業がある。

　第三に，都道府県知事などによる就労訓練事業（いわゆる「中間的就労」）の認定がある。生活困窮者に対し，就労の機会の提供を行うとともに，就労に必要な知識および能力の向上のために必要な訓練などを行う事業を実施する場合，その申請にもとづき一定の基準に該当する，

---

[1] 求職者支援制度は，基金訓練（正式名称は緊急人材育成・就職支援基金）を原型としている。基金訓練とは，主にリーマンショック後の失業者急増に対する時限的な措置としてスタートした。特徴は，雇用保険受給の資格がない者でも公共職業訓練が受けられるということ，また訓練期間中の生活費が支給されるということであった。

任意の事業である。

生活困窮者自立支援法に対しては，就労に傾斜しすぎているのではないかという批判がなされており，今後の展開を見守っていく必要がある。

## 改正雇用契約法とその影響

有期労働者ではあるが実際には反復して雇用契約が更新されながら，有期雇用の扱いとなっている労働者を保護するという観点から，平成24年8月に「労働契約法の一部を改正する法律」が公布された。有期労働契約とは，1年契約，6ヶ月契約など期間の定めのある労働契約のことであり，パート，アルバイト，派遣社員，契約社員，嘱託など職場での呼称にかかわらず対象となる。有期労働契約が反復更新されて通算5年を超えたときは，労働者の申込みにより，期間の定めのない労働契約（無期労働契約）に転換できるとするものである。

こうした法律に対しては，雇用主が無期契約を避けるために，4年に至る前に有期雇用者を解雇することが懸念されるところである。

そこで法律の改正後（2013年7-8月）に労働政策研究・研修機構が，常用労働者50人以上を雇用している全国の民間企業2万社（農林漁業，鉱業，公務を除く）に対して実施した調査によれば（有効回収数7,179件，有効回収率35.9％），フルタイム契約労働者およびパートタイム契約労働者とも，有期契約法の改正に対して「対応方針は未定・分からない」が3分の1であり，時期が迫ってから検討しようと考えている企業も少なくない。

しかし「通算5年を超える有期契約労働者から，申込みがなされた段階で無期契約に切り換えていく」「適性を見ながら5年を超える前に無期契約にしていく」「雇入れの段階から無期契約にする」など，何らかの形で無期契約にしていく意向のある企業割合も，フルタイム契約労働者で42.2％，パートタイム契約労働者でも35.5％を占めていた。まだ態度を決めかねている企業も多いものの，一定の成果はうかがえる。

## ニートへの注目

失業と無業は現在働いていないという状態は共通しているが，本人が仕事を探している場合には失業であり，探していない場合には無業に分類される。就業経験のない若者の場合にはしばしば，失業ではなく無業に至りやすいことが国際的にも知られている。そこで若者の無活動状態を問題視し，社会参加を促すという理念から，イギリスの労働党政権時に，16-19歳の若者で，教育にも仕事にも職業訓練にも就いていないという状態の若者をNEET（Not in Education, Employment or Training）と呼ぶようになった。もともとはイギリスの政策用語であったが，各国の問題意識と合致したことがあったのだろう，国際的にも定義が拡張されるという過程をともないつつ広がり，日本でも知られるようになった。

日本のニートの定義は諸説あるが，労働統計においては，15-34歳の無業者で，学生ではなく主婦でもないという定義で受容された。この定義については失業状態を含んでいないことから批判もなされているが，諸外国からは，豊かな社会における若年無業問題として近年関心を集めつつある。さらに団塊ジュニア世代が40代になるなかで，さらにニートの対象となる年齢の上限を広げたり，あるいは「孤立」を問題とする議論もなされつつある。

ここでは『就業構造基本調査』を用いて，いわゆる日本におけるニート状態の人々の推移を見てみよう。ここでニート状態とは最も一般的な『労働経済白書』の定義にならい，「無業者のうち求職活動をしていない者で，卒業者かつ通学しておらず，配偶者なしで家事を行っていない者」とする。

図3によれば，92年に約48万人だった若年無業者は，2002年に65万人となり，2012年には56万人と高止まりをしている。一般に非典型雇用者は景気が良くなると減少するが，ニー

(千人)

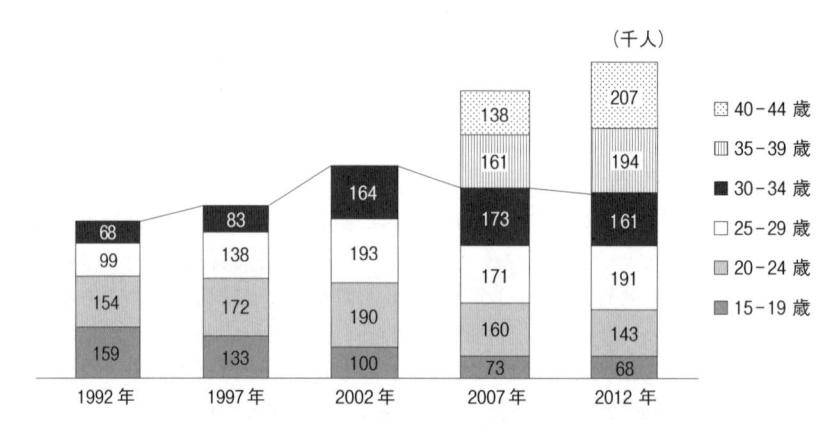

| | 1992年 | 1997年 | 2002年 | 2007年 | 2012年 |
|---|---|---|---|---|---|
| 40-44歳 | | | | 138 | 207 |
| 35-39歳 | | | | 161 | 194 |
| 30-34歳 | 68 | 83 | 164 | 173 | 161 |
| 25-29歳 | 99 | 138 | 193 | 171 | 191 |
| 20-24歳 | 154 | 172 | 190 | 160 | 143 |
| 15-19歳 | 159 | 133 | 100 | 73 | 68 |

図3　年齢段階別非求職者数（労働政策研究・研修機構，2014）

トは景気が良くなってもあまり減少しないことが特徴である。

さらに年齢を広げてみると，2007年に35-39歳では161万人，40-44歳では138万人だったが，2012年にはそれぞれ194万人，207万人となっており，人数の多い団塊ジュニア世代が年齢を重ねるにつれて，中高年のニートが増加している。また若者の高学歴化にともない，ニートも高学歴化している。

今後は景気による多少の変動があるとしても，少子化のため34歳までの層については減少していくものと見込まれる。ただしだからといって問題が小さくなるわけではなく，自営業の減少により雇用されることが難しい若者を受け止めていたバッファーが小さくなるという潮流の中で，課題を抱えた人々を社会的に包摂することがますます難しくなることが推測される。福祉政策の対象ではないが，労働政策の対象ともいえない，いわばグレーゾーンの人々が増加することが懸念される。

こうした層に対しては，生活困窮者自立支援法に見られるような「中間的就労」の枠組みが支援として広がってきているが，組織の経済的基盤が盤石とはいえないこと，また貧困ビジネスで指摘されたような搾取の構造を組織としてどのように避けうるかなどいくつもの課題が指摘されており（労働政策研究・研修機構，2011），ガイドラインなどの法的な枠組みの策定が期待される。

### 就業支援と社会的包摂

近年の就業支援政策は，これまで対象となっていなかった無業層や雇用保険に入っていない人々にも広がり，かつ就業という領域から生活全体への働きかけにまで広がっているという点が指摘されよう。

しかし，社会的包摂という網の目を制度としてどのように整備していくかについて，安直な解があるわけではない。まだこの領域の支援ははじまったばかりであり，いっそうの充実と洗練が求められる。

**文　献**

浅尾　裕（2014）．非正規雇用の鳥瞰図と社会政策　Business Labor Trend，4月号．
堀有喜衣（2012）．公共職業訓練とジョブ・カード政策　大原社会問題研究所雑誌，No.644．
小杉礼子（2010）．非正規雇用からのキャリア形成　日本労働研究雑誌，**602**号，50-59．
厚生労働省（1999, 2010）．就業形態の多様化に関する総合実態調査
　　http://www.mhlw.go.jp/seisakunitsuite/bunya/koyou_roudou/part_haken/genjou/
厚生労働省（2014）．生活困窮者自立支援制度
　　http://www.mhlw.go.jp/stf/seisakunitsuite/bunya/hukushi_kaigo/seikatsuhogo/0000024812.html

労働政策研究・研修機構（2010）. 非正規社員のキャリア形成　労働政策研究報告書, No. 117.
労働政策研究・研修機構（2011）.「若者統合型社会的企業」の可能性と課題　労働政策研究報告書, No. 129.
労働政策研究・研修機構（2014）. 若年者の就業状況・キャリア・職業能力開発の現状②—平成 24 年度「就業構造基本調査」より　資料シリーズ, No. 144.

## 4. 組織人のキャリアデザイン[1]

今野浩一郎

### 人事管理の見方

　この節では、組織人がキャリアを形成するさいの基盤となる人事管理の特徴を明らかにしたいと思う。それを考えるうえでまず問題になることは、組織が多様であるうえに、同じ組織で働く人もキャリアからみると多様であるので組織人は多様であるということである。この多様性を無視して人事管理を説明しても意味がないので、ここでは扱う対象を明確にしておく必要がある。組織については、多くの人が働く場としている企業を、企業で働く人については、非正社員が前節で扱われるので正社員を念頭に置くことにする。

　それとともに確認しておきたい点がある。人事管理はいま変化の途上にあり、広く知られている年功制や終身雇用制によって象徴される伝統型人事管理はいま再編されつつある。そこで、伝統型がどの方向に再編されつつあるかを重視して人事管理を説明したいと考えている。それは、企業で働く組織人がこれからキャリアを形成するさいの基盤は伝統型ではなく、変化しつつある人事管理であるからである。なお、企業で働く組織人については、これからは一般的な呼称である社員と呼ぶことにする。

　人事管理の現状とこれからの特徴をみる前に、人事管理の見方を説明しておく必要がある。まずは、キャリアというと働く人に焦点を当てがちであるが、人事管理は働く人の都合とともに企業の経営上の都合によって決まるという視点をもつことが大切である。

　企業は市場競争のなかで存続し成長するために、どのような商品・サービスを、どのような顧客を対象に、どのように生産し販売するのかに関わる長期計画（一般的には、経営戦略と呼ばれている）を立て、それに沿って組織と管理の仕組みをつくる。さらに企業は、そのもとで個々の社員には、どのような仕事でどのような成果をだすことを期待するのかを決める。それに応えるために、社員は能力を仕事に投入して成果をだすという「仕事のプロセス」を踏む。人事管理はこの「仕事のプロセス」に人材を供給する（そのための人事管理が採用、配置などの雇用管理）、社員の労働意欲の維持・向上をはかる（同じく賃金、昇進などの報酬管理）、社員の働きを評価し他の人事管理にフィードバックする（人事評価）という機能を担う。したがって、企業が社員に期待することが変わると、「仕事のプロセス」が変わり、それに合わせて人事管理は変わることになる。

　人事管理の特徴を捉えるには、さらにその構造についても理解しておく必要がある。人事管理の特徴はまずは社員格付け制度と社員区分制度から構成される基盤システムに現れ、それが変わると配置、人事評価、賃金などのすべての分野の人事管理が変わる。企業には、仕事内容、働き方あるいはキャリア見通しの異なる多様な社員が雇用されている。それにもかかわらず、一つの人事管理を全社員に適用すれば不都合なことが起こるので、企業は人事管理の細部を設計する前に、管理上の有効性と効率性を考えて、社員を異なる人事管理が適用される異なるグループに何らかの基準で区分する。このための制度が社員区分制度であり、社員を総合職と一般職に分ける制度はその代表例である。

　つぎに企業は経営にとって重要な社員に高い地位と賃金を与えるが、そのためには「重要さ」の尺度を決め、それにもとづいて社員のランクを決める（一般的に「格付け」と呼ばれる）必要がある。そのための制度が社員格付け制度であり、「重要さ」の尺度として何を採るのかによって異なるタイプの制度になる。たとえば年功制度は、年齢や勤続年数を尺度として重視する

---

[1] この節は、主に拙稿の今野（2012）にもとづいて作成したものであり、詳細は同書を参照してほしい。

社員格付け制度である。また日本で最も普及している職能資格制度[2]は能力に，米国流の職務分類制度[3]は仕事の重要度にもとづく社員格付け制度である。これらのなかから企業がある社員格付け制度を選択すると，それにもとづいて社員を評価し，それによって決まるランクに沿って給与や昇進を決めることになるので，評価，賃金，昇進などの管理の仕組みは社員格付け制度をベースにつくられることになる。

このようにして社員区分制度と社員格付け制度からなる基盤システムが人事管理の骨格を決めることになるので，働く人はキャリアを考えるにあたっては，どの社員区分制度のもとでどのタイプの社員として雇用され，どの社員格付け制度のもとでどのように評価され処遇されるのかを知っておく必要がある。

### 伝統型人事管理の特徴

それでは，企業はこれまでどのような人事管理をとってきたのか。伝統型の人事管理は「社員として雇用した以上は生活を保障する」を基本理念にかかげ，それを実現するためには雇用を保障することが必要になるので終身雇用制を，さらに生活のできる所得を保障する必要があるので年功制を構築した。

しかし伝統型は，もともと企業にとって経営リスクの大きい人事管理という特性をもっている。市場環境は良い時もあれば悪い時もあり，企業は一定の利益を維持するには，それに合わせて雇用量と労働コストを弾力的に調整する必要がある。しかし伝統型をとると，終身雇用制のもとでは雇用量を，年功制のもとでは労働コストを弾力的に調整することが難しい。そこで終身雇用制，年功制という中核的な制度の周辺に経営リスクを回避するための装置を周到に配置してきた。

雇用管理の分野でみると，会社の指示による「柔軟な配置」がその装置である。終身雇用制のもとでは雇用量を迅速に調整することが難しいので，「柔軟な配置」を通して調整力を高める装置をつくり上げた。この装置は他方では，会社の指示によって社員の仕事内容を決定する装置でもあるので，社員がどのような仕事を経験していくのか（つまり，どのようなキャリアを形成するのか）は会社によって決定されることになる。このようにして，雇用と賃金を保障する代わりに，配置とキャリアは企業が主導して決めるという雇用管理が形成されたのである。

つぎに報酬管理では，社員の生活保障を重視する年功賃金を経営成果に結びつける装置がつくられた。まず，年齢や勤続によって決まる生活給的な色彩が強い年功賃金を想定してほしい。図1では，それを第一世代（生活給型）[4]と呼び，年齢・勤続と賃金を結ぶ太い実線で示してある。他方で企業は，こうして決まる賃金にみあう成果を得るために，年齢・勤続と成果を結ぶ線上にある諸施策を整備してきた。すなわち，企業は勤続などを積む間に社員を能力開発し，能力の向上を図る。つぎに，向上した能力が活用できるより高度な仕事に社員を配置して，より多くの成果を上げてもらう。このようにして年齢・勤続を重ねるにともなって，一方では賃金が上昇し，他方では成果が高まるので賃金と成果は均衡するというシナリオである。

さらに，このシナリオを強化するために年功賃金の能力主義化が進められた。それが同図の

---

2) 日本の代表的な社員区分制度である。業務を遂行するうえで必要な能力を分類し複数の段階（職能資格と呼ばれる）に括る，各段階に対応した能力定義（職能資格等級基準）にもとづいて個々の社員を格付けるという制度であり，給与はその段階（職業資格）に対応して決まる。

3) 米国の代表的な社員区分制度である。社内の職務を調査分析する，その結果にもとづいて職務の評価を行う，それによって決まった評価点（つまり要度度）の大きさにもとづいて職務を複数の段階（たとえばグレードⅠ，グレードⅡなど）に括るというのが制度をつくる手順である。社員は担当職務にもとづいて特定段階（たとえばグレードⅢ）に格付けられ，給与はその段階に対応して決まる。

4) この第一世代（生活給型）の代表的な例は，第二次世界大戦後の1940年代に産業界に広く影響を及ぼした電産型賃金である。同賃金は生計費対応部分と能力対応部分からなるが，圧倒的に前者の比重が大きい点に特徴がある。

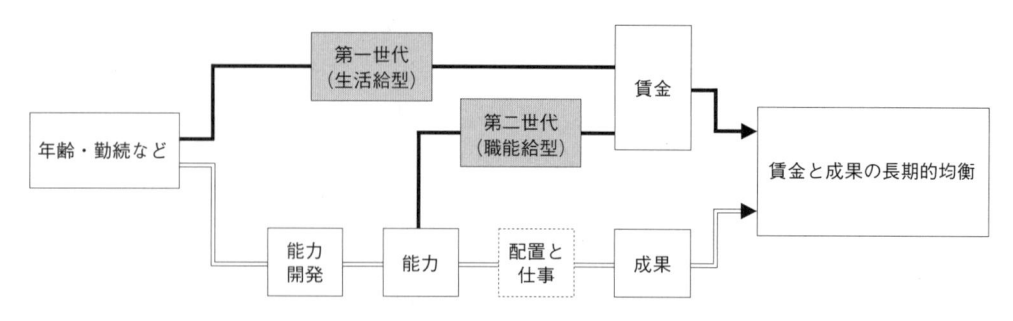

**図1 年功賃金制度の特徴**

中の第二世代（職能給型）[5]である。そこでは次のことが想定されている。企業はまず，勤続などを積む間に社員を能力開発し，能力の向上を図る。能力にみあって賃金を決めるのが職能給であるので，向上した能力に対応して賃金が決定される。同図では，それを能力と賃金を結ぶ太い実線で示してある。他方で，向上した能力はより高度な仕事で活用され，より多くの成果を生むので，賃金と成果は均衡する。こうすることによって，第一世代（生活給型）に比べると，賃金と成果が均衡しやすい能力主義型の年功給がつくられた。

## 人事管理のこれから

わが国企業をとりまく市場環境は「作れば売れる」市場から，「作っても売れないかもしれない不確実性の大きい」市場へと変化している。企業はこうした変化に対応するために，付加価値の高い製品・サービスを迅速に生産し販売する高付加価値型経営を強化し，社員には働き方の高付加価値化を求めている。それが人事管理の再編につながる。

高付加価値型の働き方とは，定型的な仕事ではなく，「開発する」「工夫する」といった要素を多く組みこんだ仕事に取り組むことを意味している。定型的な仕事であれば，上司は事前に指示した手順に従って働いているかというプロセスをみることによって，社員を評価し管理することができる。しかし，そのやり方は，仕事のなかに「開発する」「工夫する」の要素が入り，仕事が裁量的に進められると，事前に仕事の手順を指示できないために難しくなる。そうなると，いきおい上司は仕事の結果で部下を評価し管理することになり，働き方は「任せるから責任をとりなさい」の方向に変化する。人事管理はそれに適合した形態に再編され，社員は図1に示した勤続などや能力ではなく結果つまり仕事と成果で評価され処遇されるようになる。これが人事管理の成果主義化である。

そうなると仕事配分（つまり人材配置）は以下の2つの方向で変化する。第一には，管理者は社員に期待する仕事と成果[6]を明確にすること（これを「業務の明確化」と呼ぶ）が求められる。「業務の明確化」がないままに仕事と成果で評価され処遇が決定されるとしたら，社員の労働意欲は低下することになろう。第二には，成果主義化が進むと，業務内容によって処遇が左右されるので，社員にとっては，業務の決定にあたって自分の意思を反映させるために上司と話し合うこと，つまり仕事配分の交渉化が大切になる。さらに，仕事の経験がキャリアを形

---

5) 職能資格制度における職能資格に対応して決まる賃金で，基本賃金の中核部分をなす。これには，能力が向上すると職能資格が上がり賃金が上がるので，社員の能力開発意欲を引き出すことができる，仕事と離れて能力に対応して賃金が決まるので柔軟な人員配置が可能になるという強みがある。しかし他方では，賃金と仕事が乖離するという問題も抱えている。

6) 社員の仕事の結果，つまり会社への貢献の大きさは，「担当している仕事の重要度×その仕事での成果」の計算式で決まる。ここで大切なことは，計算式の中の成果は成果の絶対水準を示しているのではなく，担当している仕事において期待されている成果（つまり目標）をどの程度達成しているかからみた相対的な成果であるということである。したがって社員の会社への貢献の大きさは，どの程度重要な仕事で，どの程度の成果を上げたかで評価されることになる。

成するので，それはキャリア形成の交渉化でもある。

　このような仕事配分の再編は次のことからも迫られている。伝統型人事管理における「柔軟な配置」政策は，経営ニーズに合わせて働く時間と場所，担当する仕事を柔軟に変えられる社員（これを「無制約社員」と呼ぶ）を前提にしてきた。しかし，いま育児や介護との両立に苦労する社員など，働く時間，場所，仕事に制約のある社員（同「制約社員」）が増えつつあり，「柔軟な配置」政策はそうした状況に対応することが難しい。

　管理者は担当職場の経営成果を上げるために「必要な仕事の全体像」を描き，それを分割して個々の部下が担当する「仕事の範囲」を決める。ジグソーパズルにたとえると，管理者の仕事はジグソーパズルの絵を完成させることであり，「必要な仕事の全体像」はジグソーパズルの完成した絵に，部下が担当する「仕事の範囲」は個々のピースにあたる。この観点から管理者がとる既存の仕事配分の行動をみると次の特徴がある。

　第一に，管理者はピースの形（つまり「仕事の範囲」）を大雑把に決めたうえで，ピースを大体の位置に置くという行動をとる。そうすると，ピース間に多くの隙間ができ不完全な絵のままですべてのピースの配置が終わることになるが，部下たちはピースの形（「仕事の範囲」）を柔軟に変えながら隙間を埋め完璧な絵を作り上げていく。第二には，部下のキャリアにつながるように配慮したうえで仕事配分を決める。こうした管理行動が機能するには，キャリアに対する管理者と部下の考えが一致していることが必要になるが，キャリアの類似性の大きい無制約社員の場合には，この条件を満たすことは容易である。

　こうした既存の仕事配分には，無制約社員を前提にした「上からの指示」，部下のキャリアを配慮したうえでの「上からの指示」という特徴があるので，それをここでは「上からの配慮に基づく」仕事配分と呼ぶことにする。ここで注意すべきことは，「上からの配慮に基づく」仕事配分は社員の制約社員化が進むと，管理者の指示に従ってピースの形を柔軟に変えることの難しい社員が増えるために機能不全を起こすことである。そうであるなら，個々の社員の都合を考えて指示を出せばいいことになるが，家庭の事情などによる制約の違いによって社員の求める働き方（ピースの形）が多様化するため，管理者は事前にそれを知り，それに合った仕事配分を行うことが難しくなる。さらにキャリアについても，生活上の事情から社員の希望が多様化するため，管理者の配慮では社員の求めるキャリアを知ることは難しくなる。そうなると，仕事配分にしてもキャリアにしても管理者と社員が相談しながら決めるということになり，ここでも仕事配分の交渉化が求められるのである。

### 組織人に求められること

　このようにして仕事配分の交渉化が大切になると，仕事の出し手である管理者も，仕事の受け手である社員もお互いの事情を考えながら，社員が能力を十分に発揮でき，かつ職場も十分な成果を上げることができる方向で仕事配分を決める，つまり仕事配分の決定にあたって「賢い交渉人」になることが求められる。しかし現状をみると，管理者は柔軟に対応できる無制約社員型の部下を前提に仕事配分を行い，部下は管理者の指示に従って柔軟に働くことを前提に仕事を受けてきたので，管理者にしても部下にしても自らの事情と希望を主張し，それらを調整しあいながら最適な仕事配分を決めるという交渉化に必要な能力を十分に備えていない。

　それなら，どうするのか。社員が「賢い交渉人」になるには2つのことが重要である。第一には，どのようなキャリアを積むかを自ら決定し，それを踏まえて「何の仕事をどのような働き方で行いたいか」あるいは「行えるのか」を上司に伝えることができる人材になることが求められる。それは仕事配分の交渉化が機能するには，仕事の受け手が「何をしたいのか」「何ができるのか」を明確に提示することが必要になるからである。第二には，このようにして自分の希望を表明したとしても，それがすべて実現することはなく，仕事の出し手の都合（業務上

```
         ┌──────────────────────────┐
         │    《個別支援》            │
         │ メンタリング，キャリア・    │
         │ カウンセリングなど         │
         └──────────────────────────┘
                    ↓
         ┌──────────────────────────┐
         │    《目標管理》            │
         │  管理者⇔メンバー          │
         └──────────────────────────┘
           ↑                    ↑
┌──────────────────┐   ┌──────────────────┐
│ 《教育研修》       │   │ 《人事制度》       │
│ キャリア研修など   │   │ 自己申告制度，    │
│                  │   │ 社内公募制度など  │
└──────────────────┘   └──────────────────┘
```

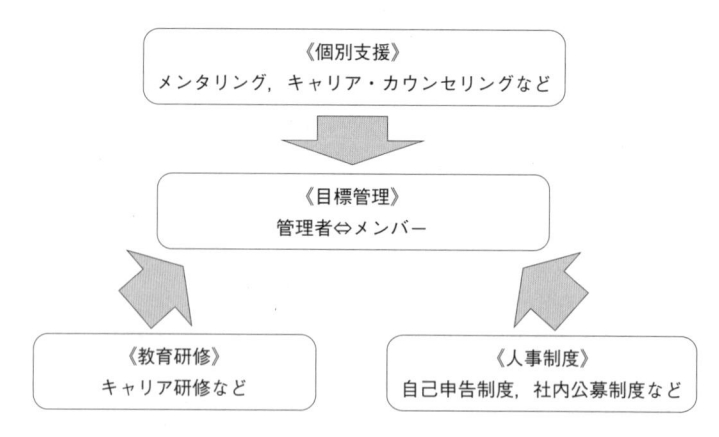

**図2　多角的なキャリア自律支援**

のニーズ）との摺合せが必要になる。そこで求められることは「職場での自分の役割を正しく認識すること」であり，それは，自分の希望と業務ニーズを擦り合わせて仕事配分を決めるさいの指針になる。

　つぎに管理者については，第一には，仕事配分の交渉化にあたって部下に求める仕事と成果を明確に提示する必要がある。そうなると，管理者は職場の仕事全体を事前に分析したうえで，部下に何の仕事を任せ，どのような成果を上げてもらうのかを精度高く計画することが必要になるので，仕事の計画能力を高めることが非常に重要になる。そのうえで第二には，管理者は仕事配分の交渉化の場で，部下の主張や希望に耳を傾け（「傾聴」し），それと業務上のニーズを擦り合わせたうえで仕事配分を決めることが必要になるので，これまで以上に高度なコミュニケーション能力が求められる。

　こうした方向で社員や管理者が行動できるように支援することが人事管理のこれからの課題になり，そのためのキャリア自律支援策は図2に示した構成になろう。最も中心にある施策は職場マネジメントの一環として行われる目標管理である。それは，経営者から末端に向けた情報発信の場であると同時に，現場の社員から経営者に向けた情報提供の場であるので，個人のキャリア開発の視点からみると，組織・職場などにおける自分の役割を確認したうえで管理者と交渉する機会なのである。さらにその周辺にはメンタリング，キャリアカウンセリングなどの社員を個別に支援する個別支援，キャリア研修などのキャリア支援のための教育研修，自己申告制度，社内公募制度などの人事制度が配置され，目標管理[7]を支える役割を果たす。

　それでは，現実の企業はどうか。表1に示したように，社員に「職業生活設計を考える場」を提供している事業所は39.3%にとどまるが，大手企業（従業員規模1,000人以上）になると同比率が63.5%になり，「職業生活設計を考える場」を提供することがかなり一般的になっている。さらに注目してほしいことは場の提供方法である。「上司との面談」（87.8%）が最も中心となる方法であり，何といっても職場における直属の上司の役割が大きく，上司・部下間の面談を通して展開される目標管理はそのための重要な管理ツールになっている。また，それに次ぐ「自己申告制度」（49.8%），「階層別研修」（35.2%）も一定の役割を果たしている。これらに比べると，「人事部門の担当者との面談」「キャリアプランの策定のための研修」「キャリア・コンサルティング制度」を導入する事業所は少ない。

---

7）もともとはP.F.ドラッカーが提唱した管理手法であり，個人は組織目標と連携した目標を設定する，組織は個人に権限を委譲する，個人は委譲された権限を使って目標の実現に向かって自己統制し自発的に取り組むことを重視する点に特徴がある。

表1 職業生活設計を考える場の提供方法 （厚生労働省「平成22年度 能力開発基本調査」）

(単位：％)

| | 事業所計 | 何らかの場を提供している | 場の提供方法（複数回答） | | | | | | | | 提供していない | 不明 |
|---|---|---|---|---|---|---|---|---|---|---|---|---|
| | | | 上司との面談 | 人事部門の担当者との面談 | キャリア・コンサルティング制度 | 自己申告制 | 階層別研修 | キャリアプランの策定のための研修 | その他の研修 | 不明 | | |
| 総　数 | 100.0 | 39.3 (100.0) | (87.8) | (24.0) | (7.5) | (49.8) | (35.2) | (12.2) | (20.6) | (0.1) | 60.3 | 0.4 |
| 企業規模 1,000人以上 | 100.0 | 63.5 (100.0) | (89.6) | (28.7) | (12.4) | (60.9) | (47.2) | (20.4) | (21.6) | － | 35.2 | 1.3 |

（注）図表中の（　）は職業生活設計を考える場を提供している事業所計を100とした割合である。

　つまり企業のキャリアデザイン支援施策の現状はつぎのようになる。目標管理を通して上司が行う支援が基本であり，それを支える代表的な施策が階層別研修と自己申告制度である。なお階層別研修では，管理職を対象に部下のキャリアデザインを支援するスキルを高める研修が行われている。それらに比べると，個々の社員を対象にした自律的なキャリアデザインを支援する教育訓練策とキャリア・コンサルティングなどの個別支援の施策をとる企業は少ない。このようにみてくると，現行のキャリア支援策は「賢い交渉人」を養成するには力不足であり，これからの一層の整備が求められる。

　これまで組織人がキャリアを形成するうえで基盤となる人事管理がどのように変わりつつあるのかを，主に仕事配分（つまり人材配置）の面からみてきた。さらに，その変化のなかで組織人は「賢い交渉人」になることが求められていることを指摘した。組織人が豊かなキャリアを形成するうえで必要なことは多くあるが，それにもかかわらず変化する人事管理のなかでは「賢い交渉人」になるための能力と行動，それを支援する人事管理が何よりも大切であることをあらためて強調しておきたい。

文　献
今野浩一郎（2013）．正社員消滅時代の人事改革　日本経済新聞出版社
厚生労働省（2012）．能力開発基本調査

# 5. 女性のキャリアデザイン

武石恵美子

### 社会政策と関連する女性のキャリア

「女性のキャリアデザイン」と「男性のキャリアデザイン」を区別して検討しなくてはならないのは、働くことに関連する社会的な状況が、男女で大きく異なるからである。日本に限らず多くの国では、産業化の進行にともない働く場と生活の場が分離し、それぞれの場を専門に担当する形で性別役割分業が家庭内に形成され、既婚女性の多くが非労働力化し、家事・育児に専念するという傾向がみられた。女性のキャリアデザインは、その時々の状況に応じて仕事責任と家庭責任の折り合いをどうつけるか、という選択により決定されることから、男性以上に多様なパターンになっている。

女性の就業に関する意識や実態は、OECD 先進国の中でも国によって特徴がある。女性の労働力率は産業化により低下した後、1970 年代以降、女性の高学歴化や産業構造の変化といった社会構造の変動にともない、多くの国で上昇傾向に転じた。ただしその変化の度合いは、女性の就業を社会がどう受け止めて法制度や社会政策を構築するか、といった政策と深く関わってきた。OECD 加盟国のうち 24 か国について、1970 年から 2000 年までの 30 年間の女性労働力率の上昇幅をみると、平均 23.3 ポイントの上昇であるが、日本は 5.2 ポイントと最も上昇幅が小さい（矢島、2009）。

エスピン - アンデルセン（Esping-Andersen, 1990）は、福祉国家の類型として 3 つのタイプに分けているが、その一つである「社会民主主義的」な福祉レジームとして類型化された北欧諸国では、女性の就業促進を社会政策として積極的に位置づけ、雇用における男女平等の法制化を進め、同時に女性が主として担ってきた家族的責任を社会化する政策を強力に進め、ライフステージを通じて女性が働くことは普通のこととなっている。一方で日本は、3 つの類型にはぴったりあてはめることができず、男性＝稼得者、女性＝主婦という男性稼得者イデオロギーが強く、子育ては母親の役割として家族の中で対応されてきた部分がきわめて大きいといった特徴があり、南欧と並んで家族の役割が強いタイプとされている。

内閣府「男女共同参画社会に関する世論調査」（2012 年）によれば、「夫は外で働き、妻は家庭を守るべき」という考えについて「賛成」とする者の割合は 51.6％（「賛成」12.9％ +「どちらかといえば賛成」38.7％）、「反対」とする者の割合は 45.1％（「どちらかといえば反対」27.9％ +「反対」17.2％）と、現状において「賛成」の割合が過半を占める状況にある。この賛成の割合は、欧米諸国と比べると非常に高い水準である。

社会の制度、政策が家族のありように影響を及ぼし、それを通じて男女のキャリアに大きな影響を与えていることを、女性のキャリアデザイン支援においてはしっかりと受け止める必要がある。

### ライフステージと女性のキャリア

女性の職業キャリアは、結婚や出産・子育て、介護などのライフキャリアと密接な関わりを持って展開されるのが特徴で、これを端的に示すのが、女性の年齢階級別にみた労働力率、いわゆる「M 字カーブ」と呼ばれるものである。日本では、男性の場合は学校卒業後から高齢期の引退に至るまで、100％に近い労働力率を維持するが、女性については、特に出産・育児期の 30 代で労働力率が落ち込む M 字の形状になる。M 字カーブは、近年 20 代、30 代の上昇が顕著になっているが、これは、非婚化・晩婚化にともないこの年齢層での未婚女性の増加による寄与が大きく、出産・育児期の女性の就業率上昇の寄与は小さい（武石、2009）。

図1は，ライフイベントと女性の就業形態の変化を見ているが，結婚前に仕事をしていた女性のうち結婚で27.7％が無職になり，第一子出産でさらに36.0％が無職になるため，この時点で就業継続は結婚前の就業者の1/3となる。子育て期に女性の労働力率が落ち込む傾向はOECD加盟国に共通に見られたが，現在までM字カーブが残っている国は日本と韓国のみで，他の国では「逆U字」の形状に変化している。日本の未就学児の子どものいる女性の就業率は，OECDの中でも最低水準であり（OECD, 2007），日本はライフイベントが女性の就業に及ぼす影響が非常に大きい国と言える。

　M字カーブは，ライフステージに応じた女性就業の量的な変動を示すが，もう1つ重要な点は，Mの2つの山の質的な違いである。若い年齢層の第1の山と，中高年層の第2の山では，就業形態や勤務先の規模，職種の構成が異なる。たとえば，「第9回21世紀出生児縦断調査（平成13年出生児）」[1]により母親の就業状況をみると，出産半年後には「勤め（常勤）」が16.0％，「勤め（パート・アルバイト）」が3.6％であったが，子どもが9歳になった時点で「勤め（常勤）」は18.3％とほとんど増えていないが，「勤め（パート・アルバイト）」は36.8％と，子どもの成長にともないパート・アルバイトの形態で働く母親が増えることが明らかになっている。これと関連して，職種や勤め先の業種・規模なども，中断期間をはさんで大きく変動し，育児期の就業中断は，女性の継続的なキャリア形成という観点から，大きな阻害要因となっている。

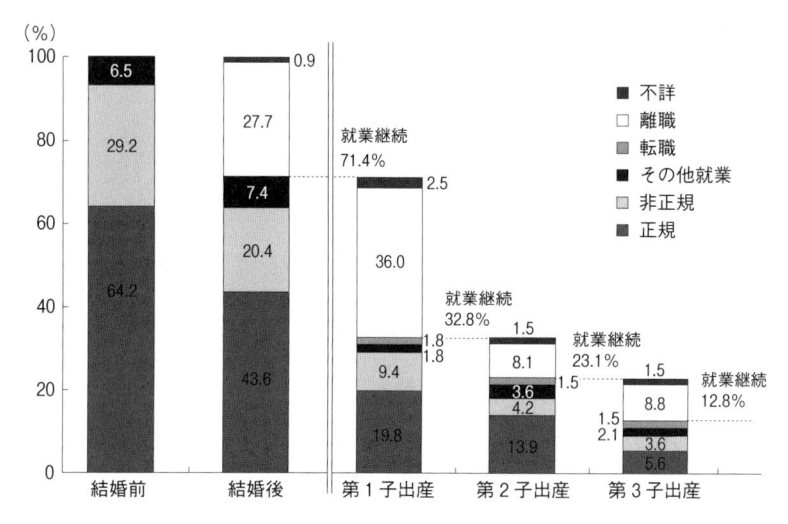

**図1　ライフイベントによる女性の就業形態の変化（内閣府, 2013）**

注：1. データは，厚生労働省「第10回21世紀成年者縦断調査」（2011年）
　　2. 結婚前に仕事ありの女性を100としている。
　　3. 結婚前後の就業形態の変化は，第1回調査時（2002年）から2011年までの9年間に結婚した結婚前に仕事ありの女性を対象としている。
　　4. 出産前後の就業形態の変化は，第1回調査時（2002年）から2011年までの9年間に子どもが生まれた出産前に妻に仕事ありの夫婦を対象としている。

## 女性のキャリア意識

　女性の多様なキャリアの展開は，女性の就業ニーズの多様性とも関連している。出産・育児

---

[1] この調査は，同一客体を長年にわたって追跡する縦断調査として，2001年度から実施している。全国で，2001年（平成13年）の1月10日から1月17日の間および同年7月10日から7月17日の間に出生した子を対象とし，対象者の実態および経年変化の状況を継続的に調査している。第9回調査における対象児の年齢は9歳（小学校3年生）である。

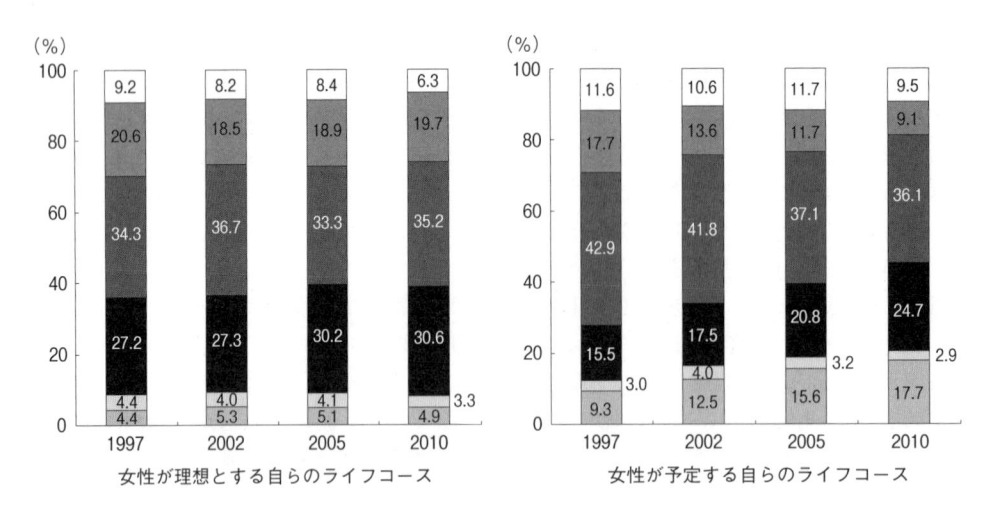

図2 女性のライフコースに関する考え方（内閣府，2013）

注：1．データは，国立社会保障・人口問題研究所「第14回出生動向調査　独身者調査」
　　2．35歳未満の回答。
　　3．ライフコースの分類は以下のとおり。
　　　・非婚就業コース：結婚せず，仕事を一生続ける
　　　・DINKSコース：結婚するが子どもは持たず，仕事を一生続ける
　　　・両立コース：結婚し子どもを持つが，仕事も一生続ける
　　　・再就職コース：結婚し子どもを持つが，結婚あるいは出産の機会に一旦退職し，子育て後に再び仕事を持つ
　　　・専業主婦コース：結婚し子どもを持ち，結婚あるいは出産の機会に退職し，その後は仕事を持たない

期を中心に女性が非労働力化するのは，「子どもが小さいときは育児に専念したい」という女性の意識の反映という側面もある。

　女性が理想とするライフコースに関しては，1997年以降の変化は小さく，最も多いのが「再就職コース」で，「両立コース」がこれに続く。両立して働くことを理想とする割合が高い・高まっているわけではない（図2）。しかし一方で，こうした意識は，女性が労働市場で置かれている現状を反映しているという側面もある。特に，女性の就業意識は母親の影響を受けることが指摘されており（岩澤，1999など），親の養育態度を含めた生育環境が大きく影響している。したがって，子育て期に就業を中断する女性が多数を占めてきたこれまでの状況があり，そうした就業パターンを理想とする意識が再生産されてきたという側面もある。

　一方で，女性が予定するライフコースは，「両立コース」と「非婚就業コース」が年々増える傾向にあるが，「両立コース」は理想よりも予定の割合が低い（図2）。総務省「就業構造基本調査」によると，3歳未満の子を持つ女性の有業率は上昇傾向にあるが，2012年で有業者比率42.1％，無業者比率57.9％と無業者が多い。しかし，就業を希望する無業者は全体の33.5％を占め，これを有業希望者として見なしてこの希望が実現すると仮定すると，3歳未満の子がいる女性の75％程度が就業することとなり，北欧諸国並みの水準となる。未就学の子どもを持つ女性が働いていないのは，女性が子育てに専念することを希望しているという面も否定できないが，一方で，女性の意に反して非労働力化している側面もあると言えよう。

## 就業中断とキャリア形成

　結婚や出産・育児などを理由に女性が労働市場から退出することが女性の希望に沿ったものであったとしても，女性の職業キャリア形成にとっては障害となってきた。

　日本の雇用システムの特徴の一つに長期継続雇用があるが，これが重視される社会では，出

産や子育てのために離職をする可能性が高い女性は不安定な労働者と見なされ，男性とは異なる育成などが行われることが多く，その結果として処遇面で不利になってきた。雇用の場において，男女の平均的な勤続年数の差を理由に異なる取り扱いが行われることは「統計的差別」といわれている。男女の勤続パターンに差があることは統計的に明らかであるため，男女の勤続格差を解消しないと，男女異なる取り扱いはなくなっていかない。

雇用における男女間の格差は，たとえば昇進の側面において顕著である。日本の女性の管理職比率はきわめて低く，2013年で，係長が15.4%にとどまり，課長クラスは8.5%，部長クラスは5.1%と低水準である（厚生労働省「賃金構造基本統計調査」。企業規模100人以上の企業についてのデータ）[2]。女性の管理職への登用は，女性を一定数採用し，その女性が男性と同じように育成され，組織への貢献を認められた結果指標と言える。したがって，この数値が上昇することは，女性が組織の中で活躍している状況が改善していると解釈できるが，そのスピードは遅々としている。しかも，昇進における男女間の格差は，男女間の賃金格差の原因ともなっている。

前述したように，子育て期における女性の就業中断は，女性の自発的な選択ではないケースも多い。特に長期間の就業中断が職業キャリアの形成にとって大きなダメージとなる現状で，女性が出産や育児期，そしてそれに続く長い子育て期において就業を継続できる環境整備が何よりも重要になる。同時に，実際には出産を契機に仕事を辞めている女性が多く存在していることから，再就職を希望する女性に対する就業支援策も重要となっている。

**女性就業をめぐる法整備**

女性の就業環境整備のために，1980年代後半以降重要な法律が施行されてきた[3]。

雇用の分野における男女の均等取り扱いを規定したのが，男女雇用機会均等法（1986年施行）である。同法は法改正を重ねて現在に至っているが，現行法においては，募集・採用から退職に至るまでの雇用管理の各ステージにおいて男女の異なる取り扱いが禁止されるとともに，ポジティブ・アクションの取り組みの推進，セクシュアルハラスメント対策の実施などを事業主に求めることが規定されている。また，出産・育児に関連する母性健康管理に関する規定も整備されてきた。

女性のキャリア形成の大きなハードルとなる家族的責任に関しては，1992年に育児休業法が施行され，1995年に育児・介護休業法に改正された。一定の条件を満たす育児や介護を行う男女労働者が，休業や短時間勤務などの働き方を選択できるもので，特に男性も対象となっている点が重要である。しかし，実際には，男性の育児休業取得は低調（厚生労働省「平成25年度雇用均等基本調査」において2.03%）で，2010年に施行された改正法では，男性の育児休業取得促進を狙った制度化も行われている。また，有期雇用者についても，一定の条件を満たす場合には法が適用されることとなっている。

職場における両立支援を進めるうえでもう一つの重要な法的な枠組みとして，2005年に施行された次世代育成支援対策推進法がある。育児・介護休業法のように企業に対して一定の両立支援措置の導入を義務づけるものではなく，企業の次世代育成支援の取り組みを側面から促すという性格をもっている。従業員101人以上の企業は，仕事と子育ての両立のための行動計画を策定して国に届け出ることが義務づけられており，行動計画を策定・実施して一定の要件を満たす場合には，厚生労働大臣の認定を受けることができる仕組みとなっている。同法は，2015年までの時限立法であったが，その後10年間の延長が決まっている。

---

[2] こうした現状を反映して，世界経済フォーラムが毎年発表しているジェンダーギャップ指数の日本の順位（男女平等が少ない順位）は，2013年に136か国中105位で，ジェンダーギャップが大きい。

[3] 女性の就業に関する法制度に関しては，奥山（2009）において紹介されている。

また、既婚女性を中心に定着しているパートタイム就業に関しては、パートタイム労働法が1993年に施行された。2008年の改正法で、処遇面においていわゆるフルタイム正社員との間に均衡を確保すること、正社員に転換する措置の導入などの規定が盛り込まれ、パートタイム労働者の処遇の改善を目指してきている。

**企業の取り組み**

上記の法制化を受けて、企業も法律に対応した制度導入や施策の実施を展開してきている。職業キャリアは、仕事経験を通じて向上するため、職場において女性の能力発揮に取り組むこと、そのために両立支援策の実施や働き方改革を進めること、この2つの施策を同時に進めることが何よりも重要となる[4]。企業の取り組みは、業種や規模など企業の置かれた状況によってその進捗に差がみられているが、女性の活躍を推進するうえでの取組として必要と考えていること（複数回答）をみると、「女性の継続就業に関する支援」とする企業割合が64.6％と最も高く、次いで「公正・透明な人事管理制度、評価制度の構築」が37.6％、「女性のモチベーションや職業意識を高めるための研修機会の付与」が37.3％の順となっている（図3）。

近年は、民間企業において、経済のグローバル化などを背景に、女性の活躍推進を企業経営の「ダイバーシティ戦略」の重要な柱の一つに位置づけて、積極的に取り組む企業が目立ってきた。ダイバーシティ戦略とは、多様な人材の能力を生かして、イノベーションの創出などの新たな価値創造に結び付けようとする経営戦略である[5]。マーケットの多様化、経営の将来展望において不確実性が高まるといった経営環境の変化を受け、発想や価値観において均質性の

| 項目 | (%) |
|---|---|
| 女性の継続就業に関する支援 | 64.6 |
| ワーク・ライフ・バランスを促進させる取組 | 24.9 |
| 女性のモチベーションや職業意識を高めるための研修機会の付与 | 37.3 |
| メンター制度の導入及びロールモデルの育成 | 9.3 |
| セクシュアルハラスメント防止など職場環境の整備 | 29.4 |
| 女性の活躍の必要性についての理解促進 | 26.1 |
| 公正・透明な人事管理制度、評価制度の構築 | 37.6 |
| 女性が満たしにくい要件の緩和 | 14.2 |
| 人材育成の機会を男女同等に与えること | 25.4 |
| 転勤時の配慮 | 5.0 |
| その他 | 8.4 |
| 不明 | 0.5 |

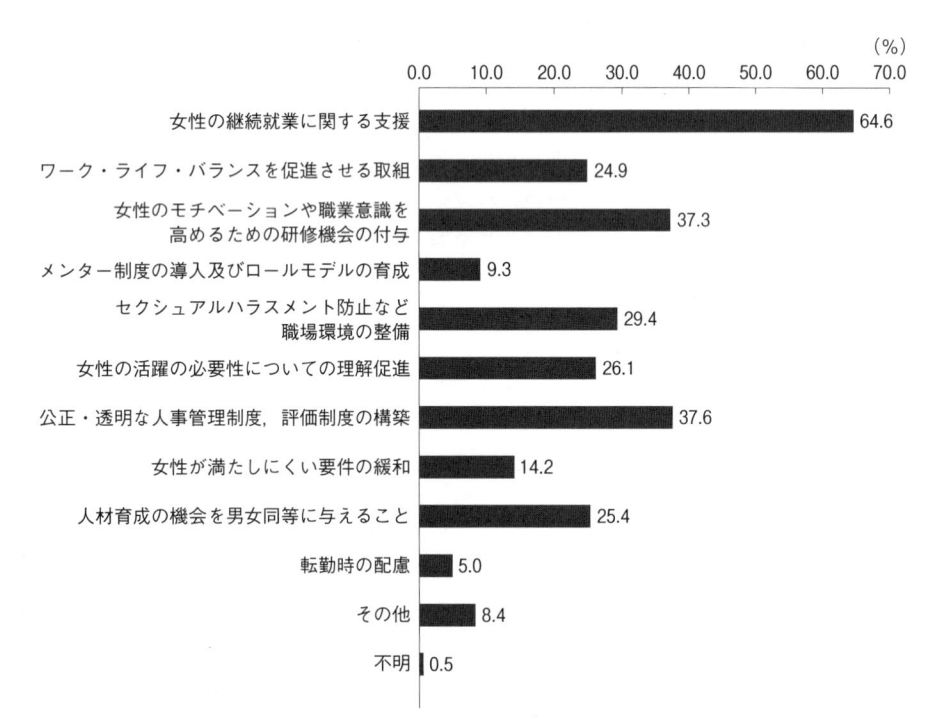

**図3　女性の活躍を推進するうえでの取り組みとして企業が必要と考えている事項（複数回答）**
（厚生労働省「平成24年度雇用均等基本調査」）

注：調査対象は、常用労働者10人以上を雇用している民営企業（全国）。

---

4) 女性の活躍推進のための課題などは、佐藤・武石（2014）において整理されている。
5) 企業のダイバーシティ経営の取り組みに関しては、経済産業省（2013）を参照されたい。

高い構成員から成る組織構造の弊害が目立つようになってきた。そこで，多様な人材[6]を組織に取り込み，その多様性を受容して企業の強みにしていくための組織変革の重要性を強調するために，「インクルージョン」として取り組む企業もでてきている。

### 女性の活躍推進政策

近年，女性の活躍推進は，国の成長戦略において最も重要な課題と位置づけられるようになってきた。2013年6月にまとめられた「日本再興戦略」においても女性の活躍推進が重要な柱とされ，政策展開に拍車がかかってきた。

具体的には，「M字カーブ問題の解消」のために25-44歳の女性の就業率の数値目標を掲げ，企業の取り組み支援，仕事と家庭の両立支援策の充実などの環境整備を進めるとともに，個人がライフスタイルや希望に応じて柔軟に働くことのできる制度整備についても言及している。

女性の活躍推進に関しては，他にも数値目標も掲げられている。管理職などへの登用に関しては，2003年に男女共同参画推進本部の決定により，「社会のあらゆる分野において，2020年までに，指導的地位に女性が占める割合が，少なくとも30％程度になるよう期待する」という目標が掲げられている。また，2007年の「仕事と生活の調和（ワーク・ライフ・バランス）憲章」で示す「仕事と生活の調和が実現した社会」の実現に向け，社会全体の目標として，2020年の数値目標[7]が設定されている。具体的には，25-44歳の女性の就業率73％（現在66％），第一子出産前後の女性の就業継続率55％（現在38％）など，女性の就業に関する目標に加え，男性の育児休業取得率13％（現在1.23％）といった男性の家事・育児に関する目標も設定されている。

女性が働くことに関しては，税制や社会保険制度なども関連している。税制における配偶者控除の限度額（103万円）や社会保険における「第3号被保険者」[8]などが，特に既婚女性において，年収を一定以下に抑制する「就業調整」につながっている現状がある。こうした制度が，女性の能力発揮を阻害し，家庭内における性別役割分業意識を強化していることに対しての批判がなされてきた[9]。女性の活躍推進のためには，労働・雇用政策だけでなく，こうした社会制度の在り方も同時に検討する必要がある。

---

6）働く人の多様性というと，性別に限らず，年齢や国籍，価値観，ライフスタイルなど多様な側面を含んでいるが，性別というのはダイバーシティ戦略の中では比較的取り組みやすいと考えられており，女性の活躍が先進国の中でも非常に遅れている日本においては，女性の活躍推進は緊急性の高いテーマと考えられている。

7）この数値目標は，社会全体として達成することを目指す目標であり，個々の個人や企業に課されるものではない点に留意が必要である。2020年の目標値は，取り組みが進んだ場合に達成される水準として設定されている。

8）社会保険において，民間会社員や公務員などの雇用者は「第2号被保険者」として報酬比例の保険料を負担するが，「第2号被保険者」の配偶者で年収が130万円未満の場合「第3号被保険者」として，保険料の負担が免除されている。

9）大石（2003），永瀬（2003），永瀬（2013）など。

### 参考文献

Esping-Andersen, Gøsta (1990). *The three worlds of welfare capitalism*. Cambridge, UK: Polity Press.（岡沢憲芙・宮本太郎（監訳）（2001）．福祉資本主義の三つの世界――比較福祉国家の理論と動態　ミネルヴァ書房）

岩澤美帆（1999）．だれが『両立』を断念しているのか――未婚女性によるライフコース予測の分析　人口問題研究, **55**(4), 16-37.

経済産業省（2013）．ダイバーシティ経営戦略――多様な人材を活かして，変化する市場を生き抜く　経済産業調査会

内閣府（2013）．平成25年版男女共同参画白書

永瀬伸子（2003）．女性と年金権の問題　有配偶女性の労働供給と税制・社会保障制度　季刊・社会保障研究, **39**(1), 83-96.

永瀬伸子（2013）．非正規雇用と社会保険との亀裂　濱口桂一郎（編著）福祉と労働・雇用　ミネルヴァ書房　pp.169-188.

OECD (2007). *Babies and bosses – reconciling work and family life: A synthesis of findings for OECD countries.* Paris: OECD.
大石亜希子（2003）．有配偶女性の労働供給と税制・社会保障制度　季刊・社会保障研究, **39**(3), 286–300.
奥山明良（2009）．男女雇用機会均等法の課題　武石恵美子（編著）叢書・働くということ　第7巻 女性の働きかた　ミネルヴァ書房　pp.71–105.
佐藤博樹・武石恵美子（2014）．ワーク・ライフ・バランス支援の課題—人材多様化時代における企業の対応　東京大学出版会.
武石恵美子（2009）．女性の就業構造—M字型カーブの考察　武石恵美子（編著）叢書・働くということ　第7巻 女性の働きかた　ミネルヴァ書房　pp.11–43.
矢島洋子（2009）．わが国の女性就業の特質　武石恵美子（編著）叢書・働くということ　第7巻 女性の働きかた　ミネルヴァ書房　pp.44–70.

# 6. 高齢者のキャリアデザイン

八幡成美

**急速に進む高齢化と膨張する社会保障費**[1]

わが国の65歳以上の高齢者人口は，1950年には総人口の5％未満であったものが，1970年には7％を超え，1994年にはその倍の14％を超え，さらに高齢化率は急上昇を続け，2012年10月1日現在では24.1％に達した。これは，2060年には39.9％にまで達すると推計されており，実に国民の約2.5人に1人が65歳以上の高齢者となる[2]。総人口に占める75歳以上人口の割合も上昇を続け，2060年には26.9％と実に4人に1人が75歳以上の高齢者となる超高齢化社会をむかえると予想されている。

高齢化は先進諸国で共通に観察される現象だが，高齢化の速度に注目してみると，高齢化率が7％から14％の倍に達するまでに要した年数はフランスが126年，英国が46年だったが，わが国は1970年から1994年の24年間で達成しており，世界に例をみない速さで進行している[3]。それにともなって，社会保障給付費（年金・医療・福祉その他を合わせた額）は，2011年度に107兆4,950億円となり過去最高の水準となり，対前年度伸び率が2.7％，対国内総生産比が22.7％と大きな位置を占めている。国民1人あたりの社会保障給付費は84万1,100円であり，1世帯あたりでは217万2,400円である。国民所得に占める割合は，1970年度の5.8％から31.0％に上昇している[4]。少子化で支える側の人口が減少しているので，社会保障給付費の急増は負担の面からみても，現役世代が負担していくには限界がある。

一方，長寿化を目指して努力してきた結果，健康で活力のある高齢者は着実に増えてきており，「高齢者は一方的に扶養される存在という観念を捨てることが重要だ」との指摘もある[5]。むしろ，豊富な経験と知識を備えた長寿の人が大量に存在するので，高齢者がその健康の程度や能力に応じて活躍できる場を増やすことで，現役世代の経済的負担も減少させることを考えてよい。そして，一律的で早すぎる引退はみなおして，働き続ける自由と引退の自由を柔軟に組み合わせ，そのなかで社会的貢献度の高い人にメリットが出るような社会保障の仕組みとするなどの制度を整備して，エイジフリー社会を目指すことが高齢化問題の解決の糸口となるだろう[6]。経済問題に引きつけられがちであるが，成人後期から老年期のキャリアについては，働き続けることを含め，健康で楽しい老後を視野においた引退過程に研究関心を広げていく必要がある。そこで，本稿では60歳代の就業から引退過程について考察する。

**年金受給開始年齢の引き上げと高齢者雇用に関する法の変遷**

長寿化の中で，高齢者の雇用対策がどのように展開されてきて，その実情がどのようかを整理しておこう。45歳以上を対象とした「中高年齢者等の雇用の促進に関する特別措置法」が制定されたのは1971年である[7]。当時の多くの企業は55歳定年であったが，これを86年の法改

---

1) 何歳から高齢者と呼ぶかには議論があるが，世界保健機関（WHO）の定義では，65歳以上を高齢者としている。定年退職者もしくは老齢年金給付対象以上の人を言うこともあるし，高年齢者雇用安定法の対象は55歳以上としている。ここでは高齢者のキャリアを考えるので，60歳代からの人生を念頭において考えることとする。
2) 国立社会保障・人口問題研究所（2013a）の出生中位・死亡中位仮定による推計
3) 内閣府（2013），p.11.
4) 国立社会保障・人口問題研究所（2013b）
5) 金子（2014）
6) 清家（1998）
7) 1986年に「中高年齢者等の雇用の促進に関する特別措置法の一部を改正する法律」にもとづき，「高年齢者等の雇用の安定等に関する法律」と改称され，60歳定年が努力義務となった。

正で60歳定年を努力義務にした。90年代に入り60歳定年が定着すると、さらに65歳現役社会に向けた議論がなされ、90年には事業主による定年後の再雇用の努力義務などの規定が追加された。そして、94年の年金法改正では財源の問題もあって、老齢厚生年金（定額部分）の支給開始年齢を65歳に段階的に引き上げることが決まり、高年齢者雇用安定法も65歳までの継続雇用を努力義務とした。また、高齢者の再就職促進のために、高齢者については労働者派遣の対象業務を拡大し、地域での就業機会の拡大も目指された。04年の高年齢者雇用安定法の改正では65歳定年制などの雇用確保措置のほか、募集・採用時の年齢制限の禁止など、再就職促進のための雇用対策が強化された。

　10年度からは64歳、13年度からは65歳までと段階的な定年年齢の引上げや継続雇用制度の導入等の措置（以下「高年齢者雇用確保措置」という）を講じることが義務づけられており、これを講じていない事業主に対し、公共職業安定所や（独）高齢・障害・求職者雇用支援機構の相談・援助が行われている。13年6月1日現在、51人以上規模の企業で、高年齢者雇用確保措置の実施済み企業の割合は92.3％と、多くの企業で高年齢者雇用確保措置が講じられており、希望者全員が65歳まで働ける企業も66.5％（中小企業68.5％，大企業48.9％）となっているが、70歳まで働ける企業は18.2％にとどまっている[8]。

　定年を契機として起こるキャリアの中断を年金の支給開始年齢である65歳まで、定年延長や継続雇用制度により同一企業内での継続雇用を優先することに重点をおいた施策が展開されてきた。

**出向・転籍**

　戦後の日本社会では多くの企業に長期雇用慣行が根づいてきたが、オイルショックによるエネルギーコストの上昇から経済成長に急ブレーキが掛かり、重厚長大型産業を中心に中高年齢層を狙いとした雇用調整策がなされ、なかでも系列会社などへの出向・転籍施策が強化された[9]。もともと別会社化や分社化を進める理由には、事業の拡大と縮小・再編の両側面があるが、そのねらいは事業ごとの独立採算を徹底することにある。系列企業や取引関係があり経営面に強い影響力を行使できる関連企業に対して、技術指導や経営指導をするための人材を送り込むのが出向・転籍の本来の目的であった。ホワイトカラーを中心に企業グループ内での人材交流や人材育成を狙いとして実施されており[10]、広域人事管理として機能していた[11]。オイルショックによる不況下での雇用調整の経験を生かして、その後も円高などで景況が厳しくなると余剰人員対策としての出向・転籍が繰り返された。92年のバブル経済崩壊以降では受け入れ先企業のポストの制約から、系列や取引先を超えた企業への出向・転籍も一段と増えることになった。

　連結決算が義務づけられてから、企業グループ全体の経営効率の改善が一段と進められ、それにともなって経営支援のための出向・転籍も増加した。経済学者は企業グループ内での移動を準企業内労働市場と名付けて企業内労働市場のグループ企業への拡大と捉えている[12]。一企業内での人材育成や雇用維持が困難になってきたことから、企業グループ全体に広げて、キャリア形成をする形に変化した。

　出向・転籍は消極的側面が強調されがちであるが、冷静に考えてみると本人の同意のもとでの移動であるし、一方通行だけでもなく、出向期間を終了して戻ることもしばしばある。むし

---

8) 厚生労働省（2013）
9) 全日本能率連盟（1979）
10) 雇用職業総合研究所（1986）
11) 雇用職業総合研究所（1987）；八幡（1989）
12) 永野（1989）

ろ，若い頃の中小企業への出向経験は経営全般をみる目を養い人材育成効果が高く，その後のキャリア形成にもプラスに働く。中高年齢者の出向では管理能力，技術指導能力などの能力発揮機会が多いが，定年延長含みであったりするので，セカンドキャリアへのソフトランディング策としても納得性の得やすい制度である。

　しかし，このようなメリットのある制度でも，20年以上も続いたデフレ不況下では出向・転籍の雇用調整機能が著しく低下せざるをえなかった。つまり，①受け入れ先中小企業の経営不振から受け入れポストが減少し，キャリアを生かせる適切なポストを用意できないこと，②規制緩和の影響から短期的コストダウンが重視されるようになり系列会社を含む取引先企業であっても長期安定取引が難しくなるケースが増え，出向者を受け入れることが取引面でのメリットにならなくなったこと，③早期退職制度の方が企業にとって対応しやすいことなどがその理由である。

　90年代中頃からの新自由主義的な考え方が，労働市場の流動化を促進させる風潮を醸成したのも大きな理由である。企業グループ内での企業間移動を通した幅広い経験を積み上げる内部育成型の長期的キャリア形成から，個人の選択を重視とし，社外への転身を奨励するようなキャリア形成支援へと大きく変化してきた。

## セカンドキャリア支援

　従前のような事業拡大が期待できない状況下で，企業内でチャレンジングなポストに適材を積極的に配置する施策として，社内公募制度やFA（フリー・エージェント）制度などを導入する企業も増えた。しかし，職務とポストとの対応が厳格な欧米系の外資企業では，従来から欠員補充の最優先策として社内公募がなされていたが，日本企業の多くは職能を重視した人員配置であり，管理職層に昇進するまではマンネリ化を防ぐ意味からも3-5年周期の定期異動が慣行化しており，目標管理を導入している企業では目標設定の面談時に異動希望を聞いて，配置転換をすすめているので，社内公募制度があっても応募者は少ないのが現実である。むしろ，本人が異動を希望しても直属上司や職場の都合などから異動がなかなか叶わないときの安全弁として機能している側面が強い。

　ある企業では，CDP（Career Development Program）の中で自己申告による進路希望を毎年取っており，43歳，50歳の管理職全員を対象とする生涯設計セミナーを開催し，同セミナー終了後には，他社への転進の選択肢も明示し，その後のキャリアプランを考えさせている。なお，転身を決意した場合に会社側もそれを個別に支援している。このように，社内での雇用継続が難しくなるなかで，定年後の就業を継続するために，セカンドキャリア支援制度を設けて，社外への転身を積極的に支援する動きもある。社外からの求人情報を社内に公開して，希望者がみずから選択するのだが，定年年齢になってからでは再就職が難しいこともあり，マッチングの可能性が高い50代での転身を奨励・支援する企業が多い。金銭的な援助や教育研修をセットにするものが一般的だが，社外からの求人に応募するよりも，自分で転身先を見つけてくるケースが多く，ある企業の例では，企業グループ以外の企業への再就職にとどまらず，農業，飲食店の経営，園芸業，整体師など自営業・自由業への転身も多いという。それでも転身が困難な場合はアウトプレースメント会社に依頼するケースも少なくなかった。

　日本のアウトプレースメント会社は，雇用の継続が困難になった社員に対してのカウンセリングに加えて，再就職先の紹介まで行うのが一般的である。中高年労働者が新しい職を見つけるのは容易ではなく，会社側が社会的道義性を果たす倫理感を持ち，雇用責任を意識しているからこその再就職支援でもある。「失業なき労働移動」を狙いとした施策の一環でもあり，ある意味，ここまで雇用責任を果たそうと考えるのは後に続く若手層に対するモラール対策的な意味合いも色濃く反映されている。つまり，若手層は，中高年齢層となった先輩達を会社がどの

ように処遇するかを見ているわけで，それを手本に自分のキャリアプランを描いても不思議ではない。外部労働市場へのソフトランディングは，若手・中堅層のモラールダウンを防ぐ意味からも重要な施策と言えよう。これらセカンドキャリア支援の対象者数は特別のケースを除けばまだ少ない。

### 高年齢者の高い就業意欲と多様な働き方

当面は上述のようなキャリア支援策を含めて，年金支給開始年齢である65歳までの雇用を確保しようとの考えである。ところが，世界的にみても日本の高齢者の就業意欲が高いことは，以前から指摘されてきた。つまり，図1のように，すでに年金生活に入っている年齢層に該当する65-69歳の男性であっても有業者は49.0％に達し，無業者であっても12.6％が就業を希望しているのである。女性の有業者は29.8％にとどまるが，無業者で就業希望者は9.5％も存在している[13]。

後期キャリアの層で「何歳まで働きたいか」を聞いた結果によると（表1参照），60-64歳層で「70歳ぐらいまで」が12％を超え，「70歳をこえても働ける限り働きたい」が8.3％と合わせて約2割に達する。また，65-69歳層では半数（52.2％）は「すでに仕事からは引退している」が，「70歳ぐらいまで」が12.5％，「70歳をこえても働ける限り働きたい」が14.9％と，4人に1人は70歳あるいはそれ以上まで働きたいと回答している。

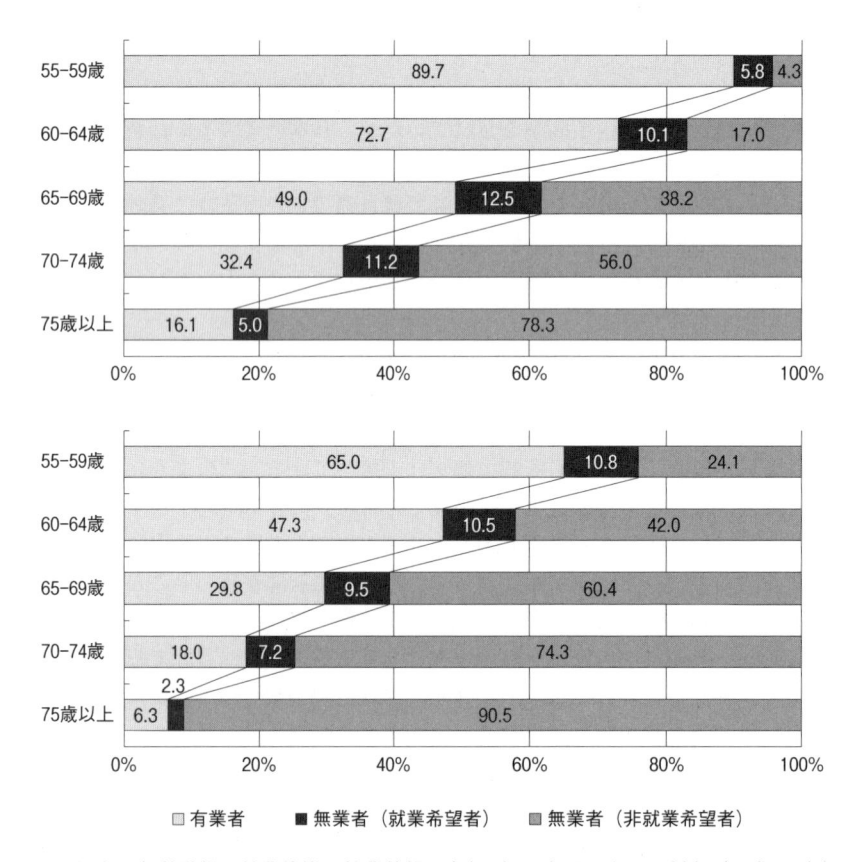

男性

| 年齢 | 有業者 | 無業者（就業希望者） | 無業者（非就業希望者） |
|---|---|---|---|
| 55-59歳 | 89.7 | 5.8 | 4.3 |
| 60-64歳 | 72.7 | 10.1 | 17.0 |
| 65-69歳 | 49.0 | 12.5 | 38.2 |
| 70-74歳 | 32.4 | 11.2 | 56.0 |
| 75歳以上 | 16.1 | 5.0 | 78.3 |

女性

| 年齢 | 有業者 | 無業者（就業希望者） | 無業者（非就業希望者） |
|---|---|---|---|
| 55-59歳 | 65.0 | 10.8 | 24.1 |
| 60-64歳 | 47.3 | 10.5 | 42.0 |
| 65-69歳 | 29.8 | 9.5 | 60.4 |
| 70-74歳 | 18.0 | 7.2 | 74.3 |
| 75歳以上 | 6.3 | 2.3 | 90.5 |

□有業者　■無業者（就業希望者）　■無業者（非就業希望者）

**図1　男女，年齢階級，就業状態，就業希望の有無別55歳以上人口の割合（平成24年）**
（総務省統計局「平成24年就業構造基本調査結果の概要」，平成25年7月）

---

13）労働と余暇を明確に区分するのではなく，仕事をすること自体が楽しいという内的満足があることを忘れてはならない（鷲田, 2011, p.158.）。

表1　何歳まで働きたいか（男女計，%）

（出所：「高年齢者の継続雇用等，就業実態に関する調査」JILPT，調査シリーズNo.94，2012年3月の表より抜粋）

|  | 60-64歳層 | 65-69歳層 |
|---|---|---|
| すでに仕事からは引退している | 0.5 | 52.2 |
| 64歳まで | 14.0 | — |
| 65・66歳で引退するつもり | 34.8 | 2.0 |
| 67-69歳ぐらいまで | 8.6 | 6.9 |
| 70歳ぐらいまで | 12.3 | 12.5 |
| 70歳をこえても働ける限り働きたい | 8.3 | 14.9 |
| 引退年齢はまだ考えたことはない | 14.2 | 8.7 |
| 無回答 | 7.2 | 2.8 |

表2　高齢まで働いている理由（複数回答：男女計，%）

（出所：「高年齢者の継続雇用等，就業実態に関する調査」JILPT，調査シリーズNo.94，2012年3月の表より抜粋）

|  | 60-64歳層 | 65-69歳層 |
|---|---|---|
| 生活の糧を得るため | 70.0 | 49.4 |
| 健康に良いから | 39.8 | 49.1 |
| 生きがい，社会参加のため | 43.9 | 51.9 |
| 頼まれたから | 11.6 | 19.5 |
| 時間に余裕があるから | 25.4 | 30.1 |
| その他 | 3.6 | 4.6 |
| 無回答 | 6.9 | 0.8 |

　高齢まで働いている理由は，60-64歳層では7割が「生活の糧を得るため」で，これに続くのが「生きがい社会参加のため」＞「健康に良いから」＞「時間に余裕があるから」である。65-69歳層では「生活の糧を得るため」が5割弱と低下するが，それ以外の項目では，60-64歳層と同じ順である（表2参照）。

　高齢者は健康面での個人差が拡大し，年金や医療の問題が社会的活躍の大きな制約条件となる。当然，年齢とキャリア・ステージは個々人で画一的なものとはならない。しかし，高齢になり自分の身体を思いどおりにコントロールできなくなるに従い，自尊心と自信が崩れ始める。働く意欲や気力，能力はあっても「定年だから仕方がない」と不本意ながら退職する人もいれば，「第二の人生をエンジョイする」のだと，定年を待ち望んで退職を肯定的に受け入れる人もいる。高齢期のライフスキルはうまく歳をとるためのライフスキルであって，定年前の年齢段階からの準備が大事である。

　60歳定年前の55歳以上の従業員を対象に，退職準備プログラムを実施している企業の例では，定年を契機に自分らしさを再度見直し，充実した人生を送るためのきっかけづくりの研修と位置づけている。そこでは年金制度，雇用保険，健康保険，生涯経済プランなど退職後の生活・健康や職業指導等の相談に応じたり，再就職のための教育訓練をしたりするが，大企業を中心に取り入れる企業が増えている。

　定年後に働く高齢者は正社員，フルタイムの仕事を皆が求めているわけではなく，65-69歳層ではむしろ短時間勤務が主体である。つまり，高齢者をフルタイム雇用するか，短期間勤務で雇用するかは，高齢者の健康状態[14]と需要側（企業側）の高齢者の活用方針にもよる。すな

---

14）中高年齢者の健康状態と労働参加率の関係をパネルデータで分析した濱秋・野口（2010）によると，三大疾病（がん，急性心筋梗塞，脳卒中）の罹患歴が無職確率を48-54％高め，週あたりの労働時間を約11.5時間も減少させる結果となっている。また，60歳以上では既往症数の増加が無職確率の増加や労働時間減少の効果が大きいことを確認している。

**表3 雇用形態と仕事の時間（男女計）**
(出所：「高年齢者の継続雇用等，就業実態に関する調査」JILPT，調査シリーズ No.94，2012 年 3 月の表より抜粋)

| | | 60～64 歳層 | 65～69 歳層 |
|---|---|---|---|
| 雇用形態 | 正社員 | 23.9 | 16.7 |
| | 嘱託・契約社員 | 34.4 | 24.1 |
| | パート・アルバイト | 37.6 | 52.7 |
| | 派遣労働者 | 2.0 | 2.0 |
| | その他 | 1.2 | 2.5 |
| | 無回答 | 0.8 | 2.0 |
| 仕事の時間 | フルタイム | 53.7 | 30.0 |
| | 1 日あたりの労働時間が短い | 16.6 | 21.7 |
| | 週あたりの勤務日数が少ない | 9.5 | 12.3 |
| | 1 日あたりも，週あたりも短い | 13.5 | 23.2 |
| | 勤務時間を弾力的に設定できる | 6.1 | 8.9 |
| | 無回答 | 0.6 | 3.0 |

わち，高木[15]によれば，高齢者に対してマイナスの認識を持っている企業ほど短時間勤務制度を設定し，高齢者に対してマイナスの認識を持っていない企業ほどフルタイムの勤務制度を導入しているという。前者は高年齢者の生物的機能の低下を強調し，個人と社会との関わりは徐々に減退していくことで，社会と高齢者の双方が撤退していくことになる。

65 歳以上の高齢者の健康状態についてみると，半数近くが何らかの自覚症状を訴えているが，日常生活動作，外出，仕事，家事，学業，運動など，日常生活に具体的に影響がでている者は 5 人に 1 人ぐらいにとどまる[16]。加齢による生理機能，感覚機能，運動機能，認知機能などの低下は避けられないが，知的能力は中高年でも伸びることが心理学的には確認されている[17]。図形弁別や図形構成などによって測定される比較的環境の影響を受けにくい流動性知能は青年期後期から成人期初期がピークでその後は年齢とともに低下するが，語彙や社会的知識に代表される結晶性知能は経験にもとづく知識に大きな影響を受けるので，年齢が高くなっても伸びることが知られている。

### 柔軟性や自律性といった非金銭的な側面に価値を見出す

その道のエキスパートとして活躍できている高齢者は長期の就業経験で身につけた能力を生かして働いている。70 歳定年制の老舗菓子メーカーで働く高齢社員は経験に支えられた和洋菓子製造の技能を持ち，辞められては困る人ばかりとの会社側の位置づけである[18]。自己雇用者（フリーランス）として自分のペースで働く人も少なくない。

大企業から受け入れた中高年齢者で中小企業が高く評価している能力は，専門能力，対人折衝・調整能力，経営管理能力，指導力などである。なかでも専門能力を生かせるエンジニア，経理，法務，広報，情報処理などの経験者の転職が有利であると言われる。技術・技能の指導者として社内外で活躍（含む海外）できる人材へのニーズが高い[19]。

定年退職後の再就職では，職場は変わってもキャリアの継続性があれば適応しやすい。一見，

---

15) 高木 (2009), p.168.
16) 厚生労働省 (2010)
17) 高橋・波多野 (1990), p57；飯島 (2001), p.167.
18) 高田 (2013)
19) 60 歳への定年延長時には，高齢者の適職開発が大いに話題になった（松山，1976）がより長寿化と高齢化が進み社会活動期間が長くなっているので，この面での研究を強化すべきであろう。

まったく異なる職種でも求められる能力，役割機能に共通部分が多いことが重要である。出向・転籍での成功事例では，「自分が認められている」「仕掛け人，起爆剤になっている」「業績を上げている」といった仕事のやりがいを実感できるかどうかで，そのような積極的な姿勢から自らの意志で出向・転籍を選択する例も多い。

一方，まったく経験したことのない仕事（ボランティア活動など非営利的なものも含む）で第2の人生を送りたいと考える方も少なくない。また，スローライフの選択もある。田舎で農業をするとか，収入よりも生きがいに重点を置いた生業的自営業の開業もあり，趣味を生かすなど生きがい優先で起業することもある[20]。

定職・フルタイムから定職・部分就業へ，そして，非定職・部分就業へと，職業からの引退過程は客観的には本人の体力，健康，職業キャリア，残存職業能力，年金・資産収入など非勤労所得，家庭状況，近隣社会での雇用機会などによりライフスタイルの選択はさまざまだが，引退後にいかに地域の中でいきいきと生活できているかを実感できることが重要である。

仕事やボランティアなどで社会との関わりを維持し続ける人もいれば，長い間家計を支えるために仕事に耐えてきたので引退に積極的な人もいるし，身体障害，精神障害など健康上の理由からできるだけ早く引退しなければならない人もいる。核家族化が進んだ高齢化社会の中で，老後の生活を生き生きとした意義深いものにしていくには，老後に価値を見出せ，かつ健康も維持でき，社会参加（貢献）の機会もある社会へと変えていく必要があろう。

---

[20] 津田（2010）；本多（2004）

**参考文献**

Feldman, D. C. (2007). Late-career and retirement issues. In H. Gunz, & M. Peiperl (Eds.), *Handbook of career studies*. Thousand Oaks, CA: Sage.
濱秋淳哉・野口晴子（2010）．中高年齢者の健康状態と労働参加　日本労働研究雑誌, No.601, 5-24.
本多信一（2004）．食べていくための自由業・自営業ガイド　岩波書店
飯島婦佐子（2001）．発達段階　齋藤耕二・本田時雄（編著）ライフコースの心理学　金子書房
金子隆一（2014）．人口減少社会の設計図下―「高齢」の定義，見直しの時―　日本経済新聞，2014年4月4日付，朝刊
川喜多喬（2004）．ホワイトカラーの"キャリアチェンジ"と"エンプロイヤビリティ"　法政大学キャリアデザイン学会紀要, 1, 5-19.
国立社会保障・人口問題研究所（2013a）．日本の将来推計人口（平成24年1月推計）
国立社会保障・人口問題研究所（2013b）．平成23年度社会保障費用統計
厚生労働省（2010）．国民生活基礎調査（平成22年）
厚生労働省（2013）．平成25年「高年齢者の雇用状況」集計結果
雇用職業総合研究所（1986）．系列会社に対する出向・転籍等に関する調査結果報告書
雇用職業総合研究所（1987）．広域人事管理と雇用調整に関する実態調査報告書
Lynch, C. (2012). *Retirement on the line: Age, work, and value in an American factory*. Ithaca, NY: IRL Press (an imprint of Cornell University Press). (平野誠一（訳）(2014)．高齢者が働くということ　ダイヤモンド社)
松山美保子（1976）．産業ジェロントロジー　日本経営出版会
永野　仁（1989）．企業グループ内人材移動の研究　多賀出版
内閣府（2013）．平成25年版　高齢社会白書
清家　篤（1998）．生涯現役社会の条件　中央公論社
下仲順子（1995）．高齢化社会における新しい老人像　南　博・やまだようこ（編）老いることの意味―中年・老年期―　金子書房
高田信吾（2013）．70歳定年にチャレンジ！！　エルダー No.406.
高木朋代（2009）．高齢者の多様な働き方　清家　篤（編著）高齢者の働き方　ミネルヴァ書房
高橋惠子・波多野誼余夫（1990）．生涯発達の心理学　岩波書店
津田倫男（2010）．60歳からの「熟年起業」　講談社
氏原正治郎（編著）（1985）．高年齢者の雇用問題　日本労働協会
脇坂　明（2011）．労働経済学入門―新しい働き方の実現を目指して　日本評論社
鷲田清一（2011）．だれのための仕事　講談社
山田篤裕・清家　篤（2001）．高齢者の再就職過程に及ぼす社会保障／雇用制度の影響　三田商学研究, 44(1), 59-83.
八幡成美（1989）．広域人事管理の現状と課題　賃金実務, No.612, 5-12.
全日本能率連盟（1979）．労働力移動に関する実態報告書―昭和53年通産省委託調査

# 7. 障害者のキャリアデザイン

青木猛正

### 障害者権利条約の批准

2006年,国連で「障害者の権利に関する条約(以下「障害者権利条約」と呼ぶ)」が採択された。本条約は,すべての障害者によるあらゆる人権及び基本的自由の完全かつ平等な享有を促進し,保護し,確保すること,及び障害者の固有の尊厳の尊重の促進を目指している。

わが国では,2009年内閣府に「障がい者制度改革推進本部」を設置し,2011年「障害者基本法」改正,2012年「障害者総合支援法」制定,2013年「障害者差別解消法」制定,「障害者雇用促進法」改正等,国内の法整備を行ってきた。その結果,2013年国会で条約の締結が承認され,国連事務局は,2014年1月20日付でわが国の批准を承認した。

2011年に改正された障害者基本法では,障害の有無にかかわらず,すべての国民が等しく基本的人権を享有するかけがえのない個人として尊重されることを基本理念とし,そのうえで,相互に人格と個性を尊重し合いながら,共生する社会を実現することを目的としている。障害者基本法による障害の定義では,従来の身体障害と知的障害に加えて,精神障害(発達障害を含む)も包含している。さらに,社会的障壁により,日常生活や社会生活に継続的に制限を受ける状態にあるものも障害としている。

障害者基本法第3条「地域における共生等」では,障害者の社会参加の機会の保証を通して,共生社会の確立と合理的配慮を求めている。また,第18条「職業相談等」では,障害者の多様な就業の機会を確保するよう努めるとともに,個々の障害者の特性に配慮した職業相談,職業訓練などの施策を求めている。さらに,第19条「雇用の促進等」では,障害者雇用を促進するため,障害者の優先雇用その他の施策を求めている。事業主には障害者の正当な評価と適切な雇用の機会の確保とともに,個々の特性に応じた適正な雇用管理を要請している。

### 障害者雇用の現状

わが国の障害者雇用は,1960年身体障害者雇用促進法制定,1987年障害者の雇用の促進に関する法律(以下「障害者雇用促進法」と呼ぶ)制定,1997年知的障害者の雇用の義務化(2006年障害者雇用促進法の対象に精神障害者及び短時間労働者を含む),2013年民間企業の障害者雇用率2.0%と,推移している。

障害者雇用促進法の基本理念は,障害者である労働者が,職業生活において能力発揮の機会が与えられること,および職業人として自立できるように努めることである。内容は,職業リハビリテーションの推進,障害者の雇用義務,障害者雇用調整金の支給や障害者雇用納付金の徴収などが示されている。

2013年より障害者雇用率の義務が,一般の民間企業が2.0%,国・地方公共団体が2.3%,教育委員会が2.2%,独立行政法人等が2.3%に,それぞれ0.2ポイント上昇された。なお,重度障害者については,1人の雇用で2人分の雇用とするとともに,1週間の所定労働時間が20時間以上30時間未満については1人分の雇用としてカウントされる。重度以外の障害者の短時間労働者は0.5人分としてカウントされている。また,精神障害者も算入することができる。

図1は,厚生労働省による「障害者雇用状況の集計結果」による,過去5年間の障害者雇用率の推移である。

算定方法の変更があったが,障害者雇用はおおむね進んでいるといえる。しかし,平成25年度の雇用率に関しては,民間企業1.76%,教育委員会2.01%,独立行政法人等2.27%と,基準を下回っていた。さらに,民間企業で法定雇用率達成企業の割合は42.7%で,前年度の45.8%

**図1 障害者雇用率**

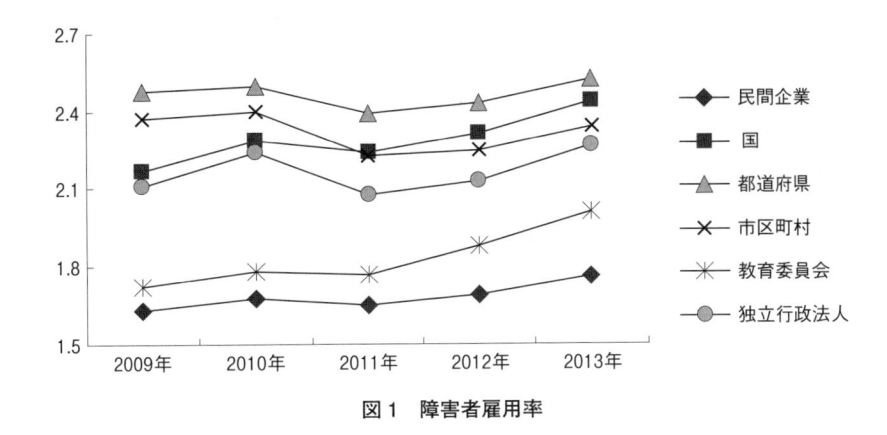

を下回る状況であり，いまだ課題である。

職業リハビリテーションは，障害者雇用促進法第2条7に「障害者に対して職業指導，職業訓練，職業紹介その他この法律に定める措置を講じ，その職業生活における自立を図ること」と定義されている。障害者が職業を通じた社会参加と自己実現や経済的自立の機会をつくり出していくために，求人開拓，職業相談，職業指導，適応訓練，職業紹介，就職後の助言および指導などの職業的なサービスなどとともに，職業生活の維持向上のために必要な福祉的な方策も含まれる。各人の障害の種類や程度，希望や適性，職業経験などの条件に応じて，総合的かつ効果的に実施することが必要であり，必要に応じて医学的リハビリテーションや社会的リハビリテーションとの適切な連携が求められる。

## 合理的配慮

障害者権利条約の第2条に「合理的配慮とは，障害者が他の者との平等を基礎として全ての人権及び基本的自由を享有し，又は行使することを確保するための必要かつ適当な変更及び調整であって，特定の場合において必要とされるものであり，かつ，均衡を失した又は過度の負担を課さないもの」とある。さらに「障害に基づく差別には，合理的配慮の否定を含むあらゆる形態の差別」と明記されている。また第27条では「職場において合理的配慮が障害者に提供されることを確保すること」とあり，合理的配慮を重視している。

厚生労働省は，合理的配慮に対する基本的な考え方とその枠組みについて下記のように示している（厚生労働省，2012）。

- 事業主による合理的配慮の提供義務とガイドラインの策定
- 企業内で当事者同士の相互理解や検討の上で合理的配慮の提供
- 合理的配慮の提供は事業主の負担とした上で納付金制度の中での見直し
- 過度の負担となる場合は企業規模，業種，従業員数，経営状況，経済的な支援等を判断基準に提供義務の免除

2013年6月に公布され，2016年より施行される改正障害者雇用促進法には，新たに「障害者に対する差別の禁止等」の章が設けられ，雇用に際して障害を理由とする差別的取り扱いの禁止と合理的配慮の提供義務が明記された。事業主には，障害者が働く際の支障を改善するための措置が義務づけられるとともに，障害者である労働者からの苦情処理についても明記されている。

合理的配慮に関しては，端的に言えば，社会的障壁の除去である。たとえば，車いすを利用する人に合わせて，机や作業台の高さを調整すること，知的障害や発達障害を持つ人に合わせて，口頭だけでなくわかりやすい文書・絵図を用いて見通しが持てるように説明することなど

がある。各事業所は，ガイドラインによって，具体的な事例を示すこととなっている。

### 障害者のキャリア支援

　2013年，「障害者自立支援法」が「障害者の日常生活及び社会生活を総合的に支援するための法律」（以下「障害者総合支援法」と呼ぶ）に発展的に改正された。障害者総合支援法には，さまざまな福祉サービスについて明記されている。その中に就労系サービスとして，「就労移行支援事業」と「就労継続支援事業」がある。これらは，いずれも障害者の一般就労に向けた就労支援，すなわちキャリア支援を担う事業である。

　就労移行支援事業は，一般就労を希望し，知識・能力の向上，実習，職場探しなどを通じて，適性に合った職場への就労が見込まれる65歳未満の者を対象に，事業所や企業における作業や実習，適性に合った職場探し，就労後の職場定着のための支援などを行う。通所によるサービスを原則とするが，進捗状況に応じて職場訪問なども行う。利用期間は24ヶ月以内である。

　就労継続支援A型（雇用型）は，事業所と雇用契約を結び，生産活動にかかる知識および能力の向上を図ることにより，就労が可能な65歳未満を対象としている。通所による就労機会の提供とともに，必要な知識や能力が高まった者には，一般就労への移行に向けて支援を行う。多様な事業形態や就労機会を確保できるよう，10人の利用定員から事業実施が可能となっている。利用期間の制限はない。

　就労継続支援B型（非雇用型）は，就労移行支援事業等を利用したが就労に結びつかない者，一定年齢に達している者などで，生産活動にかかる知識および能力の向上や維持が期待される者が対象である。通所による就労や生産活動の機会を提供するとともに，必要な知識や能力が高まった者には，一般就労などへの移行に向けて支援を行う。利用期間の制限はない。

表1　厚生労働白書による就労移行支援事業所・就労継続支援事業所

| | | 2010年度 | 2011年度 | 2012年度 | 2013年度 |
|---|---|---|---|---|---|
| 就労移行支援 | 施設数 | 1,659 | 1,830 | 2,206 | 2,594 |
| | 利用者 | 19,457 | 20,253 | 22,696 | 26,426 |
| 就労継続支援 | 施設数 | 4,245 | 5,258 | 7,143 | 9,267 |
| | 利用者 | 86,127 | 109,062 | 149,355 | 193,765 |

※就労継続支援は，A型・B型の合計である

### 特別支援学校における支援

　学校教育法では，特別支援学校は視覚障害者，聴覚障害者，知的障害者，肢体不自由者，病弱者に対して，幼・小・中・高等学校に準ずる教育を施し，障害による学習上または生活上の困難を克服し自立を図るために必要な知識技能を授けることが目的とされている。発達障害については明記されていないが，発達障害のある児童生徒も多数在籍している。

　2013年に公表された第3次障害者基本計画においても，可能な限り早期から成人に至るまで一貫した指導・支援ができるように，個別の教育支援計画の策定・活用が推進されている。特別支援学校では，個別の教育支援計画や個別の指導計画が日常的に作成され，PDCAのサイクルで活用されている。

　図2は，学校基本調査による平成に入ってから5年ごとの特別支援学校と高等部（専攻科を含む）の在籍者数の変遷である。少子化と言われる状況の中で，特別支援学校の在籍者数は，高等部を中心に増加している。

　卒業生に関しては，2009年度から2013年度までの5年間で，就職者は順に3,547名（23.7％），

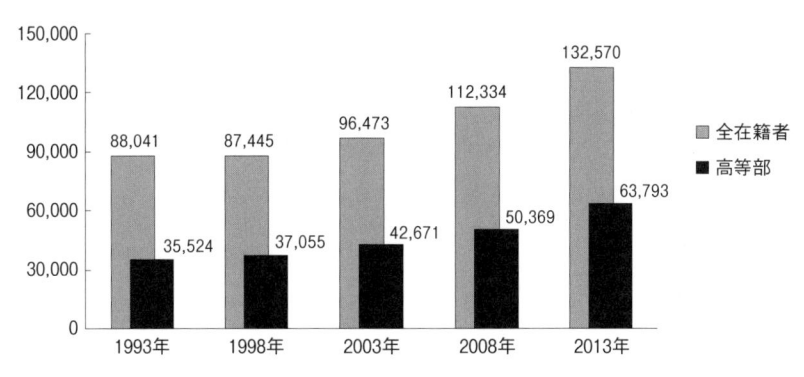

図2 特別支援学校在籍者数

| 年 | 全在籍者 | 高等部 |
|---|---|---|
| 1993年 | 88,041 | 35,524 |
| 1998年 | 87,445 | 37,055 |
| 2003年 | 96,473 | 42,671 |
| 2008年 | 112,334 | 50,369 |
| 2013年 | 132,570 | 63,793 |

3,792名（23.6％），4,096名（24.3％），4,420名（25.0％），5,387名（27.7％）と，人数はもちろん割合も増加している。同様に，就労移行や就労継続，生活介護や療育介護施設などの入所・通所者は順に9,639名，10,520名，10,905名，11,801名，12,422名と，やはり増加傾向にある。就労移行支援や就労継続支援の各事業所も増加してはいるが，特別支援学校高等部の卒業生が増えているなかでは，すでに飽和状態のところも少なくはないのが現状である。

特別支援学校の高等部は，現場実習を一定期間行い，就労先とのマッチングに取り組んでいる。その際に教員も実習先に同行し，生徒の実態などの共有を図っている。今後，学校と就労先との連携をさらに進めるためには，個別の教育支援計画にもとづいた「個別移行支援計画」の充実が重要となっている。生育歴や配慮点，実習の記録や課題，関係支援機関など，卒業生の状況を適切に引き継ぐことで，就労先での必要な支援が明確になるとともに，卒業生が本来持っている力を有効に活用することが可能となり，職業人としての戦力化が図られる。

### 障害者の戦力化に向けて

雇用する障害者も，企業にとっては戦力としての活用が重要である。知的障害者が従業員の7割を超えている日本理化学工業会長の大山泰弘は，従業員の障害特性に合わせて，視覚情報や簡単な補助具を活用した工程管理の改善と目標設定を行った。これは，まさに合理的配慮であり，比較優位の発想である。そのうえで，一人ひとりに達成感を持たせることで，障害者の成長を図った。また，障害者と健常者が一緒に仕事をすることで，健常者は障害者のために頑張ることが張り合いになり，障害者も健常者の思いに応えることが張り合いになることで，自ら成長しようとしている。大山は「障害者雇用をしていると，人材マネジメントは，むしろやりやすい」（大山，2009）とも述べている。まさに，障害者の戦力化の実践である。

障害者のキャリアデザインの構築は，働きたいと願う障害者の思い，それを支える支援者，障害者を戦力として位置づける企業側の姿勢との相互の関係の中で成立するものである。

**参考文献・引用文献**
厚生労働省（各年度）障害者雇用状況の集計結果
厚生労働省（各年度）厚生労働白書
厚生労働省（2012）．労働・雇用分野における障害者権利条約への対応の在り方に関する研究会報告書
文部科学省（各年度）学校基本調査
内閣府（2013）．第3次障害者基本計画
大山泰弘．（2009）．はたらく幸せ—仕事でいちばん大切なこと　WAVE出版
リクルートワークス研究所（2013）．障害者雇用は企業の義務か戦略か　Works, 116, 36-43.

# 第3章
# キャリアデザイン支援の技法

　キャリアデザイン支援にあたっては，学校から社会・職業への移行，ニート・フリーターなどの若年者の就職，すでに職業のある中高年の転職・再就職などの各段階で，さまざまな支援が必要になるが，本章で取り上げた支援の項目・内容・対象は次ページ「第3章 構成一覧」のとおりである。もちろんキャリアデザイン支援には，企業内における人材育成の支援も射程に含まれるが，今回は取り上げなかった。

　2002年に厚生労働省が計画決定した「キャリアコンサルタント5万人計画」以降，キャリアコンサルタントの養成講座やテキストも体系化されているが，支援対象者の置かれている環境や背景などによって，支援の方法も画一的ではなかろう。

　本章では現場の実務者がその経験や研究の中から，知恵や工夫を盛り込みながら行っている支援を主に取り上げ，それぞれの支援における「この支援の意義」「支援方法の例」を踏まえ，「導入時の留意点・課題」を示すことをねらいとする。

### 第3章 構成一覧

| 分類 | 内容 | 主な対象※ |
|---|---|---|
| 職業倫理支援① | 働くことへの意味づけ・意義 | 中学生・高校生／短大生・大学生 |
| 職業倫理支援② | 働くことへの意味づけ・意義 | 非正規雇用者・ニート |
| 職業倫理支援③ | 生き方・働き方の選択 | 高齢者 |
| 積極的態度教育 | 自信・自己効力感獲得 | 短大生・大学生 |
| 自己理解支援① | ジョブ・カード | 非正規雇用者・ニート |
| 自己理解支援② | ピアサポート | 短大生・大学生 |
| 自己理解支援③ | キャリア・ポートフォリオ | 短大生・大学生 |
| 自己理解支援④ | 自己理解ツール | 中学生・高校生／短大生・大学生 |
| 職業選択準備支援① | 企業研究・業界研究，職種・職業研究 | 中学生・高校生／短大生・大学生 |
| 職業選択準備支援② | 労働者の権利に関する知識 | 短大生・大学生 |
| 職業選択準備支援③ | ライフ・キャリア | 中学生・高校生／短大生・大学生 |
| 就職試験対策支援① | 履歴書などの書き方 | 中学生・高校生／短大生・大学生 |
| 就職試験対策支援② | 履歴書などの書き方 | 非正規雇用者・ニート |
| 就職試験対策支援③ | 面接指導 | 中学生・高校生／短大生・大学生 |
| 就職試験対策支援④ | 面接指導 | 非正規雇用者・ニート |

※本書では，主な対象として紹介しており，必ずしも，ここに掲載の対象に確定するものではない。

# 1. 働くことへの意味づけ・意義
## 職業倫理支援①

末廣啓子

### この支援の意義

　働くことへの意味づけや意義を考えることは，自分の納得のいく働き方，生き方を実現するステップの重要な出発点である。とりわけ，以下に述べるような今日の時代状況のなかで，学校から社会に船出していく若者にとっては重要で，そのための支援は不可欠である。

　働くことを取り巻く環境と人々の働き方・働かせ方が近年大きく変化し，雇用就業形態の多様化も著しい。また，雇用と自営，公共と民間ビジネス，ボランティアと就業などの垣根が低くなり，人々の働くことへの意識，意味合いも多様化してきたように見える。こうした多様化のなかで，これまでより一層，働く環境やそのもとでの働く実態を的確に理解し選択する能力や，主体的に人生や職業生活の設計・再設計をする能力が人々に求められている。

　若者の側を見ると，人間関係構築の力などの社会人として必要な能力の不足や自立心，主体性の低さなどが指摘されている。また，企業の厳選採用が続くなかで，あるいはネット社会の情報過多のなかで，多くの生徒・学生が入学時から就職について不安な思いにかられている。そして多くの若者が安易な安定志向，安易なフリーター志向に走ったり，逆にフリーター・ニートになる恐怖を感じたりしている。「前のめり」や「強い思い込み」の視野狭窄の状態で就活や起業に突っ走る学生もいる。さらに，マスコミや就職支援ビジネス，あるいは不適切な教育が，労働市場や企業についての誤った現状認識を与え，「自己理解」「適職」というあまり，学生が強迫観念にかられ一歩も踏み出せない状態を招来していることも多々ある。働くことの辛さや喜びといった「普通の働く人」のいわば「当たり前」の感覚が若者に伝わりにくくなっている。すなわち，雇用就業構造の大きな変化のなかで大人自身のキャリアパスが見えにくくなり，働く背中を子どもたちに見せられなくなっていることがこれらの背景にある。

　この状況のなかで，若者に対して，「自分の具体的な進路，就職を考えるということは将来どのような生き方をしたいのかを考えることであり，それは，過去生きてきた自分が学校時代にいろいろな経験を重ね，考え，感じたことを踏まえて，自分の大切なもの・価値観は何か，なぜ働くのか，どう生きたいのかについて考えることを出発点として，今度は自分の未来を描き，選択することであるということ」，また，「自分らしい生き方・働き方は一生かかって実現していく道のりで，失敗もあるだろうし，やり直しもきく，でもこの学校を卒業する時に一度自分で決めなければならないものであること」などのメッセージを伝え，今何をすべきかを示唆してやらねばならない。

### 支援方法の例

　こうした認識のもと，この支援は，具体的な職業選択とそこで活き活きと働くというゴールにつながるような，自分の考えの枠組み，価値観，あるいはキャリアをデザインしていく意欲を獲得するための手掛かりやきっかけを与え，考える場面を設定するということであろう。支援にあたり，職業や企業，働くこと・働く人の実態を理解させ，特に，生身の人間に関わり体感する機会を与え，学生の視野を広げるとともに，よりリアルに働くということを自分に引き付けて考えることができるようにすることが大切と考える。それは中・高校生でも大学生でも同様で，発達状況に応じ，その支援方法は，いかようにも工夫できよう。

　よく使われる支援手法例として，①世論調査などの統計データ，憲法条文，ドナルド・スーパーのキャリア・レインボーなどのキャリアに関する心理学の諸理論を使った働く意味につい

ての考察の導入，②職業社会学，職業心理学などの研究成果を踏まえた職業についての考察，③人はなぜ働くかについての歴史的考察や古今東西の哲学者や偉人の思想の学び，④映画やTV ドラマ，ドキュメンタリー作品，報道番組，小説などさまざまなメディアの作品を通じた「働くこと」「人の生き様，働き様」の理解と共感，⑤職場体験，多様な形のインターンシップやジョブ・シャドウイングの実施，⑥企業人など職業人を招聘しての講演や交流，授業での講義，⑦職業人へのインタビューなどが挙げられる。

以下に筆者の大学で実施しているキャリア科目の授業例を挙げる。

「4年一貫のキャリア教育」という方針のもと，まず各学科の新入生向け必修授業において，導入キャリア教育を学科教員により2コマ必修としたうえで，キャリア教育・就職支援センターが1，2年生を中心とした全学部・全学年対象のキャリア教育科目を9科目開講，これらの授業は最終的には，広い視野，主体性，起業家精神の獲得を目指している。その中の基礎科目として，専任教員による以下の2科目を開講している。

「人間と社会」：産業・職業，企業経営，人々の働き方や諸労働問題とその対応策についての講義や，ゲストとの交流およびフリーターへのインタビューとその結果についての討議を通じて，自分が生きていく社会・経済への関心を高め，働くことを取り巻く環境や働き方を正しく把握するとともに，そうしたことを通じて自分にとっての働く意味や働き方を考えさせる。

「キャリアデザイン」：社会や職業，自分について知り，自分と社会との関わりについて考えることによりキャリアデザインを描く材料ときっかけを与える。

内容は，①教員による若者の雇用・失業の現状と課題，経済・雇用就業の変化・多様化についての講義，②学生の視野を広げ，羽ばたける可能性を実感させることを目指し業界の代表企業の経営や人事の責任者によるシンポジウムなどを行う大学の大行事への参加とその後の情報共有，③働くこと，キャリアについての講義と自己理解のための演習，④自分のキャリア・モデルなどへのインタビューとその結果についてのグループ討議および発表と全体討議。

こうした授業，とりわけ，キャリア・モデルなどへのインタビューと受講生間での意見交換を通して，学生たちは，「誰も『普通』の人はいないんだ」という呟きを発し，人の生き様・働き様の多様性や，「適職」なるものの不明瞭さ，転職の意味や家族との関係など多方面にわたりさまざまなことを感じ取り，インタビュー相手との関係において自分にとって働くこととは何かを自問し，今後の生き方・働き方を考えるきっかけを得ており，さらに，学生生活の過ごし方の具体的な目標を見出している学生もいることが，授業時の感想文や終了後のレポートなどから見てとれる。また，多くの学生がグループ討議により，他者の考えの多様性と話し合うことの重要性を実感している。

## 導入時の留意点・課題
### 1. 教える側の力量

この支援は，何か特定の方法や材料があるわけではなく，前述の例のように，産業，職業，企業の動向や雇用問題の理解，生身の人間との触れ合いなど，あらゆるものが材料・教材になりえる。要はそれをどう組み立て，学生や生徒の心を刺激して考えるきっかけや場面を与えるか，ということであろう。したがって，指導者自身の生き方，働き方についての哲学，視野の広さ，外部のリソースを活用するためのネットワーク構築力に関わってくると言えよう。また，授業の工夫や従来にない新たな試みも必要であり，柔軟な思考とチャレンジ精神が求められてもいる。日常的な意識と努力が求められるところである。

### 2. 体系的な支援の中での位置づけと効果的な実施

この支援は他のキャリア形成支援同様に，入学時から卒業時の進路選択・就職活動までの体

系的な教育・支援の中に位置づけられなければならないことは言うまでもない。それがどういう位置づけのもと，何を目指して行われ，それに続く必要なステップの内容は何か，時間的にも内容的にも「継続」的で体系だった対応が求められる。さらに，教育効果を高めるために，十分な事前の教育と終了後の振り返り学習などのフォローが必要であることもまた自明であろう。特に，外部講師の招聘や企業人によるオムニバス形式の授業は講師との入念な打ち合わせはもちろん，受講生に対して，外部講師の講話の意味を明確にすることや事後にその話に客観的評価を加え受講生の的確な認識を助けることが必要である。

### 3. 生徒・学生の主体的関わりと気づきの獲得

　生徒・学生の主体性が高まり，また，それにより視野の拡大や気づきの獲得が可能となるような方法が必要である。そのため，企画段階から主体性の発揮を求めるとともに，実施結果についての言語化と他者との共有・討議の機会を設けることが重要である。このことは，現実社会への関心と働きかけの意欲が低く，他者との議論の機会も少ない傾向にある多くの生徒・学生にとって，貴重な機会を与えることとなる。

## 2. 働くことへの意味づけ・意義
### 職業倫理支援②

原　正紀

### この支援の意義

　キャリアとは本人が自らの努力でデザイン・実現していくものであり，その人の内的な世界観がキャリアデザインの礎となる。いかなる支援も本人の主体性なくしては成り立たない。若年層のキャリアデザインを支援するうえでは，まずは本人がしっかりと働くことへの意味を見出し，勤労意欲を持つことが基本となる。そのような意識を持ったうえで，目の前の仕事に積極的に取り組めば，キャリアは自分の勤労の足跡として自動的にデザインされてくることもある。

　多くの職業支援機関の職員は，若年者の支援に際して「本人が主体性を持って行動してくれれば就職できる」と語っている。基本的に企業は若手の人材を常に欲しがっており，意欲を持って，規模や知名度にこだわらずに企業の門をたたけば，かなり高い確率で就職できる。そのためには働くことへの意識（就業意識）を高めることが重要なテーマであり，そのようなベースがしっかりとしていると，その後のさまざまな支援が功を奏することになる。

　若年層の就業意識を高めるには，進学や就職など自分の将来を考える時，新卒者として就職活動を行う時，新人として入社してから仕事を覚える時，職場でのリーダークラスになる時，転職を考える時などの，キャリアトランジション[1]の時期がいいタイミングである。自らの働くことへの意識を高めることで，トランジション後にどのようなキャリアデザインを想定するかということも見えやすくなる。そのような節目のタイミングで職業倫理観の醸成を行っておくことで，職業選択，採用内定獲得，社内での評価獲得などにプラスの効果をもたらす。トランジションに際して自らを動機づけて積極的に行動するためにも，働くことの意味づけを再確認するのが効果的だ。

　若年者は就職活動の失敗や，最初に入社した会社での早期離職などの壁にぶつかった時に，そのまま就職をあきらめてニートになり，キャリアデザインが停滞してしまうこともある。そのようなマイナスのスパイラルに陥りやすい理由として，就業意識の弱さが挙げられる。特に自宅に住んでおり，生活上の不安がない場合などは，働く意味が見出せずに安易にニートの道を選んでしまいやすい。逆に自分のキャリアに対する期待感を持って，意欲的に仕事に取り組むことができれば，そのキャリアは加速度的に磨かれていくという，プラスのスパイラルに入ることもできる。

　ちょっとしたことの影響で，激しい変化が起こりやすいのが，若年者のキャリアデザインの特徴とも言えるが，それゆえに若年者への支援は社会的なコストパフォーマンスが高いと考えられる。企業からの採用ニーズが高く，成長の余地も大きな若年者は，職業倫理支援による影響で，キャリアのスパイラルが好転しやすく，ミドルやシニアと比べてキャリアチェンジのリスクも少ない。したがってここ数年のすう勢では，積極的な公的支援が行われてきている。

### 支援方法の例

　これまでの若年者へのキャリアデザイン支援としては，おおむね下記のような流れで進んできた。

---

　1）人生におけるキャリアデザインはキャリアトランジション（キャリア転換）の連続であるとするナンシー・K・シュロスバーグ教授の考え。

## 1. バブル後の就職氷河期の若年者就職問題勃興期

日本ではもともと支援が必要なのは，高齢者や長期失業者などの企業の採用ニーズが低い就職弱者であると思われてきた。しかし気がつくと若年層でのフリーター，ニート，失業者の増加が認められ，その支援の必要性が指摘されるようになった。支援の中でも特に重視されたのは職業観，勤労観，キャリア意識の醸成であった。

## 2. キャリア論の台頭期

キャリア論が一般的にも注目されるようになり，キャリアカウンセリングやキャリアデザインという言葉が広がってきた。大学などではキャリア教育が導入され，厚生労働省ではキャリアカウンセラー四万人計画を立ち上げて，全国的にキャリアデザイン支援が促進された。若者支援機関のジョブカフェや，若者サポートステーションなどが設置されたのもこの時期である。発達障害やメンタルヘルスといった新たな問題も顕在化してきた。

## 3. キャリア教育の普及期

多くの大学などでキャリアセンターが設置され，東大にもキャリアセンターができたことが話題となった。就職支援とキャリア教育の二本立てでの支援が学生などに行われるようになり，文部科学省の大学設置基準でもキャリア教育の必要性が指摘され，全大学でのキャリア教育がスタートした。自治体が行うジョブカフェなどの機関も地域に定着した。若年者に対する支援は，公的なものだけでなく民間ベースでも積極的に行われるようになり，その結果キャリア支援の質が問われ，内容の見直しや多様化が行われるようになっている。

若年者に対する職業倫理支援で行われている方法は，外から働きかけて自らの内省化を促すというパターンのものが多い。形態としてはキャリアカウンセリングやメンタリングなど個別対応で行われるものや，講話，グループワーク，ディスカッションなどを取り入れて集団で行うものがある。集団で行われるものは多様化しているが，おおむね座学とフィールドワークに分類できる。

実施主体としても公共機関によるものと，民間ベースで行われているものがある。公共機関のものとしては，国や自治体が行うヤングハローワーク，ジョブカフェ，若者サポートステーションなどがあり，以下のような多様な支援活動を行っている。

・ジョブクラブ：若手がグループを組んで知識を共有し合い，相互アドバイスを行いながらキャリアデザインや就職活動を行っていくもの。

表1　支援の手法例

| 座学系の支援<br>（講話・ワーク・ディスカッションなど） | フィールドワーク系の支援<br>（現場，参加型，出会い型など） |
|---|---|
| 労働論・職業論<br>　労働・職業に関するリアルな知識を与える | 職場体験<br>　企業などの組織の中で働く人の意識に触れる |
| キャリア論<br>　キャリアデザインのベースとなる職業倫理を学ぶ | インターンシップ<br>　仕事の体験をしながら就業意識を高める |
| 自己分析<br>　自分を振り返ることで就業意識を高める | ジョブ・シャドウイング<br>　職業人と行動をともにしながら意欲を高める |
| 職業講話<br>　ロールモデルとなるような職業人の話を聞く | 交流会<br>　職業人や若年者と交流しながら働くことについて考える |
| 就職ガイダンス<br>　就職に必要な基礎としての職業観を持たせる | プロジェクト参加<br>　テーマ・期限を決めて体感しながら振り返る |

・職場見学バスツアー：バスの中で講師の話を聞いて働く意識を高め，さらに見学先の職場で話を聞いて現実味を深める。
・トライアウト：企業に対するプレゼンテーションを若年者チームで行う。活動を通じて働く意味や企業の課題などを考え，討議をする。
・トークセッション：若手社員から経営者まで，働く人たちのやりがいや幸せについて語ってもらい，それを聞きながら自分のことを振り返る。

民間の活動としては企業，NPO，その他の団体によるものがあり，以下のような事例が挙げられる。
・カタリ場（NPOカタリバ）：若年者同士が働く意味や仕事について語り合う。ファシリテーターが入ることで，討議を活性化させていく。
・ホンキの就職（リクルート社）：すべての若者を対象として，内定を獲得するために必要な力やツールを手に入れる就職応援プログラム。
・若者UPプロジェクト（NPO育て上げネット）：マイクロソフト社と連携したITスキル講習と就労支援の組み合わせ。
・フレッシュキャリア社員制度（パソナ社）：学校卒業後に空白期間をつくることなくキャリアをつくる新しい就活の仕組み。
・就活の栞（クオリティ・オブ・ライフ社）：若者の就職活動体験をベースとした就活のノウハウを提供するサイトの運営。

さらに本人に対してだけでなく，影響力を持つ保護者や教師などに対して，本人の就業意識を高めるような接し方について伝えるような試みもある。
・保護者・教員向けキャリアデザインセミナー：若年者の保護者や担当教員などに対して，キャリア支援をするために必要な知識などを伝授する。

ニートに対する支援においては，まず対象者を集めることから難度が高く，専門で行っている機関は訪問活動など，アウトリーチ型の支援[2]を行っている。よって，できるだけ若年者がニートの状態にならないような支援に力を入れることが肝要である。そのための学生に対するキャリア形成支援や，若手社員に対する定着促進の取り組みなども重要となっている。

## 支援を受けられる場所

若者に対する支援を行っている機関は近年増加しているが，おおむねは就職させるためか，キャリア教育を行うための支援が多く，その一環として職業倫理支援が行われている。民間が行っていても公共的な受託事業が多く，民間が自主的に行っているケースはまだ多くはない。民間が自主的に行う場合はその財源が必要となるが，そのようなサービスに個人が費用負担する意識はまだ弱い。企業が費用負担するのは採用のメリットがある場合などになるので，ニートなどに対してはあまり負担をしていない。しかし一部では，社会貢献・CSR活動の一環として取り組むケースも出てきている。現在活動している主な支援機関は表2のとおりである（2014年4月現在）。

ここで取り上げた機関はあくまでも全体の一部であり，さまざまな規模や形態の支援機関が全国で活動を行っている。

---

2）支援の提供者が施設などで待ち受けるのではなく，現地訪問や出張サービスなど直接的に出向いて必要とされる支援に取り組む活動のこと。

表2 主な支援機関

| 機関 | 名前 | 事業内容など |
|---|---|---|
| 公共 | ジョブカフェ | 若者支援のワンストップセンター |
| 公共 | 地域若者サポートステーション | ニートなど就職困難な若者支援 |
| 公共 | 東京しごと財団など自治体運営機関 | 東京しごとセンターなど支援機関の運営 |
| 公共 | ヤングハローワーク | 若年層に特化したハローワーク |
| NPO | NPO法人ETIC | インターンシップを中心のキャリア支援ネットワーク |
| NPO | NPO法人スマイルスタイル | ニート支援プロジェクト運営など |
| NPO | NPO法人育て上げネット | 若年者就労基礎訓練やサポートステーション運営など |
| NPO | NPO法人ワーカーズコープ | 全国での地域若者サポートステーション運営など |
| 企業 | 株式会社インテリジェンス | 自治体の就業支援プログラム受託など |
| 企業 | キャリアバンク株式会社 | 北海道を中心とした若年者就労支援事業受託など |
| 企業 | 株式会社クオリティ・オブ・ライフ | 国の若年者と企業のマッチング・定着事業受託など |
| 企業 | テンプスタッフ株式会社 | 自治体の若年者就労応援事業受託など |
| 企業 | 株式会社日本マンパワー | 自治体のジョブカフェ事業受託など |
| 企業 | 株式会社パソナ | フレッシュキャリア社員制度や就労支援受託など |
| 企業 | ヒューマンタッチ株式会社 | 東京都若年者緊急就職サポート事業受託など |
| 企業 | 株式会社マイナビ | 国の若年者の就業支援事業・定着支援事業など |
| 企業 | 株式会社リクルートキャリア | ホンキの就職や就労支援受託など |

## 3. 生き方・働き方の選択
### 職業倫理支援③

住田曉弘

### この支援の意義

　従前の日本の企業が行ってきた終身雇用や年功序列的な慣習，また企業内教育の体系化などによって，以前は組織に属してさえいれば自分が強く意識をしなくても，組織が個人に対してキャリアの方向性を示してくれていた。しかし，近年雇用の環境にも変化が訪れ，会社へ帰属するだけでなく個人としての自立の意識や，会社がずっと雇用し続けてくれる保証がなくなってきていることへの不安などから，今の職場以外でも通用する能力を身につける自分のためのリスク管理，会社志向から仕事と生活のバランス志向へなど，自分自身でキャリアをデザインする意識を持つ必要性が高まってきている。特に組織に属し始めた時点と環境が大きく変化してきている中高年（何歳からが中年に該当するかを確定するのは難しいところであるが，一般的に40歳から45歳が中年への過渡期であると言われている。ユング（Carl G. Jung）も人生を太陽の動きになぞらえて，40歳を人生の正午と表現している）においては，自分自身のキャリアについての迷いが大きいと考えられるため，キャリアデザイン支援を行う意義が大きいと考えられる。

　中高年といっても，置かれている状況によって必要な支援はさまざまだと考えられるので，①中年期になって停滞しているケース，②転職・独立を行うケース，③定年退職を迎えるケース，の3つについて支援方法と留意点などについて述べていく。

### 支援方法の例と留意点
#### 1. 中年期になって停滞しているケース

　さまざまな組織で働く人を見ていると，中年期になって今まで以上に力がみなぎり，より創造的になる人と，停滞し始めてしまう人に分かれると考える。

　停滞してしまう人には，いくつかの傾向が見られる。

　一つには，自分が目指す方向性を定めることができていない人が挙げられる。30歳代までは目の前の仕事に没頭して取り組むうちに，自然とある程度は仕事を遂行するために必要な技術や知識などの能力も高まり，成長感や達成感を感じることができていた。しかし，中年の時期になると，今まで以上に，ある領域における専門的な能力が求められる。自分自身でどのような専門領域で力を身につけるかを整理できずに，ただ起こる目の前の仕事にのみ取り組んでいる人は，成長するスピードも鈍化し，停滞してしまう。

　また別の傾向としては，新しい創造的な仕事をするためには「絶対に自分が中心になって動かなければならない」または「力ずくで取り組まないと成し遂げられない」と思っている人が挙げられる。そのような人は中年になり，以前と比較して体力的な衰退や新たな発想の枯渇などを感じて，新たな創造へ取り組むこと自体をあきらめて停滞してしまっている。

　一方，中年以降，より創造的になる人は，自分はどのような専門領域での力を発揮するのかを意識し，さらにその能力開発とその専門力を積極的に生かすことに取り組む人が挙げられる，または体力的な衰えを感じない，またはそれを補うだけの知識や経験を生かすことができる人，自分より若い世代と共同しながら，新しいものを作り出すことを意識し，積極的に今までの自分の知識や経験を活用して環境整備やマネジメントに力を発揮する傾向の人がいると考える。

　中年期のキャリアデザインを支援する際に有効な方法の一つとして，支援対象者の今までの仕事経験の概要などをおさえることができるワークシートを利用することが挙げられる。まずは仕事経験の概要を書き出したうえで，さらに今までに成功したと感じている体験にもフォー

カスした振り返りを行う。その際に発揮した能力を整理し，これから先，自分の力をどのように生かしていくかを，自分の中である程度まとめる個人ワークを行う。その個人ワークを終えた後，同世代の人と自分で整理した内容を共有するようなワークショップへの参加，または，キャリアカウンセラーとの個別のカウンセリングなどを行うことが考えられる。

　その際の留意点は，中年期の人にはまだ長い人生が残っていて，その人が意識として「これからの時期をより充実して過ごすにはどうしたらいいかを考え続けることが重要である」と思えるように支援を行うことを心がけることだと考える。また，これからの自分の専門力をどこの領域でどのように高めていくかを決定し，その能力開発を行う際に「より具体的なイメージを描けるよう」に支援を行うことも必要である。一方で若い世代などとともに継続して意味のあるものとして，より創造的に関わっていく方向で考えられて進められているかも確認しながら支援するとより効果的だと考える。

### 2. 転職・独立を行うケース

　次に中年期のキャリアデザインの支援には，現在所属している組織を離れる人に対するものが考えられる。これは人と職業の適合という側面から考えると，今の組織に所属するより，別の環境との適合度が高くなっている状態と見ることもできる。一般的には転職や独立という活動を行うケースである。

　転職・独立には，自らの意思で社外に活路を見出す人と，リストラなど非自発的な理由により転職をせざるをえない人がいる。

　前者の場合には，専門的な能力や人脈を活用しての独立開業，他企業などへの転職も考えられる。まず独立開業についてであるが，『キャリアデザイン入門Ⅱ・専門力編』で大久保幸夫は，開業年齢の平均は43歳で，中高年の開業動機について「40代では，将来をにらんで，長く働き生活を支えることを考えての生活のための開業。50代では，誰かから命令されるのではなく，自分のやり方で自分が価値を感じることをやるために自由を求めての開業。40代での開業は，現在の会社での将来に期待と安心を持てないことが大きな動機になっていると言いたい。なぜなら，独立・開業を成功に結び付けられる人はそう多くない。現在の会社での将来に期待と安心が持てるならば，独立・開業は最善の選択ではないのだ。あくまで次善の策なのである」と述べている。

　独立開業を検討する人に対する支援の留意点は，現在の会社を退職する前に，冷静に事業の内容や顧客，また資金などについての見通しを確認することである。

　次に他企業への転職を考える人への支援についてであるが，本来のマネジメントの経験やプロデューサー的な経験，または専門性の高い経験をしてきている人でないと，年収が下がる結果となるケースが多い。そのため支援を進める際は，その転職の理由や経験の市場価値などを確認して進めることが重要となる。

　転職先を探す方法として，インターネットや情報誌，またハローワークなどで公開されている求人情報を活用する方法もあるが，人材紹介会社などに登録し，コーディネーターやキャリアアドバイザーと言われる紹介担当者から自分の条件に合った一般には公開されていない求人情報を紹介してもらう方法もある。

　リストラなどの非自発的な転職対象者についての留意点は，長い年月，会社に尽くしてきたにもかかわらず，自らに訪れた現実に対する喪失感や経済的な面での不安感が強い人が多いため，特に対象者の心理的な動きに対しては敏感に支援を進めることが必要になる。

　中高年には限らないが，うつ病などメンタルヘルスの疾患によって就業が困難になっている人に対する支援として，行政や医療機関，または民間の法人などが行っているリワーク支援の施設の紹介を行う方法もある。

特定の企業を離職する人（一般的に大手企業が多い）に限られるが，再就職の支援を行う企業のサービスを活用することができるケースもある。

### 3. 定年退職を迎えるケース

最後に定年退職時期を迎える人に対する支援について述べる。組織に属している人にとって，生活時間の大半を過ごしてきた仕事中心の生活が変わる大きなトランジションを迎えることになる。

支援の方法としては，退職後の生活の志向や経済的な側面，また現在の職場での再雇用の可能性など，個別性が高いと考えられるので，基本は個別のキャリアカウンセリングが中心となる。ただ，同世代で退職を迎える人を集めた，リタイヤ後の生活を共有するワークショップへの参加も退職後のイメージが持てていない人には効果がある。

留意点としては，年金の支給時期や金額も確認したうえで，ファイナンシャルプランを考えるように支援すること，また，定年退職後も仕事を行う意思のある人に対しては，仕事のブランクをあけないように活動することが望ましいと伝えることが重要である。退職を迎えて一度ゆっくりしてしまうと，仕事に必要な能力や態度を維持することが難しくなる。ただでさえ高齢者の就職は難しい環境であり，さらに今までのキャリアを有効に生かした仕事には就きにくくなる。

**参考文献**
金井壽宏（2002）．働く人のためのキャリアデザイン　PHP 研究所
大久保幸夫（2006）．キャリアデザイン入門 II 専門力編　日本経済新聞社

# 4. 自信・自己効力感獲得
### 積極的態度教育

赤坂武道

## この支援の意義
### 1. 自己効力感

　自己効力感を醸成することは，積極的態度を育むための有効な手段であるため，意義のある支援と言えよう。自己効力感とは，「いま，そのことが自分にできるかどうか」というような具体的な一つひとつの行為の遂行可能性の予測に関するものであり，行動に直結した概念である（Bandura, 1977）。自己効力感が高いということは，「自分はこれができるという自信，期待を抱いている」ということであり，何か行動を起こす際には最も重要な概念となる。

　しかしながら，このような力はひとりでに湧き出てくるものではなく，よく自覚して主体的に考えることでつくり上げられる。「自分にはここまではできるのだ」と成功した時の情景や喜びに満ちた自分の姿などをイメージすることで，課題を乗り越える行動に立ち向かうようになると言われている。このことは自己効力感の働きによるものであり，誰でも力強い自己効力感を持てば，困難な課題に対しても逃げずに立ち向かうことができるということが言えそうである。

　なお自己効力感が向上したり，下降したりする変化の要因は，遂行行動の達成，代理経験，言語的説得，情動的喚起の4つに分類される。

### 2. 結果期待と効力期待

　バンデューラ（Bandura, 1977）は，自己効力理論を効力期待と結果期待に分けて示した。結果期待とは，「ある努力をすればきっと成功するだろう」という期待感のことである。たとえば「3ヶ月間ジョギングを続ければ5キロ痩せられるだろう」という確実な見通しのことである。効力期待とは，「自分がその努力を本当に実行できるのか？」という自分への確信のことである。

　どうすれば望む結果が得られるかという結果期待をどんなに強く感じていても，その行動を自分が成し遂げられる自信がない場合，つまり効力期待が低い場合はどんなに素晴らしい結果期待も行動に反映されない。「この努力は報われる」という結果期待と，「自分ならこの努力はできそうだ」という効力期待の2つがそろってはじめて，人は意欲的に努力を継続することができる。

　大学生のキャリア意識調査（京都大学・電通育英会共同, 2007）は，わが国の現代の大学生にはとりわけ効力期待が不足していることを示唆している。この調査において，学生は自分の将来のために何をすべきかわかるが，実行できていないと報告された。これは言い換えると自己効力感の低さを示していると言えよう。

　中高生であれば受験勉強や部活動，大学生であればゼミ活動やサークル活動，そして就職活動など，自己効力感が必要な場面にしばしば直面するであろう。そのため，自己効力感を向上させることは，このような活動を活発に行うことができる意味で大きな意義があると言える。一方，自己効力感が低いままだと課題に直面した時に問題を回避し，不十分な活動に終わってしまう恐れがあるだろう。

## 支援方法の例
### 1. 自己効力感の測定

　自己効力感を向上させるための支援を行う際，まず対象となる学生がどのレベルの自己効力

感を有しているか測定する必要がある。そして，プログラムの過程や終了後にそのレベルの変化を観察し，効果の検証を行うことが望ましい。

妥当性・信頼性が認められている測定尺度として，特性的自己効力感尺度（成田ら，1995）がある。また下村ら（2009）は，自己効力感理論をベースに「キャリア教育の効果を測定する意識の発達に関する効果測定テスト（キャリア・アクション・ビジョン・テスト：CAVT）」を開発した。いずれも比較的短時間で受検が可能なので，学生や支援者側の負担を低く抑えられることができる。

### 2. 目標設定

自己効力感を高めるのに重要なことは，目標をどこに設定するかということである。バンデューラとシャンク（Bandura & Schunk, 1981）は学習における近接目標（身近で小さな目標）と遠隔目標（遠い未来の目標）の効果の違いを調べた。

被験者としたのは算数に興味がわかず，計算能力が比較的劣っていると担任教師が判断した児童40名である。彼らに7日間，全部で42ページあるドリルを自習させた。その際，①近接目標グループ：「1日6ページを目標に勉強しよう」，②遠隔目標グループ：「7日で42ページを目標に勉強しよう」，③目標なしグループ：「とにかく頑張ろう」の3つのグループに分けた。

結果としてはすべての児童が同じ分量のドリルをこなすことができたが，近接目標グループが「自己効力感」と「学習成績」のいずれにおいても最も大きな伸びが認められた。一方，遠隔目標グループでは「自己効力感」と「学習成績」について，目標なしグループと同程度の伸びにとどまった。この結果について彼らは，身近な小さい目標（スモールステップ）を与えることが必要なことであると述べている。

漠然とした大きな目標を設定した勉強や仕事をした後は自分への効力期待を育みにくく，その後の意欲にはつながらない。しかし，同じ分量をこなすのであっても大きな目標を小さな目標に分解することで「自分にもやり遂げられそうだ」という効力期待を持ちやすい。また，目標を細かく分けておくと「今日は全部クリアできた」という達成感を何度も経験することになる。一方，遠い目標では最後まで成し遂げたとしても達成感を味わうことができるのは1回きりとなる。またそこに至る間に最後までやり遂げることができるのだろうか，という不安を抱えながら取り組まなければならず，途中で「自分には不向きだ」と思い込んでしまう可能性がある。

一般的に目標設定には具体的な数値が重要と言われる。しかし支援を行ううえで大切なことは，数値を出すことそのものではなく，いかに現実的な数値に分けて提示し，心理的に低いコストで多くの達成感を感じられるものにするか，ということである（植木，2010）。

### 3. フィードバック

自己効力感が高まるためには，目標に向かって自分が現在までに成し遂げてきた成果についての知識，すなわちフィードバックが必要になる（Bandura & Schunk, 1981）。目標のない成果のフィードバックもこのようなフィードバックをともなわない目標も，自己効力感を高めていくためには役に立たないものである。自分の能力についてよく知っておくということは現在までの学習成績と，これから成し遂げようとしている学習目標との間のギャップにどのように対応していったらよいかを決めるためにも必要なことである。

支援を行う際には，たとえば支援者の言葉による直接的なフィードバックや，何らかの客観的な指標を用いてのフィードバックが自己効力感向上に寄与すると言える。

## 導入時の留意点・課題

　支援内容を考える際には実施コスト（必要な経費や人員・時間）の検証が不可欠である。いくら効果の高いものであったとしても，必要経費が大きすぎたり，支援者側の負担が大きすぎたりすると支援を続けることが困難になるからである。

　ここでは上述した自己効力感を変化させる4つの要因（①遂行行動の達成，②代理経験，③言語的説得，④情動的喚起）から解説し，留意点を挙げる。一人ひとりの自己効力感を向上させるためには，①遂行行動の達成が最も効果的である。しかし同時に実施コストも最も高い。この点を十分に考慮し，実現可能な支援内容を検討することが必要となる。なお，①遂行行動の達成→②代理経験→③言語的説得→④情動的喚起の順に自己効力感向上の効果が下がり，実施コストも低くなる。

### 1. 遂行行動の達成

　遂行行動の達成とは，自分で実際にやり遂げられたという経験をいう。ある課題について自分自身ができるであろうという期待，つまり自己効力感を持てるかどうかは過去と同じ課題やよく似た課題に取り組んで実際に成功した経験を持つかどうかで決まってくると考えられている。

　遂行行動の達成を実現するためには実際に成功経験が得られるような体験型プログラムを作成する必要がある[1]。また，その内容に関しては上述したように目標設定（スモールステップ）を定め，フィードバックを行うことが求められる。

　また速水（2010）は自己効力感を高めるためには失敗経験も同様に必要であり，エネルギーの源としての負の感情の重要さを指摘している。一般的には，失敗経験は自己効力感を低め，弱め，さらに範囲を狭めると考えられている。しかし支援者側が成功を与えることばかり考え，早々に助け舟を出すような，つくられた成功経験は必ずしも自己効力感向上に役立たない。負の感情には，成功を目指す力強いエネルギー源も含まれ，「失敗に耐えて向かっていく心」の育成も同時に必要である，と述べている。

### 2. 代理経験

　他者がある課題を達成する場面を観察することを代理経験（モデリング）という。実際に自分で成功した体験をしなくても，他者がやり遂げたという経験を観察し，他者がモデルになってそれが可能であるという見通しを持てば，それが自分自身の自己効力感を高めることにもなるとされている。また，このモデルとなる他者が自分と高い類似性をもつ場合には，その影響は一層効果的になると考えられる[2]。

　代理経験は直接経験である遂行行動の達成に比べれば，その効果は薄くなる。しかし，実際の介入手続きを実施する際の相対的な手軽さを考え合わせればその意味はきわめて大きい。年齢が近い先輩の合格体験講話などを聞かせるのも効果的な支援の一つであろう。

### 3. 言語的説得

　言語的説得とは自分の能力や達成可能性について他者から肯定的な言葉をかけてもらい励まされることをいう。「あなたならできるよ。頑張って」という声かけによって自信をつけるということは容易に想像できる。

　言語的説得は最も手軽な手段であり，日常的にも最も頻繁に用いられている。しかし，言語

---

1) 遂行行動の達成に着目したキャリア教育の事例紹介　成城大学　就業力育成・認定プログラム「就業力サポーター」http://www.seijo.ac.jp/career/shugyoryoku/jobun_0501.html
2) 昭和女子大学「社会人メンター制度」http://swu.ac.jp/career/ca_gakusei-2/menter/

的説得のみによって高められた自己効力感は，実際の場面での困難に直面した際，簡単に消失してしまうことがある。したがって，その効果はあくまでも一時的，補助的なものと考えるべきである。

### 4. 情動的喚起

生理的，情動的な状態も，自己効力感と関連があるとされている。心身の健康は自己効力感を増す。逆に体調不良，あるいは不安や緊張感が高まった状態は自己効力感にマイナスの作用を与えるだろう。

このように支援を行う際には，学生の心身状態をチェックしておくことも必要となる。

#### 引用文献

Bandura, A.（1977）. Self-efficacy: Towared a unifying of behavior change. *Phychological Review*, **84**, 191-215.
Bandura, A., & Schunk, D. H.（1981）. Cultivating competence, self-efficacy, and intrinsic interest through proximal self-motivation. *Journal of Personality and Social Psychology*, **41**, 586-598.
速水敏彦（2010）．自己効力感（セルフ・エフィカシー）とは何か　児童心理, **922**, 1-10.
京都大学・電通育英会共同（2007）．大学生のキャリア意識調査2007　p.33.
成田健一・下仲順子・中里克治・河合千恵子・佐藤眞一・長田由紀子（1995）．特性的自己効力感尺度の検討：生涯発達利用の可能性を探る　教育心理学研究, **43**, 306-314.
下村英雄・八幡成美・梅崎　修・田澤　実（2009）．大学生のキャリアガイダンスの効果測定用テストの開発　キャリアデザイン研究, **5**, 127-139.
祐宗省三・原野広太郎・柏木恵子・春木　豊（編）（1985）．社会的学習理論の新展開　金子書房　pp.35-45, & 103-141.
植木理恵（2010）．フシギなくらい見えてくる！本当にわかる心理学　日本実業出版社　pp.152-155.

# 5. ジョブ・カード
## 自己理解支援①

榧野 潤

## この支援の意義

ジョブ・カードを活用した支援の意義は，①キャリア形成支援のツール，②ジョブ・カード制度における活用，③職業能力証明ツールとしての期待の3つに整理できる。

### 1. キャリア形成支援のツール

ジョブ・カードは，求職者，在職者，学生など（以下「クライアント」という）が，職務経歴，学習歴・訓練歴，学校活動歴などの他に，職業訓練や職務，学校活動の中で得た具体的な職業能力や自分自身の長所などについて，登録キャリア・コンサルタント（ジョブ・カードの交付を行うことが認められた者として，厚生労働省または厚生労働省が委託した団体に登録されたキャリア・コンサルタント）がキャリア・コンサルティングを通じて明確化し，客観的に記述した情報がまとめられたシートのことである（ジョブ・カード推進協議会，2011）。

クライアントは，ジョブ・カードを作成し，ジョブ・カードを活用したキャリア・コンサルティングを受ける過程で，自らの職業意識やキャリア形成上の問題点，さらに職業選択やキャリア形成の方向づけが明確になり，また，応募書類として，就職活動で利用できるとされている（厚生労働省・ジョブ・カードセンター，2012）。キャリア・コンサルティングにおけるジョブ・カードの活用の基本的な考え方と方法については，キャリア・コンサルティングマニュアル（厚生労働省，2001）に詳しく説明されている（当時は，ジョブ・カードに相当するものを「キャリアシート」と呼んでいた）。

### 2. ジョブ・カード制度における活用

ジョブ・カードは，こういったキャリア形成支援のツールとしての性格のみならず，職業能力形成システム（通称「ジョブ・カード制度」）において使用される。同制度は，広く求職者などを対象として，ジョブ・カードを活用したきめ細かなキャリア・コンサルティングを通じた意識啓発やキャリア形成上の課題の明確化を行い，実践的な職業訓練（「職業能力形成プログラム」という）を提供し，訓練実施機関からの評価や職務経歴などをとりまとめることにより，利用者の安定的な雇用などへの移行などを促進する制度である（厚生労働省・ジョブ・カードセンター，2012）。

職業能力形成プログラムは，ジョブ・カードの活用対象となる，企業現場での実習（OJT）などによる実践的な職業能力開発のためのプログラム（訓練）であるが，雇用型訓練，委託型訓練，公共職業訓練，求職者支援訓練の4つに大別される。一覧を表1に示す。

### 3. 職業能力証明のツールとしての期待

ジョブ・カードには，職業能力証明ツールとして，信頼性をもって労働市場で通用し，就職・採用活動に幅広く利用されることにより，求職者と求人企業とのマッチングにつながり，「就学から就労への移行」や「成長分野への移行」などの労働移動の円滑化が期待されている（ジョブ・カード推進協議会，2011）。

そのため，キャリア・コンサルティングの結果，職務経歴，学歴・訓練歴，職業訓練や職務の中で得た具体的な職業能力などについて，より客観的に記述される。このことに加え，取得資格はもちろんだが，後述する職業能力評価基準に基づく職業能力評価やキャリア段位制度による取得レベルなど，汎用性のある基準などに基づく職業能力評価も記載される。

表1　職業能力形成プログラム一覧 (厚生労働省・ジョブ・カードセンター，2012)

| | 雇用型訓練 | | 委託型訓練 | 公共職業訓練 | | 求職者支援訓練 |
|---|---|---|---|---|---|---|
| | 有期実習型訓練 | 実践型人材養成システム | 日本版デュアルシステム | 離職者訓練 | 学卒者訓練 | |
| 対象者 | ・フリーターなどの正社員経験が少ない者<br>・新規学卒者<br>・自社内のパートなどの非正規労働者 | ・新規学卒者を主とした15歳以上40歳未満の者<br>・自社内のパートなどの非正規労働者（正社員転換する場合に限る） | 実践的な職業能力の習得が必要な求職者 | 主に雇用保険を受給できる求職者 | 主に高等学校卒業者 | 雇用保険を受給できない求職者 |
| 総訓練期間 | ・3ヶ月超6ヶ月（特別な場合には1年）以下（トライアル雇用と併用する場合は3ヶ月）<br>・Off-JTは総訓練時間の2割以上8割以下（訓練終了後に正社員として雇用することが決まっている場合は1割以上9割以下） | ・6ヶ月以上2年以下<br>・Off-JTは総訓練時間の2割以上8割以下 | 標準4ヶ月（委託訓練活用型：座学先行コースの場合） | おおむね3ヶ月–1年 | 1年または2年 | 3ヶ月以上6ヶ月以下 |
| 位置づけ | フリーターなどの正社員経験の少ない人に実践的な訓練を行うことにより，正社員就職を目指す。 | 計画的な訓練を行うことにより，現場の中核人材を育成。 | 民間教育訓練機関などが主体となり，実践的な職業能力を付与。 | 公共職業能力開発施設や民間教育訓練機関などにおいて，再就職に必要な知識や技能を習得させるための訓練。 | 公共職業能力開発施設において技能労働者の育成を図るため，長期間の訓練を実施。 | 民間教育訓練機関などを活用し，基礎的能力から実践的能力まで一貫して習得するための訓練。 |

　また，職業能力形成プログラムで，OJTを実施する訓練実施機関は，その利用者に対して，OJTによる訓練成果を適切に評価することが期待されている。そこで訓練実施機関は，訓練の開始前に，評価項目の設定などを行って，ジョブ・カードの評価シートを作成し，訓練の修了後に，これに記入することにより評価をする。

　評価シートの作成にあたっては，厚生労働省のホームページに掲載されているモデル評価シート・モデルカリキュラム，中央職業能力開発協会が厚生労働省の委託を受け，とりまとめた「職業能力評価基準」，高齢・障害・求職者雇用支援機構が作成した「日本版デュアルシステム訓練終了後の評価項目作成支援ツール」などを参考にし，評価項目に汎用性を持たせるようにしている。

　評価シートの記載項目は，「Ⅰ 企業実習・OJT期間内における職務内容」「Ⅱ 職務遂行のための基本的能力」「Ⅲ 技能・技術に関する能力 (1) 基本的事項」「Ⅲ 技能・技術に関する能力 (2) 専門的事項」からなる。このように，職業に就くにあたっての基本的能力から職務における専門的能力まで段階的な構成とし，企業における人事評価の実態を踏まえたものとしている。

　キャリア段位制度は，実践的な職業能力の評価・認定制度であるが，成長分野における職業能力を評価する仕組みをつくり，これにもとづいて人材育成を進め，労働移動を促すものであ

る。英国の職業能力評価制度（NVQ: National Vocational Qualification）を参考としている（内閣府，2010）。

　キャリア段位制度では，これまでの資格制度で不足していた「実際にその職業についてどの程度の職務の遂行ができるのか」という部分を補うため，「わかる（知識）」と「できる（実践的スキル）」の両面を評価する。その評価をもとに，エントリーレベルからプロレベルまで7段階でレベル認定を行う。介護プロフェッショナル，カーボンマネジャー，食の6次産業化プロデューサーが選定され，平成24年度から7段階でのレベル認定を開始している。

　平成22年度に決定された「新成長戦略」における国家戦略プロジェクトの一つとして位置づけられている実践キャリア・アップ戦略では，今後，順次，成長分野において，キャリア段位制度の対象業種が拡大されていくこととされている。キャリア段位制度での取得レベルをジョブ・カードに記載することにより，同制度の普及が期待されている。また，その記載により，ジョブ・カードの活用の範囲も広がることが期待されている（ジョブ・カード推進協議会，2011）。

## 支援方法の例

　ジョブ・カードは，履歴シート（様式1），職務経歴シート（様式2），キャリアシート（様式3），評価シート（様式4）の4種類のシートからなり，それぞれ様式が定められている（厚生労働省・ジョブ・カードセンター，2012）。

　履歴シートは，職務経歴，学習歴・訓練歴・資格・免許，自己PR，志望動機など履歴書とほぼ同じ内容が網羅されている。職務経歴シートは，今まで働いた職務の内容，職務の中で学んだこと，得られた知識・技能など職務経歴書とほぼ同じ内容が網羅されている。キャリアシートは，自分の強みや今後の課題の整理と，キャリア・コンサルタントによるキャリア・コンサルティングの結果などが記載される。評価シートは訓練実施機関からの職業能力の評価である。

　ジョブ・カードの作成の手順は次のとおりである。ジョブ・カードの交付を受けようとするクライアントは，①厚生労働省のホームページなどからジョブ・カードの様式をダウンロードし，履歴シート，職務経歴シート，キャリアシートに必要事項を記入する。②ハローワークやジョブカフェ，民間職業紹介機関などにおいて，登録キャリア・コンサルタントによるジョブ・カードを活用したキャリア・コンサルティングを受ける。③登録キャリア・コンサルタントは，ジョブ・カードの内容を確認し，キャリアシートを中心に，利用者のキャリア形成上の課題，支援のポイント，実施記録などを記載して，ジョブ・カードを交付する。④評価シートは，職業能力形成プログラムを受講した利用者に対して交付されるものであり，訓練実施機関からの評価が記載される。

　ジョブ・カードには学生への普及を狙いとして，学生用ジョブ・カードが開発されている。学生用ジョブ・カードは，学校活動歴シート，パーソナリティ／キャリアシートからなり，それぞれ様式が定められている。また，企業などで長期間働いた経験があり，職務を通じたアピールポイントを多く持っている利用者向けに，その多様な職務経歴を記載できる「職業キャリアが長い方向けのジョブ・カード」が開発されている。

## 導入時の留意点・課題

　西村・梛野（2011）は，離職者などを対象とした職業訓練およびキャリア形成支援実施機関である2センターの61名のキャリア・コンサルタント（ジョブ・カード講習修了者）と，同センターにおいて，ジョブ・カード作成支援を受けた251名の職業訓練受講者を対象としたアンケート調査の結果から（回収率は，それぞれ91.8%，63.7%），ジョブ・カードを活用したキャリア・コンサルティングが，クライアントとキャリア・コンサルタントの相互の活発なコミュ

ニケーションを行いながらも，キャリア・コンサルタント主導で進められていることを明らかにしている。

　ジョブ・カード作成の感想に関する自由記述の分析からは，クライアントのなかには，「嫌なことも思い出してしまった」「つらい経験を思い出した」「自分に自信がなくなる」など感情的な悪影響に関する記述をする人が 5.1％存在しており，ジョブ・カードを活用したキャリア・コンサルティングでは，クライアントの内部に生じる感情面に対しても配慮を行うという，きめの細かい対応が求められると言えよう。

### 支援を受けられる場所
　ハローワークやジョブカフェ，民間職業紹介機関などにおいて，登録キャリア・コンサルタントによるジョブ・カードを活用したキャリア・コンサルティングを受けることができる。

**参考文献**
ジョブ・カード推進協議会（2011）. 新「全国推進基本計画」
　　<http://www5.cao.go.jp/jobcard/siryou/20110421/kouhyou1.pdf>（2014 年 6 月 6 日）
厚生労働省（2001）. 従業員の主体的なキャリア形成を支援するために―キャリア・コンサルティングマニュアル
　　<http://www.jil.go.jp/jil/kisya/noryoku/20010517_05_no/20010517_05_no_bessi1.html>（2014 年 6 月 6 日）
厚生労働省・ジョブ・カードセンター（2012）. ジョブ・カード制度のご案内
　　<http://www.mhlw.go.jp/bunya/nouryoku/job_card01/dl/jobcard_info.pdf>（2014 年 6 月 6 日）
内閣府（編）（2010）. 新成長戦略―「元気な日本」復活のシナリオ
　　<http://www.kantei.go.jp/jp/sinseichousenryaku/sinseichou01.pdf>（2014 年 7 月 30 日）
西村公子・梛野　潤（2011）. ジョブ・カードを活用したキャリア・コンサルティングの効果（JILPT Discussion Paper Series 11-04）
　　<http://www.jil.go.jp/institute/discussion/2011/documents/DP11-04.pdf>（2014 年 6 月 6 日）

**参考ホームページ**
厚生労働省　ジョブ・カード制度とは
　　<http://www.mhlw.go.jp/bunya/nouryoku/job_card01/>（2014 年 7 月 30 日）

# 6. ピアサポート
## 自己理解支援②

船津静代

## この支援の意義

　課題や困難を有する学生に対して，かつて同様の課題や困難を有していた学生が支援にあたるピアサポートへの注目が高くなっている。日本学生支援機構の調査によると，大学でピアサポートを実施している割合は 2010 年には 35.6%であり，2005 年に比して 13%近く増えている。キャリアセンターなどにおける就職活動を終えた先輩が後輩の支援を行うピアサポートについてみると国公立で 26.6%，私立で 41.2%の大学が実施している（白井，2010）。これから就職活動に入る学生にとっては直近に同様の活動を終え進路を獲得した経験を持つ先輩の支援は非常に心強く，同じ学生であることが専門家のキャリアカウンセリングを利用するよりも心理的垣根が低い。また，これらのピアサポーターの存在は就職支援の現場にとってはおおいに頼もしく，就職率の向上施策の展開から昨今はインターンシップの指導支援まで多岐にわたって業務を抱えるスタッフに代わって日常的に就職活動学生の不安や疑問に対応し彼らを励ます人員として非常に貴重な存在となっている。

　キャリア支援の現場におけるピアサポート活動は「就職活動学生への支援の充実」とともに，ピアサポート活動に参加するサポーター学生の成長にとっても大きな意義がある。進路探索行動において学生は社会人となるべく大きく成長する。しかし進路獲得した高揚感や社会人になるモチベーションを卒業までの半年持続するのは難しく，なかには「決定した進路」で迷走したり将来に不安を抱いたりする学生群も出てくる。これら入職前のモチベーションの低下はともすると入職後の不適応や早期離職にもつながりかねない。この点において，サポーター活動によって自分の就職活動の経過や理由を今一度整理し，他者（就職活動する後輩）に繰り返し語ることで進路選択に対して自覚と覚悟を持つことが可能となる。また，ともに活動するサポーターのさまざまな進路選択の物語に触れることで他でもない自分の進路を意識することができ，同時に他者支援のスキルという社会に出てから必要となる力を訓練することができる。

## 支援方法の例

　キャリア形成支援，特に就職活動に関するピアサポート活動は全国的に盛んになっているがその様態はさまざまで，課外活動のボランティアから，そのボランティアがポイント制や単位に反映される形式のもの，講義と連動しているものまで見られる。また，活動に対し報酬が発生しているタイプもある。活動の場所もキャリアセンターなど従来の支援施設の中に配置されているものから，独自の場所で活動しているものもある。支援者側の関わり方も管理徹底しているタイプから学生の自主性に任せているタイプまで，活動内容も定期的な相談対応からイベント企画タイプまでさまざまである。

　名古屋大学では進路決定した 4 年生および修士 2 年が就職活動期にある後輩を支援する「就活サポーター」を 2002 年より実施している。学生相談総合センター就職相談部門が教育・活動支援を行い，具体的な日々の活動支援に対しては就職支援室が加わり健全かつ活発な活動が展開されている。サポーターになるのは就職相談など利用者で進路決定報告があった学生で，支援スタッフが声をかけていく。早期に進路が決まった学生群だけではなく就職相談などを利用し比較的遅い時期に進路が決定した学生たちも貴重な構成員となる。これらの学生たちこそ苦労した就職活動を振り返るべきであり，後輩から進路を獲得したひとりの先輩として見られることで「決定の早い遅いの問題ではない」ことに気づき，選択した進路をより肯定的に自覚することができている。この点においては他大学からの学部編入や大学院入学学生などキャン

パス内での交流の機会が少ない学生も同様だ。残された学生生活を進路が決定した同期と語り合い交流することで「同じ名古屋大学生」として卒業していく。この活動に参加するためには説明会での趣旨理解のうえ，研修会において活動上の倫理やルールなどの講義を受講しロールプレーイングなどを経験することが条件づけられている。

　具体的活動場所は就職資料コーナーの一角でここは支援室内にありスタッフから見える位置にある。活動期間は10月から翌年2月までとし，月曜から金曜まで13時から17時に活動行う。「自分の経験からわかりやすく話す」ことを原則とし安易にアドバイスを行わず，常にサポーター2名で相談に対応することで支援の偏りを防止する。個人情報の扱いに気をつけつつよりよいサポート活動を進めるために報告ノートなどを活用し，メンバー内で情報共有を行う。毎年30名から50名のサポーターで活動期間中200名から500名近くの就職活動生に対応している。学生の支援利用度の高い時期に後輩支援にあたる就活サポーターの存在は非常に大きい。就職活動サポーターの活動は，毎年継続することで，相談に来ていた学生がサポーターとして活動するという循環が形成されつつある。卒業後も歴代サポーターたちがSNSなどを活用しつつ，実際の職業キャリアの中で互いにサポートし合う循環ができてきていることも大きな成果と言えよう。

### 導入時の留意点・課題

　キャリア支援におけるピアサポート活動を展開するにおいての留意点には学生の募集，指導のあり方，活動期間と活動内容などが挙げられる。対人援助に関する基本的なマナーやルールの遵守やヘルピングの基礎などの指導は非常に大切であり，導入時同様活動期間中もサポーター学生が自らの行動と力量を繰り返し振り返り研鑽する機会を持つとともに，活動を通じて新たに出てくるキャリアに関する疑問や課題意識に対しても支援者が「社会に送り出すべき学生」の育成として重視することが望ましい。キャリア支援の都合のよい人手ではなく育成すべき対象として捉えることが大切である。また，今後課題となってくるのは活動時期であろう。就職活動において学生が支援を期待する時期のボリュームゾーンはやはり企業の求人が公開され直接接触が実施される時期以降になる。具体的な就職活動に入ってはじめてわからないことや不安に直面する。大学から経団連への申し合せによりこの時期が卒業前年度の10月解禁から12月解禁に後ろ倒しになり，さらに2015年度からは3月となる。

　従来のボリュームゾーンを想定すると1学年下の活動時期にはすでに先輩であるサポーターたちは卒業を迎えており，相談相手がいない状態となる。一方，サポーター学生の在学中の支援対象としてインターンシップ参加学生への支援が考えられる。しかし，学生がインターンシップに関心を持ち始め，相談に訪れる時期はまだ最終学年次生が就職活動を行っており，支援現場に早期に進路決定したサポーター学生と，これからまだ支援を継続して必要とする同学年生が混在することは美しくはない。このように最後まで支援対象となる学生群への配慮も念頭におきつつ，ピアサポート活動の対象や内容の再検討が今後必要となってきている。

**参考文献**
名古屋大学　ピア・サポート活動報告書（2007-2013）．名古屋大学学生相談総合センター
白井章詞（2010）．大学のキャリアセンターにおける就職支援を目的としたピア・サポート活動　生涯学習とキャリアデザイン：法政大学キャリアデザイン学会紀要, **7**, 145-161.

# 7. キャリア・ポートフォリオ
### 自己理解支援③

船津静代

## この支援の意義

　多くのキャリアに関する理論において，青年期後期の発達に他者や社会との関わりから発見する自己の重要性が強調されている。また，下村（2009）によると，若者のキャリアの多様化に対応すべく，海外のキャリア・ガイダンスに関する文献では，生涯にわたって自らの「キャリアを管理するスキル」が強調されるようになってきており，学校を卒業した後も自分で自分のキャリアを管理できるスキルを持たせるためのキャリア・ガイダンスが重視されるようになっている。大学におけるキャリア教育の特徴は，学生自身が当事者として自己のキャリア発達を促す意識を持ち，さまざまな機会を活用して試行錯誤を繰り返しつつ自分と関係づけながら，社会に出ていくための能力を身につけなければならない点であり，学生は，これら能力の獲得と同時に進路探索を実践し，その全工程をこれまで施されたどの教育よりも強く自らコントロールしながら，その一連の過程を通じて成長していく。自分と自分の持つ特徴を理解し社会に表明していける人とならねばならない。学生が職業意識や職業能力の修得を積極的に意識し，自らの資質と関係づけるためには，講義などを漫然と受講するだけではなく，大学生活を通じてさまざまな経験や失敗・挫折を繰り返しながら体得した知恵や能力と，自らを時には立ち止まってじっくりと振り返りながら将来の進路獲得や広くは生き方と関連づける継続的な蓄積と振り返りのシステムが必要である。つまり大学におけるキャリア教育は当事者としての学生の参加が絶対条件であり，どれだけ素晴らしい教育的カリキュラムが提供されようが，能動的な学生の自覚がなければ成り立たない。キャリア教育カリキュラムと個人の支援を結ぶツール，キャリア教育と専門教育・教養教育をそして大学生活を個人と関係づけるツール，キャリアカウンセリングに有効なツールとして個人が自己理解を深める助力となるツールとして，能動的な自覚を醸成するシステムとしてキャリア・ポートフォリオが考えられる。

　ポートフォリオとは紙バサミ，作品集のことを指す。仕事や学習の成果やプロセスが入ったファイルのことをいい，数値などで評価できない一人ひとりの能力・特性を見出すことができる評価法として利用されている。ポートフォリオは「誰によって」「どんな目的で」「いつ」「どのようにして収集されるのか」などによってさまざまな分類がされている（高浦，2001）。鈴木（2006）によると，日本で展開されているポートフォリオの種類としては，所有者個人について作る「パーソナルポートフォリオ」と，個人が関わる一定の作業や活動について作る「テーマポートフォリオ」，長期にわたり個人や周囲が観察することを主眼とする「ライフポートフォリオ」がある。

　パーソナルポートフォリオの目的としては，個人が自分の自己受容や自尊感情を高めることから，キャリア・マネジメントから自己能力のプレゼンテーションの材料としてまで挙げられる。テーマポートフォリオで取り扱うものは仕事や学習の取り組みと記録であり，目的としてクオリティの高い成果の達成や，取り組みを通じてのコンピテンシーの獲得がある。ライフポートフォリオに取り込むものは，個人の経験や記録であり，その目的は自立やセルフ・マネジメント，健康管理や生活改善などが挙げられる。大学教育で導入されるキャリア・ポートフォリオとは個人の日々の語りや出来事をつづるパーソナルポートフォリオであり，職業世界と個人をつなぐ取り組みとしてのテーマポートフォリオであり，生涯にわたるキャリア発達を視野にいれる点ではライフポートフォリオでもある。

　ポートフォリオ作成には4つの工程が必要である。それらは，「収集・見直し・選択・表明」である。大学のキャリア教育の中でこの工程を意識することで，「自己査定を行うことで自分

の価値観や興味関心や能力を見直すことができる。自分で物事を達成しようという意欲を持たせられる。家庭や大学や社会的活動を結びつけることができる。就職や進学のための準備に活用できる。就職時の活用能力を自覚し表明することができる。達成感を伝えることができる。自分の責務について明らかにできる」という利点を学生に提供することができる。見直し工程をより日常的に設定し振り返りや反省，達成感を自覚することで，次に何をすべきかという新たな計画や目標を設定していくことが望まれる。この一連の作業を通じて明確な目標設定と実行が促され，その過程を俯瞰することで自己の特性と新たな能力や変化そして自らをどう活かしていきたいかというキャリア開発を認識する。この継続的な運動が大学生に有効なキャリア・ポートフォリオシステムと考えられる。

### 支援方法の例

　昨今日本の大学においてもキャリア・ポートフォリオの導入は増えている。各大学の学生の特徴とキャリア教育の目標の内容，運営母体などによって，大学管理型と学生主導型，アナログ形式やデジタル形式，蓄積ファイル型と凝集ファイル型，介入の有無などが挙げられる。
　名古屋大学では平成18年度，文部科学省により，現代的教育ニーズ取り組み支援プログラム（現代GP）として，「専門教育型キャリア教育体系の構築―専門教育の質的発展を通じた学生・院生の資質向上―」が採択された。この取り組みの一つとして「名大版キャリア・ポートフォリオ」の開発が始まった。キャリア・ポートフォリオでは日ごろの記録・反省を蓄積・評価するPDCAサイクルを繰り返す。名大版キャリア・ポートフォリオは入学から卒業までの一貫した学生の主体的なキャリア発達を支援する一つのツールとして位置づけられた。具体的には学生は，ワークシートの作成を通じ，行動とその背景の言語化（＝対象化）を行う。この作業は，学生生活の設計者として能動的・主体的に取り組むきっかけをつかむことにつながる。学生が，ワークシートを蓄積し，蓄積したワークシートを読み返したり関連づけたりすることによって，自身の行動や思考の背景にある自己特徴や，自身の変化・成長に気づき自己理解を促すことができる。同時に自身と周辺環境との関係性に「気づく」ことを通じて，自分を取り巻く環境の理解を促す。行動する→書き留める→眺める→関係づける→行動する，これらの作業を通して，PDCAによるスクラップ＆ビルドを繰り返し，この習慣を身につけることで生涯にわたるキャリア形成の主人公としての素地を養う。アドミッションポリシーである「勇気ある知識人」としてキャリア決定ができる人材，この一連の活動を通じ深い自己理解と主体的な進路決定ができる人材の育成を目指し設計された。キャリア教育支援開発センターを中心にキャリア・ポートフォリオに関する研究者会議が発足し，今後のキャリア・ポートフォリオ開発計画がたてられた。まずは，米国の大学・高校などにおける学生のキャリア支援ツールとして展開されているキャリア・ポートフォリオについて，情報収集と研究を開始した。ポートフォリオの目的別に，①学生自らが自分自身のキャリア計画を設計し，その中で提供されるさまざまなキャリア教育やキャリア支援策を有効に活用できるようになることを目的とした「年間の計画を立て，振り返って評価するためのシート」群と，②日ごろの記録・反省を蓄積・評価するPDCAサイクルを繰り返すことで，学生自身が自分の行動や思考の背景にある自己特徴や，自身の変化・成長に気づき自己理解を促し，同時に自身と周辺環境との関係性を「気づく」ことを通じて，自分を取り巻く環境や自己理解を促す機会となる「日ごろの体験を記録するワークシート」群12種類のワークシートを開発した。②のワークシート群は，学生生活の日々の活動として刺激となりえるものであるという観点と学生のキャリア開発の機会として効果的と考えられ意識的に機会を創出し記録してほしい観点から設定し，"授業におけるキャリア学習シート""本""人物""バイト""趣味""部活・サークル""旅行"などの検討からさまざまな出来事を自由に記録できるように"体験・出来事"シートを作成した。シートの記入から気づ

きにつなげられること，後の振り返りを念頭において振り返りやすくなるようにシート内の項目（＝問い）の設置は慎重に行った。具体的でわかりやすい記述ができるように具体的な様子を問う項目，その出来事と自分を関係づけられる問いを挿入した。これらのシートが真に学生が活用しやすいツールであることを目指し，学生によるモニターグループを設置し実際の利用を通じての改善に取り組んだ。モニター会議では同時にヒアリングを通じて名古屋大学生にみられる思考・行動特性を分析し，ワークシートの開発に反映するよう努めた。そして「名大版キャリア・ポートフォリオ作成の手引き2008年度版」が完成した。これ以降毎年「手引き・ワークシート集」をフォルダーとともに新入生ガイダンスにおいて全新入生に継続的に一斉配布している。ポートフォリオの管理は学生自身が自主的に行い，低学年次においては全学教養科目などの授業を通じて活用し，正課外においてはGP終了後は引き続き就職支援室で開催しているさまざまな自己理解のためのワークショップにおいて活用方法のレクチャーやワークシートの活用を促進している。

**導入時の留意点・課題**

　導入時に検討すべき重要事項としては，①大学としての育成目標と学生の特徴，②システムとシート類の設計，③プライバシーの観点，④介入のタイミングと活用，⑤管理と継続性などが挙げられる。①の大学としての育成目標と学生の特徴としては，各大学の特性とアドミッションポリシーが学修プログラムに反映されており卒業までのプロセスの各段階での育成モデルが大学側のみならず学生自身にも見えていること，その一方で自校生の現実的特徴を把握し，育成すべき点や留意点がおさえられており提供時に学生自らが取り組みやすいシステムが設計されていることが重要である。②のシート類の設計としては，①のポイントを踏まえどのような学生群に対し何を目的とし，何を記録させ，どういう「問い」をたてていくのか，個別のシートの工夫とともにPDCAをまわすためのシステム全体の設計が肝要である。③プライバシーの観点からキャリア・ポートフォリオをパーソナルポートフォリオとして見ると，個人の所有物である。しかしテーマポートフォリオとして考えると学習ポートフォリオのように，教員や他者からの評価も視野に入ることとなる。名古屋大学では現在紙媒体ファイルのキャリア・ポートフォリオは個人の所有物と捉え，蓄積ポートフォリオとしての活用を促進している。この問題は⑤のだれがポートフォリオを管理するのか，にも関わってくる。大学が教育目的として導入する場合は，電子ポートフォリオなど管理者が大学になる。このような場合，収集・振り返り・選択・表明のどの工程管理方法を十分検討し，個人のプライバシーに関わるワークシートを管理する場合は十分な配慮が必要である。渡辺（2010）は「もともとキャリア支援に管理という姿勢が入ること自体が問題」であると警告している。そのうえで，「キャリアは個人の過去の経験や意味づけからなる個人の軌跡であるからこそ，ポートフォリオが意味を持つのである」とし，形式や方法は本来個人が選ぶものであって，「キャリア支援でポートフォリオを用いる理由は，キャリア形成は個人の責任である」ことを前提に大学生のキャリア形成を支援するためにあるものだとしている。一方④の介入のポイントも重要となる。キャリア・ポートフォリオがシステムとして機能するためには，そこにポートフォリオの作成を支援する介入者の存在が必要になる。キャリア・ポートフォリオのフォームの設計者自身や，前出の活用場面に携わるカリキュラムの設計者である教員や，個別カウンセリング場面でのカウンセラーらである。森田（2009）は「ポートフォリオの記入を学生が自己評価するだけでなく，アドバイザー教員が助言を行う場面がある場合とでは，相当の効果の差異が生ずる」と介入者の効果の高さに触れ，本来の「活用」に至るためには，その意味を書く側に説明すること（趣旨に添って理解させること）がきわめて重要となり，このポートフォリオの記入を意識化させ，それが書く者にとっていかなる意味があるかを実感させる「対話」を教員側で意識化することが重要とし

ている。そして，作成されていくポートフォリオをどの場面で活用するかは，大学におけるキャリア教育の形態（小見山，2007）の3つの分類場面が参考になる。1つ目は学生全体に対する計画的なキャリア教育として講義やプログラム内での活用，2つ目は個別的キャリア支援・学生指導場面として，3つ目は自発的学習活動・課外活動などでの計画や実践，振り返りでの活用などである。⑤の管理と継続性については，昨今電子ポートフォリオを導入する大学も増えており，学生のシステム管理と連動活用され始めている。履修登録やカリキュラムへの自己評価の入力の義務づけなどで定期的な作成への効果的な誘導が行われている。他方，ノートやファイル形式での自己管理に任せることによって「義務」が生じないことで継続がおぼつかない実態もある。個人がキャリア形成を自覚しながら大学生活を主体的にマネジメントする力を育成するためには大学として育成目標・管理・介入・プライバシーを慎重に意識しながら学生自身がインタラクティブにキャリアポートフォリオシステムを展開していく工夫が必要である。

**参考文献**

小見山隆（2007）．大学から職業への移行問題とキャリア教育の考察　愛知学院大学論叢 商学研究, **47**(3), 53-79.
森田道雄（2009）．大学の教育力（FD）を高めるために　福島大学総合教育研究センター紀要, **7**, 43-50. 福島大学総合教育研究センター
名古屋大学現代GP編著（2009）．平成18-20年度名古屋大学現代GP専門教育型キャリア教育体系の構築最終報告書　名古屋大学現代GPキャリア支援・教育開発センター
下村英雄（2009）．成人キャリア発達とキャリアガイダンス—ライフライン法予備的分析を中心とした検討　ディスカッションペーパー, No.09-04, 2-3.
鈴木敏恵（2006）．目標管理はポートフォリオで成功する—看護管理・学校運営のためのモチベーションマネジメント—　メヂカルフレンド社
高浦勝義（2004）．ポートフォリオ評価法入門　明治図書
渡辺三枝子（2010）．ポートフォリオを活用したキャリア形成支援——人ひとりの学生の学士力の育成に寄与するために—　大学・短大における進化—キャリアデザイン支援のコンセプトと新展開—超"就業力"／教養・専門教育として／コープ型共働／ポートフォリオ活用—　高等教育活性化シリーズ176　地域科学研究会・高等教育情報センター

# 8. 自己理解ツール
### 自己理解支援④

松村直樹

## この支援の意義

キャリアデザインの支援に際して，自己理解ツールを用いる意義には，①内省だけでは得にくい個人特性の把握，②曖昧な概念にとどまっている自己イメージの明確化（言語化して確信を深める），③キャリアの選択肢に関する情報提供（アセスメントの設問や結果から新しい知見を与える）などのことが考えられる。ツールの選定には，当然その支援の目的を考える必要があるが，本節では，キャリア支援における自己理解の目的を「個人のキャリア自律を支援する」に置き，その用途（目的）に照らして有用と考えられるツールを紹介する（初等教育においては，「キャリア自律支援」の観点からキャリア支援を行うことはきわめて少ないと思われる。よって，本節では，高校生，大学生の使用を中心に自己理解ツールを紹介する）。

## 支援方法の例（支援の目的に合わせたツールの紹介）

個人のキャリア自律を支援するためにはどのような要素が必要か，筆者はそれを図1のように考えている。支援ツールには「フォーマル・アセスメント」（標準化されたテスト），「インフォーマル・アセスメント」（標準化されていないチェックリストなど），「個人作業やグループ作業（ワークショップ）」，「ワークシート」，「面談」などがあるが，本節では，実施の手順や，結果の解釈が比較的形式化されているアセスメントやワークショップを中心に紹介する。また，キャリア自律の要素ごとにツールを紹介していくため，複数の測定要素が1つにまとめられた（テストバッテリーのある）アセスメントは，複数の箇所に名前が挙げられており，紙面が雑然としている点はお許しいただきたい。

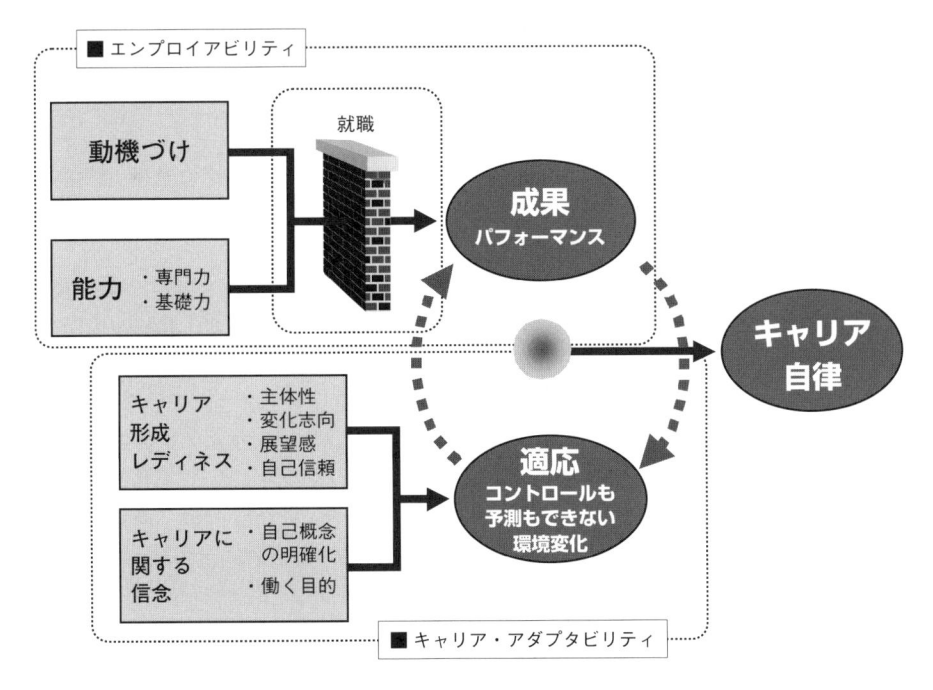

図1　キャリア自律に必要な要素

**1. エンプロイアビリティに関して何を見るか**

　人が自分の職業人生を自律的に歩もうとする時，その時々の状況に合わせて自分の意志で仕事を選べることが前提になる。そのためには「（継続して）雇われる力・態度・姿勢」が重要となる。本節ではそれをエンプロイアビリティと呼ぶ。企業から雇われ続ける人となるには，仕事においてパフォーマンスをあげる資質が求められる。個人が仕事で成果をあげられる資質としてどんな傾向を持ち，何を活かし，また，これから先に何を開発すべきかを見るために自己理解ツールが有用となる。

　（1）何ができるか，何を得意とするか

　　仕事で成果を出すためには，職務を遂行する能力の高低がまず問題になる。職務を遂行する能力には，大きく以下の2つが考えられる。

1）職業に特有な能力（専門力）：個々の仕事の遂行に必要な特有の知識・技能などの能力。
　＜専門力の保有状態を知る検査＞
　・ビジネス・キャリア検定[1)]［高・大］（中央職業能力開発協会）／・技能検定[1)]［高・大］（都道府県職業能力開発協会）

2）基礎力（ジェネリックスキル）：どんな仕事をする場合にも，成果をあげるために必要な普遍的な能力。どのような仕事にも移転可能な能力とも言える。基礎力は以下の3つに大別される。

①処理力：国語・数学を中心とする短い時間で問題を解く力。仕事内容の理解や吸収，上達の速さに関係する。
　＜処理力の保有状態を知る検査＞
　・内田クレペリン検査［中・高・大］（日本・精神技術研究所）：連続計算作業における処理力を見る／・厚生労働省編一般職業適性検査（GATB）［高・大］（雇用問題研究会）／・CA-PA［大］（図書文化社）／・GAKUTAN［高］・わくわく［高］（実務教育出版）／・SPACE1［高］（第一学習社）／・Success Time［高］（日本文化科学社）／・自己発見レポート［大］（ベネッセコーポレーション）／・PROG［大］（河合塾・リアセック）

②思考力：論理的に深く考える力，および柔軟に発想し創造的に考える力。
　＜思考力の保有状態を知る検査＞
　・PROG［大］：リテラシーとして論理的思考力を，コンピテンシーの一部として創造的思考力を測定する（河合塾・リアセック）。

③対人基礎力・対自己基礎力・対課題基礎力：協働やリーダーシップの発揮，感情の制御や動機づけ，および問題解決における行動特性。
　＜性格・欲求特性の一部から基礎力を知る検査＞
　・YG性格検査［中・高・大］（竹井機器）／・東大式エゴグラム（TEG）［高・大］（金子書房）：対人領域のみ／・内田クレペリン検査［中・高・大］（日本・精神技術研究所）
　＜個人の認知（程度に対する自己評価）にもとづいて基礎力を見る検査＞
　・キャリア・インサイト［大］：場面想定による設問項目も用意されている．・職業レディネス・テスト（VRT）［中・高］（雇用問題研究会）：ホランドの6タイプについて行動志向性が示される／・CA-PA［大］（図書文化社）／・わくわく［高］（実務教育出版）／・SPACE1［高］，・進路GPS1［高］（第一学習社）／・R-CAPforTeens［高］（リアセック）／・TK式SACD［高］（田研出版）／・進路アドバイスシステム［高］，・自己発見レポート［大］（ベネッセコーポレーション）

---

1) ビジネス・キャリア検定は受験資格がないので筆者判断。技能検定は原則として検定職種に関する実務経験が必要だが，職種・等級によっては在学中でも受検可能なものがある。

＜外的基準に基づいて基礎力のレベルを客観的に知る検査＞

・PROG［大］（河合塾・リアセック）：実社会で活躍する社会人の行動特性をモデルとし，類似度を測定することで，基礎力のレベルを客観的に見る。

＜ゲーム感覚で内省を進め基礎力を認識するツール＞

・VRTカード[2]［中・高］（労働政策研究・研修機構）：ホランドの6タイプについて行動志向性を知る／・Strengthカード［大］（リアセック）／・マインド・マップ［中・高・大］（学び力育成協会）：トニー・ブザンが提唱した「放射思考」に基づいて作画を進め，基礎力をはじめ個人特性に対する認識を深める。

(2) 何によって動機づけされるか

いかに能力が高くても，目の前の仕事に動機づけされ「やる気」が起きなければ，継続して成果・パフォーマンスをあげることは望めない。よって，個人が仕事の何によって動機づけされるかを知ることは，どんな分野でなら成果をあげやすいかといった方向性を確認することにつながる。

1) 欲求・性格：欲求を充足させようとすることが「やる気」の源泉となることは，動機づけの古典的理論として知られている。また，性格は個人の行動傾向を特徴づけ，比較的得意な行動が促進され，不得意な行動は敬遠される。

＜性格・欲求の特性を知る検査＞

・YG性格検査［中・高・大］（竹井機器）／・東大式エゴグラム（TEG）［高・大］（金子書房）／・内田クレペリン検査［中・高・大］（日本・精神技術研究所）

2) 価値観・志向・興味・関心：動機づけにおける期待・価値理論にもとづけば，人の行動は，そのことが「できる」という見込みと，そのことに対して「どれだけ価値を感じるか」という心理的評価の掛け合わせによって促進される。個人が何に価値を感じ，どんなことを好む傾向にあるかを知ることは，「やる気」が喚起されやすい活動や仕事分野を考える大きなヒントとなる。また，能力開発を行いやすい分野を知ることにもつながる。

＜価値観・志向・興味・関心を確認する検査＞

・キャリア・インサイト［大］，・職業レディネス・テスト（VRT）［中・高］（雇用問題研究会）／・CA-PA［大］（図書文化社）／・GAKUTAN［高］，・わくわく［高］（実務教育出版）／・SPACE1［高］，・進路GPS1［高］（第一学習社）／・R-CAPforTeens［高］，・R-CAP［大］（リアセック）／・VPI職業興味検査［大］（日本文化科学社）／・TK式SACD［高］（田研出版）／・進路アドバイスシステム［高］，・進路マップ（適性検査）［高］・自己発見レポート［大］（ベネッセコーポレーション）

＜ゲーム感覚で内省を進め価値観・志向・興味・関心を確認するツール＞

・VRTカード［中・高・大］（労働政策研究・研修機構），／・OHBYカード［中・高］（雇用問題研究会）／・Valueカード［大］（リアセック）／・レゴシリアスプレイ（LSP）［中・高・大］（ロバート・ラスムセン・アンド・アソシエイツ）：潜在的な価値観・志をレゴブロックで「形」にし新しい発見を促す／・マインド・マップ［中・高・大］（学び力育成協会）

## 2. キャリア・アダプタビリティに関して何を見るか

高校や大学の在学中に，どれだけエンプロイアビリティを獲得したとしても，実社会は偶然の出来事の連続である。思ってもみなかったことが唐突に起こったり，予定していたことが実

---

2) カードソートを行うために開発された支援ツール。カードソートとは，トランプのようなカードを，分類したり，並べ替える作業を通じて，自分の特性について理解を深める技法。

際には起こらなかったり，個人の能力や態度・姿勢だけでは如何ともし難いことが，職業人生だけに限ってみても数々起こる。そんな中においても，自身のキャリアを自律的に歩もうとすれば，「偶発的な状況に遭遇しながらも，将来にある程度の展望感を持ち，環境の変化に柔軟に対応する適応性」が必要となろう。本節では，そのような環境変化に対する適応性のことをキャリア・アダプタビリティと呼ぶ（キャリア発達の分野におけるキャリア・マチュリティ（成熟）と類似の概念。青年期までをマチュリティと呼ぶことが多い）。

（1）自律的な行動を促進するためのレディネスがどの程度身についているか

　自分の職業人生について，自分が責任を持とうとする姿勢や，変化対応への自信，職業を探求するための見通しや展望感・現実感などの心的準備（レディネス）が整っているほど，思いもかけない出来事から自律を取り戻しやすいと考えられる。

　＜キャリア形成レディネスの成熟の程度を知る検査＞
　・職業レディネス・テスト（VRT）［中・高］（雇用問題研究会）：興味領域の分化度を確認しキャリア意識の成熟度を見る／・進路GPS1［高］（第一学習社）／・R-CAP for Teens［高］（リアセック）／・VPI職業興味検査［大］（日本文化科学社）：興味領域の分化度を確認しキャリア意識の成熟度を見る／・TK式SACD［高］（田研出版）／・進路アドバイスシステム［高］，・自己発見レポート［大］（ベネッセコーポレーション）／・進路成熟尺度（CMAS）［中・高・大］（日本進路指導協会）

　＜キャリアを展望させるツール＞
　・キャリア・インサイト［大］（雇用問題研究会）：システムの中にキャリアデザインのコーナーが用意されている／・マインド・マップ［中・高・大］（学び力育成協会）：思考を解放する効果があるとされ，自由に将来像を描くことができるとされる。

（2）職業人生を方向づける意思決定基準（信念）を考える

　大きなキャリアのトランジション（転機）や，年齢的なキャリア・ステージの節目においては，職業的な「自己概念」や「働く目的」が明確になっているほど，その後の職業人生を方向づけやすく，悩みの期間も短いことが予想される。これらの，いわば働くうえでの「信念」の確立には，相応の就業経験が必要なことは言うまでもない。若年層においては，その要素をイメージする程度のことしかできないが，だからこそ支援するツールには，単に個人の特性や適性の結果を示すだけでなく，より内省を促す機能が求められる。

　＜職業的な自己概念や働く目的を考えるためのツール＞
　・R-CAP［大］（リアセック）：適性診断の結果や職業志向から，改めて個人の「やりがい」リストを提示し内省を促す，・Valueカード［大］（リアセック）：Life Time Valueカードで人生における価値を検討することができる／・レゴシリアスプレイ（LSP）［中・高・大］（ロバート・ラスムセン・アンド・アソシエイツ）：レゴブロックで曖昧な志を「形」にする／・マインド・マップ［中・高・大］（学び力育成協会）：有機的なイラストを用いることで，潜在的な心象が表現しやすくなる。

**導入時の留意点・課題**

　これまで見てきたツールは，その使途がわかるように一覧表にまとめて掲示した。冒頭で述べたように，自己理解ツールにはさまざまな意義・効能があるが，一方で，その導入に際しては，以下に挙げるような留意点がある。支援者は，それらに配慮しながら効果的に各種ツールを使用しなければならない。①何を目的にどんなツールを用いるのか，事前に個人の了解を得る。②発行元の規定や指示を守って実施する。③実施者が内容について十分に理解しているものを用い，導入目的に沿ったフィードバックを行う。④測定の誤差や，個人の認知の程度による結果の違い，受検者の態度による回答の信頼性などを考慮して，結果を鵜呑みにさせない。

⑤受検者がショックを受けるだけで終わったり,反発を持つだけに留まらないよう,結果を正しく理解させる。⑥個人情報として取り扱いに注意する。

**参考文献**
角方正幸・松村直樹・平田史昭(2010).就業力育成論　学事出版社
角方正幸・松村直樹・平田史昭(2011).就業力と大学改革―学長たちが語る就業力対策―　学事出版社
松本純平(監修)(1986).適性検査の知識　一ツ橋書店
大久保幸夫(2006).キャリアデザイン入門Ⅰ 基礎力編　日本経済新聞社
吉田辰雄(編著)(2006).最新生徒指導・進路指導―ガイダンスとキャリア教育の理論と実践―　図書文化社

|  | 概略 |
|---|---|
| YG 性格検査 | 12 の性格特性（抑うつ性，劣等感，社会的外向性など）を測定し，情緒の安定性，社会適応性，活動性などの行動特性を知ることができる |
| 東大式エゴグラム（TEG） | 交流分析にもとづく自我状態（批判的な親（CP），自由な子供（FC）など）を測定し，対人関係を中心とした行動特性を知ることができる |
| 内田クレペリン検査 | 一桁の足し算を繰り返し，1 分ごとの計算量の変化と誤答から，作業面における処理能力と，性格や行動面の特徴を知ることができる |
| 厚生労働省編一般職業適性検査（GATB） | 紙筆検査と器具検査を組み合わせ，知的能力，言語能力，数理能力，空間判断，形態知覚，指先の器用さなど 9 種類の処理能力を測定する |
| ビジネス・キャリア検定 | 国が整備した「職業能力評価基準（事務系職種）」に準拠した公的資格試験。事務系職種 8 分野 14 部門（経理，営業，マーケティングなど）を網羅している |
| 技能検定 | 仕事に求められる技能の習得レベルを評価する国家検定。機械加工，建築大工やキャリア・コンサルティングなど全部で 128 職種の試験がある |
| キャリア・インサイト | 適性理解，職業理解，職業とのマッチング，キャリア・プランニングなどの機能をもち，キャリアガイダンスの基本プロセスを体験できるコンピュータシステム |
| 職業レディネス・テスト（VRT） | 職業興味（ホランドコードの 6 領域），職務遂行の自信度および基礎的志向性（対人など 3 領域）を測定し，各領域に対する興味と自信の程度を知る |
| VRT カード | 職業レディネス・テスト（VRT）の職業興味と自信に関する項目を 54 枚のカードにし，カードソートの方法で，興味領域と得意領域を知ることができる |
| OHBY カード | 職業ハンドブックの内容を 48 枚のカードにし，カードソートの方法で，興味領域を知る。同時に必要最小限の職業情報も得ることができる |
| CA-PA | 基礎的能力（数的能力，言語能力など），興味，活動に対する自信度などを測定し，仕事に対する適性を知ることができる |
| GAKUTAN | 能力（言語表現力・計算力・数的推理力など 8 領域），興味（芸術・援助・環境など 9 領域），性格（達成力・慎重性など 9 領域）を測定し，学問適性を示す |
| わくわく | 能力（語彙，計算など）と，興味，性格および基礎力的プロフィールを個人の認知で測定し，職業適性と学問適性を示す |
| SPACE1 | 基礎能力（手先の器用さ，演算力など），興味（文学，社会現象など），行動特性（活動性，客観性など）を測定し，職業適性，学問適性を示す |
| 進路 GPS1 | 興味（理系研究，教育分野など），行動特性（活動性，熟慮性など），進路意識成熟度（将来展望，社会的関心など）を測定し，職業適性，学問適性を示す |
| Success Time | 進路調査，興味，性格，文系・理系基礎能力などを測定し，職業適性，学問適性を示す |
| R-CAP for Teens | 職業興味，活動の得意・自信度，行動特性，キャリア形成に関する成熟度などを測定。主に進学校向けのタイプ S と，進路多様校向けのタイプ G がある |
| R-CAP | 職業興味，価値観，志向を測定し，個人の活きる働き方や職場風土，適性職種などを示す。満足して働く職業人の価値観プロファイルとの合致度を基に判定 |
| VPI 職業興味検査 | 職業興味を測定し，ホランドコードにもとづく 6 領域に対する興味傾向と，5 領域の職業認知（自己統制，地位志向など）に対する特徴を知る |
| 進路アドバイスシステム | 進路学習の度合（職業への関心，社会への関心など），興味，行動特性（積極的か控え目かなど）を測定する。職業・学問編と，学部・学科編の 2 種類がある |
| 進路マップ（適性検査） | 希望，興味，行動特性の観点から，向いている職業・学問を示す。選択肢を広げる自己発見リサーチと，希望との合致度を見る自己発見フォーカスの 2 種類がある |
| 自己発見レポート | 進路意識，基礎学力（国，数，英），職業興味，およびどんな仕事にも普遍的に求められる能力・態度を個人の認知に基づいて測定する |
| PROG | リテラシー（思考力）とコンピテンシー（行動スタイル）の両面から基礎力を測定する。実社会で活躍する社会人の行動特性をモデルとして，基礎力を客観的に知ることができる |
| TK 式 SACD | 進路に対する意識，職業観，仕事への取り組み方，態度などを測定し，進路・職業選択における重要動機，適応性（性格と興味から向いている仕事を診断）などを示す |
| Value カード | 意思決定や選択基準となる価値要素を，カードソートの方法で明確にする。人生全般に関する「LifeTimeValue」と仕事領域に限定した「Work Value」の 2 種類がある |
| Strength カード | 自分の強みとなりえる行動特性を，カードソートの方法で明確にする |
| レゴシリアスプレイ（LSP） | 個々が内に秘める価値観・志などモヤモヤしたものをレゴブロックで『形』にし，それを言葉で表現したり，質問に答えるなかで，自分に関する新しい発見を促す |
| 進路成熟尺度（CMAS） | 教育的進路と職業的進路の 2 領域について，それぞれ進路自律度，進路計画度，進路関心度の 3 分野の成熟度を見る |
| マインド・マップ | トニー・ブザンが提唱した，「放射思考」にもとづいて作画を進める方法論。思考を解放する効果があるとされ，性格や価値観・興味の明確化や，将来像をイメージすることに有効 |

●は，該当する尺度そのものがある場合。　△は，尺度そのものはないが，用途として解釈可能なものがある場合。
※ビジネス・キャリア検定の対象は，筆者判断。技能検定は，職種・等級によって在学中でも受検可能なものがある。

| 備考 | 発行元 | 対象 | | | 使途・用途 | | | | | | | | | |
|---|---|---|---|---|---|---|---|---|---|---|---|---|---|---|
| | | 小中 | 高 | 大 | 専門力 | 処理力 | 思考力 | 対人基礎力 | 対自己基礎力 | 対課題基礎力 | 欲求・性格 | 価値観・興味 | レディネス | 信念 |
| | 竹井機器工業株式会社 | 小中 | 高 | 大 | | | | △ | △ | | ● | | | |
| | 株式会社金子書房 | | 高 | 大 | | | | △ | | | ● | | | |
| | 株式会社日本・精神技術研究所 | 中 | 高 | 大 | | △ | | | △ | △ | ● | | | |
| 処理力にもとづき40職種群に対する適性も診断 | 一般社団法人雇用問題研究会 | | 高 | 大 | | ● | | | | | | | | |
| | 中央職業能力開発協会 | | 高※ | 大※ | ● | | | | | | | | | |
| | 都道府県職業能力開発協会ならびに各種民間試験機関 | | 高※ | 大※ | ● | | | | | | | | | |
| 興味と能力の両面から見て，満足リスト，チャレンジリスト，条件つきリストという3種類の適職のリストが作成される | 一般社団法人雇用問題研究会 | | | 大 | | | | △ | △ | △ | | ● | △ | |
| 職業興味と基礎的志向性の結果から，得点の高かった領域に関連する職業名を確認する | 一般社団法人雇用問題研究会 | 中 | 高 | | | | | △ | | △ | | ● | △ | |
| | 独立行政法人労働政策研究・研修機構 | 中 | 高 | | | | | △ | | △ | | ● | | |
| | 一般社団法人雇用問題研究会 | 中 | 高 | | | | | | | | | ● | | |
| 41職種に対する適性を示す | 株式会社図書文化社 | | | 大 | | ● | | ● | | ● | | ● | | |
| 主に4年制大学進学者向け。25分野の学問適性を，能力，興味，性格の側面から示す | 株式会社実務教育出版 | | 高 | | | ● | | | | | ● | ● | | |
| 職業14領域，大学・短大15領域，専門学校10領域について適性度を示す | 株式会社実務教育出版 | | 高 | | | ● | | ● | | ● | ● | ● | | |
| 職業11領域，大学・短大13領域，専修学校種10領域について適性を示す | 株式会社第一学習社 | | 高 | | | | | | | ● | | ● | ● | |
| 職業11領域，大学8領域，専修学校6領域について適性を示す | 株式会社第一学習社 | | 高 | | | | | | | ● | | ● | ● | |
| 職業14領域，大学10領域，専門学校11領域について適性度を示す | 株式会社日本文化科学社 | | 高 | | | ● | | | | | ● | ● | | |
| 職業人，大学生・院生の価値観プロフィールを基に，123の職業，学問の適性を示す | 株式会社リアセック | | 高 | | | | ● | ● | ● | | | ● | ● | |
| 職業人の価値観プロフィールにもとづき，140職種の職業適性を示す | 株式会社リアセック | | | 大 | | | | | | | | ● | | △ |
| | 株式会社日本文化科学社 | | | 大 | | | | | | | | ● | △ | |
| | 株式会社ベネッセコーポレーション | | 高 | | | | | ● | | ● | | ● | ● | |
| | 株式会社ベネッセコーポレーション | | 高 | | | | | | | | | ● | | |
| | 株式会社ベネッセコーポレーション | | | 大 | | ● | | ● | ● | | | | | |
| | 株式会社リアセック | | | 大 | | ● | ● | ● | ● | | | | | |
| | 田研出版株式会社 | | 高 | | | | | ● | | ● | | ● | ● | |
| | 株式会社リアセック | | | 大 | | | | | | | | ● | | △ |
| | 株式会社リアセック | | | 大 | | | | ● | ● | ● | | | | |
| トレーニングを受けたファシリテータによる，レゴを使用した研修 | 株式会社ロバート・ラスムセン・アンド・アソシエイツ | 中 | 高 | 大 | | | | | | | | ● | | △ |
| | 公益財団法人日本進路指導協会 | 中 | 高 | 大 | | | | | | | | | ● | |
| | 公益社団法人学び力育成協会 | 中 | 高 | 大 | | | | △ | △ | △ | ● | ● | ● | △ |

## 9. 企業研究・業界研究，職種・職業研究
### 職業選択準備支援①

中里弘穂

### この支援の意義

　就職活動を始めた高校生・大学生がぶつかる壁が，多くの企業の中からどうやって自分に合う企業を見つけ出すのかという問題である。高校生や大学生が知っている企業はごく一部であり，その結果大手有名企業に応募が集中するという結果を生む。就職活動で本当に大切なことは，大手や中小に関係なく自分にとっての優良企業をどのように見つけるかにある。

　そもそもなぜ，業界研究や企業研究が必要なのであろうか。第1点は自分が就職したい企業や団体を探し出すためであり，2点目は応募書類やエントリーシートの志望動機を作成するためと考えられる。志望動機は当然，自己分析によって得られた自分の資質や強み，また求めるやりがいと結びついていなければならない。言い換えれば企業研究は，自分が漠然と抱いていたその企業への興味関心や憧れを，明確な志望につなげる役割を果たすために必要なのだと考えられる。

　では，どこから始めればよいのか。就職支援企業のセミナーなどでは通常志望する業界があり，その中から志望する企業を探す方法が勧められる。業界といっても細かく分類すれば100以上もあり，十分な知識がないまま業界を一つひとつ調べてもピンとこないであろう。また，現代では事業範囲が多岐にわたり業界の枠におさまらない企業も多い。たとえば楽天はインターネット業界と考えられるが，保険も書籍も旅行も扱っており，球団も所有している。そこで，まず自分が興味のある企業，好きなモノやサービスを提供している企業を選択し，その企業を研究することから始めることをお勧めしたい。

### 支援方法の例
#### 1. 企業研究

　企業研究は，①企業理念を知る，②ビジネスモデルを知る，③求める人材像を知る，の3点をおさえることがポイントとなる。

　まず，自分が興味を持った企業のHPなどから"企業理念"を理解しよう。たとえば花王グループは「消費者と顧客の立場にたった"よきモノづくり"を支える」，ソフトバンクグループは「情報革命で人々を幸せに」と謳っている。企業理念はその企業の普遍的な価値観や存在理由を表したものと考えられる。さらに社是社訓，行動規範といった細かい規定を載せている企業も多い。この企業理念と自分の働く目的，求めている方向が重なるかどうかを考える。

　次に，その企業がどのような製品やサービスをどのような顧客にどのように提供しているのかを見ていく。提供する製品が，完成品なのか部品なのか，原材料や部材なのかで，生産方法や営業システムも大きく変化する。顧客が法人か消費者か，事業領域が日本国内か海外かで販売ルートや営業システム，原材料の調達や輸送方法が変わってくる。就職活動の当初から営業がしたい，事務職希望という学生は多いが，企業のビジネスモデルにより営業の方法も事務の内容も異なることを理解しよう。営業職というと自動車や住宅のように個人客へのセールスをイメージする学生が多いが，部品や部材の営業では顧客からの要望を自社の製造部門に伝え，自社の技術の持つ可能性の範囲で顧客の要望を満たす製品をいかに迅速に納入できるか，正にコミュニケーション能力，コーディネイト能力が求められる。

　さらに，どのような人材，職種の採用を意図しているのかについて，採用情報や先輩社員の体験談から大まかに把握できる。授業や就職ガイダンスで企業研究を取り上げる場合は，表1のような「企業研究シート」を作成し生徒や学生に調べた結果を記入させると効果的であろう。

表 1　企業研究シート（筆者作成）

【企業研究シート】「　　　　　　　株式会社」

| 経営理念 | 理念，社是社訓，ビジョン，行動指針等 | |
|---|---|---|
| 企業概要 | 本社所在地 | |
| | 創業年　　　　代表者名　　　　従業員数 | |
| | 資本金　　　　　　　　　売上高 | |
| | 主要事業所・営業所等 | |
| | グループ企業 | |
| ビジネスモデル | 事業概要 | |
| | 主要製品・サービス① | |
| | 主要製品・サービス② | |
| | 主要製品・サービス③ | |
| | 主要顧客・取引先 | |
| | 営業地域 | |
| | 事業戦略 | |
| | 競合他社 | |
| 財務内容 | 売上高推移 | 3年前　　2年前　　1年前 |
| | 利益推移 | 3年前　　2年前　　1年前 |
| | 同業他社との比較 | |
| | 企業の強み | |
| | 企業の弱み | |
| 求める人材 | 採用職種・地域 | |
| | 人材要件（求めている人材） | |

　同じシートをライバル企業についても作成すると，業界の特徴もつかめてくる。
　企業の安定性や将来性はどのように把握できるのか。上場企業であれば，HPに「株主・投資家の皆様へ」という項目を載せており，売上高や利益の推移がグラフ化されているのでわかりやすい。財務諸表[1]が読めなくても「決算短信」[2]の説明を読むだけで概要はつかめる。また，同じ業界の2,3社の財務諸表を見比べるとその企業の問題点が把握できる。

## 2. 業界研究

　ある程度企業のことがわかった段階で，業界研究に進もう。業界研究といってもすべての業界を研究する必要はなく，自分のやりたいことにつながる業界を研究すればよい。

---

1) 企業の財政状態および経営成績を利害関係者（債権者や投資家など）に報告するために作成される報告書のこと。
2) 株式を証券取引所に上場している企業が，証券取引所の適時開示ルールに則り，決算発表時に作成，提出する決算速報のこと。

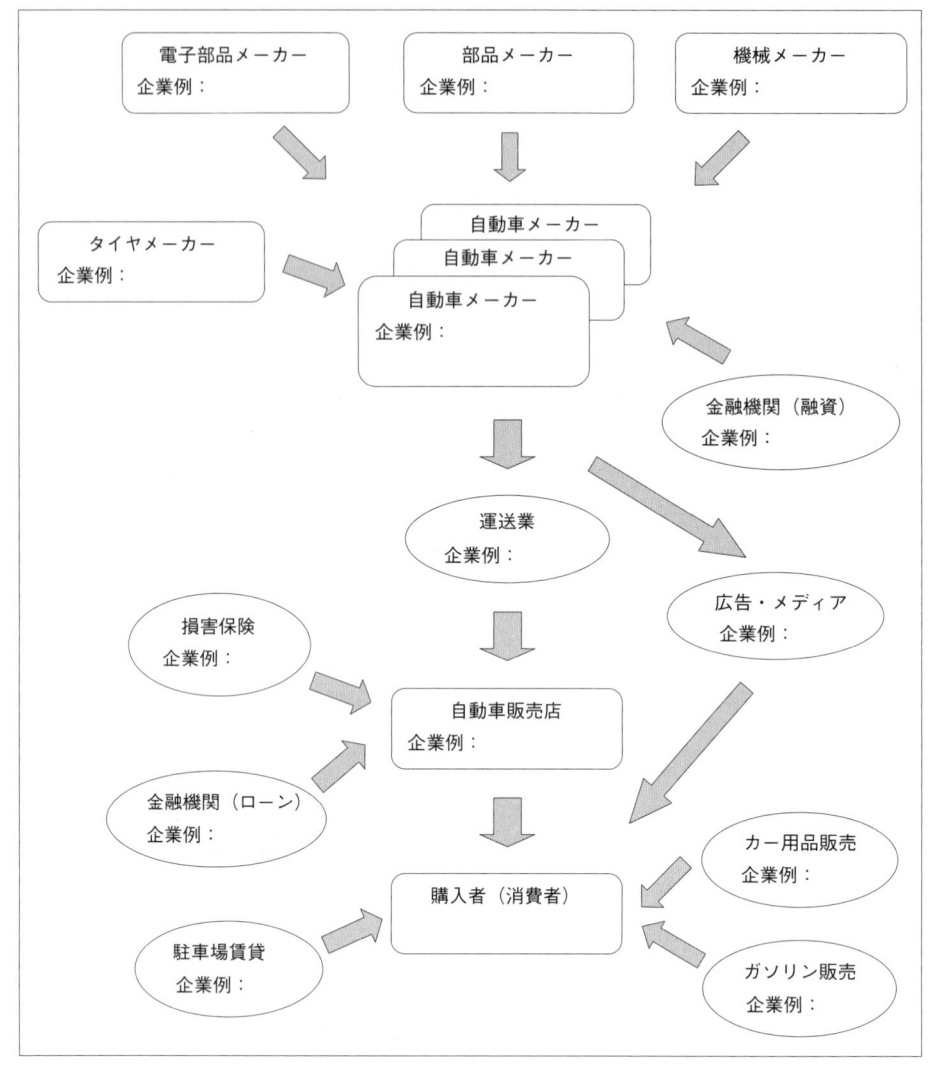

```
┌─────────────────────────────────────────────────────────────┐
│  ┌──────────┐    ┌──────────┐    ┌──────────┐              │
│  │電子部品   │    │部品メーカー│    │機械メーカー│            │
│  │メーカー   │    │企業例：   │    │企業例：   │            │
│  │企業例：   │    └────┬─────┘    └────┬─────┘              │
│  └────┬─────┘         │               │                    │
│       ↘               ↓               ↙                    │
│  ┌──────────┐    ┌──────────────┐                         │
│  │タイヤ     │    │自動車メーカー│                          │
│  │メーカー   │───→│自動車メーカー│                          │
│  │企業例：   │    │自動車メーカー│                          │
│  └──────────┘    │企業例：      │←──┐                     │
│                  └──────┬───────┘   │                      │
│                         │        ┌──┴───────┐              │
│                         │        │金融機関   │              │
│                         │        │（融資）   │              │
│                         │        │企業例：   │              │
│                         ↓        └──────────┘              │
│                  ┌──────────┐                              │
│                  │運送業     │                              │
│                  │企業例：   │─────┐                        │
│                  └────┬─────┘     ↓                        │
│                       │      ┌──────────┐                  │
│  ┌──────────┐         │      │広告・メディア│               │
│  │損害保険   │         │      │企業例：   │                 │
│  │企業例：   │         │      └──────────┘                 │
│  └────┬─────┘         ↓                                    │
│       ↘       ┌──────────┐                                 │
│               │自動車販売店│                                │
│               │企業例：   │←──────┐                        │
│  ┌──────────┐ └────┬─────┘        │                        │
│  │金融機関   │      │                                       │
│  │（ローン） │      │      ┌──────────┐                    │
│  │企業例：   │      │      │カー用品販売│                   │
│  └──────────┘      ↓      │企業例：   │                    │
│               ┌──────────┐ └─────┬────┘                    │
│  ┌──────────┐ │購入者     │       ↓                        │
│  │駐車場賃貸 │→│（消費者）│←──┐                           │
│  │企業例：   │ └──────────┘    │                           │
│  └──────────┘            ┌─────┴────┐                      │
│                          │ガソリン販売│                     │
│                          │企業例：   │                      │
│                          └──────────┘                      │
└─────────────────────────────────────────────────────────────┘
```

**図1　自動車製造・販売業の業界関連マップ**

　1つの方法として，関連業界のマップを作成する方法がある。図1のように自分が興味を持つ企業を中心に，そこに関連する業界をつなげていく。たとえば環境に優しい自動車を提供することで人々の暮らしに貢献したいと考える場合，自動車メーカーだけでなくさまざまな分野から貢献できることがわかるであろう。

### 3. 職種，職業研究

　就職というが，多くの日本企業は新卒一括採用というシステムを取り，採用後に教育をするなかで人材を育てていく，いわば就社に近い。新入社員の場合，アナウンサーやデザイナーなど一部の職種を除いては，採用後に配属が決まる場合が多い。大学生の場合には，総合職[3]・一般職の区別やエリア職といった限定職を設け採用する企業もある。総合職と限定職では，①勤務地域，②昇進，③給料，④職務領域に差がある場合が多い。ある金融機関の場合，総合職

---

　3) 総合的な判断を要する企画・営業・管理など基幹的な業務に従事する企業の正社員のことで，転勤することもありうる職制を言う。

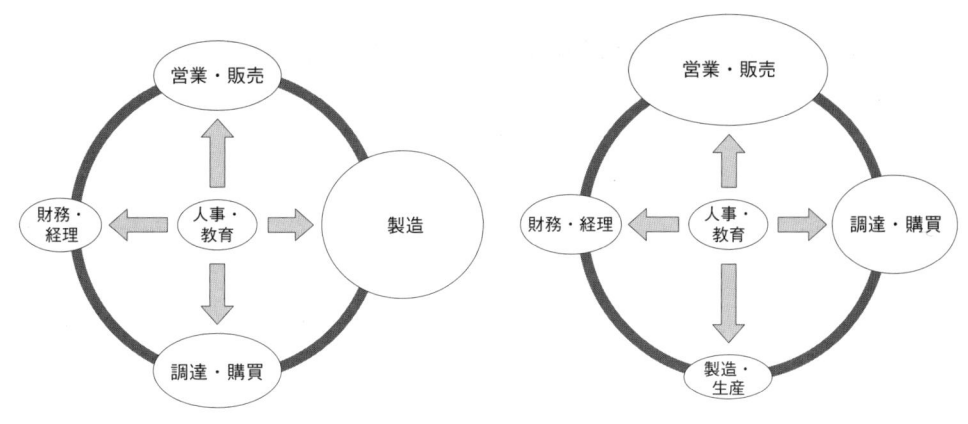

図2　企業経営の機能（例）

は全国への転勤の可能性があるが，エリア職の場合は自宅から30分以内の支店が配属先になると言う。限定職から総合職への変換制度を持つ企業もあるが，社内での試験など選抜が待っている。

　自分がやりたいと思う仕事のある企業はどのように探すのか。図2は企業経営の機能（例）を示している。この中に技術職，営業職，経理，購買・調達といった職種が入っている。企業の事業内容により重点が置かれる機能が異なり，それぞれの機能に所属する従業員の割合が変わってくる。また，企業のHPから組織図を見ることで，どのような職種の担当者が多いのかも推測できる。北陸にある従業員数300名強のシステム開発の会社は，製造機能にあたるSE・プログラマー職の社員が多数を占め，人事・教育・採用および総務の業務をほぼ1人で行っている。

### 導入時の留意点・課題

　以上の準備をしたうえで，やはり直接職場を訪問したり，その企業で働く人たちの話を聞く機会を持つことが，より効果的である。実際に職場を訪問することで，文字からは伝わらない職場の雰囲気を感じることができる。そこで働く人たちの働きぶりや実践も見ることができるであろう。

　職場訪問や企業人講師の講話を取り入れる場合の留意点は何か。生徒や学生が受け身にならず，自ら主体的に取り組む仕組みを構築することにある。筆者の勤務する福井県立大学でも1，2年次のキャリア教育科目の中に，毎年多くの企業人講師を招聘し特別講義を行う。大学の場合受講者数が多いので単に企業の人の話を聞くだけでは，十分な効果は期待しにくい。そこで学生には，その企業についての調査という事前課題を課する。事前課題には企業概要の項目の他に，「どのような顧客にどのように営業するのか」「新製品を開発（販売）するときの苦労や工夫は何か」といった，HPや文献から調べられない問いを入れておく。レポートや感想文も，ある程度のテーマを与えて書かせることで，講師の話を真剣に聞き，質問を行うようになる。

　企業人講師との事前の打合せも綿密に行うことが必要である。企業人講師の場合，事業紹介や製品PR，ときには若者への期待といった内容に重点が置かれることが多い。そこでこちらの意図を説明し，職種内容や働き方，ご自身の入社後のキャリアについて話してもらうよう依頼する。さらに夏休み・春休みを使い講師の企業を訪問する機会を設定するとより効果的である。企業人講師の講話や職場訪問はカナダ人心理学者のバンデューラ（A. Bandura）の唱えた社会的学習と考えられ，疑似体験を通して興味を広げ職業選択への動機づけにつなげる効果が期待できる。

# 10. 労働者の権利に関する知識
## 職業選択準備支援②

青山平八

### この支援の意義

近年、その定義は定かではない[1]が、いわゆる「ブラック企業」[2]がマスコミや論壇を賑わせている。人生の門出で躓く[3]と、その後の人生が大きく変わりかねないだけに、学生やその家族にとっては[4]愁眉の事柄と言える。

なお、「労働環境が厳しい企業」という意味では、何も目新しい問題ではない。わが国の労働環境の中に、その素地は十分にあった[5]。

それなのに今、社会問題として捉えられるのは、①国内外の企業間競争の激化など諸般の事情[6]と、②労働者・使用者ともに、労使関係の知識が乏しいか、経験が浅い者が増えたこと、などの要因が相互に絡み合った結果と言える。

ところで、①はさておき、②は、キャリア支援として、労使関係に関する基礎的な知識を与える[7]ことによって、即効性を期待できる[8]。

---

1) 公に定義されてはいないが、次の項目のすべてあるいはいくつかが当てはまる企業が現に存在している。これらを「ブラック企業」と呼ぶことに異を唱える者は少ないものと思われる。
 (1) 処理すべき業務量が膨大で、過重なノルマを課せられ、高水準の研修・自己研鑽を短期間で求められる。
  →①過長な早出・残業に恒常的に就かせられる。
   ②休日に頻繁に出勤せざるをえない。
   ③年休を取得するのがきわめて難しい。
   ④短期間での成長を求められる。など。
 (2) 残業や休日出勤の割増賃金の一部が支払われない。
  →①算定基礎賃金の算入漏れがある。
   ②もともと支払う意思がない。
   ③管理監督者扱いとして支払われない。
   ④定額残業代を超える残業代が支払われない。など。
 (3) 「固定給」に一定時間(たとえば20時間など)の定額残業代を含めて表示するなど、固定給が相場より高い印象を与える。
  →①割増賃金部分がいくらなのか具体的に明らかにされていない。
   ②当該一定時間を超えて残業しても、超えた時間相当の割増賃金が支払われない((2)④の再掲)。など。
 (4) セクハラ・パワハラなどハラスメント(いじめ嫌がらせ)が職場内に蔓延している。
 (5) うつなどによる休職者が多発し、過労死・過労自殺者を出している。
 (6) 上記の結果として新卒入社3年後の離職率がいわゆる七五三より高いなど。
2) 従前は、暴力団などの反社会的団体とつながって違法行為を繰り返す会社を指していた。近年は、労働関係法を無視して長時間労働を強いるなどの企業を指す。語源は、求人広告業界のスラング、「2ちゃんねる」の書き込みなどとされている。なお、『ブラック会社に勤めてるんだが、もう俺は限界かもしれない』が出版され(2008年。書籍名は2chの2007年末のシナリオ風の書き込みのタイトルに由来)、映画化(2009年)された。また、「ブラック企業」は、新語・流行語大賞を受賞した(2013年)。
3) 恒常的な長時間労働、過剰なノルマ・自己研鑽、横行するセクハラ・パワハラなどの劣悪な労働環境下にさらされた結果、軽度や重度のうつの罹患、長期の療養、自信喪失、引きこもりなどなど容易には回復しない心身の重度の不調に陥るほか、自殺する例も枚挙に暇がない。
4) 大学当局やキャリアセンター関係者にとっては、これに加えて、少子化のもとでの大学経営の観点からもどのような対策を講じるかが焦眉の急となる。
5) 同様の「厳しい労働環境」があったのに、今ほど問題視されなかった背景には、終身雇用制のもとではその時期を乗り越えれば、より高い賃金やポストが得られる可能性があるという「夢」があったことによるものと思われる。
6) 諸般の事情として、①就職環境が厳しい期間が長く続いた、②高学歴者が大量に供給さるようになった、などの素地に、③ICTが目覚ましく伸展したこと、④それによって企業間競争が国内外でさらに激化した、という加速要因などが挙げられる。
7) 労働時間や休憩・休日、年次有給休暇ほか、働き始めるとすぐに直面しやすい事柄について、①法律的にはどのように定められているか、②法律に定められているわけではないが、ガイドラインなどにどのように定められているか、③前記①②のような規範になるべきものはないが、人事労務管理上あるいは人間関係の中でどのように捉えられるかなどの基礎知識と、実態はどのようになっているか、また、実態への現実的な対処方法など。

## 支援方法の例

即効性を期待できるキャリア支援の具体的な内容としては，①知識を与える，②情報を集め，提供する，が考えられる。そして，①のために必要なコマ数は，その範囲や深度・手法[9]にもよるが，少なくとも2コマから6コマ程度は必要になる。

### 例①：造詣の深い者を非常勤講師に選んでいる

必要コマ数からすると，その役割は自ずと非常勤講師に委ねられることとなるが，その人選には，キャリアセンター関係者の気苦労が絶えない。そこで，比較的に安心できる非常勤講師候補者として，この分野の行政機関職員やそのOB[10]などに依頼しているところが多い。

なお，講師を自ら選定して講座を開く方法の代替として，行政機関や公益法人，NPO法人な

---

前ページ 8）即効性として次のことが期待できる。
①何も知らず，何も経験しないまま，就労環境の厳しい会社に就職した場合に陥りがちな事象★1）を避けられる。
②このような会社や職場を，就職先として選ばないか，働き始めてみて初めてそのことがわかったときに，その状態が法律違反なのかどうかを認識できることも含め，いくつかある選択肢★2）の中から，自分に合ったより適切な対処方法を選択できるようになる。
①②が積み重なることにより，こうした会社を労働市場から放逐するか，その会社が職場の中を自ら改善せざるをえない事態に追い込めることとなる。
　★1）「のべつ幕なしの残業や休日出勤」に加え，年休（年次有給休暇）も取れない。いわゆる「サービス残業」をしなければ達成できないような過酷なノルマや自己研鑽が課せられ，セクハラ・パワハラが横行する職場で働き，やがては心身を蝕まれるか退職を選択することとなるなど。
　★2）想定される選択肢とその留意点。

| | 想定される選択肢 | 留意点 |
|---|---|---|
| い わ ゆ る 「 ブ ラ ッ ク 企 業 」 だ と 確 信 し た と き の 対 処 の 選 択 肢 | ①同僚らと会社のブラック振りを酒の肴にして憂さ晴らしをし続ける。<br>②心身の不調に陥るか悪化する前に転職する（転職する際の選択肢として，転職先を「探してから辞める」「辞めてから探す」のほか，辞めてから労基署に「申告する」「しない」がある）。<br>③「信頼できる」上司や同僚に，対応策を相談する。<br>④企業内の組合に相談する（いわゆる「御用組合」の場合には，会社側にそのまま通報されることがあるので要注意）。<br>⑤企業外の組合に相談する（労使紛争に発展してしまった時には，事態を終息させる一手法として，会社が解決金を支払う場合が多々ある。その際，多額のカンパを組合から求められる例もあることに注意）。<br>⑥労働局・労基署の総合労働相談コーナーに実情を話して，対応策を相談するほか，改善指導を依頼する（相談の際には実名を明かしても会社には伝えない匿名扱いもできる。なお，これらの行政機関は，不払い賃金の「取立て」や「パワハラの改善」など何でも直接的に是正させる権限を法律上，与えられているわけではない。これらの機関の本来の仕事は，労働法等違反の状態を是正するよう勧告し，是正されない場合には検察庁へ書類送検（逮捕して身柄を送検する場合もある）することにある（賃金不払いは，多くの場合この勧告に従って支払われ解決する）。こうした，それぞれの行政機関に，法律上の権限以上のことを期待すると失望することとなる。なお，直接的な「取立てや支払い」を目指すのであれば，140万円以下の場合は簡易裁判所に申し立てる（60万円以下であれば「少額訴訟」として，比較的軽便な手続きもある））。<br>⑦労働組合を結成して改善を迫る（労働条件を改善するために労働組合を結成することは，悪いことでも恐ろしいことでもなく，憲法で保障された，労働者の当然の権利。政治活動を主にするか暴力をともなうものなどでなければ，組合活動の自由度は高いという。会社には申し入れられた団体交渉に応じる義務（団体交渉に応じる義務であって，要求されたことを容れる義務まであるわけではない）。なお，2人いれば結成できると言われるように，組合を結成すること自体は簡単。ただし，労働組合の存在を快く思わない経営者も少なくない。このため，組合を運営することには，相応の胆力が必要である）。 | いわゆる「ブラック」の程度は，その都度，メモする・録音する・撮影する・書類は捨てない。（第三者に実情を正しく理解してもらうには必須のアイテム。日時やその内容を記録したものがあれば，信憑性が数段高まる。スマホなどでたやすく録音できるようになったが，後から加工できるデジタルより，加工が難しい手書きメモ―特に，無関係な事項も書き込まれているメモ―などアナログの方が，第三者に対する信頼性は高い。） |

9）労働基準法の労働時間・休憩，休日，賃金などの主要な労働条件に限定するか，もう少し広がりを持たせるか，あるいは労働安全衛生法，労働者派遣法，雇用機会均等法，育児介護休業法，労働組合法などまで範囲を広げるか，さらに，能力開発，年金や所得税制にまで範囲を広げるかによって，また，通り一遍の解説や紹介に止めるか，その背景事情や関連事項を付加して解説するかの深みをどのようにするかによって，必要なコマ数は，大きく異なることとなる。

10）①中堅以上の労働基準監督官（現役）か労働基準監督署長などを経験して退職した同OB，②人事労務担当責任者など，③労働組合幹部，④労使関係分野の弁護士，⑤特定非営利法人関係者，⑥特定社会保険労務士，⑦中小企業診断士・キャリアカウンセラー・産業カウンセラーなどのうち人事労務関係の知識・経験がある者，が考えられる。

どが行う出前型講座など[11]を活用するのも得策である。

**例②：講座内容の設計ともども，コンサルタントなどに委託している**

広い人脈を形成している卒業生を介して，キャリア講座の全体設計と運営を外部に委託し，高い品質の講座内容とするとともにキャリア関係者の負担を軽減しているところもある[12]。

**例③：就労体験を有効に活用するため，経験交流会を開催している**

アルバイト・インターンシップ・ボランティアなどを経験した学生が，これらを通じて「何を経験し」「何を感じ」「何を学んだか」を共有[13]し，効率的に疑似体験できるように試みているところもある。

**例④：卒業生からの情報を集積し，提供している**

企業の内部情報，特に企業にとって不利な情報はほとんど漏れ出てこない。そのようななかで，入社した者やその企業の離転職者から寄せられる情報は，きわめて貴重なものとなる[14]。

こうした情報は，キャリアセンターに寄せる学生の信頼感が高ければ高いほど集積しやすい。しかし，その情報をどのような形で学生に伝えるかは，さまざまな人が出入りするだけに一工夫が必要である。一工夫例を挙げると，窓口で公開している企業ファイルに信号色（赤・黄・青）のシールを貼っておき，そのファイルを窓口に持参した学生に，集積した情報を提供して注意を促したうえでその意思を確かめているところがある。

また，より多くかつ信頼性の高い情報を集積するため，それぞれが保有している企業情報を，複数の大学が相互に提供し合うことも試みられている。

なお，実例に接したことはないが，寄せられた情報をいくつかの大学が共有して分析することによって，問題のある企業情報を浮き彫りにして，所轄の労働局に情報を提供し，公共職業安定所による行政指導や労働基準監督署による臨検監督での是正を促している例もあるものと推測される。

## 導入時の留意点・課題
### 1. 非常勤講師を選ぶ時の留意点

①安心して任せられる非常勤講師の確率が高い候補者群[15]はあるが，あくまで，「確率が高い」に過ぎないとする心構えが必要であること。

②非常勤講師を依頼する際には，次の点が当該講師に伝わるように工夫すること。

---

11）行政機関などが行う「出前型講座など」としては，次のものがある。
　①大学などの要請に応えて，都道府県労働局長や労働基準部長などが大学などに出向いて講義をする「出前講座」（平成24年度から実施）。
　②全国8ブロックで開催される「参集型講座」（所要約90分。国からの受託事業として民間企業が実施。出前型もある。平成26年度から実施）。
　③（公社）全国労働基準関係団体連合会（http://www.zenkiren.com/）が，要望に応えて行う「出前講座」★3）。
　④全国社会保険労務士会が要望に応えて行う「出前講座」（主に高校生を対象）。
　⑤特定非営利法人POSSE（http://www.npoposse.jp/）が，要望に応えて行う「出前型講座」。
　　★3）マナー・ルール・法律を一冊に収めた類例のない書籍『働くときのA・B・C―働く前にこれだけは知っておきたいマナー・ルール・法律―』をテキストとする。主に，就職内定者向け出前型講座。
働くときのA・B・Cはこちら→

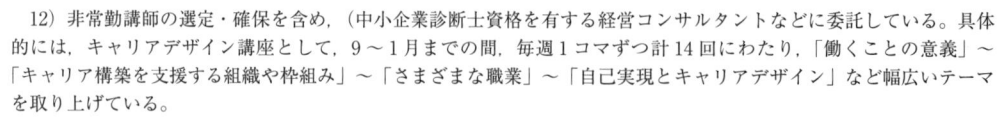

12）非常勤講師の選定・確保を含め，（中小企業診断士資格を有する経営コンサルタントなどに委託している。具体的には，キャリアデザイン講座として，9～1月までの間，毎週1コマずつ計14回にわたり，「働くことの意義」～「キャリア構築を支援する組織や枠組み」～「さまざまな職業」～「自己実現とキャリアデザイン」など幅広いテーマを取り上げている。

13）大勢の前で発表後，少人数で意見交換を深め，その結果を再び大勢の前で発表し，講師がコメントする方式など。

14）個人の受け止め方の違いもあるし，悪意に基づく情報も混じりかねない。このため，多少のフィルターが必要ではあるが，集積されることで情報の信頼性が高まる。

15）注10を参照のこと。

ⅰ）「労働者の権利に関する知識」をタイトルとする講座は，「労働者は様々な権利で保護されており，その権利をいつ，いかなる時でも行使できる」と勘違いされるほか，実際にそうした立場からの解説に陥りやすい。しかし，労働者と使用者との関係は，「信義誠実の原則」[16]が適用される「契約関係」であり，相互に相手方の信頼を裏切らないよう行動しなければならないものであることは言うまでもない。労働者の権利を強調するあまり「義務と権利は表裏一体。義務を果たしてこその権利」であることを解説し忘れてはならないこと。

ⅱ）学生の中には使用者になる者がいることを考慮せず，労働者向け一辺倒で解説してしまわないこと。

ⅲ）労働関係法を逐条解説する講師もいる[17]が，条文を延々・淡々と解説されても，法律に馴染みの薄い学生の耳には残りにくい。このため，①具体事例を散りばめながら，②わかりやすい用語で，③声の大小，高低，緩急，間の取り方を交えながら話すことが，重要であること。

ⅳ）ある状態が「法律違反である」か[18]，「法律違反ではないが労務管理上留意すべき点」か，「社会常識として捉えるべきものか」などを，混同しないように解説するとともに，「常識的・現実的な対応策や解決策」も解説すべきこと。

ⅴ）一般に，労働組合関係者では権利に終始し，義務に話が及びにくく，その逆に人事労務担当者では義務に重点が置かれ，権利の解説が疎かになりやすい[19]傾向に陥らないこと。

③キャリア支援講座の履修を単位化するか，必修科目とするか選択科目とするか，どの学年のどの時季で開設するかは，講座を開設する目的によって異なってくる[20]。目的を明確にし，それに見合った時期に開設することが重要。

④講座内容の水準を高め，講座間の統一性や均質性，継続性を維持する観点からは，質が高い講座用テキスト[21]を使用することが欠かせないこと。

⑤マナー講座・ES書き方講座のみに留まっている場合には，一歩先に進んだ講座カリキュラムを構築することが強く望まれること[22]。

⑥キャリアセンター関係者自身も，当該講座を学生の視点で受講し，労働関係法に対する理解を深めるべきこと。

## 2. 今後の課題

①キャリア支援の内容と質を向上させるためには，次のような方策を講じるべき時期が来ているのではないか[23]。

ⅰ）大学同士が連携してキャリアカリキュラムの一部または全部，テキスト・講師を共通化する。

ⅱ）一定の講座を修了した非常勤講師を「認証講師」として，その属性と得意分野などをデ

---

16) 民法はその第1条第2項で，「権利の行使及び義務の履行は，信義に従い誠実に行わなければならない」と「信義誠実の原則」または「信義則」とも呼ばれる基本原則を定めている。

17) 特に，労働基準監督官の若手に依頼すると，条文解説に留まってしまう傾向が強い。

18) その対応策はさておき，どのような状態であれば法律違反となるのかを理解していないと，得てして，自分の落ち度と認識して自分を責める心理状態に陥ることがあることなどによる。

19) 労働組合関係者からは主に権利についての解説を，人事労務担当者からは主に義務についての解説を依頼するという方法もある。なお，この場合には，偏向しているとのクレームや不公平と指弾されないためには，1コマの中で労側・使側が相前後してあるいはそれぞれが1コマずつを連続して解説するという工夫を凝らすことが得策と言える。

20) ①就職面接の始まる前の時期の講義であればマナーやルールが主体になる，②就職内定後・就職直前の講義なら働くときの権利や義務が主体になる，③前者と後者それぞれに相応しい時期に開設するかなど。

21) 頻繁に改正される労働関係法の改正内容を反映させるべくメンテナンスが行われているかを含む。

22) 外部に委託してカリキュラムを構築するのも1つの有効な手法。その際には，卒業生が就職後に築いた人脈を積極的に活用すればより信頼性の高いものとなることが期待できる。例2，注12を参照。

23) これによって，キャリアセンター関係者の負担が相当程度軽減され，生じた余力をキャリア支援の内容と質の向上に振り向けられれば，この上ないことと言える。

ータベース化し，容易に検索し接触できる体制を整える。

　②今後，学生の獲得競争がより熾烈となり，大学選択の有力な判断材料として，まずは，就職の「率」が，やがて「質」が取り沙汰される。しかし，就職率の高さが，学生と企業の「相性」を顧みることなく就職させることのみに躍起となった結果だと指弾されることのないよう肝に銘じておかなければならない。

**参考文献**
全国労働基準関係団体連合会（2014）．働くときのA・B・C―働く前にこれだけは知っておきたいマナー・ルール・法律（改訂増補版）

# 11. ライフ・キャリア
### 職業選択準備支援③

西條秀俊

## この支援の意義

シャイン（Schein, 1978/邦訳, 1991）は，キャリアを「人は仕事だけでは生きられず，ライフサイクルにおいて，仕事と家族と自己自身が個人の中で強く影響し合う」と仕事，家族，自分自身の相互作用の過程で捉えている。また，スーパー（Super, 1980）は，「キャリアとは生涯過程を通して，ある人に演じられる諸役割の組合せと連続」とし，キャリア発達の視点から社会における自己の役割（ライフ・ロール）を「ライフ・キャリアの虹」で表した。さらに，ハンセン（Hansen, 1997）は，人生役割を「仕事（labor）」「学習（learning）」「余暇（leisure）」「愛（love）」の4つの要素が統合されなければならないとし，新しいキャリアに対する概念として「ライフ・キャリア」の考え方を示した。

「ワーク（職業）キャリア」だけではなく，「ライフ（生き方）キャリア」の視点として，生涯を通して演じられる役割の中で，それぞれのライフステージで遭遇する課題，仕事と生活をどう折り合いをつけて両立させるのかということを考えることが重要である。仕事と生活の折り合いをつける考え方として，仕事と生活の調和（ワーク・ライフ・バランス）[1]やファイナンシャル・プランニング[2]などがある。2007年12月にわが国の「官民トップ会議」において，「仕事と生活の調和（ワーク・ライフ・バランス）憲章」および「仕事と生活の調和推進のための行動指針」が策定され，教育機関でも意識の醸成が図られている。ファイナンシャル・プランニングとは，個人の価値観や人生の目的にもとづいた「生涯生活設計（人生設計図）」を策定し，将来のライフ・プランとして収支シミュレーションを行うことが多い。ライフ・プランとは，広義の意味は，生きがい，生き方を考えること，健康な生活を送ること，経済的なお金の見通しを立てることなどであり，狭義の意味は，生涯に必要なお金をプランニングすることである。変化の激しい社会経済の仕組みや動きを理解しつつ，その中での将来の生き方やお金のことを含めた人生設計プランを考えさせることは，社会の一員として，将来の働き方に関する意識向上につながる。働き方や生き方は十人十色で人それぞれによって異なり，将来の夢や目標は多種多様である。

文部科学省（2011）で取りまとめられた報告書の中でも「中学校，高等学校におけるキャリア教育においては，生徒に，経済・社会・雇用等の基本的な仕組みについての知識や，税金・社会保険・年金や労働者としての権利・義務等についての知識等，社会人・職業人として必ず必要となる知識を得させるとともに，男女共同参画社会の意義や仕事と生活の調和（ワーク・ライフ・バランス）の重要性等について，自己の将来の在り方生き方に関わることとして考察を深めさせることが必要である」と示されている。中等教育，高等教育においても，すでに社会，家庭，総合的な学習の時間等の教科の中で行われているが，ライフ・キャリアの視点でのキャリア教育，生涯生活設計やお金に関することなどの金融教育や消費者教育[3]もキャリアデ

---

[1] 定義は「仕事と生活の調和（ワーク・ライフ・バランス）憲章」によると，仕事と生活の調和が実現した社会は，「国民一人ひとりがやりがいや充実感を感じながら働き，仕事上の責任を果たすとともに，家庭や地域生活などにおいても，子育て期，中高年期といった人生の各段階に応じて多様な生き方が選択・実現できる社会」とされている。

[2] 長い人生を安心して暮らすには，家計にかかわる金融，税金，不動産，教育資金，年金制度などの経済面から見たお金の収支プランを検討する必要がある。個人としても家庭としても，具体的にお金の収支を考えながら，生涯生活設計であるライフ・プランを立てることである。

[3] 国民の一人ひとりが自立した消費者として，安心して安全で豊かな消費生活を営むために重要な役割を担うものである。文部科学省では，2010年度より，「消費者教育推進事業」を実施し，大学および社会教育分野における消費者教育の推進のために各種取り組みを行っている。

ザイン支援の一つと言える。

### 支援方法の例

　新潟市で2004年度から創業意識育成促進事業[4]を実施している。今回はその一つとして，市内中学生を対象とした体験型トレーディングゲームの事例を紹介する。

　『起業家教育促進事業の効果検証に関する調査報告書（経済産業省，2007）』によれば，このプログラムは，ビジネスシミュレーションゲームの一つで，概要は「各クラスを一つの世界として数カ国のチームに分かれる。各国は国情に合わせて内容や量が異なる資源・道具・資金を有し，それを活用することで『仕事』を体感する」ものである[5]。中学生が楽しみながらお金の流れや変化を体感し，同時に経済や社会の仕組みを理解することができる。また，チームメンバーで協力し合いながら，自分自身で考え，進めていくことが求められ，役割理解，主体性，創造性が促進され，具体的な人への働きかけや行動につながり，人や社会，将来に対して積極的に関わろうとする姿勢を育む。受講した中学生の満足度は非常に高く，平成25年度体感型教育プログラム生徒アンケート（2013）には，「楽しいゲームが，社会の仕組みにそっくりで，びっくりした」など，このプログラムの効果がうかがえる。

　新潟市内では，2013年度に中学校9校，クラス数23クラス，トータル742人がこの体験型トレーディングゲームを受講した。この取り組みは，経済産業省において，わが国の新規事業創出の担い手になる「起業家マインド」を持った若者の育成・輩出を図るため，2002年度から2006年度にかけて実施された「起業家教育促進事業」が発端である。その間，全国複数の自治体の小・中・高校生，約5万人に対して，起業家教育プログラムのモデル授業が行われた。

　将来の働き方，生き方は，自分のやりたいこと，できることだけで決定できるものではなく，それぞれの環境の違いや社会経済の変化にも影響を受けることが多い。体験型トレーディングゲームを通して，社会経済の仕組み，生産者と消費者の違い，価格の変動，お金の動きなどを理解することで自分自身が社会にどのように関わっていけばいいのかなどの問いかけは，キャリアデザインを考えるうえでの重要な要素の一つになるであろう。

### 導入時の留意点・課題

　このプログラム導入時の留意点・課題としては，1日がかりの授業プログラムとなるため，学校側の指導計画において，これらのプログラムに多くの時間を割けないという状況であることが多い。グループ編成もプログラム実施当日にうまく進行するように一人ひとりの性格にも配慮しながら役割を考えるなど，事前準備をしっかり行う必要がある。

　また，プログラムを実施するためには，事前にプログラム運営機関で実施される所定の研修を受けたインストラクターが必要となる。実施当日は，それ以外にも内容を把握した3名程度，運営側のサポートが必要となり，保護者の協力を仰いでいる場合もある。そのため，それら実施体制の構築や予算，時間がネックとなり，実施できないケースもある。

　さらに重要なことは，このプログラムに限らず，変化が激しく，多様化する社会の中で，これまでの経験則から導き出された答えに正解があるわけではなく，一人ひとりがライフ・キャリアを考えていくうえで一つのきっかけに過ぎないということを認識することである。

---

　[4] 新潟市では，2004年度から子どもたちのチャレンジ精神や職業観を養い，地域人材の育成を図ることを目的として各種取り組みを実施している。
　[5]「経済産業省起業家教育促進事業」の効果検証に関する調査報告書（2007）によると，起業家教育プログラムとして，トレーディングゲームの他にも，クエストエデュケーションプログラム，ドリームマップ，ビジネス体験ゲーム，「とびだせ！がってん」プログラム，職場体験・インターンシッププログラム，えんじぇるゲームを実施している。

**参考文献**

Hansen, L. S. (1997). *Integrative life planning: Critical tasks for career development and changing life patterns.* San Francisco, CA: Jossey & Bass.
経済産業省 (2007). 起業家教育促進事業の効果検証に関する報告書
株式会社ウィル・シード (2013). 平成25年度 体感型教育プログラム 生徒アンケート
株式会社セルフウイング (2007). 平成18年度 経済産業省 起業家教育促進事業 起業家教育促進事業の効果検証に関する調査報告書―従来調査― p.99.
文部科学省 (2011). キャリア教育に関する報告書 学校が社会と協働して一日も早くすべての児童生徒に充実したキャリア教育を行うために p.4.
Schein, E. H. (1978). *Career dynamics: Matching individual and organizational needs.* Reading, MA: Addison-Wesley. (二村敏子・三善勝代 (訳) (1991). キャリア・ダイナミクス―キャリアとは，生涯を通しての人間の生き方・表現である。 白桃書房)
Super, D. E. (1980). A life-span, life-space approach to career development. *Journal of Vocational Behavior,* **16**, 282-298.

# 12. 履歴書などの書き方
## 就職試験対策支援①

大槻利行

### この支援の意義

　就職試験では志望先に自己の強みや人物特徴を具体的に伝えるとともに，仕事や職場への動機理由を示すことを求められる。生徒・学生にとっては，上記2点について深化し表現することが就職準備の基本と言ってもよい。現在，中等教育・高等教育段階でのキャリア教育はその機会が増えており，学校生活をおくる生徒・学生も一定の仕事情報を持てるようになった。しかし大半の生徒・学生にとって，特定の志望先と自己を直接向い合わせる作業は履歴書やエントリーシート（ES）[1]を作成する場面であろう。この点で履歴書などの作成は現実的に自己キャリアと具体的な業務内容や職種の理解を深める機会として機能している。この支援では単に応募書類の体裁面でのアドバイスに留まらず，応募先の企業風土，業務内容と特徴，職種への理解や促進の効果が期待されている。

### 支援方法の例

　「履歴書やエントリーシートが書けずに困っている」と生徒・学生から相談があった場合，その持ち込まれる履歴書の紙面はさまざまである。苦労しながら紙面を埋めてみたものの納得できない，紙面途中まで記載したところで行き詰まってしまった，どの質問項目にも同一内容を繰り返し記載してしまう，さらには一字の記載もなく白紙の履歴書を持ち込むなどである。
　いずれにしてもゴールは自己と仕事について整理し伝えたい事項を明確にさせたうえで，規定のスペースを有効に使い採用担当者にもわかりやすくまとめることである。
　相談者の状態を履歴書などの紙面からアセスメント[2]をしたうえで相談者ごとに支援方法を組み立てることになるが，例として以下の3パターンを紹介したい。
　ただし，面談を始める前段として自己紹介などの関係構築[3]についてはここでは触れない。
　**①おおむね紙面を埋めてある履歴書など**：面接官の視点で全体を一読し，伝わってくる事項，関心を持った内容，疑問点を捉える。これらを相談者にフィードバックして一つひとつ確認整理する。誤字脱字や表現方法についても同様に伝える。フィードバックでは事実の確認を印象や感想と混同しないように心掛ける。
　就職用履歴書を初めて作成する生徒・学生は，どの部分が面接官に注目されそれが採用フローにおいてどのように利用されているか意識せず記載していることも多い。上記のフィードバック時にこれらの情報提供することで理解を助けることも多い。
　また，一見整っているように思える履歴書でも自己実現に関して本人の希望だけで紙面を埋めているもこともあり，評価されにくい内容もあるので丁寧な説明が必要となる。
　時間的余裕があれば，後日再度面接し手直し後の確認のため機会をとるとよい。
　**②紙面途中まで記載した履歴書，白紙の履歴書など**：文章力の問題以前に，そもそも何を伝えたいか相談者もはっきりわかっていないことが多い。作成前の基本的準備が進んでいないためで，この点での支援が中心となる。職業情報を提供するよき機会でもあるため，支援者の準

---

1) 企業などが独自に作成する応募書式。応募者の総合的把握を目的として「実際のビジネス場面での対応」や「正解のない回答への考え方」なども問うことがある。学校指定などの履歴書と併せて作成することもある。
2) 支援者が被支援者の状態について把握すること。相談内容や履歴書などを通じてどの部分で支援すべきか判断する。見立て。
3) 支援者が被支援者にさまざまなアドバイスを行うにあたり初期の人間的関係をつくること。自己紹介や話しやすい環境を意識するとともに被支援者の活動上の不安や課題など「気持ち」に寄り添う心がけが大切になる。

備や力量によって被支援者の満足度に差が出る場面でもある。自己理解や学生生活，職業への展望など被支援者とのやりとりからキーワードなど材料を拾い出し，履歴書作成の資料とする。

この場合，口頭だけではなく極力メモを活用するなど言語化し，書面上で明示確認ができるようにしておくとよい。

③ガイダンスなど：履歴書やエントリーシートの作成を，集合ガイダンスで扱うことがある。ここでは，選考初期に用意する必要があること，提出期限直前に着手しても書けない（満足できない）ケースが多いこと，なかには履歴書などが整わず応募そのものを諦めるケースなど全体的な展望と対策の必要性を示す。

そのうえで記載できる材料の抽出と整理をワーク形式で実施する。宿題など個人ワークにする方法もあるが，個人では進めにくい作業でもあり数名のグループで深めると気づきも多い。手元にはワークシートを置き，気持ちや気づきなど極力言語化しておくことで後日の履歴書などの作成の下書きにもなるためお勧めしたい。

また自己分析は志望先の仕事，職種を意識したうえで進めることがよい。自己分析そのものを単独で進めた結果，短所だけを多く見つけてしまい自信をなくしてしまうケースもある。学生生活の各場面での様子をヒヤリングすることで本人も気づかないキーワードが見つかることも多い。

以下に，上記①－③に共通する体裁面での注意を記す。

「氏名」：記入欄全体を有効に使い，バランスよく楷書で記載する。欄上部や左側に特に小さく書かれる例もみられるので注意。清書後の押印についても曲がりやカスレがないか同時に確認する。

「住所」「電話番号」「メールアドレス」：住所は都道府県名から，電話番号は市外局番から正しく記載する。自宅電話番号に加え携帯電話番号も記入することも多く，メールアドレスとともに活動中には定期的な受信確認について併せて促す。「ふりがな」を求められる場合もあるので記載漏れに注意する。

「学歴」「職歴」：義務教育終了後よりの記入が原則であるが，大学生は高等学校卒業から記入する場合も可能。稀に職歴欄にアルバイトを記載可能かと迷う者もいるが，長期アルバイトが増えたためかと思われる。

「資格」「賞罰」：公的資格についての記載が原則となるが，昨今は民間資格の種類も増えており，仕事に生かせるものについては本人の取り組み状況を表すものとして利用する。

## 導入時の留意点・課題

履歴書は従来から一定の作成ルールが存在しており，原則として自由な作成はしにくい。一方，採用側が指定するエントリーシート（ES）では白紙欄に文字データ以外の写真やイラスト，図表などを利用して自由な自己表現を求める場合も多くなった。これは，画一ルールのもとで同様な支援を得て作成された履歴書からは応募者の人柄や内面が見えにくいといった採用側のメッセージであろう。

生徒・学生全体へ履歴書などの書き方ガイダンスは行ったとしても，作成後の履歴書やエントリーシートには「その人となり」が感じられることも大切である。

そのために，誤字脱字や作成ルールにだけ注視してしまうと部分的な支援になってしまうことがある。生徒・学生の学校生活とこれまでの生活総体に関心を持ってコミュニケーションをとることで密度の濃い支援となり満足する履歴書の作成につながることになる。

# 13. 履歴書などの書き方
## 就職試験対策支援②

松浦大造

## この支援の意義

応募書類には、履歴書、職務経歴書のほか、添え状（カバーレター）などがある。

履歴書は、応募者の学歴・職歴、志望動機・アピールポイント・希望などが包括的、簡潔に記されるものであり、木村（2013）は履歴書は自己紹介であると言う。

職務経歴書は、履歴書に加えて提出され、過去に経験した職務、その具体的内容などとともに、知識および経験、運用および応用が可能な技術、さらには志望動機、自己PRなどを明らかにし、簡潔でありつつも履歴書よりも詳しく、応募する仕事、企業への貢献をアピールする。

添え状は、簡潔に面接・採用の願いなどを記載し、応募先企業への履歴書、職務経歴書などの送付状として添付する。

これらの応募書類の作成の支援は、採用の内定を得ることを目的とする応募に向けた実行方策の支援であるだけでなく、自己理解を促進するための方法の一つであり（木村、2013）、仕事理解（職務内容、企業の活動内容、業界に関する知識などの理解）を促す方策でもある。

応募書類の作成支援の具体的な内容には、次の3つの側面がある。これらを一体のものとして、必要に応じ重点を移しながら支援を行う。

①形式などの確認（応募書類の形式などに関する知識について理解を深め、応募書類への反映を支援する）。

②記述内容の検討支援（応募者の能力・経験などと募集企業のニーズがマッチングしていることを明らかにするための記述内容の検討を支援する）。

③自己理解・仕事理解の支援（②に必要な自己理解や仕事理解を深め、将来のキャリアの希望についての思索の深化や明確化を支援する）。

## 支援方法の例

支援は、個別の相談を軸に実施し、対象者が一定数ある場合にはセミナーも活用する。

セミナーでは、応募書類の形式、作成の手順、記述内容の検討方法、言葉遣いの表記などすべての応募者に共通して必要な事項の説明、好事例の紹介などを効果的・効率的に行うことができる。①の形式などの確認に適し、②の記述内容の検討支援や③の自己理解・仕事理解の支援につながる契機にすることができる。

個別の相談では、セミナーと同様の支援に加え、③の自己理解・仕事理解の支援を伴いつつ、②の記述内容の検討支援が効果的に行える。自己理解と仕事理解の双方の内容を照らし合わせ、両者に重なり合うものを検討し、明らかにしつつ、履歴書および職務経歴書にストーリー性と説得力のある文章表現が記述できるよう支援する。

職種転換を図ろうとする者、書類選考で不採用を繰り返す者、質問にうまく応答ができず選考面接を苦手とする者には、自己理解と仕事理解を深めながらの記述内容の検討支援が有効であるが、応募書類の検討、見直しの作業は相当の労力を要するので、応募書類の作成支援の開始に先立って、対象者の十分な理解を得るための相談が必要である。

## 導入時の留意点・課題

履歴書の様式は、一般的に、JIS規格によるものが標準になっている。職務経歴書の場合は、外形的な基準となるものはなく、創意工夫によるところが大きい。代表的なスタイルとして、時系列を軸に、「過去から直近」または「直近から過去」の順に経験した職務を整理する方法、

経験した職務を類似するものごとにまとめて整理する方法などがある。

応募書類の作成の経験の乏しい応募者の場合，最初は，形式をどうすればよいのかといったことなどに関する知識への関心が高く，その知識について支援をしなければ，作成に着手することは難しい。しかし，形式などの知識を得ることで応募書類の作成方法がわかったと感じてしまう場合があり，自己理解と仕事理解にもとづく内容の吟味を欠いたまま応募書類の作成に取り組むと，ストーリー性に乏しい何となく余白を埋めただけの応募書類になったり，逆に，書き方はわかっているはずなのに何を書いたらよいのかがわからず途方に暮れるということになりかねないので注意を要する。

履歴書や職務経歴書は，募集企業の採用担当者が多忙な業務の中で読むものなので，住所，学歴欄などのように記載内容がおおむね定まっている事項を除き，限られたスペースの中に，募集企業ごとに，応募者の資格，能力，経験，興味，特技など（以下「能力，経験など」という）の中から，当該募集企業のニーズに照らして必要なものに焦点を合わせて記述していくことが重要である。

志望動機や自己PRは，応募の意欲と採用された場合の貢献を，簡潔かつ具体的に伝える重要なものであり，社会人の能力，経験などが多様なものであることを踏まえ，個々のケースに応じた記述内容の検討が必要である。すなわち，応募者の能力，経験などと募集企業のニーズの両方に適合し，その双方になじむ適切なキーワードやフレーズを選択し，それらを用いた簡潔でストーリー性のある文章を表現していくものであり，十分な練り込みが必要である。

応募する企業や仕事のニーズに応じて重点の置き方を変えていくことも必要である。たとえば，高度な専門知識や技術が求められる仕事の場合，志望動機・自己PRよりも，これまでの仕事の具体的成果や運用した技術について，明確に記載することの重要性が増す。

実際の記載例などについては，応募書類の作成の方法を紹介する書籍やインターネットの情報が豊富にあるので，積極的に活用する。これらは，特に，①の形式などの確認に有効である。一方，記述内容の検討にあたっては，いかなる募集企業に対しても貢献をアピールし，印象を残すことができる表現方法はないので，個々の応募者，応募する企業・仕事ごとに適した表現を検討するにあたっての一つの参考と考える。

応募書類作成の一連の過程は，応募者自身の自己理解と仕事理解の深まりをともなって進み，応募する仕事への適性の確認，自信，意欲などにもつながる。また，応募書類の内容は，書類選考を通過した暁には選考面接での質問事項に直接・間接に反映される[1]。このため，応募書類の作成の支援は，応募者の主体的な取組を促進することを基本とし，状況に応じ積極的なアドバイスや添削を行うことも必要になるが，応募書類の完成は応募者自身が納得して自ら成し遂げるものでなければならない。

---

1)「(第3章15節) 面接指導」の節参照。

**引用文献**
木村　周 (2013). キャリア・コンサルティング理論と実際　雇用問題研究会　pp.235-236.

# 14. 面接指導
## 就職試験対策支援③

伊藤文男

### この支援の意義

　中等教育・高等教育機関から就職する際には，一般的には，履歴書・エントリーシート・成績証明書などによる書類選考，一般常識や専門に関する筆記試験，適性検査，グループワーク，面接を組み合せて実施されることが多いが，最終的には面接によって選考される。

　おおむね，一般企業の面接は複数回実施され，面接者は若手社員，管理職，役員と徐々に役職が上がることが多い。また，面接の方法も，複数の面接者が1名の応募者に対して行う個人面接，複数の面接者が複数の応募者に対して行う集団（グループ）面接がある。

　面接は，応募者の生き方・働き方に対する価値観，自己理解，行動力・実行力，意欲・熱意の集大成である履歴書・エントリーシートを媒体とした，面接者と応募者のマッチングのためのコミュニケーションである。

　このコミュニケーションは，中等教育・高等教育機関が教育の中で育成すべきコミュニケーション能力を基礎として，面接における双方の意味づけを織り込んだコミュニケーションの応用の一形態であることを踏まえて，支援をすることが肝要である。

　面接対策という点では，非常に多くの面接マニュアル本が，それぞれ工夫を凝らした内容で出回っており，参考になるだろう。一方で，面接者もそれを踏まえて評価していることも多く，表面的なテクニックを身につけても，紋切り型の受け答えや応募者自身の言葉によらない受け答えでは，面接者と応募者のマッチングのためのコミュニケーションは成り立ちにくい。

　この支援は，採用試験で内定を獲得するために行うことが目的であるが，教育機関が行う支援としては，中央教育審議会答申（2011）で示された「社会的・職業的自立，学校から社会・職業への円滑な移行に必要な力」を育成する教育の一環として位置づけられることに意義がある。

### 支援方法の例

　面接対策として重要なのは，その実施目的と評価のポイントなどの傾向を理解することと，実践の場数を踏み自身の対応を振り返ることである。

　前者の支援方法としては，面接の際に人事担当者が評価するポイントとともに，具体的な質問の意図と模範的な回答方法などを理解する講演やガイダンスが多い。講演者は企業の人事担当者や経験者，実際に企業の採用試験でアドバイスをしている人事コンサルタント，キャリアコンサルタントや就職支援教職員などである。

　後者の支援方法としては模擬面接が行われることが多く，中等教育・高等教育機関で行う模擬面接では，支援者1名に対して，生徒・学生1名で行う個人模擬面接と複数で行う集団（グループ）模擬面接がある。面接者は，講演やガイダンスと同様であるが，面接における面接者の年齢が多岐にわたることから，若年者から年配者までの幅広い面接者による模擬面接を実施する工夫をしている機関もある。

　模擬面接は，場数を踏むことで場の雰囲気に慣れ，受け答えの要領を得るとともに，振り返ることで気づきを得ることができる。模擬面接を受ける生徒・学生を録画することによって，自身の表情や受け答えの振り返りを促す方法もある。特に，集団（グループ）模擬面接は，他者の生き方・働き方に対する価値観，自己理解，行動力・実行力，意欲・熱意などを見ることができ，自身の受け答え，印象や準備状況などのグループ内での位置づけを相対的に把握することができる。

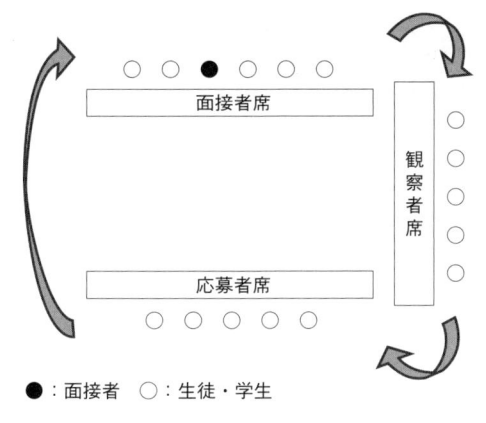

**図1 集団（グループ）模擬面接の例**

●：面接者　○：生徒・学生

また，図1のように，生徒・学生がそれぞれ，面接者席，応募者席，観察者席にローテーションして模擬面接すれば，面接者の目線・心情や評価のポイントを実際的に経験したり，面接者と応募者両方の立場を客観的に観察したりすることができ，より多角的な気づきを得る場の提供が可能となる。

### 導入時の留意点・課題

面接対策支援では，応募者も就職先を選ぶ立場であることを自覚させることと，過剰な支援で生徒・学生の依存心を助長しないように留意したい。

生徒・学生が面接に臨む場合，採用される立場であることは間違いないが，応募者と面接者のマッチングのコミュニケーションは対等である。自身が人事担当者などと面接することで，就職先にふさわしいかを選んでいることを忘れてはいけない。積極的に質問をしたり，観察をしたりして，自分が就職するのにふさわしい企業かどうかを確認する姿勢を醸成したい。

また，すべての生徒・学生に個人模擬面接が必要なわけではない。日常的な生活の中で自主的に対策ができる層，講演・ガイダンスを聞けば十分対策ができる層，集団模擬面接で十分な層もいる。支援者が必要以上に懇切丁寧な支援を用意し，いたずらに生徒・学生の参加者増を目的化するようなことは避けなければならない。

さらに，模擬面接を受ける生徒・学生に自信がない場合，面接者に対して質問の「正解」を求めたり，逆に面接者が積極的に「正解」をリードしたりする場合がある。このような状況では，生徒・学生が面接者に依存することを助長することにつながる。面接者は常に，「あなたはどう考えるのか」と問いかけるスタンスをもって模擬面接を行うことが必要である。

なお，日本経済団体連合会（2014）が例年行っている調査によれば，企業が採用選考にあたって重視する要素は，「コミュニケーション能力」が10年連続で第1位となった。前述のとおり，面接はコミュニケーションの応用の一形態であるが，教育機関で，期待されるコミュニケーション能力を育成できていないことの現れとも言えよう。正課および正課外で，組織的にコミュニケーション能力育成に取り組むことも検討される必要があろう。

**参考文献**
中央教育審議会（2011）．今後の学校におけるキャリア教育・職業教育の在り方について
Couch, S., Felstehausen, G., & Hallman, P. (Eds.) (2000). *Skills for life*. New York: McGraw-Hill.（牧野カツコ（編訳）（2002）．スキルズ・フォア・ライフ　家政教育社）
岩脇千裕（2007）．大学新卒採用における面接評価の構造　日本労働研究雑誌, **567** 号, 49-59.
日本経済団体連合会（2014）．週刊経団連タイムス2014年1月9日 No.3161
　　<https://www.keidanren.or.jp/journal/times/2014/0109_04.html>

# 15. 面接指導
## 就職試験対策支援④

松浦大造

### この支援の意義

　募集企業が，採用を決定するための選考方法には，書類選考，筆記試験，実技試験，選考面接などが考えられるが，社会人の中途採用では，応募書類と選考面接のみのことも多く，一般的に応募書類と選考面接が重視される傾向がある。

　選考面接（採用面接）では，職場における対人能力（コミュニケーション能力，マナーなど）とともに，仕事に関する志望動機，経験，知識，技能，運用および応用が可能な技術，希望する労働条件などについて確認が行われる。そして，応募書類，各種試験結果なども踏まえ，採用後に職場や仕事への適応や貢献がどの程度期待されるかについて，総合的かつ最終的な評価が行われる際に，重要な判断材料として用いられる。

　選考面接の支援は，募集企業の採用の内定を得ることが直接の目的であり，応募者が，募集企業の面接担当者に対し自分の適性と貢献を伝えるのに必要な所作や応答を理解し，身につけることが目標になる。この目標を達成するには，自らの性格やコミュニケーションの特徴，習慣，癖などについて知り，自らの能力と過去から現在までのキャリアについて理解し，今後に向けての希望を明確にし，応募する職種，企業，業界などの特色，ニーズなどについて検討と確認をすることが必要である。

　すなわち，選考面接の支援は，採用されることを目的とする実行方策の支援であるだけでなく，実行方策である職務経歴書の作成の支援が自己理解を促進するための方法の一つ（木村，2013）であるのと同様に，自己理解や仕事理解を促す支援でもある。

　選考面接に対する具体的な支援内容には，次の3つの側面がある。

　①基本的態度の確認（面接におけるマナーや応答の言葉遣いなどに関する知識について理解を深め，身につけることを支援する）。

　②応答の検討支援（面接における応答の内容および方法を確認し，身につけることを支援する）。

　③自己理解・仕事理解の支援（①および②に必要な自己理解と仕事理解を深めるとともに，将来のキャリアの希望の明確化を支援する）。

　これらを一体のものとして，必要に応じ重点を移しながら支援を行い，選考面接の場面における行動を「身につける」ことが重要である。

　自己理解と仕事理解や職務経歴書の作成が的確に行われているのに選考面接で不採用を繰り返す場合，十分な能力，経験などを有し，意欲もあるのに面接での応対の要領が悪く不採用を繰り返す場合などには，特に効果が期待される。

### 支援方法の例

　支援は，個別の相談を軸に，セミナーなどを活用して行う。

　面接でのマナー，言葉遣いなどに関する知識を習得し，志望動機，自己PRなどの応答の内容および方法に関する考え方などについて理解を得るためには，ポイントの要約，チェックリストなどの資料を用いたセミナーでの説明が効率的である。

　実際の面接で，応募者が思ったように適切に行動および応答ができるようになるためには，模擬面接（ロールプレイング）が最も効果的であり，個別の相談や少人数グループで実施する。グループでの取り組みは，就職を共通の目標とする参加者が，選考面接での課題を共有でき，効果が期待される反面，自分の話（特に退職理由など）をメンバーに聞かれたくないなど参加

に抵抗を感じる者もいるので，対象は事前の相談で参加に十分な理解が得られた者である。

　時間や場所の確保に制約があって模擬面接が実施できないときや，模擬面接の事前準備として，個別の相談の中で質問例を提示し，これにどのような応答をするかについて検討をする方法もある。

### 導入時の留意点・課題

　①の基本的態度の確認では，身だしなみ，姿勢，表情，入室から退室に至るまでの所作礼法，言葉遣い，声のトーンなど気をつけなければならない点が多数あり，これらへの対処方法の詳細はさまざまな書籍やインターネットの情報で紹介されており，積極的に活用する。応募者は，これらを理解し，自らの特徴，習慣，癖などに気づき，繰り返しやってみることで身につける。

　②の応答の検討支援は，選考面接の支援の中核である。中でも，能力，経験などを踏まえた志望動機，自己PRなどは，なぜこの企業のこの仕事を希望し，将来に向けてどのような貢献ができるのかについて，ストーリー性のある説明を求められる最も重要なものなので，具体的な応答を十分に検討し，身につけておく。

　難しい質問への応答を検討しておく必要もある。中でも，以前の仕事の退職理由は，社会人の場合よく尋ねられる質問でもあり，志望動機，自己PRなどを損ねたり，これらに矛盾した応答にならないよう，十分に準備をしておく必要がある。

　選考面接の質問の多くは，広い意味で，能力，経験などを踏まえた志望動機，自己PRの範疇に含まれるので，十分な自己理解と仕事理解にもとづいて，多様な角度，視点から応答の内容や方法を検討，準備しておくことが重要である。また，企業の選考面接の担当者は，応募書類の記載内容を手がかりに質問をする。このため，応答の検討支援を効果的に行うためには，自己理解と仕事理解を踏まえた応募書類の作成済みであることが必要であり，作成にあたっては応募書類の作成支援[1]を行っておくことが望ましい。

　選考面接についての質問例や応答例は，書籍やインターネットでさまざまなものが提供されているので参考にする。また，企業の選考面接の担当者からネガティブに受け取られそうなことがら，表現などについては，ポジティブな表現への言い換えも検討しておく。しかし，想定問答の単なる丸暗記や根拠に欠ける作り話は，応答に不自然さをともない，さらなる質問に立ち往生をしたり，選考面接の担当者に誠実でない印象を与えるおそれがあるので，必ず自分の言葉に置き換える必要があり，模擬面接などを通じて自分にふさわしい，板についた応答を身につける。

　自己理解と仕事理解は，①の基本的態度の確認，②の応答の検討支援を通じて深まっていくが，応募の成否の状況の推移も見ながら，必要ならば，③の自己理解・仕事理解の支援のための相談などを，より重点的に実施する。その過程の中で，キャリアの希望の認識にともなって，応募する仕事や企業の選定の考え方が変化することもある。

　選考面接の支援は，応募者が，以上のような支援を通じ，特に模擬面接での成功体験を得ることで，自信をもって落ち着いて面接にのぞみ，本来の実力が発揮できるようにすることを常に念頭に置いて，実施されることが望まれる。

### 引用文献

木村　周（2013）．キャリア・コンサルティング理論と実際　雇用問題研究会　pp.235-236.

---

[1]「（第3章13節）履歴書などの書き方」の節参照。

# 第4章
# キャリアデザイン支援の先進事例

　キャリアデザイン支援には，これまでみてきたような知識や理論，技法などを活かす「支援活動の現場」が存在する。
　そこで本章では，これまでと同様に支援対象者を「中学・高校生」「短大・大学生」「非正規雇用者・ニート」「女性」「組織人」「高齢者」「障害者」の7分野に分け，全部で11の先進事例を紹介する。
　先進事例とは言え，それぞれの現場で支援者自身が時に悩み，時に工夫を重ね，時間をかけて着実に進化を遂げながら，現在も発展途上にあるものばかりである。執筆は，各事例の現場で実際に汗をかいていらっしゃる支援の実務担当者ご自身に依頼，もしくは取材をしたものである。それぞれの現場における熱意と悪戦苦闘ぶりを共有することで，キャリアデザイン支援者の今後の活動に資することをねらいとする。

# 1. 中学生・高校生のキャリアデザイン
### キャリア教育から個別的キャリア支援へ
### 神奈川県立田奈高等学校

吉田美穂

## 学校の概要

　神奈川県立田奈高校は，1978年に横浜市北部に創立された全日制普通科高校である。学力による高校の序列化が明らかな日本社会の中で，田奈高校は学力が低い層の生徒が通う高校として位置づけられてきた。学校は落ち着いた住宅街に立地しているが，生徒は広い範囲から通学してきており，多くは経済的に厳しい状況に置かれている[1]。2009年度にクリエイティブスクール[2]に指定されて以降，学校生活に前向きな生徒が増える一方，学力面で課題を抱える生徒が以前にも増して増える傾向にある。低学力の背景には，経済的困窮，発達障害，不安定な家族関係，母語の違いなどさまざまな困難がある。学校としては，「支援」をキーワードに，学習支援，教育相談，キャリア支援，多文化教育などに取り組んできた[3]。いずれの支援においても，学習支援ボランティア，スクールカウンセラー，児童相談所，福祉行政，地域の事業所団体，NPOなど，外部との連携が重要な意味を持っている。

## キャリア教育から始まった外部連携

　田奈高校は，総合的な学習の時間（以下「総合」と表記）を中心にキャリア教育に取り組んできた。特に2006年度以降，地域の法人会の協力により，体験的なプログラムを実施している。1年生は全員，夏休み中の1日，地域の事業所で職場見学体験を行う。その事前学習として，外部講師によるマナー研修や地域の事業所の方々が来校しての職業インタビューが行われる。こうした場を通して，生徒は早い時期から将来のキャリアについて意識する。また，生徒を知るうえでも，地域連携・体験型のプログラムが持つ意味は大きい。学校生活上では大きな課題を感じさせない生徒でも，一人で公共交通機関を利用して目的地にたどりつくことができない，行った先でなかなかコミュニケーションがとれないなど，体験を通して課題が見えてくることが少なくない。一方，座学は決して得意ではない生徒が，実習で生き生きと学ぶ姿を見せることもある。教員自身も生徒の体験先を回るなかで，地域の事業所やそこでの労働の実態を知り，子どもたちの学びに協力してくれる地域の人々の存在を実感することができる。

　2005年度までの田奈高校は，地域からの苦情もあって，生徒が地域に迷惑をかけないよう，外部に対して防衛的な傾向があった。職場見学体験の導入にあたっても，「万一失敗したら，就職先をなくすことになる」など心配する声もあった。しかし，体験した生徒の多くが事後アンケートで「やりがいがあった」と回答し，体験的な学習の意義が認識され，その後のさまざまな外部連携につながっていった。

---

1) 授業料が廃止される前の2005年度には2割近くが授業料免除を受け，県内の公立高校の中でも非常に高い状況にあった。

2) 「これまで持てる力を必ずしも十分に発揮しきれなかった生徒を積極的に受け入れ，主体的に学び考え行動する社会実践力を育成すること」を目的とした高校で，神奈川県内で3校ある。意欲を重視した，学力検査をともなわない入試選抜を実施する。

3) 「支援」をキーワードとする取り組みは2008年度頃からしだいに田奈高校の中で位置づいていった。さまざまな支援の仕組みについては，吉田（2010）参照。背景には，「障害の有無にかかわらず，さまざまな課題を抱えた子どもたち一人ひとりのニーズに，適切に対応していくことを学校教育の根幹に据える『かながわの支援教育』」の発想がある。かながわの支援教育については，http://www.edu-ctr.pref.kanagawa.jp/Snavi/soudanSnavi/tameni_h25_3.html（2014年3月28日最終閲覧）参照。

### 労働法教育とお金の講座──生徒の現実を踏まえて

　田奈高校では，厳しい家計を反映して，7-8割の生徒がすでにアルバイトで働いている。また，卒業後の進路も半数以上が就職を希望する状況にある。そこで，身近な学びとして，労働法教育を2年生などの総合に取り入れ，基本的な労働法についての知識をクイズ形式で学んだり，NPO法人POSSE[4]のメンバーによるワークショップ型の授業を実施している[5]。そうしたなかで見えてくるのが，生徒たちはすでにアルバイトを通して，厳しい労働環境と出会っているということである。長時間労働，最低賃金違反，残業代未払い，罰金，雇用者や上司からの暴言やセクハラもある。プログラムを通し，こうした状況が法律違反であり，黙って我慢しなくていいのだと知ること，そして，困ったときにはPOSSEをはじめ，相談できる場所があり，人がいることを実感してもらうことが大切だと考えている。

　一方，田奈高校のキャリア教育においては，進路選択をめぐるお金の話も重要なテーマである。生涯賃金，雇用形態と社会保険，大学や専門学校に進学するために必要な費用，奨学金のしくみ（特に返済の必要性）などを，丁寧に学んでいく。その過程で，厳しい家計状況から進学を断念する生徒も出てくる。「夢」や「適性」などとは別の現実的な次元で，生徒は自らのキャリアを考えざるをえない。2年生の1月以降は，進学と就職に分かれて，それぞれの進路実現に向けた準備が始まっていく。

### 個別的キャリア支援の必要性

　総合を中心としたこうしたプログラムだけでは，しかし，個々の生徒のキャリア形成を支えることはできない。さまざまな困難を抱える生徒たちを支えるには，全体的なキャリア教育プログラムとは別に，個別的なキャリア支援が欠かせない。

　発達上の課題を抱え通常の就職は難しいと予想される生徒，不安定な家庭環境のため就職後は家庭を離れ自立しなければならない生徒，保育士など上級学校での資格取得が必要だが経済状況から進学できない生徒など，さまざまなケースがある。教育相談の教員やカウンセラーが関わってきた困難をかかえる生徒のケースも，学校を離れていくにあたってキャリア支援が必要となることが多い。これらのケースに，教員の力だけで対応することは難しい。

　田奈高校では個別的なキャリア支援を進めるために，校内に設置したキャリア支援センターを通して，外部とさまざまな連携・協働を展開している。

　まず，就職希望が過半数を占める状況に対応するため，よこはま若者サポートステーションから就職支援スタッフが週2-3日来校し，個別面談などを通して特に支援が必要な生徒を把握し，教員と連携して支援を進めている。さまざまな困難があっても，丁寧なキャリアカウンセリングを受けることで，通常の高卒就職の枠組みで内定を得ていく生徒も多い。しかし，中には，さらに手厚い支援を受けて，障害者手帳を取得して就労移行訓練を受けて就職するケース，中間的就労に入っていくケース，ハローワークにつないで求職者支援訓練に進むケースなどもある。

　さらに，田奈高校の特徴的な取り組みとして，横浜市との連携による「進学によらない資格取得プログラム（保育・介護）」や，企業と連携した有給職業体験プログラム・バイターン[6]が

---

4) NPO法人POSSEは，労働相談を中心に，若者の「働くこと」に関するさまざまな問題に取り組むNPOである。http://www.npoposse.jp/（2014年3月31日最終閲覧）

5) 田奈高校の労働法教育の詳細については，吉田（2013）参照。

6) バイターンとは，「アルバイト×インターンシップ」の造語である。実施主体は，田奈高校，横浜市，NPO法人ユースポート横濱，（株）シェアするココロによって構成されるバイターン協議体。概要や事例については，（株）シェアするココロ作成のホームページ http://sharecoro.com/byturn/story.html （2014年3月28日最終閲覧）参照。広く背景を踏まえたバイターンの意義については，宮本（2014）参照。

ある。保育士は，多くの生徒が希望するが，進学費用がない場合は実現困難な「夢」の職種である。保育士プログラムでは，高卒で国家試験受験資格を得て保育士を目指せるように[7]，高校3年の夏休みにインターンシップを体験した生徒2名程度が，卒業後2年間，横浜市立保育園で非常勤職員として働けるようにしている。また介護は，高卒就職も可能な職種だが，専門性も要求され，マッチングが重要な職種である。介護職プログラムでは，実際に働きながら介護分野への就職を考えることができるように，夏休み中に研修およびインターンシップを経験した3年生の希望者が，秋以降，アルバイトとして介護施設で働くことができるようにしている。認められれば，卒業後に正社員の道に進むこともできる。

　バイターンは，民間企業を舞台とする同様の仕組みで，対象学年は問わない。希望者は3日間程度のインターンシップを経て，認められれば有給のアルバイトに入っていく。現在40社程度が登録しており，希望する生徒は学校を通して申し込む。中にはアパレルや清掃会社など，一般に高校生のアルバイトでは入りにくい業種もある。バイターンを活用する生徒の一部はこうした業種を経験したいと考えており，彼らにとってバイターンは，希望する職業と自分が合っているかを確かめる場として機能している。一方，自分の力でアルバイト面接に合格できない生徒たちも，バイターンを希望してくる。就職活動においても困難が予想される彼らは，バイターンによって，学校のサポートを受けながら働く体験を積むことができる。

　田奈高校のキャリア支援センターは，卒業や中退という節目で支援を区切ることなく，こうしたプログラムによって，学校から職業への移行期を支えている。

## 学校に関わるキャリアデザイン支援者の役割

　さまざまな支援者が関わる田奈高校での経験を踏まえ，学校の立場から，キャリアデザイン支援者に期待することを整理してみたい。

　第一に，支援者は学校による違いを認識し，適切な支援を考える必要がある。特に高校の場合，学校によって，就職か進学かといった卒業後の進路希望，アルバイト経験の有無，生徒が置かれた社会的・経済的環境などが大きく異なる。大切なことは，それらを的確に捉えて，それぞれに合った支援をしていくことである。就職希望者が多い学校の場合，その背景には家庭の厳しい経済状況が想定される。支援者には，就労関係の知識だけでなく，生活保護や障害者の雇用など福祉に関わる知識が不可欠であろう。また，厳しい雇用環境の中，就職していく高校生には労働法の知識の提供も欠かせない。

　第二に，求められる支援内容が，生徒全体を対象としたキャリアプログラムなのか，個別的なキャリア支援なのかという点も，具体的な支援を考えるうえで重要な要素である。キャリア教育推進の流れのなか，全体を対象とするプログラムは学校としても導入しやすい。一方，個別的支援については，個人情報の管理という課題もあり，外部支援者と学校との間に信頼関係と十分な意思の疎通がなければ難しい。しかし，前述のように個別的支援でなければ支えきれない生徒たちが存在する学校は，確実に存在する。できるところから連携を始め，その過程で，支援者が学校の実態を把握し，教員との応答を通して，最も適切な支援の在り方を判断し提案していくという方法もある。そのような支援者は，学校にとっても貴重な存在である。田奈高校では，教員と外部支援者との双方向のやりとりから，労働法ワークショップやバイターンなど，多くの試みが生まれてきた。

　こうした実践のためには，高校側にも余裕をもって連携を進める体制が必要である。田奈高

---

　7）保育士資格は，専門学校や大学で2年間以上の養成課程を経て取得するのが一般的である。高校卒業の場合，児童福祉法に定められた児童福祉施設での2年間以上かつ2,880時間以上の実務経験によって国家試験受験資格を得，合格することで資格取得が可能となる。

校では，担当者の授業時間を軽減して，体制づくりを行っている。

　18歳というキャリアの大きな分岐点を前に，若者がそれぞれの尊厳を損なわれることなく職業へと移行していけるよう，高校を舞台とした地に足のついたキャリア支援が求められている。

**引用文献**

宮本みち子（2014）．日本産業教育学会第54回大会報告基調講演「早期に社会へ出る若者のための教育と支援を考える」産業教育学研究, **44**(1), 5-12.（2014年1月）　日本産業教育学会

吉田美穂（2010）．神奈川県立田奈高等学校の取組　内閣府「子ども・若者支援地域協議会運営方策に関する検討会議」『社会生活を円滑に営む上で困難を有する子ども・若者への総合的な支援を社会全体で重層的に実施するために』, 46-51.
　　<http://www8.cao.go.jp/youth/suisin/shien/pdf/kanagawa.pdf>（2014年3月28日最終閲覧）

吉田美穂（2013）．田奈高校の労働法教育―生徒のアルバイト経験をふまえて―　教育と文化, **71**, 37-47.　国民教育文化総合研究所

# 2. 短大生・大学生のキャリアデザイン①
### 大学での学びを「キャリア形成」の視点で捉えて
### 立命館大学

宮下明大

## 立命館大学のあゆみ

### 1. 立命館大学の概要

　立命館大学は，西園寺公望を学祖とし，1900年，中川小十郎によって京都法政学校として創設されたことを起源としている。建学の精神は「自由と清新」，教学理念は「平和と民主主義」。学部構成は，戦前から設置されていた法学部，経済学部，文学部，理工学部に加えて，1962年には経営学部を，1965年には産業社会学部をそれぞれ開設。1988年には国際関係学部を設置した。さらに1994年，滋賀県草津市に「びわこ・くさつキャンパス（BKC）」を開設，理工学部を拡充移転し，同時に衣笠キャンパスには，政策科学部を設置。2004年にはBKCに情報理工学部を設置，2007年に映像学部，2008年に生命科学部と薬学部（6年制）を，2010年にスポーツ健康科学部を設置。学部学生数は32,449名，大学院生数は2,779名（2014.5.1現在）を有している。

### 2. キャリアセンターの歴史

　「就職部」から「キャリアセンター」への名称変更を行ったのは，1999年4月であるが，立命館大学が就職問題について全学で本格的に議論し，現在の就職支援政策につながるきっかけは，1979年全学協議会[1]による。その内容は，「学生の就職は，大学教育の到達点であり，就職問題は教学問題である」との確認であった。そして1984年4月に学生部から独立して就職部が設置され体制が強化された。また，1992年には「エクステンションセンター」を設置，公務員試験をはじめとする難関試験分野や各種資格取得の対策講座などを学内で開講した。1998年には「インターンシップオフィス」を開設，キャリアセンターとして，就職支援のみならず，低回生からのキャリア教育支援，インターンシップ支援など学生のキャリア形成に幅広くコミットするようになった。そして2000年以降，職員体制を強化しながら中期計画を立案し，「包括的進路就職支援政策」「キャリア形成支援における学部・研究科連携政策」を推進している。

### 3. キャリアセンターの支援方針・体制

　キャリアセンターは大学の機構の1つであるが正課外のセクションであり，各学部・研究科との連携が大変重要である。年間の活動方針・支援企画の具体的内容はキャリアセンター内でつくりあげるが，学部・研究科および教学部がメンバーシップである「全学進路・就職委員会」で諮られ，各パートからの意見を聴きながら施策を実行している。また，年間を通じて各学部の副学部長・就職委員を中心に「就職部会」を設定し，課題の共有を行っている。

　「学生ひとり一人の希望する進路・就職」を高いレベルでかなえるため，さまざまな支援を行っているが，大学での学びを「キャリア形成」の視点で捉え，正課（学部・学科）との連携，社会（企業・団体・卒業生）との連携を図りながら有機的な就職支援プログラムを開発・運用していくことを重要視している。

　現在の組織体制は，立命館大学の各キャンパスにブランチを設置し，学生相談の窓口を中心に就職支援企画の立案や実施，求人処理や企業との対外窓口機能を持っており，エクステンシ

---

[1] よりよい教学改革・学生生活支援策の創造を目指して，1948年に常任理事会，学友会，大学院生協議会，教職員組合および生活協同組合（オブザーバー）の代表者で構成する協議の場として設置。4年に一度開催され，高等教育をめぐる情勢，教学改革，キャンパス高度化・学生生活の充実，学費などテーマで協議される。

ョンセンターの事務局も担当。所属する教職員は，教員役職者3名，職員は，専任職員，キャリアカウンセラー資格を有する専門契約職員，事務契約職員などを含め約60名の大きなセクションである（2014.3現在）。

## 学生支援の理念と実際
### 1. キャリア形成支援
　特に低回生むけに学部の進路目標や人材輩出イメージに照らし合わせながら，学部と連携し，その人材育成の理念を具現化することをサポートする取り組みを実践している。キャリアチャート[2]を活用してのキャリアガイダンスや若手卒業生を招いての座談会などを企画。就職支援・キャリア開発に対応する学部予算を措置し，学部主導で実施できるよう支援を行っている。
　また，幅広く将来の仕事や働き方を考えるためのワークショップや公務員志望者のためのガイダンスなどを実施。そのなかで，難関試験対策や資格試験対策の講座を紹介し，課外の有料プログラム受講推奨や個別のカウンセリング，高い志を持つ学生のグループ支援なども行っている。

### 2. キャリア教育支援
　本学では，キャリア教育科目を，教養科目の一部分として位置づけており，全学のキャリア教育を推進する「キャリア教育センター」所属の教員を中心に「キャリア系科目[3]」を開講している。また，年間約300名が参加する『単位認定型インターンシップ』はキャリア教育センターの所管であるが，単位認定を行わない『自由応募型インターンシップ』はキャリアセンターが担当している。この部分の参加学生は約600名である。インターンシップ参加を希望する学生に対しての情報提供や相談窓口は「インターンシップオフィス」として統一運用し，学生の希望に沿えるように留意している。

### 3. プレイスメントサービス
　特に就職（民間企業・公務員）を希望する学生へのガイダンスやコンサルティング，マッチングなど年間を通じて展開している。3回生5月の「第1回進路・就職ガイダンス」で学生自身が「進路希望登録」をWEB上で行い，希望する進路，業種・職種，勤務希望地などを登録し，自己決定を順次促す仕組みを構築している。また，卒業生を招いての講演会やワークショップ，企業の人事担当者を招いての「業界研究会」や「仕事研究会」など，また，学内での「就職説明会」や「オンキャンパスリクルーティング[4]」など年間でのべ約2,000社を招聘。学生の窓口相談件数は年間約25,000件となっている。
　就職活動期間が長期化するなかで，早期に内定を獲得できるよう，順次大学に到着する求人情報を，学生の希望にそってタイムリーに配信することを心がけ，卒業年次学生の行動を98%程度把握しながら，学外の機関とも連携し，結果，毎年の就職率（就職者／就職希望者）は92%程度を堅持している。

---

　2）キャリアチャート：「自己開発ノート」とも呼ばれており，学生生活に目標を持つためのツール。大学に入学してすぐの1回生から就職活動を行う3，4回生まで活用できる。掲げた目標の達成度を回生の区切りごとに教員の協力も得て検証する。学部により，冊子型のほかWEB上でも運用している。
　3）キャリア系科目：「学びとキャリア」「仕事とキャリア」などの講義系科目と「インターンシップ」「コーオプ演習」などの実習系科目からなる。ジェネリックなキャリア教育科目を7科目開講。2013年度受講者は約1,000名。
　4）オンキャンパスリクルーティング：学内で行う企業の採用選考会。説明会終了後希望者が面接を受けたり，事前に大学で履歴書を取りまとめたりと形態は多様であるが，企業側の満足度，学生就職内定率とも高い。

## 具体的な活動事例

### 1. 年間スケジュール

　キャリアセンターが実施する「進路・就職ガイダンス」は3回生の5月からスタートし，9月，11月と学部別に行う。本学では，就職支援企画を授業時間に重ねないようにしており，各企画は午後5時以降のスタートまたは，土日や休暇中に限定される。5月の第1回ガイダンスでは，卒業後の進路を幅広く検討できるよう，民間企業，公務員，教員，大学院進学など視野を広めることを重点にしながら，民間企業への就職を目指す学生には夏のインターンシップ情報，地元Uターンでの働き方など就業意識を高めるものにしている。

　また，各種ガイダンスや企業説明会などは可能な限り録画を行い，学生がオンデマンドで視聴できるようシステムを構築している。

　就職を希望する学生は，毎年約5,500名から6,000名存在するが，まず学生一人ひとりのニーズを把握し，実態に即した支援を行うことを重要視し，学内で専任職員が担当すべき業務，外部機関に委託すべき業務などを明確にするように努めている。

### 2. 特徴的な活動

　①学部・研究科との連携（情報理工学部　基礎演習）＊正課科目への協力

　1回生（約460名）必修配当の「基礎演習科目（2単位）」は大学で学ぶうえで身につけておくべき基本的な考え方やスキルを学習する。そのなかで，自身の将来について考える授業があり，キャリアセンター職員によるレクチャーやワーク，就職内定者など先輩のモデル紹介，「キャリアチャート」の作成支援などが2コマあり，合計14クラス28コマの授業に入り教員と協働している。

　②スチューデントネットワーク（PL・JA・CA制度）

　3回生の各ゼミから選出されるPL（プレイスメント・リーダー），進路が決定した4回生以上で構成され，後輩支援への意欲が非常に高いJA（ジュニア・アドバイザー），3,000名以上の幅広い年齢層，多様な業界で活躍するOBOGが登録し，学生の就職活動の強力なサポーターとなるCA（キャリア・アドバイザー），この相互のネットワークが本学の就職支援の最も大きな柱となっている。

　③外部機関との連携

　学生の多様なニーズにこたえるには，学外の企業や機関，団体との協力や連携は重要である。たとえば，特定分野のガイダンスや模擬面接のワークショップなどは，就職情報会社から担当者を招聘する。また，年間約20,000件の求人票の受付処理，学生用WEBサイトへの情報登録は一括して人材派遣会社に委託を行っている。また，4回生の秋以降の就職支援には「ハローワーク」との連携も欠かせない。学生が社会との接点をつくる取り組みには，行政機関や経済団体との連携も大きな役割である。

　大学は社会とつながっており，社会・企業が求める人材ニーズを把握しながら外部資源を有効活用することは学生の成長に不可欠であるだろう。

### 3. キャリア形成支援を通じたグローバル人材養成プログラム

　就職活動に役立つ実践的なPBL（Project-Based Learning 課題解決型学習）の開発やアレンジなどを通じて学生たちの可能性を拡げ，進路選択をサポートする取り組みを実施しているが，そのなかで，本学では，2009年度に国際化拠点整備事業（通称：G30）に採択されたことを受け，事業の一環として，将来日本やアジアを背負う次世代のリーダーを育成するための体系的産学連携のキャリア教育プログラム「キャリア形成支援を通じたグローバル人材養成プログラム」に取り組んでいる。同プログラムでは，理系・文系，学部生・院生，国籍を問わず選

抜された留学生が半数参加しており，多国籍混合チームでの議論を通じ多様な価値観や文化を学び合う仕組みである。本プログラムは企業・経済団体から多くの賛同と協力を得て進めており，高い評価をいただいている。

## キャリアセンター職員の役割
### 1. 教学目標と想定進路
　大学の3ポリシーと進路・就職の関係について考察を加えておきたい。特に，カリキュラムポリシーとの関係では，各学部では教育内容から卒業後の想定進路をホームページに記載しており，受験生や保護者はその内容を期待して入学してくる。学部の講義シラバスの内容と進路とがストレートに結びつかない状況ではあるが，学びの到達点が卒業後の進路決定と言っても過言ではない。キャリアセンターの職員はその点に気をつけながら学部を支援し，学生へのアドバイスを行うようにすべきであろう。

### 2. 学生の進路意思決定支援
　本学は，10年ほど前から各種メディアで「就職支援に熱心な大学」として評価を得るようになったが，学生に手取り足取り就職のノウハウを教え，内定獲得のテクニックを指導しているわけでは決してない。
　キャリアセンターでは，キャンパスだけにとどまらない，多様な人との出会い，他者と自己の違いを考えるきっかけ，他人と協同していく経験などを提供し，正課と課外を両輪にして，学生一人ひとりが主体的に進路意思を決定していけるようなサポートを行うことを重視している。

### 3. 支援の眼差しと研鑽
　大規模大学では，学生一人ひとりの進路希望や就職活動状況の把握が困難な場合がある。窓口に来る学生だけでなく，学部のゼミ教員，学部事務室の窓口担当者，クラブ・サークル顧問など複数のチャンネルを使いながら学生の状況を把握し，問題点を洗い出し，タイムリーに対応することがきわめて重要であるだろう。
　また，学生が生涯にわたって職業選択や人生の将来設計をスムーズに行えるよう，社会観や価値観を引き出し，より良い社会人としてスタートができるように常に課題意識を持ち，研鑽を積んでおくことがキャリアセンターの職員には求められる。

# 3. 短大生・大学生のキャリアデザイン②
産学協働教育（コーオプ教育）のリーディングユニバーシティを目指して
京都産業大学

松高　政

## 産学協同を実践する綜合大学を目指して

　京都産業大学は 2015 年に創立 50 周年を迎える。創設者である初代総長の荒木俊馬は，第 1 回入学式告辞（昭和 40 年 4 月 21 日）で次のように述べている。

　「本学は産学協同を実践する綜合大学の完成を最終目標と致しますが故に京都産業大学と名付けました。（中略）現実の産業界と密接な連繋を保ちつつ理論と実際との融合した教育に依って卒業後直ちに実社会に役立つ実力を身につけ，日本将来の産業界を双肩に荷負うて立つ，そういう自信に満ちた人材の育成が本学の使命であります」（傍点筆者）。

　本学は，このような創立時からの「産学協同」の理念に基づき，これまでキャリア形成支援教育を実践してきた。そして，その根底にあるのは，産学協働教育（コーオプ教育：Cooperative Education）の考え方である。

## 産学協働教育としてのキャリア形成支援教育

　コーオプ教育とは「教室での学習と，学生の学問上・職業上の目標に関連する分野での有益な就業体験とを統合する，学生，大学，企業の協働教育であり，組織化された教育戦略」（全米コーオプ教育委員会：The National Commission for Cooperative Education の定義）である。就業体験と大学での学びを交互に行い，有機的に融合させる教育プログラムとして約 100 年前にアメリカで始まり，今や先進諸外国はもちろん，アジア，アフリカなど多くの国で実践されている。

　コーオプ教育は，日本においてまだまだ認知度が低いが，本学ではコーオプ教育の積極的な導入を図ってきた。21 世紀に入り，日本の多くの大学で急速にキャリア教育が広まった。そして同時に，就職部からキャリアセンターへの改組も行われた。

　本学のキャリア形成支援教育（以下，「キャリア教育」という）は，1999 年のインターンシップの導入から始まる。インターンシップを就職との関連で行うのではなく，大学教育との融合を目指したため，担当部署を「教務部」（現「教学センター」）に設置した。この担当部署がその後「キャリア教育研究開発センター」として発展的に改組され，キャリア教育科目の実施運営を担うに至った。就職支援については，別組織として「進路センター」が設置されている。

　本学の特徴の 1 つは，キャリア教育の担当部署が就職部署からの改組ではなく教学部署からの発展，つまり就職からの流れではなく，教学を源流としているところにある。

　さらに 2014 年 4 月にキャリア教育研究開発センターは，「コーオプ教育研究開発センター」へと改組された。これまでもキャリア教育研究開発センターの英文名称は，「Center of Research & Development for Cooperative Education」と，通常であれば「Career Education」と名乗るところを「Cooperative Education」としていた。それは，前述したとおり，創設時からの産学協働の理念に基づいていたからである。コーオプ教育を組織名の冠とし，創立 50 周年に向け，日本における産学協働教育のリーディングユニバーシティを目指している。

## 学内（ON）と学外（OFF）に体系化されたキャリア形成支援科目

　2014 年度，共通教育科目として「キャリア形成支援科目」を全 21 科目開講し，学内（ON）と学外（OFF）を往還するよう体系化されている（図 1 参照）。これは，コーオプ教育の社会

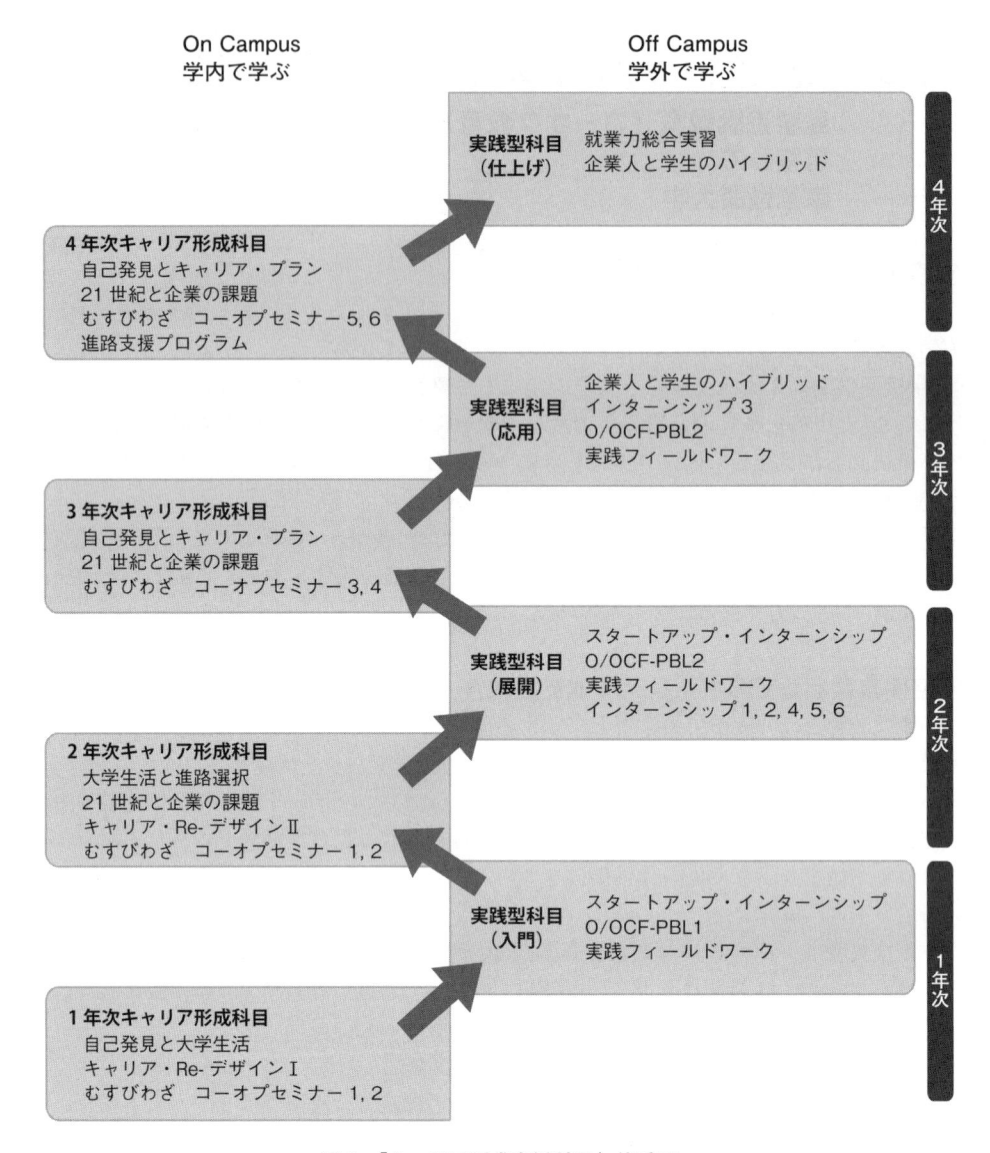

## 図1 「キャリア形成支援科目」体系図

**On Campus 学内で学ぶ**

- 4年次キャリア形成科目
  - 自己発見とキャリア・プラン
  - 21世紀と企業の課題
  - むすびわざ　コーオプセミナー5, 6
  - 進路支援プログラム

- 3年次キャリア形成科目
  - 自己発見とキャリア・プラン
  - 21世紀と企業の課題
  - むすびわざ　コーオプセミナー3, 4

- 2年次キャリア形成科目
  - 大学生活と進路選択
  - 21世紀と企業の課題
  - キャリア・Re-デザインⅡ
  - むすびわざ　コーオプセミナー1, 2

- 1年次キャリア形成科目
  - 自己発見と大学生活
  - キャリア・Re-デザインⅠ
  - むすびわざ　コーオプセミナー1, 2

**Off Campus 学外で学ぶ**

- 実践型科目（仕上げ）[4年次]
  - 就業力総合実習
  - 企業人と学生のハイブリッド

- 実践型科目（応用）[3年次]
  - 企業人と学生のハイブリッド
  - インターンシップ3
  - O/OCF-PBL2
  - 実践フィールドワーク

- 実践型科目（展開）[2年次]
  - スタートアップ・インターンシップ
  - O/OCF-PBL2
  - 実践フィールドワーク
  - インターンシップ1, 2, 4, 5, 6

- 実践型科目（入門）[1年次]
  - スタートアップ・インターンシップ
  - O/OCF-PBL1
  - 実践フィールドワーク

---

と大学での学びを交互に行い，有機的に融合させるという考え方である。受講者数（延べ）は，約4,500名であり，全学部生約13,000名の約3分の1の学生が受講している。

また，これら科目は専任教員を中心に全学部の50名以上の教員が担当している。外部業者などへ委託している大学も多いであろうが，本学は専任教員が担当することを方針としている。これはキャリア教育研究開発センターが教学部署から発展したのと同様，キャリア教育を大学教育の根幹として位置づけるという理念からきている。

### 代表的な3科目の授業紹介

学内（ON）科目と学外（OFF）科目，そして長期インターンシップを取り入れたコーオプ教育科目の3科目を以下に紹介する。

## 1. 学内（ON）科目
「自己発見と大学生活」（1年生対象・春学期・2単位）

新入生を対象とし，入学者約3,000名の内2,000名以上が受講している。2014年度は24クラス，全学部の23名の教員が担当している。自学部の学生だけでなく「京都産業大学の新入学生」としてオール京都産業大学でサポートする体制である。

本科目のキーフレーズは「アウェイ（Away）からホーム（Home）へ」。本学が第一志望でない学生，進学目的が明確でない学生も多く，このような学生をいかに大学教育に導き，充実した大学生活を過ごさせるかは，受け入れた大学側の責務である。「京都産業大学がホームグラウンド（居場所）」と感じ，「京都産業大学で大学生活を頑張ってみよう」と思えるよう，大学で学ぶ意義や大学生活の過ごし方といった「真面目な話」を「真面目」に語り合う場としている。そのために，グループワークを中心としたアクティブラーニングを多用する。本科目の既修生である先輩学生を中心とした「キャリア科目担当学生ファシリテータ（通称：キャリファシ）」にも授業に協力してもらい，教員とチームを組んで授業運営にあたっている[1]。

1クラスの受講生数は80-120名で，使用する教室は固定椅子・机という条件である。このようなアクティブラーニングには不向きな条件でグループワークを中心とした授業を展開している。担当教員にとって，この科目での経験やノウハウはそれぞれの学部での授業への転用，応用につながり，実践的なFD活動ともなっている。

## 2. 学外（OFF）科目
「企業人と学生のハイブリッド」（2-4年生対象・秋学期・2単位）

企業の若手社員と学生のハイブリッド（Hybrid：混成）による人材育成を目指した科目である。2014年度経済産業省「社会人基礎力を育成する授業30選」にも選出された。

若手社員1人と学生3人がチームを形成し，社員が直面している業務上の課題[2]の解決に向けて，調査や分析，ディスカッションや上司への中間プレゼンテーションなど検討を重ね，最終的に課題解決の方策を提案する。学生は現実感を持って仕事とは何かを理解し，若手社員はリーダーシップ，マネジメントなどの経験を積む。企業，大学双方にメリットをもたらすことを目的とした新しい人材育成の授業である。

「インターンシップを受け入れて欲しい」「PBLの課題を提供して欲しい」というように，大学から企業へ協力を要請するだけではなく，大学が企業へ貢献することができないか，という問題意識からこの授業は生まれた。大学が企業に貢献できること，それは人材育成，特に中堅・中小企業の若手社員の育成である。

本科目では，学生が新入社員の意識を持って部下となり，若手社員がリーダーとして4ヶ月かけて課題解決に取り組む。この間，学生同士，学生と若手社員とのミスコミュニケーションや作業の進捗管理，方法論などにおいてさまざまな困難に遭遇する。そこをチームで乗り越えることで，若手社員，学生ともに成長へとつながる。

## 3. コーオプ教育科目
「むすびわざコーオプ・プログラム」（2-4年生対象・春/秋学期・38単位）

2014年4月に開講した日本において他に例を見ない本格的なコーオプ教育プログラムである。

---

[1] 2014年度のキャリファシは54名。ボランティア（無償）で協力してもらっている。
[2] たとえば商品開発といった，通常，若手社員がリーダーとして取り組まないであろう架空の課題ではなく，日常の業務で抱えていることを課題としている。

3年次の春学期（4月-8月）に長期で有給のインターンシップを行う。多くのインターンシップは教育的な意味合いが強く，企業からは"短期間のお客さん"扱いをされることもしばしばである。本プログラムでは労働と位置づけ，微力ながらも"仕事として成果を出す"ことを目指す。したがって長期インターンシップ中は大学での授業は基本的に履修しない。

　2年次から本プログラムは始まり，1年間みっちりと学生を鍛え上げる。そして，長期インターンシップ終了後の3年次秋学期，4年次と継続してプログラムを受講し，その成果を卒業研究として協力企業を招いて発表も行う。

　参加学生は経済学部，経営学部，法学部から各10名の合計30名である。修得単位は，共通教育科目22単位[3]と学部専門教育科目16単位[4]でプログラム全体として計38単位である。大きな特徴として，長期インターンシップを学部専門教育科目として配当（12単位）している。また，学部専門教育と長期インターンシップの融合を図るため事前・事後研究科目（各2単位）を専門教育科目として設けている。

　本プログラムではコーオプ教育を担う専門人材の育成も目指している。海外には，たとえばCo-op Faculty, Career Educator と呼ばれる産学協働教育の専門人材が存在する。しかし，日本にはこのような専門人材はほぼ存在しておらず，インターンシップなどが十分な教育効果を発揮できない一因となっている。また，コーオプ教育の教育効果についてもデータを丁寧に収集し，検証を進めていく。

### キャリア教育をやり続けるために──熱・感・根──

　キャリア教育の推進について，学内でもまだまだ課題は多い。上記の「むすびわざコーオプ・プログラム」にしても，開講するまでに約2年を費やした。学内でさまざまな議論があり，コンセンサスがなかなか得られなかった。途中何度も挫折し，諦め，投げ出したくなったこともあった。そのたびに，本学のキャリア教育を牽引してきた理事から「スポンジに水を染み込ませるように，ジワジワ浸透させていかなくてはいけない」と諭された。この理事も本学のキャリア教育をここまで作り上げるのに相当のご苦労があったそうだ。そして「キャリア教育で大事なことは，結局"熱・感・根"なんだよ」とやり続けていくための秘訣を話される。熱意，感性，根気である。学生に対しても，企業に対しても，学内に対しても，熱・感・根があって初めてこちらの想いが共有され，理解と協力が得られるのである。これからも地道に諦めずに取り組んでいくしかない。

---

　3）本プログラム独自の科目として「むすびわざコーオプセミナー1～6」開講。
　4）学部専門教育科目して，長期インターンシップを実習科目として12単位，「インターンシップ事前研究」2単位，「インターンシップ事後研究」2単位を配当。

## 4. 非正規雇用者・ニートのキャリアデザイン①
「20大雇用」（ユニバーサル就労）を使命として
アイエスエフネットグループ

平林正樹（取材・執筆）

　本節では，ニートやフリーターに限らず，さまざまな事情で就労が難しい方々に対して安心して働ける環境を創造し提供する「20大雇用」（ユニバーサル就労）を積極的に展開している，アイエスエフネットグループ（代表：渡邉幸義氏，以下「ISFnet」と表記）の取り組みを取り上げる。

### 会社概要・沿革・支援対象者など

　ISFnetは，ネットワーク・エンジニアの派遣サービスなど，情報システム関連事業を中心に事業展開をしている企業群であり，2000年1月に渡邉氏らが4名で設立をした。事業の展開にあたっては，スキルを持った経験者が必要であったが，当初は知名度がなかったため，採用募集をしてもまったく人が集まらなかったという。そこでやむをえず，未経験者にスキルをつけようと「無知識・未経験者でも可」としたところ，ニートやフリーターがたくさん応募して来た。ところが人物的には，とても優れていた。かれらは異口同音に「どんな仕事もやってみたいんです。しっかり覚えますから，やらせてください」と言う。そこで，採用する側が応募者をはじめから色眼鏡で見ないように，採用面接では履歴書の経歴にこだわらず，「人物本位」で選考をしていった。人が財産ともいえるIT産業ゆえに，そうした「謙虚でやる気のある未経験者」を採用し，専門学校と提携したり，社内勉強会などで教育を行い，情報システム関連の資格を取得させ，スキルをつける方法で人財を確保・育成していった[1]。そうして育てたエンジニアを1社，また1社とクライアントに派遣していったという。たとえ経験はなくとも「謙虚でやる気のある"良い人"」は，クライアントにも大いに受け入れられた。わかったことは，クライアントは単なる「経験者が欲しい」のではなく，「良い人が欲しい」ということだ。やむをえず選択せざるをえなかった渡邉代表の採用・人財育成戦略はこうして軌道に乗り始め，「ネットワーク技術者ならISFnet」という評判も徐々に広がり，従業員も5年で1,000人に急増していった。創業2年目から事業は黒字化していったという。

　こうした経験から渡邉代表は，無知識・未経験というだけで人間的には良いものを持っている人々，たとえばニート・フリーターに限らず，障がい者（FDメンバー）[2]，働く時間に制約のある方，ひきこもり，DV被害者，ホームレス，感染症の方，麻薬・アルコールなどの依存経験者，性同一性障害，犯罪歴のある方，若年性認知症の方など，さまざまな事情で就労が難しいといわれる方々を対象とした働く環境の創造が，自身の使命にかなうものとして「20大雇用」（ユニバーサル就労）に邁進することになる。

　現在の雇用状況は，グループの全従業員数約3,000名のうち，20大雇用の対象者がおよそ1,000名にも上る。そのうち，何らかの障がいを持っている方が約400名いるという[3]。目下の渡邉代表の目標は，FDメンバーに月額25万円を「平均」給料とし，能力の高い方にはそれに見合う25万円以上の給料を支給することだ。

---

1) 事業開始当初の悪戦苦闘ぶりについては，渡邉（2010）pp.187-195に詳しい。
2) ISFnetでは，障がい者を「未来の夢をともに実現するメンバー」という想いをこめて，「フューチャー・ドリーム・メンバー」（FDM）と名づけている。
3) 一人で複数に該当する従業員も多数いる。

### 支援体制と支援対象者に対する考え方

　ISFnetでは，これらの就労が難しい方々に対するさまざまな「働き方の配慮」を全社員で行っている。たとえば，「ドリーム・ポイント制度」がある。これは，コピー取りや簡単な資料作成など，緊急度や重要度があまり高くなく，時間的にもフレキシブルに対応できる仕事である「ノンコア業務」を職場から切り出した人にポイントを付与し，それをその人の売上として計上する仕組みである。そうして切り出した仕事を，FDメンバーたちが担当するのである。

　ほかにもたとえば，性同一性障害の社員が戸籍上は男性であっても「女性の名前で働かせて欲しい」という希望を持っている場合，それらに対しては「ワーキング・ネームの使用」を認めている。さらには，「女子トイレを使用させてほしい」という希望に対しては，ISFnetの女性社員の了解のもとで，その使用を認めている。

　未経験者やさまざまな障がいを持つ社員に対する配慮として渡邉代表は，その社員の先輩社員に「1,000回教える」ことを徹底するという。普通は10回や20回で教えることを諦めてしまいがちであるが，ISFnetでは「何回教えたか，数えなさい」「もし数え忘れたら，また0から数え始めなさい」と言い続けるという。つまり「できるようになるまで，やり続けなさい」ということである。渡邉代表は，言う。「僕は絶対，諦めないですから」。

### これまでの苦労とISFnetの特徴

　事業開始当初，苦労して採用し，育てた技術者がクライアントに受け入れられたのも束の間，想定外の事態が起き始めた。経験を積み重ねてきたエンジニアが，次々と派遣先の企業に引き抜かれていったのである。渡邉代表は，「それは悔しかった。いつか必ず，社員が辞めないような会社になる」と歯を食いしばったという。

　ところが，リーマン・ショックを機に風向きが変わった。大手のIT企業が人員調整するなか，ISFnetは逆に社員を増やしていった。「大手に行っても安泰ではない」ことがわかったとともに，会社の一体感が高まり，今では社員が一つになって，日々業務に励んでいるそうだ。

　他社にはみられないISFnetの特徴として渡邉代表は，「私自身が，社員のお父さん，お母さんと大変仲がいいこと」を挙げる。事実，渡邉代表のもとには，毎日のように親御さんからの手紙が届くという。ある親御さんは，息子さんがISFnetに入社した時には「本当に長いトンネルを抜けたみたいです」と感謝の手紙をくれたり，また，子どもさんに良い事があった時や成長した折々に，手紙を送ってくれるのだという。また渡邉代表は，毎週のように全国を駆け回り，各地の社員の親御さんとの交流会を設けている。そしてその交流会には必ず自社の社員を連れて行き，親御さんが涙を流しながら感謝する姿をともに分かち合うのだという。「そんな親御さんの姿を見たら，社内で20大雇用に反対するような社員はいませんよ」と渡邉代表は明快である。

### キャリアデザイン支援者へのアドバイス

　渡邉代表は，「限界を決めないで欲しい」と言う。支援者はまず「できない」と言うらしい。こんなエピソードがある。ある日，ある福祉関係の方が左手しか動かない脳性まひの男性のことを指して，「働けるわけないじゃないですか」と言った。しかし渡邉代表は，左手しか動かない彼に対して，左手だけでブログが書けるシステムを作って教えたら，ブログを作れるようになったという。支援者が既成概念や固定観念で決めつけるのではなく，「やれるのではないか」という可能性に目を向けて，諦めずに支援をし続けて欲しいという。渡邉代表がニートやフリーター，障がい者を含めた20大雇用を成功できた理由は，自分が「素人だったから」と言う。「できない」と決めつけたら絶対できないが，「できるはずだ」と想ってさまざまな知恵と工夫で動けば，できる可能性が生まれる。だからやる前から決めつけずに，できないことではなく

て，できることに目を向けて欲しい。「過去の常識は覆されるためにある」ということであった。

　さらに渡邉代表は，「当社の雇用モデルをそのまま取り入れても，絶対うまくいかない」ともアドバイスする。その理由が，社員が「なぜ私がそんなことをやらなければいけないの？」「私たちに任せて会社は何もしないのでしょう？」と言って，辞めていくからだという。そうではなくて，上の立場の人間が，社員の「親」として機能するようなしくみをつくる必要がある。渡邉代表は，今でも毎朝，自分の机を自分で拭くという。挨拶も自ら社員へ率先してする。これらのごく基本的なことができない人間は，人の上に立ってはいけない。社員は常に上を見ている。ゆえに企業の経営者には，まず「会社の社風作り」を自ら率先して欲しいという。会社とは，人があって，次にソリューション（問題解決策）がある。会社本来の一番の基本は「人」であるのだから，そこに対してきちんと汗をかかないと，いくらきれいごとを言っても社員はついてこない，と渡邉代表は述べる。

　最後に，さまざまな理由で就労が難しいと言われる方々が，「働く」という観点で理想的な状態とはどのような状態か，と質問をしてみた。すると「かれら一人ひとりが，未来に対しての目標を持ち，その目標に対して今やるべきことが何であるかを明確にわかっている状態」であるとの答えが返ってきた。それを可能にするためには，一人ひとりの従業員が，「目線を利他に変えること」と言う。人のためにやることが楽しい，その楽しいことが自分の目標にならなくてはいけない。経営者や支援者は，そのための場づくりに本気で取り組まなくてはいけない，と渡邉代表は熱く語る。考えてみれば，これこそがまさに「キャリアデザイン支援」であろう。

**参考文献**
渡邉幸義（2010）．社員みんながやさしくなった　障がい者が入社してくれて変わったこと　かんき出版

## 5. 非正規雇用者・ニートのキャリアデザイン②
「働きたいけれども働けない」若者を「ゼロ」に
特定非営利活動法人青少年就労支援ネットワーク静岡

津富　宏

### 組織概要・体制・沿革・ビジョン・支援対象

**組織概要・体制**：特定非営利活動法人青少年就労支援ネットワーク静岡は，静岡県内で，若者の就労支援を行っている市民ボランティア団体である。本団体は，静岡県中部（静岡市を中心とする地域）で出発したが，支援の依頼に応じているうちに，徐々に，西部（浜松市を中心とする地域），東部（沼津市・三島市を中心とする地域）に活動の範囲が広がり，全県団体へと成長してきた。本部事務局は静岡市内にあり，浜松市内，沼津市内，藤枝市内に支部を擁する。ボランティア団体が基盤ではあるが，浜松市から浜松市パーソナルサポート事業，掛川市と静岡市において，厚生労働省から地域若者サポートステーション事業を受託しているほか，沼津市において，静岡県から「絆」再生事業による助成を受けており，20名あまりの有償スタッフもいる。

**沿革**：平成14年に10名ほどのメンバーで任意団体として発足し，平成16年に静岡県からの働きかけもあって特定非営利活動法人化した。現在は，静岡県内に200名を超えるボランティアを擁している。当団体では，その独自の支援の手法を「静岡方式」（津富，青少年就労支援ネットワーク静岡，2011）と名づけているが，この手法は，平成17年から18年にかけてできあがったものである。

**ビジョン**：当団体のビジョンは，静岡県内において「働きたいけれども働けない」若者を「ゼロ」にすることである。秋田県藤里町では，全戸訪問の結果，人口4,000人のまちに，100名の働けていない若者がいることが判明したという。これを参考にすれば，人口300万人の静岡県内には75,000名の働けていない若者がいることになる。このような人数の若者を，100名のボランティアで支援できるはずもなく，ボランティアの数をまずは1,000名，将来的には10,000名としたい。現時点では，ボランティアのいない市町があるので，当面は，空白地域を解消することを目指している。ボランティアのいる地域において支援の依頼が多いことが経験的にわかっているので，ビジョンの達成のためには，ボランティアを拡充することが第一の目標である。

**支援対象**：静岡県内の「働きたいけれども働けない」すべての若者が支援対象である（県外在住者であっても，支援を受けるためにわざわざ静岡県内に引っ越してきた若者も対象）。本人の希望を最も重要だと考え，ひきこもり，非行，障害などの状態像にはとらわれず，支援を希望する若者はすべて受け入れる。なお，ハローワークや求人誌などを活用すれば，自力で仕事につながると思われる若者は支援対象ではなく，さまざまな手段を活用したがうまくいかない，あるいは，活用すること自体が困難であるという若者こそ，当団体の支援対象である。在学生は基本的には支援対象にしていないが，卒業を控えた最終学年の生徒・学生や，時間が自由になる定時制・通信制の生徒は対象にしている。また，従来15歳から39歳の若者を支援対象としてきたが，就労困難な若者の加齢にともない，15歳から39歳を支援対象の中心としつつも，余力があれば，39歳を超える人々も支援することにした。

### 支援体制，支援対象者に対する考え，支援の方針など

**支援体制に対する考え**：身近な若者を身近な大人が支援するというシンプルな体制をとる。この体制の原型は，犯罪や非行を犯した人々を近隣の市民ボランティアが担当する保護司制度である。たとえば，藤枝市の若者であれば藤枝市のボランティアが担当し，御殿場市の若者で

あれば御殿場市のボランティアが担当する。ボランティアが不在の市の若者は，近隣市のボランティアが担当する。しかし，ボランティアが一人だけで支援をするのは困難である。そこで，ボランティア同士が助け合えるよう，メーリングリストでつながるほか，県内のいくつかの地域に分かれて定期的に会って意見交換をしている。地域ごとの支援体制の構築や維持は地域に任せて創意工夫を発揮してもらうほか，年に2回は団体全員で集まる全体会を持ち共通事項の確認を行っている。

　**支援対象者に対する考え**：社会構成主義に立ち，支援を求めるすべての若者は「そもそも働ける」という前提を持つ。私たちが彼らをどのように名づけるかこそ，最も重要であり，私たちは彼らを「働ける若者」と名づける。彼らは，さまざまな逡巡や葛藤を乗り越えて，「できることなら，働きたい」という意思を表明した「勇者」であり，私たちはその勇気に応え，その勇気に背中を押されて支援を展開する。

　**支援の方針**：支援対象の若者は，すべて強み（ストレングス）を有する存在であり，その強みを発揮してもらうことが支援の方針となる。ストレングスの根幹は，本人の持つ希望・願望である。希望・願望とは，必ずしも職種や業種ではなく，「一人暮らしがしたい」「家族の役に立ちたい」「動物が好きである」といった全人的なものである。支援者は，本人がそもそも持っているストレングスを発見し，本人の物語を，発見されたストレングスを発揮する物語へと，本人とともに行動しながら書き直していく。

## 具体的な活動事例（工夫や特長，苦労・困難，キャリアデザインへの視座など）

　**工夫や特長**：静岡方式が大事にしていることは「背中を押す」ことである。その象徴は，導入当初に行われる4回の集合セミナーの2回目に行われる，1泊2日の宿泊セミナーで，若者20名，社会人ボランティア20名，学生ボランティア30名の，合計70名程度が参加する。この宿泊セミナーは「圧倒的な善意」が実践される場であり，長らく引きこもっていた若者もこれをきっかけに背中を押されて前を向く。背中を押された若者を，社会人ボランティアが引き継ぎ，伴走型支援が開始される。若者は，その希望や状況（体調など）に応じて，支援者とともに目標を立て，（無償の）就労体験や（有償の）就職を目指す。支援者は，公民館やファミリーレストランなどで面談したり，企業見学や訪問，企業実習に同行したりしながら，具体的に地域で行動していくことを通じて，ストレングスを本人とともに見出し，本人がストレングスを発揮していく過程をともに歩む。

　**苦労・困難**：人が価値のあるものを手に入れようとする過程には苦労や困難がともなうが，静岡方式では，これらのエピソードから改めて本人のストレングスを取り出して，トライアル＆エラーの力強い物語を再構築して前に進む。各地域では，当団体の支援を受けた若者が定期的に集まるフォローアップミーティングがあり，若者同士の背中押しが構造化されている。伴走型支援はさらに，どのようにストレングスを見出していくか，家族による助力をどのように手に入れるか，どのように企業に理解してもらうかなどの諸点について，質的に向上する必要があり，カスタマイズ就業支援マニュアル（高齢・障害者雇用支援機構，2007）を参考に改善努力を行っている。

　**キャリアデザインへの視座**：静岡方式の根幹は，精神障害者の就労支援の手法であるIPS（Individual Placement and Support）(Becker & Drake, 2003／邦訳, 2004; Drake et al., 2012)である。IPSは，本人の強みに着目したストレングスモデル（Rapp & Goschard, 2012／邦訳, 2014）に基づいており，根幹的には，社会構成主義（McMahon & Patton, 2006）に根ざしている。つまり，本人をキャリア支援の客体として見なすのではなく，あくまで，キャリア形成の主人公として遇する。だからこそ，支援者は，あくまで伴走者の位置を占める。

## キャリアデザイン支援者（特に同様の取り組みをしている支援者）へのアドバイス

**アドバイス1**：いわゆる専門家とならないこと。①静岡方式は，就労困難の原因は，本人のストレングスの発揮が妨げられてきたことであると考える。発揮を妨げる「壁」は本人自身が持っている場合もあるが，専門家を含む周囲の人々が持っている場合もある。そこで，静岡方式においてはいわゆる専門家の立場に立ったアドバイスや相談は禁止されており，それに代わり本人に決定権を委ねる提案が行われる。また，いわゆる専門家が行いがちな問題の見立て（査定）は禁止されており，それに代わってストレングスのディスカバリー（発見）が奨励される。②一般市民こそ，地域の当事者としての真の専門家である。静岡方式は，地域の生活者である一般市民が有する地縁，校縁，血縁，趣味縁，ボランティア縁などの縁を総動員して，若者のストレングスを地域で開花させる。つまり，キャリアデザイン支援者とは縁のコーディネーターである。

**アドバイス2**：地域を担うこと。若者就労支援は，椅子取り競争に手を貸す存在でしかなく，雇用の減少という根本問題と向き合わざるをえない。つまり，私たちの取り組みは，個人の能力や意欲に対する支援を超えて，社会の不公正に直面して地域や社会を創り直す働きかけへと発展せざるをえない（cf. Irving & Malik, 2005）。つまり，私たちの次のステップは，地域のストレングスを見出し，地域の物語を地域の人々と語り直すことである（荒井，2014）。つまり，今後のキャリア支援は，地域の人々と地域の未来を語り合いながら，その物語に，その地域の若者一人ひとりが登場できるよう，地域をカスタマイズする活動となる。つまり，キャリアデザイン支援者は，「信頼と協同を基礎にして効率性と平衡性そして持続可能性を同時に達成しよう」とし，「社会的に疎外された人々が仕事の場をつくること，尊厳性を回復する場合において必須的な存在である」社会的経済（グローバル社会的経済フォーラム，2013）の担い手となる。

**引用文献**

荒井浩道（2014）．ナラティヴ・ソーシャルワーク─"〈支援〉しない支援"の方法　新泉社
Becker, D. R., & Drake, R. E. (2003). *A working life for people with severe mental illness*. New York: Oxford University Press.（大島　巌・松為信雄・伊藤順一郎（監訳）堀　宏隆（訳者代表）（2004）．精神障害をもつ人たちのワーキングライフ─IPS：チームアプローチに基づく援助付き雇用ガイド　金剛出版）
Drake, R. E., Bond, G. R., & Becker, D. R. (2012). *Individual placement and support: an evidence-based approach to supported employment*. New York: Oxford University Press.
グローバル社会的経済フォーラム（2013）．ソウル宣言　2014年3月30日<http://hopemaker.org/?p=3658>から入手
Irving, B. A., & Malik, B. (Eds.) (2005). *Critical reflections on career education and guidance: Promoting social justice within a global economy*. Abingdon, Oxon: Routledge.
高齢・障害者雇用支援機構（編）春名由一郎・東明貴久子・三島広和（著）（2007）．資料シリーズNo.36 カスタマイズ就業マニュアル　高齢・障害者雇用支援機構
McMahon, M., & Patton, W. (Eds.) (2006). *Career counseling: Constructivist approaches*. London: RoutledgeFalmer.
Rapp, C. A., & Goschard, R. J. (2012). *The strengths model: A recovery oriented approach to mental health services* (3rd ed.). New York: Oxford University Press.（田中英樹（監訳）（2014）．ストレングスモデル［第3版］─リカバリー志向の精神保健福祉サービス　金剛出版）
津富　宏，青少年就労支援ネットワーク静岡（2011）．若者就労支援「静岡方式」で行こう!!　クリエイツかもがわ

# 6. 組織人のキャリアデザイン①
### 「人財」を最大限に活かし，成長を支援する
### 株式会社ベネッセコーポレーション

鬼沢裕子

## 会社概要

株式会社ベネッセコーポレーションは，1955年に株式会社福武書店として設立，通信教育と模擬試験を中心とする教育事業を展開。1995年を第2の創業と位置づけ，商号をベネッセコーポレーションに変更した。ベネッセ（Benesse）は，ラテン語の「bene=よく」と「esse=生きる」を組み合わせた造語であり，赤ちゃんから高齢者の方々を対象に「子育て・教育」「語学」「福祉」の事業で，クライアントの「よく生きる」を支援することを目指している。2013年3月現在，従業員数は2869名，1970年代後半より女性が過半数を占め，男女の区分なく活躍する企業としての認知度は高い。

## 人事ポリシー・方針

「ベネッセの最大の資産は『志を持った人』。その『人財』を最大限に活かし，成長を支援すること」。これを人事の最上位概念＝ポリシーとして，すべての人事制度や施策が設計，運用されている。企業という組織である以上，従業員のキャリア支援の最終目的が事業成長にあることは間違いないが，「社員一人一人は，仕事の中，地域や社会とのつながりの中で，気付きを持ち，視野を広げ，力を伸ばすことで，事業を成長させます」（同社イントラネット人事制度のトップページより）と宣言していることに表れているとおり，ベネッセでは企業組織内の限定された枠内での育成にとどまらず，その人が生きる開かれた社会の中で，成長していくことをキャリア支援の考え方のベースとしている。

また，個々の社員が組織の中で「強み」を活かし，長く活躍している状態を目指している。強

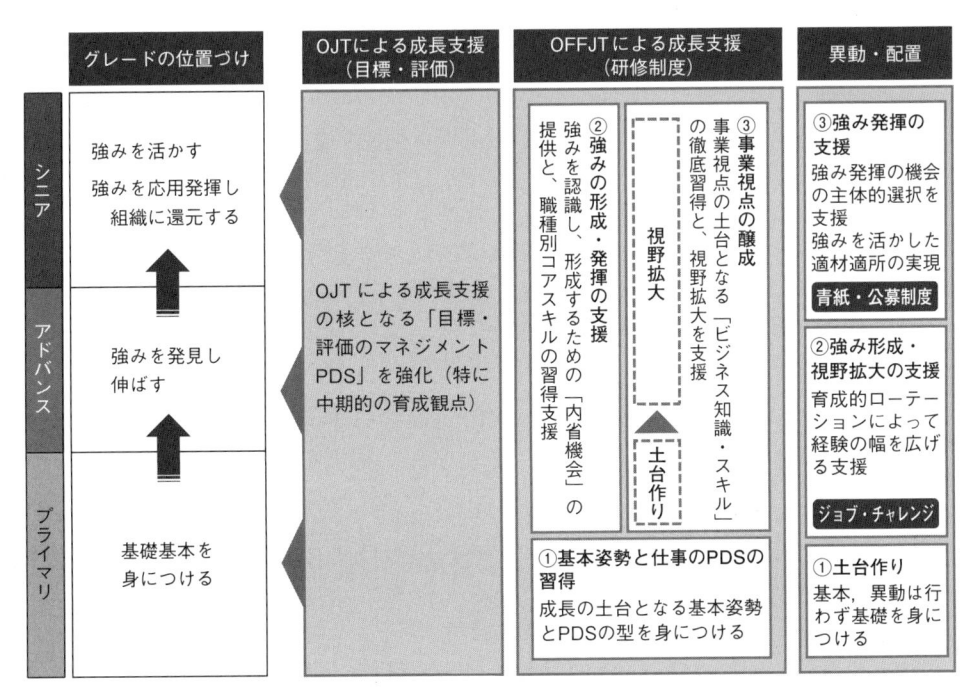

図1　ベネッセコーポレーションの中長期の成長のための支援策

みを見つけ，それを磨きながら，組織に貢献していけるように支援することがキャリア支援の重要な方針である。同社はグレード制をとっているが，初期キャリアであるプライマリグレードにおいて基礎基本を身につけ，中堅となるアドバンスグレードで自分自身の強みを発見して伸ばし，最終的に全員に到達してほしいと位置づけるシニアグレードにおいては，その強みを応用発展させながら，組織に還元する，という成長のシナリオを描いている。

　このシナリオに沿った研修制度，異動・配置の仕組みが同社のキャリア支援策と言えるだろう。また，仕事の中でこそ成長するという考えのもと，日々の仕事の目標・評価のマネジメントサイクルの中に，中長期的な視点での一人ひとりの成長の視点を組み込むようにしており，日常的な働きかけもキャリア支援の一環であることを強調している（図1参照）。

## 具体的なキャリア支援策

　育成施策の全体像を示したものが図2である。経営者育成と管理職支援はマネジメント開発の領域にあたるため，ここでは割愛するが，先に述べた成長シナリオに沿って，育成施策の全体が構成されている。以下，概要と特徴を示す。

### ① 初期育成・節目研修

　ベネッセでは，新卒で入社後3年間を初期育成期間と位置づけている。企業理念，事業理解を中心に入社直後，半年後，年度終了時に集合研修を実施するとともに，試用期間終了時，半年後，1年後，3年目に人事が個別面談を実施。社会人生活が順調にスタートできているかどうかを，現場と人事が二人三脚の形で見守る体制をとっている。さらにアドバンス，シニアグレードの認定時には，社内における役割変化を確認する場と同時に，各人が自身のキャリアを棚卸し，その後のキャリアを見つめる「節目研修」を実施している。ここでは，インプットの時間は最小限となっており，「内省」を促すための時間・空間が主となっている。

### ②ビジネスプログラム

　ビジネスパーソンとして必要となる知識や理論を習得することを通して，仕事での経験を一般化・概念化することが目的である。グレード認定を受けるための推薦条件にもなっている。コミュニケーション，マーケティング，アカウンティングなどのビジネススキルの基本を身につけておくことが，その後のキャリアの土台形成につながると考えている。

### ③キャリア支援

　個々人がキャリアについて考えたい時期に，必要な支援を提供する。キャリア研修（1泊2日，年代別ワークショップ型），キャリアカウンセリング（社内社外のカウンセラー選択・キャリアアセスメントつきか否か選択）を用意している。

　また，「20代のうちに最低2つの仕事を経験してほしい」というねらいで，原則4-7年目で必ず全員が異動する「ジョブチャレンジ制度」を運用している。制度導入当初は，力のある人ほど現所属部署の抵抗もあり，実現率が上がらなかったが，変化対応力がより重要となる昨今において，柔軟性強化，視野拡大のためにも「複数職種を経験することは重要である」という認知が進み，定着しつつある。また人材要件を提示した選抜型の「公募制度」や，自主的な異動希望申告制度である「青紙制度」も80年代から導入されており，意欲と実力があれば仕事を選択できるという風土を醸成してきている。

### ④視野拡大・自己啓発

　日常の枠を飛び出し，視野を広げることを奨励する一助として，異業種数社との共催で実施する異業種研修や，選抜型の留学支援制度がある。

　能力開発ポイントは，全社員に一律「能力開発ポイント」を付与。そのポイントの範囲内で自己啓発に投資した費用を補助する制度であり，95年度の導入以降，長く継続している制度である。必ずしも現業に直接つながる内容である必要はなく，次のキャリアの準備のために利用

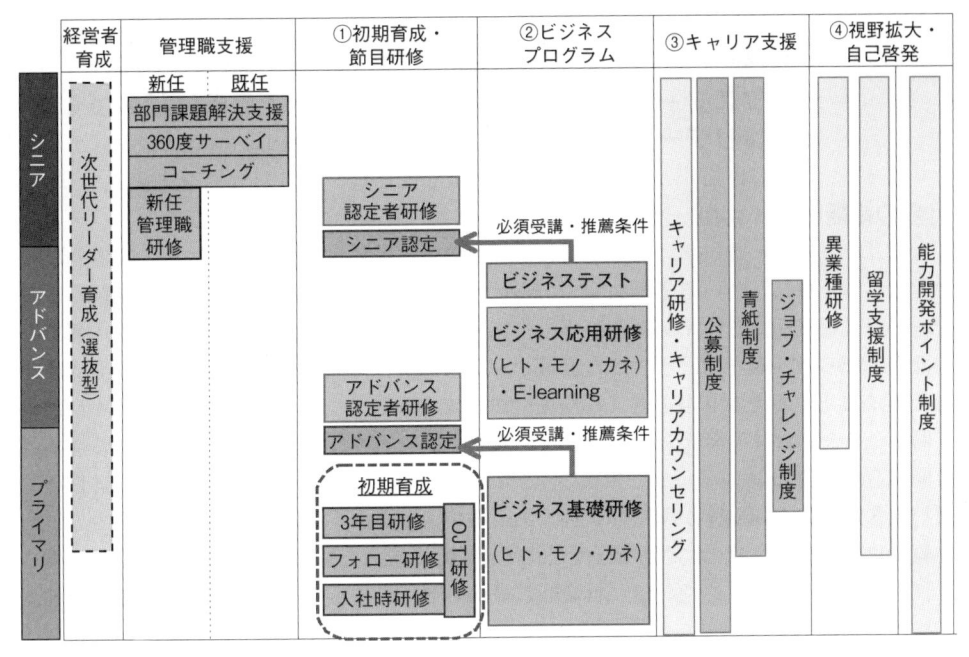

図2 ベネッセコーポレーションの育成施策全体像

する社員も少なくない。資格取得マニアを育ててしまうのではないか、力のある社員ほど、忙しくて自己啓発に割ける時間が確保できない、などの懸念の声があがることもあったが、「キャリア形成の自己責任」の側面を発信する意味でも、中断することなく運用しているものである。

## キャリアデザイン支援者へのアドバイス

どういう人たちで組織を構成したいのか、どういう人がその企業の事業を成長させるのか、その「仮説」によって、企業組織のキャリアデザイン支援の方法は大きく左右される。事業環境の変化のスピードが加速する現代において、基礎基本の習得、土台づくりの部分に長い時間を費やしていいのだろうか。あるいは「即戦力」を期待するときに20代で職種を変えるジョブチャレンジは意味があるのか、そんな現場からの声があった。しかしながら、ベネッセではその人が、その人の強みを活かして長く貢献するためには、職業キャリアの前半に、最短の直線距離を進むより、敢えて違う道もあることを知る方が重要だと考えた。事業の中核メッセージでもある「個々人の人生に寄り添う」ということを考えたときに、単線的な歩みだけではなく、複線的な歩みにも価値があるということと通ずる考え方かもしれない。

そして、企業内のキャリアとはいえ、その主役は社員自身であるということを忘れてはならないだろう。社員一人ひとりのキャリアは、あくまでも社員自身がデザインするものとして、企業は経営上許される範囲の中で、いくつかの選択肢や、ときに個人が立ち止まって自身のキャリアをデザインするための機会を提供するというスタンスが、重要ではないかと考える。

## 7. 組織人のキャリアデザイン②
### ライフステージに応じた「働き方」を選択できる仕組みづくり
### イオンリテールワーカーズユニオン

山中裕子・永島智子

### 当組合の組織概要・体制・沿革・ビジョンなど

　イオンリテールワーカーズユニオンは，組合員約10万5千人，イオンリテール㈱を始め15社と労働協約を締結している労働組合である。小売業を中心に，アセアン各国，中国および日本全国で事業を展開するイオングループの中でも最大の組織である。組合員は，多国籍であり，年齢は18歳から65歳まで，子育てや介護をしながら働く仲間がたくさんいる。職業人生を約45年と捉えると，私たちを取り巻く環境変化はめまぐるしく，また一人ひとりの人生においても「働くこと」の意味を考える局面は少なくない。組合員が安心して働き続けられる環境創造が労働組合の主要な役割の一つであることから，組合員のライフステージに応じた「働き方」を選択できる仕組みづくりが非常に重要であると考える。

　弊組では，「組合員の幸せ実現にむけて時代の変化を捉えた私たちらしい『働き方』『暮らし方』『生き方』が，『仲間』『家族』『社会』に認められている」状態を目指すことをビジョンとして掲げている。

　「働く」とは「仕事を楽しくすること」
　「暮らす」とは「社会を善くすること」
　「生きる」とは「人間性を高めること」

　これらを組合員一人ひとりが自律的に考え，主体的に行動することにより，私たち全員の幸せを実現しようというものである。

### 組合員のキャリア形成に関する考え，支援の方針

　世界経済フォーラムが毎年発表している「グローバル・ジェンダー・ギャップ・レポート」において，女性の社会進出度の評価における日本のランキングは135ヶ国中101位である。これは，先進国中では非常に低い水準と言える。イオンも，従前より株主からも経営に占める女性の割合の低さを指摘されてきた。経営もそのことを大きな課題と捉え，2013年より本格的に女性幹部育成を推進するダイバシティ推進室を設置した。従業員が安心して働き続けるためには，働き続けることの障害となるものを課題化し，解決していかなければならない。課題は，結婚・出産・育児・介護など多岐にわたる。1984年の「リ・エントリー制度」[1] 導入以来，性別・従業員区分などに関係なく誰もが安心して働き続けられるように，労使で制度改定を進めてきた。これまでの正社員の働き方としては，アセアン・中国を含む全国転勤が当然と考えられてきた。正社員として働き続けるためには，「結婚・出産・育児・介護」か「仕事」のどちらかを選択しなくてはならないという状況をつくらないことが大切であるという視点に立って，さまざまな制度を構築してきた。結婚による特例措置[2]，マタニティ休暇，産前休業期間・育児休職期間の拡大，育児勤務制度の拡充，看護休暇の改定などなど，法律を上回る制度整備を行ってきた。制度利用者は年々増加している。制度利用者の増加については，制度の認知度が年々上がってきていることも理由として考えられるが，制度を活用している年齢層は幅広く，若年層からキャリアを積み上げてきた上位資格の女性社員まで，「仕事も子育ても両立し，キャ

---

[1] 円満退職（配偶者転居，結婚，出産育児，介護，留学を理由とする退職）した従業員が，退職理由が解消したあとに経験・スキルを活かして再雇用の機会を得られる制度。

[2] N・R社員（正社員）で仕事を持っている配偶者との同居を希望することで，会社都合による転居転勤ができなくなる場合，本人の申請により，配偶者の異動に応じた同居が保証される。

リアアップしていきたい」という女性自身の意識変化によるところが大きい。

## 具体的な活動事例

定期的に労働組合で開催してきた育児休職者，育児勤務者，これから育児をしたいと考えている方を対象とした「育児座談会」での参加者の声からも，そのことがうかがえる。かつては「育児と仕事の両立が無理であれば仕事を辞めるしかない」という声が多かった。転勤も多く，親元から離れて子育てをしなければならない社員や，周囲に制度を活用したり，制度を理解している人も周囲に少ない社員は，ひとりで悩みを抱え込んでいる状態であった。それがこの10年では，「いままで仕事も頑張ってきたのだから仕事も子育ても両方したい」とか，「仕事でもきちんと評価されたい」「今までのキャリアを活かして働き続けたい」という声があがってくるようになってきた。

しかし，女性若年層や30代子育て世代の退職率の高さは，依然として課題である。今までキャリアを積んできた女性たちが退職を選択してしまうことは，経営側としても，労働組合側としても大きな損失である。

労働組合独自の活動としては，前述した「育児座談会」を実施してきた。「座談会」は同じ境遇の仲間と話をすることによって，①職場復帰へのストレスや不安の解消，②ネットワーク構築を目的としていた。しかし，情報交換やネットワーク構築だけでは，本質的な課題解決には向かわないという問題意識から，「育児座談会」での組合員の生の声を活かし，積極的なキャリア支援活動が必要であるという結論に至った。その結果，育児休職者・育児勤務者向けの「復職支援セミナー」を独自に研究し，開発することができた。「復職支援セミナー」は，当事者自ら主体的に，自分自身がどうありたいかを考え，立場や役割は違えども，「子育て」という共通テーマを持って働き続ける仲間との対話や新たなインプットを受け入れ，刺激を感じ，自身の将来をじっくりと考える機会を提供することを目的としたセミナーである。参加者からは，「セミナー受講前は5年後，10年後に自分がこうありたいという姿を思い描くことは難しいと思っていたが，セミナーを受けて，ありたい姿を思い描くことができてびっくりした」という感想が多かった。子育ての経験は人生においてプラス面が多く，それは仕事においてもプラスになっている。参加者からは，「限られた時間を有効に活かし，いかに成果を生み出すかを常に考え，組織人として一番大切なコミュニケーション力もフルに発揮しながら，自分自身がロールモデルになれるように頑張りたい」という意見が多かった。まさにこのセミナーのねらいどおりであった。彼女たちこそ，現場の生産性を上げる知恵を持つ人である。

セミナー開催にあたり工夫した点は，大きく以下の3点である。

①実際に制度を活用している育児休職・育児勤務者から取材し，現実的なロールモデルを事例に取り入れた。

②拘束時間が長くならないようにセミナーを2回で1セットとして設計し，1回目終了から約1ヶ月後に2回目を実施した。

③セミナー会場内に託児コーナーを設置し，子どもも一緒に連れて来られるようにした。

特に育児休職中は，ずっと子どもと一緒にいることが多かった参加者にとっては，参加者自身が「子離れの訓練時間になった」という声や，今まで人見知りだと思っていた子どもが，初めて会う人たちとすんなり解け込んでいる姿を見て，「それまでの不安が一気にふき飛んだ」という声も多かった。

これまで私たちは，働き続けられる環境整備に向けて労使で制度改定に取り組み，組合員一人ひとりが成長することが組織風土改革につながると考え，労働組合としても独自の活動に取り組んできた。

## キャリアデザイン支援者（特に労働組合の皆様）へのアドバイス

　労働組合の役員に占める女性比率の低さについても，経営側と同様の傾向にあり，国際的にみても課題であると認識されている。弊組の女性三役および執行委員比率は，日本の労働組合の平均と比較すると高い水準であるとされている（三役9名中2名〈平均専従歴14年〉，専従執行委員65名中22名〈平均専従歴4.3年〉）。それでも組織構成比率から考えるとあるべき姿からはかけ離れている。2000年前後から，組合のトップの女性比率の低さが組合活動の停滞を招くという危機感を持って，女性登用に積極的に動いたことが，今日結果として現れていると考えられる。「育児座談会」や「復職支援セミナー」は女性専従者を中心として，企画実行されてきた。組織活動を決定できるポジションに女性が一定数必要であることは言うまでもない。まだまだではあるが，女性が一定数いる状態をつくるにはトップの考え方がいかに重要かということがわかる事例であるが，それには相当な時間がかかる。現状では，「自然に」女性の経営幹部や組合幹部役員が生まれてくることはない。

　正社員として働き続けるには，結婚・出産・育児・介護などが問題になる場合があるが，現状はそれらの問題に直面し，何らかの職業生活上の選択をしなければならないのは，女性の場合であることが多い。すなわち，働き続けることがより難しいのは女性社員である。法律を上回る制度も構築し，上司や同じ職場の仲間も育児・介護勤務に対して理解が深まってきているし，当事者の意識改革もできつつある。しかし，現状はあるべき姿とかけ離れている。今私たちがやるべきことは何か。

　労使ともにもう一度原点に立ち返り，私たちの求めているものと現実のギャップを見つめなおし，そのギャップを埋める具体的施策を考え実行に移すことが大事である。会社はダイバシティ推進室を経営トップの直轄組織とし，この取り組みを進めている。「小売業で働き続ける女性の支援」という観点から，お店で働く女性のための事業所（店舗）内保育所の設立に向けた取り組みなど，過去より具体的な取り組みを推進している。また，少数派である女性幹部の数を増やそうとその母数の拡大に取り組むのと合わせて，相当な抜擢人事も行っている。抜擢をする場合，より個人にスポットを当てて，意図的に引き上げていかなければ短期間で目標を達成することはできない。しかし，それは本人たちが本当に望んでいることではない場合が多い。無理な登用によって苦労し，潰れてしまわないようにサポートすることも会社はもちろん，労働組合の活動としても非常に重要なものであると考える。女性が働きやすい職場＝男性も含めすべての人が働きやすい職場であるという視点を持って，これからも組合員が働き続けられる環境づくり，およびサポート活動を継続して続けていきたいと考える。

　「イオンで働いてよかった」と皆が思えるような活動を，労働組合として今後も継続していきたい。

# 8. 女性のキャリアデザイン①
## 「良い職場環境の好循環」につながる取り組みを継続
## 三州製菓株式会社

平林正樹（取材・執筆）

　本節では，社内に「男女共同参画委員会」を立ち上げるなどの長年にわたる女性の活躍推進，従業員の両立支援などの取り組みが評価され，経済産業省の「平成24年度ダイバーシティ経営企業100選」を受賞した，高級米菓・高級洋菓子製造販売業・三州製菓株式会社（代表取締役社長：斉之平伸一氏）の取り組みを取り上げる。

### 会社概要・経営理念・沿革など

　三州製菓は，1947年に斉之平勇雄氏が東京都文京区において創業した。現在は埼玉県春日部市に本社を構え，せんべいやあられなどの米菓の他，バウムクーヘンや半生菓子などの商品を製造・販売している。社志は，「すべてのものを真に活かす」である。斉之平伸一社長はこの意味合いについて，「人・モノ・金のすべてがその本来の役割を発揮して，社会に貢献する」ことであると述べる。特に人材については，「本当の意味で，社会の役に立つような人材になる」と強調をしている。

斉之平伸一
代表取締役社長

　三州製菓には，これらを具現化する独自の仕組みがいくつもある。社員一人ひとりが主業務の他に2つの業務スキルを磨く「一人三役制度」，さらには社員の創造性と企画力を高めるための「一人一研究」といった制度である。また，社員が上司に命令されてから動くのではなく，自主性を育むための部門横断的な「委員会制度」がある。たとえば，新入社員の定着と人材の育成を目的とした「シスター＆ブラザー委員会」などがあり，現在は13の委員会が活動中という。

　本節の主題である中小企業における女性の活躍を推進する取り組みとしては，この「委員会制度」の中の一つである「男女共同参画委員会」がある。

### いかにして女性活躍推進の取り組みにたどりついたのか

　埼玉県出身の偉人である渋沢栄一翁を20代の頃から尊敬する斉之平社長は，渋沢翁の「これからは，女性が活躍できる社会でないといけない」といった考え方に大きな影響を受けた。また自らも「確かに，女性が活躍する社会が来る」と考え，常々，経営にも生かそうと考えていた。斉之平社長は埼玉県の仕事に携わるなかで，埼玉労働局長とともに女性の活躍をどのように推進するかを考える「多様な働き方のシンポジウム」にパネラーとして参加する機会があった。また埼玉労働局の均等推進委員を長年にわたり引き受けたり，「埼玉版ウーマノミクス推進委員会」の座長を務めたり，さらには21世紀職業財団からの情報提供など，さまざまな機会によって，男女共同参画についても勉強をしていったという。

　もともと三州製菓は，従業員の8割近くが女性の職場であり，女性の能力を活かすことが企業の成長にとっても必要不可欠な環境であった。また三州製菓の商品を購入される方の多くが女性であることから，消費者目線での商品開発が求められる企画室において，女性の活躍を推進し彼女らのやる気を引き出していった。

## 具体的な活動事例

　これらの女性活躍を推進する取り組みも，すべてが順調だったわけではない。それまではともすると，「大事な仕事，重要な仕事」はすべて男性従業員が受け持ち，女性従業員は書類の取りまとめやワープロ作業などの「男性従業員の補助的な仕事」を担当しがちであった。また，「女性はどうせすぐ辞めてしまう」と考えられて，教育や研修の機会も限定的であった。さらには，女性を強引に引き上げれば，男性にとっては「逆差別」と受け止められることもあったという。そうした時にも斉之平社長は一切ぶれずに，朝礼などの機会をとらえて「女性の活躍を推進することが会社の方針である」ことを従業員に発信し続けた。忙しい時はつい「売上目標の達成」といった目の前のことのみに話題が集中しがちであるが，そうした時こそ，社長自らが「女性の活躍推進が会社の方針である」ことを明確に言い続けることが，逆に男性のモラールを上げることにもなるという。

板垣千恵子
総務部マネージャー

　そのあたりの実情を，男女共同参画委員長の板垣千恵子・総務部マネージャーにもうかがった。板垣マネージャーが三州製菓に入社した20年くらい前は，女性が「子どもの学校関係の行事で休みたい」と言うと，あまりいい顔をしない上司も中にはいたという。斉之平社長の号令で約10年前に男女共同参画委員会ができて，その委員長に任命された板垣マネージャーは当初，「女性を参画させて，何かをやるんだ」程度の知識であり，「男女共同参画ということ自体，私自身もよくわからなかった」と言う。実際にどこから手をつけていいかわからなかったが，斉之平社長からは「まずは勉強に行ってきなさい」と言われ，埼玉県庁で開催されていたセミナーや21世紀職業財団からの情報提供などによって勉強し，徐々に知識を蓄えていった。その結果，まずは「職場風土づくり」が大切であることに気づき，初めの2年くらいは委員会として「職場環境を良くしましょう」というところから発信を始めた。そうした時に全体朝礼の場で，「みんなで力を合わせて，働きやすい会社づくりをしましょう」と斉之平社長がわかりやすく全社員に説明してくれることによって，男性社員の意識にも変化が現れてきた。トップの発信が常にバックアップとなって，徐々にではあるが女性活躍推進の考え方が，全社員に浸透していったのだという。

　ここで役立ったのが，以前からあった「一人三役制度」だった。一人で複数の役割を担当することができるようになる，つまり「人材の多能工化」である。これはお互いに自分の仕事を教え合うことであり，それによって職場のコミュニケーションが活発になり，相手を思いやる「お互い様意識」が自然に芽生えた。自分が休んだ時は誰かが自分の仕事をカバーしてくれるようになるとともに，カバーしてくれた人が次の機会に休む際には「この間手伝ってくれたから，今度は私がやっておくよ」という「良い職場環境の好循環」が生まれた。

　ある時，1年半の育児休業を予定している女性社員のAさんがいた。Aさんの仕事のすべてをBさん一人でカバーすることは無理なため，部門みんなで対応策を考え抜いた。そこでその部門は，「Aさんのすべての仕事のたな卸し」を始めたという。「この部分は一番重要な仕事だから，Bさんに担当してもらう」とか，「この仕事は必要だから，Cさんに担当してもらいましょう」，「この仕事は不要だからなくしましょう」ということを全員で検討した。Aさんの仕事をカバーすることになっていたBさんに聞いたところ，「Aさんの仕事の全部を私が担当することになっていたら，到底できなかった」と言っていたという。また他のメンバーからは，仕事のたな卸しをみんなでやることによって「自分自身の仕事の中にも，不要な仕事があるのではないか？と見つめなおすいい機会にもなった」という声が聞こえてきた。

## キャリアデザイン支援者（特に同様の取り組みをされている企業・キャリア支援者の皆様）へのアドバイス

　女性活躍の推進についてのアドバイスを斉之平社長にうかがったところ，「中小企業の場合は社長のリーダーシップが第一だ」という。いかにして社員のモチベーションを上げるような仕組みをつくっていくか，たとえば三州製菓の場合では「一人三役制度」や男女共同参画委員会などの「社内の推進組織」，そして女性にも男性と同じ「教育機会を提供すること」が大切だという。そしてそれらによって，徐々にではあっても成果が見えることが，「女性の活躍がうまくいっている状態」と言えるという。三州製菓でいえば，女性の企画によってヒット商品が生まれる，といった状態である。

　板垣マネージャーには，働く女性に伝えたいことを敢えてうかがってみたところ，「権利ばかりを主張していてはその権利さえも失うことになってしまう，ということをわかってもらいたい」という言葉が返ってきた。セミナーで聞いた他社の事例では，女性が権利ばかりを振りかざしているとその部署のコミュニケーションが悪くなったという。たとえば，短時間勤務制度を利用している女性社員の裏には，彼女の仕事をフォローしてくれている別の社員の存在があるわけであり，その人の気持ちも込みでわかってあげられないと，いくら良い制度があっても活きる制度にはならない。やはりお互いに思いやりの気持ちと感謝の気持ちを持っていなければならない，と感じているという。

　逆に，世の働く男性社員に伝えたいことをうかがうと，「男性には長時間勤務ができても，女性にはそんなことは無理だと思う」ということだ。働く女性であっても帰宅後に夕食の支度をしている家庭が日本にはまだまだ多く，男性が少しでも早く帰宅して奥様の手伝いができるような，そんな職場づくりをして欲しいと感じているという。ちなみに三州製菓の男性社員のアンケートによると，食事の後片付けとか，風呂掃除とか，トイレ掃除とか，庭の手入れなど，何らかの手伝いをしているという。中には，「私は洗濯物をたたむのが大好きなので，それは私の仕事です」と書いてきた男性社員もいて，7割から8割の男性が何らかの家庭の仕事をしているのだという。

　女性社員自身による積極的な会社変革への取り組みに加えて，それを支えるトップのコミットメントと社員に対する継続的な発信が，男性社員の意識を変え，ひいては職場のコミュニケーションを活性化するのであろう。それらの「良い職場環境の好循環」につながる取り組みを継続していくことが，多様な働き方が求められるこれからの社会の中で生き残る企業のヒントと言えそうだ。

## 9. 女性のキャリアデザイン②
### 働く女性たちを側面から支えて
### 特定非営利活動法人ジャパン・ウィメンズ・イノベイティブ・ネットワーク

寺村絵里子（取材・執筆）

　本節では，女性のキャリア形成を支援する事例として，「特定非営利活動法人ジャパン・ウィメンズ・イノベイティブ・ネットワーク」（NPO法人J-Win，以下「J-Win」と表記）の取り組みを取り上げる。J-Winの目的は主に2つある。第一に企業の「経営戦略」としてのダイバーシティ[1]・マネジメントの促進と定着を支援すること，第二に会員企業で働く女性社員からリーダーとなる人材を育成していくための女性側の意識醸成を支援することである。

　J-Winの会員企業は主に大企業や外資系企業が中心であり，女性活用の観点からは先進的な取り組みをしている企業が多い。これらの先進的な取り組み事例は，日本を代表するような大企業においてはすでに浸透しつつあるとはいえ，日本の民間企業でいかに女性が定着し活躍することができるか，という点で多くの示唆が含まれている。今後，中小企業や多様な人材活用がなかなか進まない企業にいても，本節で紹介するような取り組みの応用が必要となるだろう。

　J-Winにおける取り組みを表すキーワードは「D&I」（ダイバーシティ＆インクルージョン　以下「D&I」と表記）推進である。単に女性活躍推進支援だけにとどまらないこと，また企業風土の改革を通じて個人がより能力を生かし，組織に貢献することが企業の「経営戦略」である，とする点が注目すべき点である。

### 組織概要・憲章・NPO法人化までのあゆみ

NPO法人 J-Win
広報担当部長　海老原有美氏

　まず，組織の概要などについて，広報担当部長・海老原氏にお話をうかがった。J-Winは2005年に日本IBMを中心とした企業約50社が集まり，女性管理職（候補生を含む）の相互交流と自己研鑽を目的に活動する任意団体として発足したものである。その2年にわたる活動の後，より中立的な立場でより多くの企業の変革を支援していくために2007年4月にNPO法人として新たにスタートした。2013年7月時点における会員企業数は101社にのぼり[2]，企業リストを見ると日本国内の名だたる大企業，また外資系企業が名前を連ねている。D&Iに積極的に取り組み，これからさらに女性管理職登用などを含めた活用支援が本格化するであろう企業群である。

　活動の大きな柱は2点ある。第一の柱は，会員企業から選出された管理職候補の女性メンバーが参加するネットワーキング活動であり，第二の柱は会員企業のD&I推進を支援する活動である。これらの活動の他にも，姉妹組織である米国のカタリストなど海外の諸団体との連携も行い，グローバルに活躍できる人材の育成もねらいとしている。

　J-Winの最終的な目標は，第一にD&I推進支援を通じて会員企業の競争力強化への貢献であり，第二に今日のグローバル社会で活躍できる女性リーダーの輩出である。これらの活動を通

---

1) ダイバーシティ：多様な属性（性別，年齢，国籍など）や価値・発想を取り入れることで，ビジネス環境の変化に迅速かつ柔軟に対応し，企業の成長と個人のしあわせにつなげようとする戦略（日本経団連，2002）。

2) 一般会員企業の他，スポンサー会員（9社），協賛会員（6社）がある。なお，文中のデータおよび役職名は2013年7月現在のものである。

じ，多様な個性が力を発揮できるダイバーシティ社会の実現に寄与していくことを目指している。

### 組織・体制・メンバー

J-Win は理事長の内永ゆか子氏のもと，現在 14 名で企業支援を行っている。組織は先述した 2 つの柱である「女性リーダー育成活動」と「企業内 D&I 推進支援活動」の他，「社会への発信活動」として講演会やセミナーなどの活動も行っている。その他に，理事会やアドバイザリーボードメンバーなどもおかれている。

### 具体的な活動事例（特徴，苦労・困難，キャリアデザインへの視座など）

まず，第一の柱である「女性リーダー育成活動」についてネットワーク事業担当・久恒氏にお話をうかがった。

女性リーダー育成支援のキーワードは「Women to the Top!」である。つまり，女性が働き続けるだけでなく，女性のリーダーマインドを醸成し，組織のトップを目指す働き方をしようという試みである。具体的には定例会，分科会，国内研修合宿，海外研修，ラウンドテーブルと多様な活動を行っている。対象者は会員企業で働く女性である。会員企業から管理職，または管理職候補生の女性をそれぞれ 2 名から 10 名程度選出し，2 年間にわたりリーダー意識を醸成している。また，2 年間の活動後も中間管理職の女性を対象とした「Next Stage」があり，さらにその上には執行役員以上の女性を対象とした「エグゼクティブ・ネットワーク」と 3 層に分かれたネットワークがあり，企業横断型の積極的な活動を展開するとともに 3 層の交流も行っている。登録女性メンバーは約 270 名，卒業生は約 750 名にのぼる。

NPO 法人 J-Win
ネットワーク事業担当
久恒美幸氏

この取り組みの一番の意義は，さまざまな女性リーダーに接することにより，具体的な自分のキャリアをイメージできたり，具体的に考えられるようになることだという。実際に参加した女性からは，2 年間にわたる活動を通じて大きく成長し，リーダーになるという気持ちが「覚醒する」様子がうかがえるという。J-Win はきっかけを提供する場であり，そこから何を学ぶかは個々人の意識次第ということである。

一方，このようなネットワーキング活動を支える立場として，異なる業種・職種の女性達が，自身の会社での業務には直接的には結び付かない「分科会」などのプロジェクトにおいて，自発的に動き学ぶように促し仕掛けていくことの難しさも挙げられた。

次に，第二の柱である「企業内 D&I 推進支援活動」について D&I 推進支援担当・神田氏にお話をうかがった。

J-Win 活動のもう一つの柱として，企業の「経営戦略としての D&I」推進を支援する活動を行っている。活動の対象は企業の人事部もしくは専任部署がおかれている場合は D&I 推進担当部署の責任者および担当者の方々である。

主たる活動である「J-Win ダイバーシティ・アワード」は D&I の先進企業を表彰し，企業における D&I の一層の推進と浸透を目指して 2008 年から実施している。また，アワードに応募した企業には，自社の D&I 推進の現状値を把握できる企業別のレポートを後日フィードバックし，これをもとに各社は自社の現状把握と課題が確認できる。表彰された先進企業の事例は勉強会などにおいて会員企業内で共有している。2011 年からは企業賞に加え個人賞を新設し，企業内で D&I を推進している個人を表彰する取り組みも行っている。

その他の活動としては，企業の D&I 推進責任者・担当者を対象とした会議，テーマ別の勉強

NPO法人 J-Win
D&I推進担当　神田幸代氏

会，ラウンドテーブルなどの実施がある。また，各種調査の実施や先進事例の研究なども行っている。

神田氏は，これらの支援活動を通じて，企業が「経営戦略としてのD&I」を推進し，「継続的に女性リーダーを輩出」していくこと，そしてダイバーシティの第一歩である女性活躍を推進し自由闊達でオープンな企業風土を醸成していくことに寄与していきたいとのことである。

## キャリアデザイン支援者（企業経営者や人事部門）へのアドバイス

J-Winにおける取り組みは，企業の人事担当者や働く女性たちを，さまざまな活動を通じて，企業内からではなく側面から支えていると言える。企業で働く女性を支援する立場にある久恒氏からは，女性はキャリアを継続していくことをあきらめないで働き続けてほしいというメッセージがあった。

また，D&Iを推進支援する責任者・担当者を対象とした活動をしている神田氏からは，企業によりD&Iの実情や課題はさまざまであるが，「J-Winダイバーシティ・アワード」などをD&I推進の現状を定期的に点検する「年に一度の健康診断」として活用し，自社の取り組みを継続的に確認・改善することで「経営戦略としてのD&I」の一層の推進を目指してほしいとのことであった。

さらにD&Iが浸透するかどうかは「経営トップの姿勢にかかっている」とのことであった。経営トップがD&I推進は企業の経営戦略であるというメッセージを発信し続け，女性だけでなく管理職の意識を変えていくことが重要であるということであった。D&Iが浸透している企業では，経営トップの思いを汲んで推進実行部隊が中心となり具現化が上手に行われている。また，女性自身も経営戦略としてのD&Iの意義や会社からの期待をしっかりと受け止め，求められることに対する成果を示し成功体験を積み重ねることが必要である，とのメッセージをいただいた。

## まとめ

J-Winの取り組みからは，ただ女性が働き続けることを支援するだけでなく，企業という組織においてどうすれば女性が貢献できるか，という視点を持つべきであるということに気づかされた。

J-Win理事長の内永氏は講演や著書の中で以下のように語っている。

「日本におけるD&Iはここ数年で驚くほど進展し，企業の制度などもかなり整備されてきた。ただ一方で多くの経営者が，女性側が昇進のチャンスを固辞する傾向にあるのも事実であると指摘している。職位が上がれば責任も重くなるが，仕事から得られるものはそれ以上に大きいということを是非多くの女性に知ってほしい。チャンスが来たら，ぜひともつかんで欲しい」とメッセージを送っている。

これらの取り組みは，シェリル・サンドバーグ（Sandberg, 2013）が主張した，女性は自らのキャリア形成を遠慮してしまうのではなく，「Lean In（勇気を出して一歩前へ）」すべきというメッセージと共通するところがある。企業という組織の変革と，働く女性自身の変革が求め

---

3）日本政府が政策・方針決定過程への女性の参画の拡大を目的とし定めた数値目標。2020年までに，指導的地位に女性が占める割合が少なくとも30％になるよう期待し，各分野の取り組みを推進。各分野で積極的改善措置に自主的に取り組むことを奨励するもの（内閣府，2005）。

られる。

　日本政府は2020年までに女性の管理職比率を30%に引き上げるとの数値目標（「202030」）[3]を立てているものの（内閣府，2005），2013年時点における日本の女性管理職比率はわずかに11.9%でありその歩みは遅い。さらに，この数値にはすべての職階の管理職が含まれており，職階が高くなるほど女性比率は低くなり，民間企業の部長相当では4.9%に過ぎない[4]（内閣府，2013）。この比率を上げていくには，今回対象となったような先進的企業をはじめとし，それぞれの企業が女性の離職率を抑え，さらに管理職比率を少しずつ上げていくことの積み重ねが必要である。

　J-Winの活動を経た女性が企業内で昇進していくためには時間が必要である。また企業には人材を長期的な視点をもって育成する姿勢が求められる。「多様な」人材を生かす企業風土づくりという観点から捉えなおすと，働き続けてきた女性だけでなくいったん離職した女性の再雇用等を視野に入れてもいいだろう。日本では女性の過半数は出産時に一度離職しているため，働き続けた女性は一定のバイアスを持っている。同じ会社に勤め続けた女性だけを活用するよりも，多様な経験を積んだ女性を活かすという考え方はよりD&Iの理念に沿うだろう。働き続ける女性だけでなく，いったん労働市場を離れた多くの女性の活用の場も必要とされている。また，女性自身も仕事から離れていた間の人的資本の低下を補う努力が求められる。高齢者や障碍者，外国人など多様な人材活用も道半ばである。さらに，昇進を可能とした女性たちが，後に続く後輩を育て，ロールモデルとなるようになってはじめて，企業にD&Iの理念が根づいたと言えるだろう。

---

　4）厚生労働省『賃金構造基本統計調査』による。

**引用文献**
内閣府（2005）．男女共同参画基本計画（第2次）　内閣府男女共同参画局
内閣府（2013）．男女共同参画白書　内閣府男女共同参画局
日経連（2002）．ダイバーシティ・ワークルール研究会報告書
Sandberg, S.（2013）．*Lean in: Women, work, and the will to lead*. New York: Knopf.（川本裕子（序文）村井章子（訳）
　　（2013）．LEAN IN（リーン・イン）女性，仕事，リーダーへの意欲　日本経済新聞出版社）

# 10. 高齢者のキャリアデザイン
## 独自の発想による高齢者雇用
## 株式会社加藤製作所

川﨑友嗣（取材・執筆）

　本節では，高齢者雇用を積極的に進めている企業として知られる株式会社加藤製作所における実践を取り上げる。2013年9月に同社を訪問し，社長の加藤景司氏にヒアリングを行った。高齢者雇用がうまくいっている背景には，職場環境の改善と世代間交流がある。そして，これらの根幹には，社長の高齢者雇用に関する明確な考え方や姿勢が重要な役割を果たしていると考えられる。

### 会社概要・経営理念・沿革

　株式会社加藤製作所[1]（岐阜県中津川市）は1888（明治21）年，鍛冶屋「かじ幸」として創業し，1954（昭和29）年に有限会社加藤鉄工所を設立，1973（昭和48）年に株式会社加藤製作所となり，今日に至っている。創業以来，正月の仕事はじめには，神棚に奉納する鉾を打つことを慣わしとしている。その「匠のこころ」を受け継いで，今日では，①複雑な板金順送加工，②絞り加工，③フォーミング加工，④巻締め加工という4つの技術を駆使したプレス板金部品の総合加工メーカーとして，家電製品，環境製品，自動車部品，住宅インテリア・物流製品そして航空機製品を製造加工している。「喜びから喜びを」を経営理念[2]とし，「仕事を通じ社員とその家族，協力会社，お客さま，多くの皆さんの喜びを私たちの喜びとする会社」を目指している。社員が満足していなければ，顧客を満足させられないというのが社長の持論でもある。2014（平成26）年4月現在，社員数はパートを含めて108名（男性85名，女性23名）であるが，このうちパートとして働く60歳以上のシルバー社員が52名を占めている。

### 高齢者雇用の取り組みとたどりついたきっかけ
#### 1. シルバー社員制度の導入

　加藤製作所は，2002（平成14）年より土日祭日に60歳以上のシルバー世代が中心になって工場を稼働する仕組みをスタートさせた。「土曜・日曜は，わしらのウィークデイ」と題するチラシを配布し，「意欲のある人求めます。男女問わず。ただし年齢制限あり。60歳以上の方」を募集したところ，100名を超える応募・問い合わせがあり，予想以上に大きな反響を呼んだ。

　こうしてシルバー社員制度[3]が導入され，一般社員が休む土日祭日はシルバー社員に任せて，365日稼働する「ものづくりのコンビニエンス・ファクトリー」を実現するとともに，シルバー世代に「いきがいと収入の道を提供する」という目標を達成した。少子高齢化時代における雇用のモデルケースの一つとして注目され，2002年に全国高齢者雇用開発コンテストで厚生労働大臣賞最優秀賞を受賞している。

---

[1] 1991年7月に労働基準局長優良賞，1997年7月に労働基準局長功労賞，2001年11月に労働基準局長努力賞を受賞した後，2002年1月には全国高齢者雇用開発コンテストで厚生労働大臣賞最優秀賞を受賞しており，「日本一の高齢者雇用企業」（加藤，2013）として知られる。

[2] 経営基本方針は次のとおり。1.人財育成「モノづくりは人づくりから，教育を重視し，誇り高い人間集団を目指します」2.環境整備「環境整備を基本とし，働きやすい職場，労働条件の良い会社を目指します」3.本物の技術と製品「技術力を高め，開発力をつけて真心込めた製品製作・販売を目指します」

[3] この制度の導入の背景やエピソード，経営理念の詳細などについては，加藤社長自身による次の著書に詳しい。是非参照されたい。加藤景司（2013）．『「意欲のある人，求めます。ただし60歳以上」—日本一の高齢者雇用企業・加藤製作所，躍進の秘密—』PHP研究所

## 2. 制度導入の背景

　シルバー社員制度のアイディアは，加藤社長が専務取締役時代に構想したものである。その背景には，2001年当時の会社がおかれた事情が関係している。この時期はバブル経済崩壊後であり，全国で中小企業の倒産が相次いでいた。それにもかかわらず，加藤製作所では取引先からの注文が相次いでいた。多品種少量生産に対応するとともに，高い技術精度を持ち，「精密順送のKATO」[4]「深絞りのKATO」[5] とも呼ばれて，プレス板金の加工技術が高く評価されていたからである。低コストと短納期を求められるなかで，土日も工場を動かして稼働率を上げることが経営会議で提案された。しかし，肝心の土日に働く担い手がいなかった。

　とりあえず，土日だけ働くパート社員を新たに探し求めていたところ，専務時代の加藤社長はある調査結果を知る。地元の中津川市では高齢者の就労率が高く，また就労を希望しながら，その機会を得られていない高齢者も多かったのである。そこで，「年金が満額もらえる範囲で，働く意欲のあるシルバーの方に会社に来ていただければ，工場の稼働率が上げられる。それで働く意欲のあるシルバー世代の方にいきがいと収入の道を提供できればまさに一石二鳥ではないか」と考えて，先に述べたチラシによる募集に踏み切ったという。

## 具体的な活動事例

　高齢者に関する調査結果に出会ったのは偶然かもしれないが，シルバー社員制度がうまく定着したのは，単なる僥倖ではない。社長の高齢者雇用に関する考え方やそれに基づく経営努力，職場の雰囲気づくりが大きく関与している。

### 1. 職場環境の改善

　採用されたシルバー社員は，すべて未経験者であった。退職した経験者を雇用したわけではない。これは驚くべき事実である。実のところ，社長自身も「できれば製造業の経験者で，プレスや溶接作業をやったことのある方を優先に」と考えていたにもかかわらず，採用されたのは未経験者ばかりであった。スキルや経験ではなく人柄で選んだ結果だという。これまでの人生で苦労していても，それをポジティブに捉えることができる前向きで明るい人たちが採用された。

　しかしながら，プレス加工という専門的な分野で，60歳以上の未経験者を集めて仕事を教えていくのは並大抵ではない。機械設備や工具にもなじみがないので，「ハンマーを持ってきて」といった簡単な指示すら通じない。社内には，高齢者に働かせるのは危険ではないか，長続きしないのではないかといった懸念の声もあったが，加藤社長は時間とコストをかけて，高齢者が働きやすい環境と仕組みを整えていく。たとえば，シルバー社員2名に1名の正社員を教育係として配置し，根気よく仕事を教えた。若手社員より時間はかかるが，シルバー社員はミスを繰り返しながら，少しずつ仕事を覚えていく。その過程において，ミスの背後にはさまざまな環境条件の問題があることが見えてくる。

　そこで，工場内のバリアフリー化に取り組むとともに，照明を明るくしたり，冷風機や暖房器具を取り付けたりした。また，プレス加工で形成した穴の内側にねじの溝を刻むという作業があるが，この工程で数を間違えるというミスが特に続出したため，必要な数だけ作業が終わ

---

　[4] 複雑な板金順送加工は加藤製作所の得意とする分野の一つである。精密順送プレスラインを使って，住宅用外壁パネルの止め付け金具，車載用レーザー無線機の取り付け金具など，「曲げ」「折り」「合わせ」が複雑に絡み合う部品を製作している。
　[5] プレス加工で最も難しいとされる絞り加工も加藤製作所の得意分野である。「ヒケ」「シワ」「ワレ」といった絞り加工の際につきまとう難問をクリアできる高度の技術を有している。特に板厚減少を極力おさえられる技術は専門的精度を要求される航空機分野でも評価され，主翼部品に採用されている。

ったらブザーで知らせる装置を取りつけるといったように，シルバー社員の作業をサポートする設備の導入や環境の改善に取り組んだ。マッサージチェアまで購入しているのである。

　設備を整えて，環境を改善するのに数千万円が投資された。これらの環境整備にあたっては，「高齢者のための職場バリアフリー助成金」「特定求職者雇用開発助成金」など多種類の助成金を有効に活用している。このように積極的に環境の改善に取り組んだ点は評価に値するが，これが実現できたのは，「高齢者が働きやすい環境は，すべての人が働きやすい環境である」と考える社長の信念があったためであろう。実際のところ，この投資はシルバー社員以外の社員にもプラスになり，企業全体の仕事の効率が向上したという。

### 2. 世代間交流

　職場環境の改善に加えて，シルバー社員制度を成功に導いたのは，若手社員とシルバー社員との世代間交流である。

　シルバー社員は覚えるのは遅くても，ねばり強くてあきらめずにコツコツと作業に打ち込む。これに対して，若手社員は飽きっぽく，雑な作業をする場合もあるという。隣でシルバー社員が真剣に仕事をしている姿を見て，若手社員の意識も変化していく。シルバー社員とともに働いていると，仕事に対する姿勢から学べる点が多い。一方，シルバー社員も若手社員と一緒に仕事をするのを喜んでいるという。若手が得意な作業もあれば，逆に苦手な作業もあり，シルバー社員にも得手不得手がある。職場をともにしていると，時間が経つにつれて，いわば世代間交流が促進され，お互いに好影響をもたらしていく。

　「若手社員から高齢者までベストミックスの職場環境」（加藤，2013）にはさまざまな波及効果があり，結果として，若手もシルバー世代も生き生きと働く職場が実現した。シルバー社員の声[6]からも，その様子がうかがえる。これこそ地域のコミュニティを復活させるきっかけになるのではないかと社長は期待している。

　このような変化についても，高齢者雇用に関する社長の考え方が大きな力を発揮している。社長は高齢者を単なる労働力とは見なしておらず，10年後の計画をシルバー社員にも伝えるなど，「思い」を共有しようという姿勢を示す。それがシルバー社員に伝わり，若手社員にも好影響をもたらしていると考えられよう。重い台車を引っ張っているシルバー社員を助けるなど，若手社員の意識にも変化が見られてくる。社長の姿勢が職場の雰囲気づくりにつながっている。ダイバーシティの効用とも言えるだろう。

### 3. 制度の変遷

　シルバー社員が土日祭日に働くという状況が続いたが，リーマンショックを契機として，残念ながら仕事が3割程度減ってきたことから，現在では土日ではなく，シルバー社員が平日のパート社員として働く制度を設けている。シルバー社員制度が形を変えて，定着したと言えるだろう。

---

[6] ①「私ね，働くことには何の躊躇いも感じないの。だから，すぐに面接してもらおうと思って。最初は"あと1年くらい働こうかな"ってくらいの軽い気持ちだったんだけど，それがもう10年も経っちゃって（笑）。いまは仕事が生きがいなの。こんな年寄りを使ってくれる職場に出合えて，幸せですね。仕事にいくのが楽しみで仕方ないんです」[74歳女性]

②「いいですよ〜，若い子と一緒に仕事できるのは。こっちも若い気分になっちゃう。たまに若い子のマネをしてね，キャップの庇を丸く変形させたり，いま履いている靴下も若い子が履くような短い丈のやつなんだよ。かっこいいよっていうから，"よし，やろ！"ってね」[69歳男性]（加藤，2013）

## キャリアデザイン支援者へのアドバイス

加藤社長にうかがったところ，次のアドバイスをいただいた。

### 1. 他の企業へ

どの会社にも，その会社に合った高齢者の働き方があるはずなので，自分の会社に適した高齢者雇用のあり方を工夫していただきたい。そのためには，何のための高齢者雇用かということをトップが明確に位置づけることが必要である。単に安い労働力と見なすのではなく，高齢者の経験を高く評価し，経営理念に基づいて，肯定的に捉える必要がある。このような条件をつくり出すことができるのはトップだけである。

### 2. 高齢者へ

高齢者は支えられる側というイメージが強いが，これからは支える側でもある。スキルや技能を生かして社会に恩返しをできる時代である。キャリアを生かせる場所を見つけてほしい。高齢者の経験は幅広く生かすことができる。継続雇用や再雇用にこだわらないで，自分の経験を生かしてほしい。働く意欲があって，積極的にチャレンジすれば，経験していないこともやれる。職業経験で得たスキルや能力は，異なる分野でも生かすことができる。加藤製作所の事例はそれを示している。

## コメント

本報告は，企業側からみた高齢者雇用の好事例である。高齢者をポジティブに捉え，その労働力を積極的に活用しようという明確な社長の方針が職場の環境改善や雰囲気づくりを促している。その結果として，シルバー社員に「いきがいと収入の道を提供する」とともに，企業はコストを削減して稼働率を向上させるという「一石二鳥」を実現している。企業とシルバー社員との間に，Win-Win の関係が築かれたと言える。しかし，これだけでなく，若手社員にも波及効果が見られる点が注目される。職場環境の改善を通して，仕事の効率が全体的に向上するとともに，若手社員とシルバー社員の世代間交流によって，職場の活性化が図られている。

本事例を高齢者のキャリアという視点から見れば，自律的な高齢者のキャリアデザイン支援と見なすことができる。キャリアデザイン支援は慈善事業ではない。企業側が高齢者の働く意欲と経験を積極的に活用することによって，高齢者自身のキャリアデザインの実現を支援した好事例と言えるだろう。シルバー社員は企業を支えることによって企業に支えられており，企業もシルバー社員を支えることによって高齢者に支えられている。自律的・主体的な両者の互恵的な関係を通して，高齢者のキャリアデザイン支援が実現している点が注目される。

加藤景司社長

**引用文献**

加藤景司 (2013).『意欲のある人，求めます。ただし 60 歳以上』—日本一の高齢者雇用企業・加藤製作所，躍進の秘密— PHP 研究所

# 11. 障害者のキャリアデザイン
## 仕事能力を引き出し戦力化する富士ソフト企画株式会社

眞保智子（取材・執筆）

### 障害者雇用の現状と課題

日本の障害者雇用の特徴は，第一に，障害者の雇用の促進等に関する法律（以後，障害者雇用促進法）により，企業や官公庁などに「法定雇用率制度」による割当雇用を義務づけている点である。平成25（2013）年6月13日の衆議院本会議において「障害者の雇用の促進等に関する法律の一部を改正する法律案」が，全会一致で可決され，改正法が成立した。平成30（2018）年4月1日から精神障害者（精神障害者保健福祉手帳所持者）を対象とした法定雇用率の「算定基礎の見直し」[1]の施行が予定され，法定雇用率は平成25（2013）年の改定に続き，さらに上昇することがほぼ確実とされている。

<現在の算定式>

$$法定雇用率 = \frac{身体障害及び知的障害である常用労働者数 + 失業している身体障害者及び知的障害者の数}{常用労働者数 - 除外率相当労働者数 + 失業者}$$

↓

<平成30年4月1日以降の算定式>

$$法定雇用率 = \frac{身体障害・知的障害及び「精神障害」である常用労働者数 + 失業している身体障害者・知的障害者及び「精神障害者」の数}{常用労働者数 - 除外率相当労働者数 + 失業者}$$

第二に企業間の経済的負担の調整を図る視点から「納付金・調整金制度」[2]を導入していることである。雇用が足りない企業からは納付金を徴収して，多く雇用している企業には，それを原資に調整金を支払う。

第三に「重度障害者の雇用促進制度」を挙げる。たとえば特例子会社の設立や重度障害者を対象に雇用率算定の際にダブルカウントを認めている点である。障害者雇用施策には，アメリカのADA法[3]に代表される差別禁止法制と法定雇用率制度がある。一見差別禁止法制の方が，雇用は進む印象があるが，わが国は法定雇用率制度に基づくダブルカウント制度などにより，差別禁止法制をとっている国々よりも重度障害者の雇用が進んでいるとされている。

平成25（2013）年の厚生労働省の集計結果[4]によれば，雇用障害者数は40万8,947.5人で前年より7.0%（26,584.0人）増加している。また実雇用率は1.76%で前年より0.07ポイント上昇，

---

1) 2018（平成30）年4月1日から精神障害者（精神障害者保健福祉手帳所持者）を上記のように法定雇用率を算出する計算式の分子に精神障害者を加える改定が予定されている。
2) 平成27（2015）年からは常用労働者数100人超え200人以下の規模の企業をも制度の対象となり適用範囲が拡大される。
3)「障害をもつアメリカ人法 Americans with Disabilities Act」は1990年に制定された。
4) 障害者雇用促進法では，1人以上の身体障害者又は知的障害者を雇用することを義務づけている事業主等から，毎年6月1日現在における身体障害者，知的障害者及び精神障害者の雇用状況について報告を受けることとなっている。

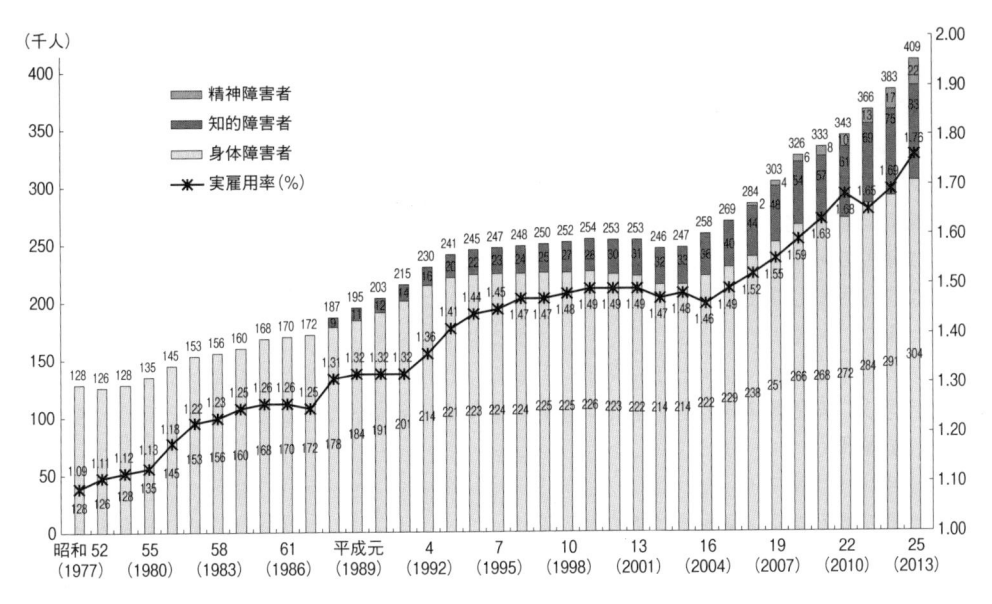

**図1 障害者雇用の推移**（厚労省発表資料より筆者が作成）

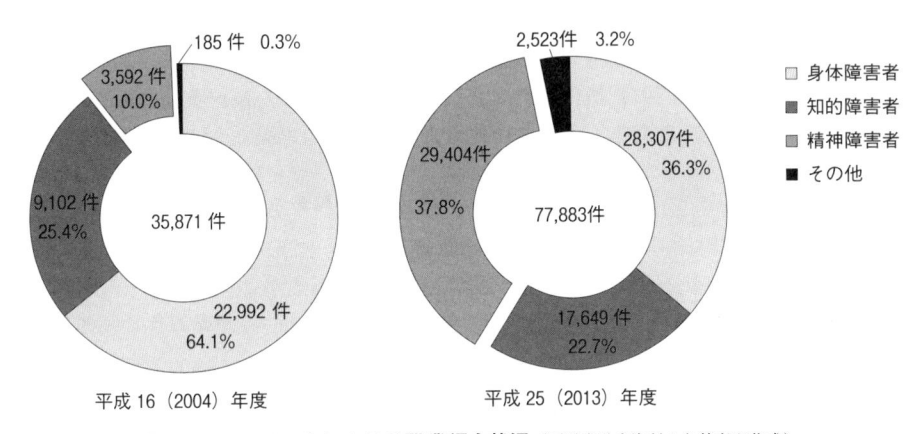

**図2 ハローワークにおける職業紹介状況**（厚労省発表資料より筆者が作成）

雇用障害者数と実雇用率はともに過去最高を更新している。

一方で，法定雇用率を達成した企業の割合は42.7％と前年より4.1ポイント低下した。これは平成24（2012）年5月に，厚生労働省の労働政策審議会が，障害者雇用促進法第43条第2項に基づく雇用率の見直しを行うことを了承する答申がなされたことにより，民間企業などの法定雇用率が，平成25（2013）年4月1日からそれぞれ0.2％引き上げられたことが影響していると考えられる。だが，図1に示したとおり，障害者雇用は着実に進展していると考えてよいだろう。

今後の雇用率の改定に向けて雇用の場で課題となるのが精神障害者である。図1でも確認できるように2006年4月1日より精神障害者も雇用率の算定の際に，企業などが雇用率にカウントできるようになってから，全体に占める人数はまだ多くはないが高い伸び率で推移している。そして近年ハローワークにおける職業紹介の状況が大きく変化している。平成16（2004）年度にはハローワークにおける職業紹介状況で見ると全体の10％程度であった精神障害者が平成25（2013）年度では全体の4割に迫るまでに増加し，身体障害者の就職件数を初めて上回った。法改正とそれを支える雇用促進施策により求職者が増加し，採用も確実に増えてきてい

る。

　法定雇用率は，これまで37年間をかけて0.5％の引き上げが行われてきた。しかし前述のように平成25（2013）年，そして障害者雇用促進法の改正により5年後の平成30（2018）年の改定とこれまでに例のない短期間に連続しての引き上げがなされる。また，平成24（2012）年に障害者虐待防止法，平成25（2013）年の障害者雇用促進法の改正は，雇用率の改定だけでなく合理的配慮提供義務の導入がなされた。そして障害者権利条約批准に向けた国内法の整備である差別解消法が平成27（2016）年に施行される。こうした複数の法改正の動きに対して，コンプライアンスや社会的責任の視点から企業としてどのように対応していくのかが大きな課題となっている。

## 雇用管理の工夫で精神障害者100名超を戦力化する特例子会社[5] 富士ソフト企画株式会社の事例

　個人がキャリアをデザインするとき，基盤となるのは組織内で一定期間，できれば関連の深い複数の仕事を経験し，蓄積した技能であろう。そのためには，労働者は一定期間企業に定着することが必要であるし，組織は利益を上げるために雇用した労働者の戦力化を意図した仕事配置を行うことが重要となる。そこで，企業が精神障害者を雇用した際に雇用率にカウントできる制度が導入される以前から，雇用を進め，戦力化する先進的企業の一つである富士ソフト企画株式会社（以後富士ソフト企画）の事例を紹介する。

　精神障害者は，企業にとって期待できる仕事能力を持っている。教育水準が高く，情報処理や会計，保険販売などの専門の資格保持者，TOEIC900点といった高い英語力を持つ人や企業での経験のある人も多い。ただし，こうした力も人間関係能力の脆弱さや薬の副作用でもある

**表1　富士ソフト企画株式会社の概要**

| 会社名 | 富士ソフト企画株式会社 |
|---|---|
| 本社所在地 | 神奈川県鎌倉市 |
| 従業員数 | 159人（障害者133人のうち精神障害者67人）平成23年11月30日時点 |
| 障害者雇用率 | 2.11％（グループ8社全体） |
| 事業内容 | 名刺作成，データ入力，ホームページ作成，サーバー管理，印刷物全般の製作，ダイレクトメール発送，生命保険・損害保険代理店業務，障害者委託訓練業務 |
| 仕事内容（精神障害者） | Web制作，データ入力，名刺・パンフレット等の印刷物制作，システム保守・管理，映像編集，研修講師，庶務業務等 |
| 特色 | 平成12年9月11日　　特例子会社認定<br>平成15年4月　　　　精神障害者の採用を進める<br>平成21年7月1日　　障害者雇用優良企業認証取得<br>平成21年9月2日　　「障害者雇用職場改善好事例」厚生労働大臣賞（最優秀賞）<br>平成23年9月7日　　「障害者雇用職場改善好事例」厚生労働大臣賞（最優秀賞） |

---

　5）特例子会社とは，身体障害者雇用促進法の1976年改正により，制度化された。親会社が一定の要件のもと子会社を設立し，その子会社が障害者を雇用した場合，雇用した障害者を親会社の法定雇用率に算入できる制度である。主な設立の要件は以下の5つである。①親会社は子会社の意思決定機関を支配していること，②親会社と特例子会社との間には人的関係が緊密（役員派遣など）であること，③障害者を新規に5人以上雇用し，なおかつ全従業員に占める障害者の割合が20％を越え，さらに障害者のうち30％は重度身体障害者か知的障害者であること，④障害者向けの雇用管理を適切に行うこと，⑤その他重度障害者の雇用促進や雇用の安定が確実に達成できると認められること，とされている。

集中力の弱さや継続力の不足（朝が弱い，月曜日が弱い，体調に波がある，など）に目がいき，せっかくの彼らの仕事能力が評価されにくかった側面がある。現場での観察やインタビュー調査から見える，仕事能力を引き出し戦力化する同社の雇用管理の要諦を3点紹介する。

第一のポイントは，障害者自身の「障害の理解」である。自分はどのような時に体調が悪くなるのか，服薬や通院をどのように考えているのか，体調が悪くなる予兆を自ら感じ取って，事前に相談ができるか，こうしたことを採用時に確認する。採用後も月1回のカウンセリングの機会を設け，継続的に確認していく。

第二のポイントは，ペアあるいは，グループでの仕事遂行である。躁，うつの波や体調不良のための欠勤に備えられる体制を整えている点である。

第三のポイントは，障害者同士のピアサポートを重要と考えている点である。知的障害者，発達障害者，精神障害者，身体障害者，障害の異なる社員が一緒に仕事をする環境をつくることで，それぞれの苦手な部分を互いに補い合う。そうしたなかで，精神障害者の薬の量が減る，身体障害のある社員の体調がよくなる，あるいは発達障害のある社員のコミュニケーション能力が向上したり，知的障害のある社員が落ち着きをもったりと，仕事を通じて互いの状況が改善し，定着が促される成果が出ている。

こうした配慮をすることで，富士ソフト企画ではDTP作業やweb制作，翻訳といった付加価値の高い仕事に配置し，戦力化している。また厚生労働省をはじめ企業や行政機関から精神障害者による休職者の復職訓練の事業を請け負い，自らの障害体験を踏まえた復職支援のプログラムを開発している。これなどは彼らの絶対的な強みを生かす仕事である。

## キャリアデザイン支援者へのアドバイス

必要な医療を継続的に受け，症状が安定している精神障害者は地域で職業生活を営む力を有している。平成24（2012）年医療施設（動態）調査・病院報告によれば，精神科病床の平均在院日数は291.9日となっており，先進国中最も長い在院日数と言われる。こうした状況は，市民に仕事をして地域で生活する精神障害者への理解を困難にしている側面は否めない。しかし，富士ソフト企画の事例のように，働くことが障害のリハビリテーションとなる事実は，誰もが障害を持つ可能性がある現代社会において，必要とされて「働く」，所属する組織で「戦力」になる，ということがいかに重く，他に替え難い機会であるのか。障害者のキャリアデザイン研究は緒についたばかりである。さらに具体的な仕事配分とそこで蓄積される技能を観察していくことは，障害者雇用の可能性を広げることに資するのである。

**参考文献**

厚生労働省（2013）．平成24年（2012）医療施設（動態）調査・病院報告の概況
　　<http://www.mhlw.go.jp/toukei/saikin/hw/iryosd/12/>
厚生労働省（2013）．平成25年障害者雇用の状況集計結果
　　<http://www.mhlw.go.jp/stf/houdou/0000029691.html>
高齢・障害者雇用支援機構（2008）．障害者雇用にかかる「合理的配慮」に関する研究—EU諸国及び米国の動向—　調査研究報告書，No.87, 33-42.
眞保智子（2014）．障害者の力を生かす雇用マネジメント　企業による障害者雇用の現状とその先の目指す姿　地域リハビリテーション，**9**(1), 49-52.

# 索引

## 事項索引

202030　*232*
20 大雇用　*215*
4S システム　*66*
4S 点検　*31*
boundaryless career　*50*
career self-reliance　*50*
CAVT　*160*
CDP（Career Develpoment Program）　*137*
CO-OP 教育　*10, 211*
CU（Corporate University）　*12*
D&I（Diversity & Inclusion）　*230*
ES（エントリーシート）　*193*
FD メンバー　*215*
GROW モデル　*38*
HRD（Human resource Development）　*12*
HRM（Human resource Management）　*11*
incentive　*9*
IPS（Individual Placement and Support）　*219*
LMX（Leader-Member-Exchange）理論　*13*
mommy track　*28*
motivation　*9*
M 字カーブ　*128*
NVQ（National Vocational Qualification）　*165*
OD（Organization Development ）　*12*
Off-JT　*12*
OJT　*12*
PBL（Project Based Learning）　*10, 37, 213*
person-environment fit　*76*
PM（Personnel Management）　*11*
principal-agent model　*9*
protean career　*50*
RJP　*86*
SD（Self Development）　*12*
SHRM（Strategic Human Resource Management）　*11*
SL（Service-Learning）　*10*
SOHO（Small Office Home Office）　*43*
VDL（Vertical Dyad Linkage）　*13*
win-win の関係性　*18*
WLB　*89*
YES プログラム　*88*

### あ行

アーチ・モデル　*85*
アウトプレースメント会社　*137*
アウトリサーチ型の支援　*154*
アセスメント　*18*
委員会制度　*227*
育児・介護休業法　*131*
育児座談会　*225*
委託型訓練　*163*
一貫性（パーソナリティ）　*77*
一致度（パーソナリティ）　*77*
異動希望申告制度　*222*
隠居　*56*
インセンティブ　*9*
　　──システム　*51*
インターンシップ　*10, 49, 104, 111, 150, 167, 211*
インタビュー　*150*
インフォーマル・アセスメント　*173*
ウィークタイズ（弱い紐帯）　*82*

運命共同体　*71*
エイジフリー社会　*135*
エントリーシート（ES）　*192–193, 196*
エンパワメント　*14*
エンプロイアビリティ　*50, 104, 173–174*
応募書類　*194*
遅い選抜　*64*
オムニバス形式の授業　*151*

### か行

カードソート　*175*
解雇　*73*
開始 ⇒トランジション　*65*
改正雇用契約法　*119*
階層別教育　*12*
外発的モチベーション　*9*
外部労働市場　*67, 137*
学卒者訓練　*47*
賢い交渉人　*125*
賢い選択　*21*
賢く選択　*21*
課題解決学習　*37*
学校教育　*53, 62*
過程理論 ⇒モチベーション　*80*
かながわの支援教育　*203*
過労死　*87*
関係的契約　*55*
キーワード ⇒履歴書　*193*
起業家志向　*16*
企業家精神　*150*
企業間・組織間を渡り歩くキャリア（Interorganizational Career）　*7*
企業関連マップ　*182*
企業研究　*112, 180*
　　──シート　*182*
企業特殊的な人的資本　*8*
企業内・組織内キャリア（Intraorganizational carrer）　*7*
企業内教育　*62*
企業理念　*180, 222*
基礎的・汎用的能力　*36*
期待理論　*80*
技術移転志向　*16*
機能職能　*24*
技能の幅　*24*
技能の深さ　*61*
機能分類　*23*
規範的コミットメント　*57*
キャリア・アイデンティティ・セーリエンス　*29*
キャリア・アクション・ビジョン・テスト　*160*
キャリア・アダプタビリティ　*175*
キャリア・アンカー　*15, 16*
キャリア・オリエンテーション　*16*
キャリア・ガイダンス　*17*
キャリア・コーン　*23*
キャリア・コンサルティング　*163*
キャリア・サバイバル　*15*
キャリア・スタート・ウィーク　*49*
キャリア・ステージ　*25, 139, 176*
キャリア・ストレス　*27*
キャリア・ストレッサー　*27*
　　──の第一次性　*27*

キャリア・チャンス　31
キャリア・パースペクティブ　29
キャリア・パス　28, 33
キャリア・ヒストリー　33
キャリア・プラトー　30
キャリア・プランニング　31
キャリア・ポートフォリオ　169
キャリア・マネジメント　3, 31, 32, 169
キャリアインスピレーション　4
キャリアカウンセラー　72
キャリアカウンセリング　18
キャリア教育　10, 17, 19, 21, 33, 36, 46, 72, 88, 104–108, 110, 114, 150, 153, 160, 169–170, 172, 183, 189, 192, 203–205, 207–209, 211–212, 214
　　──支援　170, 207–208
キャリア形成　16, 18, 28, 31, 32, 36, 41, 50, 64, 67–68, 83, 85, 88, 107, 118, 125, 129, 130–131, 136–137, 150, 154, 163, 165, 167, 170–172, 176, 204, 207–209, 211–212, 219, 223, 224, 230, 232
　　──支援　67, 83, 85, 137, 150, 154, 163, 165, 167, 207–209, 211–212
　　──支援教育　211
キャリア権　20
キャリア構築理論　21
キャリア高度化プラン　88
キャリアコミットメント　57
キャリアシート　163
キャリア支援　5
　　──とメンタルヘルス支援の統合　18
キャリア自己概念　5
キャリア自律　50
キャリアストラテジー　4
キャリア成熟　85
キャリア設計図の点検，再設計　31
キャリアセンター　72
キャリア段位制度　164
キャリア的機能　79
キャリア適合性　21
キャリアデザイン　5, 32–33
キャリアトランジション　152
キャリアの語源　3
キャリアのタテ（昇進・昇格）　8
キャリアの広がり　61
キャリアのヨコ（キャリアの幅）　8
キャリア発達　4, 13, 19, 21, 25, 30, 36, 57, 58, 74, 79, 84, 169, 176, 189
　　──理論　21
キャリアビジョン　4
求職者支援訓練　47, 163
求職者支援制度　118
業界研究　180
教学目標　210
緊急避難型 ⇒ワークシェアリング　89
金融教育　189
勤労観　46
空間的ひろがり（キャリアの概念）　6
クライアント　38, 74
グループ討議　150
グローバル人材教育プログラム　209
経営戦略　11, 122, 132, 230–232
経験　34
　　──学習　34
　　──学習モデル　34
経験からの学習論　35
継続的コミットメント　57
結果期待　159
欠乏欲求　41

健康管理　87
言語化　151, 193
言語的説得　161
現実的職務予告（RJP）　86
限定職　182
合意 ⇒心理的契約　55
コーオプ教育　10, 211
効果的プラトー　30
公共訓練　70
公共職業訓練　163
向上訓練　47
コーチ　38
行動科学　11
高年齢者雇用確保措置　136
幸福追求　20
衡平理論　80
公募制度　222
項目 ⇒心理的契約　55
効率＝モチベーション仮説　63
合理的配慮　143
効力期待　159
高齢化　135
　　──率　135
高齢者雇用　16, 135, 234–237
互恵的な交換　55
個人 - 環境適合理論　76
個人の尊重　20
子ども・若者育成支援推進法　107
子どもの貧困化　107
　　──対策基本法　108
コネ　82
個別性／固有性（キャリアの概念）　6
個別的キャリア支援　204
コミュニケーション能力　197
雇用維持型 ⇒ワークシェアリング　89
雇用型訓練　70, 163
雇用就労形態の多様化　149
雇用就労構造の大きな変化　149
雇用創出　89
コンピテンシー　39

さ行

サービス残業　87
再就職支援会社　73
在職者訓練　47
採用選考に関する指針　112
裁量労働制　43
産学協働教育　211
ジェネラリスト　24
ジェネリックスキル　174
ジェンダー　14
　　──・ステレオタイプ　90
時間焦点　29
時間的経過（キャリアの概念）　6
自己 PR　195
自己概念 ⇒キャリア・パースペクティブ　33
　　──の現象学的視点　5
　　肯定的──　18
自己効力感　18, 40, 159
自己実現　41
　　──の欲求　41
自己申告制度　126
仕事経験　7
　　──の広がり　61
仕事と生活の調和　189
仕事配分　7
　　──の交渉化　125

静岡方式　218
次世代育成支援対策推進法　131
自尊感情　18
児童生徒の職業観・勤労観を育む教育の推進について　46
志望動機　195
社員格付け制度　122
社員区分制度　122
社会移動の研究　44
社会階層　7, 44
社会構成カウンセリング　6
社会人基礎力　36, 39
社会人大学院　56
社会的・職業敵意自立に向けた指導　110
社会的学習　183
社会的説得　40
社会的地位　44
社会理解　17
社内公募制度　126, 137
終焉 ⇒トランジション　65
就業調査　133
終身雇用制　123
就労移行支援事業　144
就労継続支援A型　144
就労継続支援B型　144
主体性 ⇒キャリア教育　150
出向　136
出世　4
准企業内労働市場　136
障害者訓練　47
障害者雇用促進法　142, 238
障害者総合支援法　144
障害者の権利に関する条約　142
生涯職業発達　5
奨学金制度　111
少子化　135
情緒的コミットメント　57
情動的喚起　162
承認の欲求　41
消費者教育　189
情報の非対称性　51
初期育成（キャリア支援策）　222
職業　44
　——移動　8, 44
　——観　46
　——観・勤労観を育む学習プログラムの枠組み　46
　——キャリア権　20
　——キャリアの類型化　44
　——教育　19
　——訓練　53
　——指導　17
　——選択　48
　　——の自由　20
　——適応　48
　——適合性　48, 85
　——適性　48
　——的パーソナリティ　21
　——統合的の学習　10
　——能力開発　53
　——能力形成システム　163
　——能力形成プログラム　163
　——能力評価基準　164
職業リハビリテーション　143
職人層　68
職能資格制度　11, 123
職能別教育　12
職場体験　49, 104
職場訪問　183

職務経歴書　194
職務分類制度　123
職務満足　59
女性活躍推進支援　230
女性管理職　230
女性の活躍推進　132, 133
女性の社会進出度　224
女性リーダー　231
所属と愛の欲求　41
ジョブ　4
ジョブ・カード　70, 117
　——制度　163
ジョブクラブ　153
ジョブ・シャドウイング　49, 150
ジョブチャレンジ制度　222
シルバー社員制度　234
新経済成長戦略　36
信義誠実の原則　187
人材　4
人事マイクロデータ　52
人生役割　85
新卒一括採用　109, 182
新卒応援ハローワーク　69
人的資源　4
　——管理　11
人的資本　53
　——投資　53
　——論　11
信念 ⇒心理的契約　55
心理・社会的機能 ⇒メンタリング　79
心理的契約　55
進路指導　17
　——の六領域　17
遂行行動の発達　161
垂直移動　24
垂直的二者連関　13
水平移動　24
ストレングス　219
スモールステップ　160
成果主義化　124
成果主義的人事制度　11
生活困窮者自立支援法　118
制御体験　40
成功体験　40
青少年就労支援ネットワーク静岡　218
成長欲求　41
性別役割分業　128
生理的欲求　41
制約社員　125
セカンドキャリア　56
　——支援　137
世代間移動　44
世代間交流　236
世代内移動　44
選考方法　198
選考面接（採用面接）　198
戦略的人的資源管理　11
総合職　182
想定進路　210
添え状　194
組織開発　12
　——論　35
組織学習理論　35
組織コミットメント　57, 59
組織社会化　58
　——戦術　59
組織の中のキャリア（Organizational Career）　23

組織風土改革　225
組織文化　59
存在価値 ⇒自己実現　42

**た行**

第一次労働市場　68
退職　73
第二次労働市場　68
ダイバーシティ　230
　　——＆インクルージョン　60, 230
　　——・マネジメント　60
　　——・ワーク・ルール　60
　　——戦略　132
　　ワークフォース・——　60
代理経験　40, 161
高い就業意欲　138
タテの異動　23
たまたまの偶然　31
多様就業促進型 ⇒ワークシェアリング　89
多様な働き方　138
短時間勤務制度　43
男女共同参画委員会　227
男女雇用機会均等法　131
地域若者サポートステーション　69
知的熟練　61
中間的就労　120
中期キャリア　28
中年期危機　30
中立圏 ⇒トランジション　65
長期的性格　42
長時間労働　87
テーマポートフォリオ　169
適性概念　48
適性検査　48
テレワーク　43
転籍　136
統一方式 ⇒知的熟練　62
動機づけ　9, 80
　　内発的——　9, 80, 81
統計的差別　131
登録キャリア・コンサルタント　163
トーナメント　63-64
　　——移動　63-64
特性的自己効力感　40
　　——尺度　160
特別支援学校　144
特例子会社　240
トライやる・ウィーク　49
トランジション　65, 158
　　——・プロセス　66
　　キャリア——　152
ドリーム・ポイント制度　216
取引的契約　55
トレーナビリティ　53

**な行**

内省 ⇒経験学習　34
内的満足　138
内発的動機づけ　9, 80, 81
内部労働市場　67
　　——論　8
内容理論 ⇒モチベーション　80
ニート　69, 88, 104, 107-108, 115, 119-120, 149, 152-155, 215-217, 218
二重性 ⇒労働市場　67
日本的雇用慣行　71
日本版デュアルシステム　47, 69, 70, 88, 117, 164

　　——訓練終了後の評価項目作成支援ツール　164
ニュートラ　88
二要因理論 ⇒モチベーション　80
人間形成　20
認定職業訓練　47
ネットワーク構築力　150
年功制　123
納付金・調整金制度　238
能力開発ポイント　222
能力形成　20

**は行**

パーソナルポートフォリオ　169
パートタイム労働法　132
敗者復活　64
バイターン　205
バウンダリレス・キャリア　50
働き方の多様性　72
働くことの意味　71
働くことのへ意味づけ　149
発達段階　25-26, 29, 46, 65
ハップンスタンス学習理論　75
早い昇進　63
バリアフリー化　235
反差別運動　14
伴走　219
ピアサポート　167, 241
非金銭的な価値　140
非効果的プラトー　30
非合理的個人　52
非雇用型訓練　70
人 - 環境適合　21
人と複数の環境との相互作用の結果　6
一人三役制度　227
ヒヤリング　193
ファイナンシャル・プランニング　189
ファスト・トラック　28
フィードバック　160, 192
フォーマル・アセスメント　173
福祉国家の類型　128
節目研修（キャリア支援策）　222
ふだんとちがった作業（Unusual operation）⇒知的熟練　61
ふだんの作業（Usual Operation）⇒知的熟練　61
ブラック企業　87, 113, 184
ブランド・ハップンスタンス理論　74
フリーエージェント（FA）制度　137
フリーター　47, 69-70, 88, 104, 108, 113, 117, 147, 149, 150, 153, 164, 215-216
フリーランス　140
プレイスメントサービス　208
フレックスタイム制　43
プロアクティブ行動　59
プロジェクト志向　16
プロティアン・キャリア　50
プロテジェ　79
プロテスタンティズム　71
分化（パーソナリティ）　77
分離方式 ⇒知的熟練　62
変化と異常 ⇒知的熟練　62
変化への対応と異常への対応　61
放射状半径方向の異動　23
法定雇用率制度　238
ポジティブ・アクション　78
ボランティア　218
ホランドの職業辞典　77
本人 - 代理人関係モデル　9

## ま行

マキシ・サイクル　26, 85
マッチング　196
　──理論　21
学び舎から働きの場への移行　29
学ぶ楽しさを基に学び続ける　17
マミー・トラック　28
未決定　74
ミニ・サイクル　26, 85
民間資格　193
無業者　69
無制約社員　125
メタ・コンピテンシー　50
面接　196
メンター　33, 79
　──制度　79
目標管理　126
目標設定理論　80
モチベーション　9, 80
モデリング　40
モデル評価シート・モデルカリキュラム　164
モニタリングコスト　52

## や行

役割マップ　15
養成訓練　47
予期的社会化　58
欲求階層理論　80
ヨコの異動　23-24
弱い紐帯　82

## ら行

ライフ・キャリア　3, 128, 189
　──・レインボー　5, 189
ライフ・ステージ　25
ライフ・スパン／ライフ・スペース・アプローチ　6, 84
ライフイベント　129
ライフコース　65, 130
ライフサイクル　65, 189
ライフステージの節目　31
ライフテーマ　21
ライフ・プランニング　31
ライフポートフォリオ　169
リ・エントリー制度　224
リアリティ・ショック　59, 86
リーダーシップ　35
リーダー-メンバー交換　13
リカレント教育　56
リサイクル　85
離職者訓練　47
リストラ　18, 38, 50, 56, 73
リストラクチャリング　30, 50, 55, 73
リテンション　73
留学　112
履歴書　194
リワーク支援　157
倫理憲章　112
労使関係に関する基礎的知識　184
労働教育　106
労働権　20
労働時間　87
労働市場　68
　──の二重構造問題　68
　外部──　67, 137
　准企業内──　136
　第一次──　68
　第二次──　68
　内部──　67
　──論　8
労働法教育　114, 204
老齢厚生年金　136
六角形モデル　76

## わ行

ワーク形式　193
ワーク・ファミリー・コンフリクト　90
ワーク・ファミリー・ファシリテーション　90
ワーク・ライフ・バランス　28, 33, 89, 90, 133, 189
ワークシェアリング　89
ワークショップ　157
ワークフォース・ダイバーシティ　60
若者自立・挑戦戦略会議　88
若者自立・挑戦プラン　88, 107
若者自立塾　69

## 人名・団体名索引

**A to Z**

Acemoglu, D.　54
Adams, J. S.　81
Allen, N. J.　57
Allen, T. J.　16
Arnold, J.　5
Arthur, M. B.　50
Ashford, S. J.　59
Bailyn, L.　16
Baker, G.　52
Bandura, A.　40, 159–160, 183
Bauer, T. N.　59
Becker, D. R.　219
Becker, G. S.　53–54
Becker, H. S.　57
Beutell, N. J.　90
Black, J. S.　59
Blau, G. J.　57
Blustein, D. L.　5
Bordeaux, C.　90
Boyatzis, R. E.　39
Bridges, W.　65
Brinley, A.　90
Campbell, J. P.　80
Cappelli, P.　38
Carless, S. A.　29
Casper, W. J.　90
Chao, G. T.　59
Cohen, C. F.　28
Collin, A.　5
Cooper, C. L.　27
Crites, J. O.　22
Danseresu, F.　13
Davis, K.　7
Dean, R. A.　86
Deci, E. L.　9, 80–81
Dewey, J.　34–35
Dilts, R.　38
Dorringer, P. B.　67
Drake, B.　219
Drake, R. E.　219
Drucker, P. F.　126
Eby, L. T.　90
Espin-Andersen, G.　128
Fassina, N. E.　59
Ference, T. P.　30
Fisher, C. D.　59
Fleeson, W.　90
Forbes, J. B.　63
Frey, B. S.　52
Friedmann, J.　14
Frone, M. R.　90
Gallway, T.　38
Garden, A. M.　16
Godshalk, V. M.　79
Goldner, F.　24
Goldstein, K.　41
Goschard, R. J.　219
Gottfredson, G. D.　77
Granovetter, M.　82
Greenhause, J. H.　90
Gunz, H.　8
Haga, W. J.　13
Hall, D. T.　50
Hansen, L. S.　189

Hansen, S. S.　90
Herr, E. L.　5
Herzberg, F.　80
Heuser, A. E.　59
Holland, J. L.　21, 76–77
Horney, K.　41
Irving, B. A.　220
Jung, C. G.　41, 156
Katz, R.　16
Kimsey-House, H.　38
Klein, H. J.　59
Kram, K. E.　79
Krumboltz, J. D.　74–75
Latack, J. C.　27
Latham, G. P.　81
Lawler Ⅲ, E. E.　81
Lazear, E. P.　52
Levin, Al. S.　74–75
Locke, E. A.　81
Lockwood, A.　90
Louis, M. R.　58, 86
Malik, B.　220
Markus, H. R.　71
Marshall, J.　27
Maslow, A. H.　41–42, 80
MacArthur, D.　5
McCall, M. W.　35
McClelland, D. C.　39
McMahon, M.　219
Merton, R. K.　58
Meyer, J. P.　57
Milgrom, P.　9, 52
Mincer, J.　53
Mitchell, K. E.　74–75
Moore, W. E.　7
Mowday, R. T.　57
Musisca, N.　90
Noumair, D. A.　5
Parsons, F.　21, 76
Patton, W.　219
Peiperl, M. A.　8
Piercy, J. E.　63
Piore, M.　67
Pischke, J.-S.　54
Porter, L. M.　80
Porter, L. W.　57
Rabin, V. S.　28
Rapp, C. A.　219
Roberts, J.　9, 52
Rogers, C. R.　41
Rosenbaum, J. E.　63–64
Rounds, J. B.　76
Rousseau, D. M.　50, 55
Saks, A. M.　59
Salomone, P. R.　26
Sandberg, S.　232
Savickas, M. L.　6, 21–22, 84
Schein, E. H.　8, 15, 16, 23–24, 30, 59, 189
Schlossberg, N. K.　65–66, 152
Schön, D. A.　34
Schultz, T. W.　53
Schunk, D. H.　160
Sherer, M.　40
Shipp, A. J.　29

Smith, Adam　53
Sosik, J. J.　79
Spencer, L. M.　39
Spencer, S. M.　39
Steers, R. M.　80
Stevens, M.　54
Stoner, J. A.　30
Super, C. M..　84
Super, D. E.　5, 25–26, 30, 48, 56, 84–85, 149, 189
Tracey, T. J.　76
Turner, R. H.　63
Uggerslev, K. L.　59
Uhl-Bien, M.　13
Van Maanen, J.　15, 59
Vroom, V. H.　81
Wanous, J. P.　86
Waterman, R.　50
Wayne, J. H.　90
Whitmore, J.　38
Williams, R.　5
Wintle, J.　29

**団体（A to Z）**

GM　60
IBM　60
Micrsoft　60
NCDA（National Career Development Association）　18
NPO カタリバ　154
NPO 育て上げネット　154
NPO 法人ユースポート横濱　204
WTO　51

**あ行**

アーサー（Arthur, M. B.）　50
アーノルド（Arnold, J.）　5
アービング（Irving, B. A.）　220
アイエスエフネットグループ（ISFnet）　215–216
青木猛正　142
青砥 恭　107
青山平八　184
赤坂武道　159
明石陽子　87
浅海典子　38

アダム・スミス（Smith, Adam）　53
アダムス（Adams, J. S.）　81
アッシュフォード（Ashford, S. J.）　59
阿部 彩　107
荒井 明　49
荒井浩道　220
荒木俊馬　211
有沢広巳　68
アレン（Allen, N. J.）　57
アレン（Allen, T. J.）　16
飯島婦佐子　140
イオンリテール株式会社　224
イオンリテールワーカーズユニオン　224
生駒俊樹　17
石川経夫　68
石毛昭範　87

石田　浩　　44
石塚浩美　　87
板垣千恵子　　228-229
伊藤秀史　　52, 64
伊藤文男　　36, 196
猪木武徳　　61
今田幸子　　64
今野浩一郎　　70, 87, 122
岩澤美帆　　130
ウィットモア（Whitmore, J.）　　38
ウイリアムズ（Williams, R.）　　5
ウィントゥル（Wintle, J.）　　29
植木理恵　　160
上西充子　　67, 69, 109
ウォーターマン（Waterman, R.）　　50
氏原正治郎　　68
内永ゆか子　　231-232
エスピン - アンデルセン（Espin-Andersen, G.）　　128
エビィ（Eby, L. T.）　　90
海老原有美　　230
大石亜希子　　133
大内章子　　28
大里大助　　80
大槻利行　　192
大庭さよ　　74
大山泰弘　　145
岡田昌毅　　6, 65
小川憲彦　　15, 57-58, 86
沖田敏江　　69
荻野勝彦　　60, 78
奥西好夫　　9
奥山明良　　131
小倉一哉　　87
尾高邦雄　　71
鬼沢裕子　　221
小野公一　　79

**か行**
ガーデン（Garden, A. M.）　　16
カーレス（Carless, S. A.）　　29
カッツ（Katz, R.）　　16
加藤景司　　234-237
加藤容子　　30, 90
金井篤子　　13, 27, 29, 33
金井壽宏　　13, 15, 27, 35, 42, 65, 86
神奈川県立田奈高等学校　　203-205
金子元久　　109
金子隆一　　135
株式会社加藤製作所　　234-235, 237
株式会社ベネッセコーポレーション　　221, 223
樫野　潤　　163, 165
苅谷剛彦　　83, 106
ガルウェイ（Gallway, T.）　　38
川喜多　喬　　3
川﨑友嗣　　5, 48, 76, 234
神田幸代　　232
北九州市立大学　　10
北山　忍（Kitayama, S.）　　71
木村　周　　17, 194, 198
キャスパー（Casper, W. J.）　　90
キャペリ（Cappelli, P.）　　38
キャリア教育支援開発センター　　170
キャンベル（Campbell, J. P.）　　80
京都産業大学　　10, 211-213
京都大学・電通育英会　　159

クーパー（Cooper, C. L.）　　27
クオリティ・オブ・ライフ社　　154
楠田　丘　　89
楠見　孝　　34-35
クライツ（Crites, J. O.）　　22
クライン（Klein, H. J.）　　59
グラノヴェター（Granovetter, M.）　　82
クラム（Kram, K. E.）　　79
クランボルツ（Krumboltz, J. D.）　　74-75
グリーンハウス（Greenhause, J. H.）　　90
グローバル社会経済フォーラム　　220
黒田祥子　　87
経済協力開発機構（OECD）　　39, 128-129
経済産業省　　36-37, 39, 49, 132, 190, 213, 227
経済産業省・社会人基礎力に関する研究会　　36
毛塚勝利　　87
玄田有史　　67, 69, 82-83
小池和男　　7-8, 61-62, 63-64, 67
公益社団法人全国労働基準関係団体連合会　　186
航空・鉄道事故調査委員会　　9
厚生労働省　　36, 43, 49, 69, 70, 72, 78, 106-107, 113, 115-116, 118, 127, 129, 131-132, 136, 140, 143, 163-164, 238-239, 241
――・ジョブ・カードセンター　　163-165
――職業能力開発分科会　　70
――女性の活躍推進協議会　　78
高齢・障害者雇用支援機構　　219
コーエン（Cohen, C. F.）　　28
ゴールドシュタイン（Goldstein, K.）　　41
ゴールドナー（Goldner, F.）　　24
国立教育政策研究所　　49, 104-105, 107
――生徒指導・進路指導研究センター　　105
――生徒指導センター　　36, 46
国立社会保障・人口問題研究所　　130, 135
小島貴子　　56
小杉礼子　　44, 116
後藤和智　　69
児美川孝一郎　　19, 104-105
小見山　隆　　172
雇用職業総合研究所　　76, 136
雇用促進事業団職業研究所　　44
コルブ（Colb, D.）　　34
今野晴貴　　87, 113-114

**さ行**
西園寺公望　　207
最高裁　　87
西條秀俊　　189
埼玉労働局　　227
齋藤健次郎　　17
斉之平伸一　　227-229
サヴィカス（Savickas, M. L.）　　6, 21-22, 84
坂爪洋美　　16, 41

坂本理郎　　33
ザックス（Saks, A. M.）　　59
佐藤　厚　　55, 67, 87
佐藤俊樹　　44
佐藤博樹　　67, 87, 132
サロモン（Salomone, P. R.）　　26
三後美紀　　33
三州製菓株式会社　　227-229
サンドバーグ（Sandberg, S.）　　232
シップ（Shipp, A. J.）　　29
渋沢栄一　　227
下村英雄　　17, 21, 160, 169,
シャイン（Schein, E. H.）　　8, 15, 16, 23-24, 30, 59, 189
シャンク（Schunk, D. H.）　　160
シュルツ（Schultz, T. W.）　　53
シュロスバーグ（Schlossberg, N. K.）　　65-66, 152
昭和女子大学　　161
ショーン（Schön, D. A.）　　34
ジョブ・カード推進協議会　　163, 165
白井章司　　167
白木三秀　　67
眞保智子　　238
スーパー（Super, C. M.）　　84
スーパー（Super, D. E.）　　5, 25-26, 30, 48, 56, 84-85, 149, 189
末廣啓子　　149
菅野和夫　　67
鈴木敏恵　　169
鈴木竜太　　57
スティーブンス（Stevens, M.）　　54
スティーヤーズ（Steers, R. M.）　　80
ストーナー（Stoner, J. A.）　　30
スペンサー（Spencer, L. M.）　　39
スペンサー（Spencer, S. M.）　　39
住田曉弘　　156
諏訪康雄　　20
清家　篤　　135
世界保健機関（WHO）　　135
全国社会保険労務士会　　186
全日本能率連盟　　136
全米コーオプ教育委員会　　212
総務省　　73, 130
――統計局　　88, 138

**た行**
ターナー（Turner, R. H.）　　63
田尾雅夫　　57
髙井次郎　　29
高浦勝義　　169
高木朋代　　140
高田信吾　　140
高綱睦美　　28, 84
高橋恵子　　140
高橋陽子　　87
高山知樹　　107
武石恵美子　　14, 128, 132
田澤　実　　25
チェ・インソク　　82
中央教育審議会　　19, 36-37, 46, 104, 196
中央職業能力開発協会　　164
津田倫旦　　141
津富　宏　　218
ディーン（Dean, R. A.）　　86
デイビス（Davis, K.）　　7

ディルツ (Dilts, R.)　38
デシ (Deci, E. L.)　9, 80–81
デューイ (Dewey, J.)　34–35
寺村絵里子　230
特定非営利活動法人ジャパン・ウィメンズ・イノベイティブ・ネットワーク (J-Win)　230–233
特定非営利活動法人青少年就労支援ネットワーク静岡　218
特定非営利法人 POSSE　186, 204
富永健一　44
ドラッカー (Drucker, P. F.)　126
ドレイク (Drake, B.)　219
ドレイク (Drake, R. E.)　219
トレーシー (Tracey, T. J.)　76

### な行

内閣府　49, 107, 128, 130, 135, 142, 164, 232
　　――・人間力戦略研究会　36–37
　　――男女共同参画局　78, 90
内藤朝雄　69
中川小十郎　207
中里弘穂　180
永島智子　224
長瀬伸子　133
長縄久生　48
中西新太郎　107
中西信男　6
永野仁　136
中原淳　34
中村恵　7–8, 23, 61, 63
中村二郎　87
名古屋大学　167, 170–171
成田健一　160
南谷覺正　25
西村公子　165
西村康一　79
西村幸満　83
日本学生支援機構　111
日本経営者団体連盟　60
日本経済団体連合会　60, 112, 168, 197, 230
日本生産性本部　112
日本労働研究機構　76
野上真　79
野口晴子　139

### は行

ハー (Herr, E. L.)　5
ハーズバーグ (Herzberg, F.)　80
パーソンズ (Parsons, F.)　21, 76
バウアー (Bauer, T. N.)　59
パソナ社　154
波多野誼余夫　140
服部泰宏　55
パットン (Patton, W.)　219
花田光世　50, 63–64
濱秋淳哉　139
濱口桂一郎　87, 114
林洋一郎　29
速水敏彦　161
原ひろみ　53

原正紀　152
ハンセン (Hansen, L. S.)　189
ハンセン (Hansen, S. S.)　90
バンデューラ (Bandura, A.)　40, 159–160, 183
久恒美幸　231
久村恵子　79
平田周一　64, 83
平野光俊　57
平林正樹　43, 215, 227
廣石忠司　73
ピアシー (Piercy, J. E.)　63
フォーブス (Forbes, J. B.)　63
フォルクスワーゲン社　89
深谷潤一　88
富士ソフト企画株式会社　238, 240–241
藤田英典　17
船津静代　167, 169
麓仁美　79
ブラック (Black, J. S.)　59
ブラック企業対策プロジェクト　113
フリーソン (Fleeson, W.)　90
フリードマン (Friedmann, J.)　14
ブリッジス (Bridges, W.)　65
ブルーム (Vroom, V. H.)　81
古野庸一　33
フロン (Frone, M. R.)　90
ベイカー (Baker, G.)　52
ベッカー (Becker, D. R.)　219
ベッカー (Becker, G. S.)　53–54
ベッカー (Becker, H. S.)　57
ポーター (Porter, L. M.)　80
ポーター (Porter, L. W.)　57
ホーナイ (Horney, K.)　41
ホール (Hall, D. T.)　50
ホランド (Holland, J. L.)　21, 76–77
堀有喜衣　115, 117
堀内泰利　50
ボルドー (Bordeaux, C.)　90
本多信一　141
本田由紀　69, 104

### ま行

マーカス (Markus, H. R.)　71
マーシャル (Marshall, J.)　27
マートン (Merton, R. K.)　58
マイクロソフト社　154
マイナビ　111
曲沼美恵　69
マクマホン (McMahon, M.)　219
マクレランド (McClelland, D. C.)　39
マズロー (Maslow, A. H.)　41–42, 80
松浦大造　194, 198
松尾睦　34–35
マッカーサー (MacArthur, D.)　5
マッコール (McCall, M. W.)　35
松繁寿和　51–52
松高政　39, 211
松村直樹　173
松山一紀　42
松山美保子　140
眞鍋和博　10

マリク (Malik, B.)　220
三島重顕　42
道下裕史　69
ミッチェル (Mitchell, K. E.)　74–75
宮城まり子　18, 31
宮下明大　207
宮本みち子　107, 204
ミルグロム (Milgrom, P.)　9, 52
ムーア (Moore, W. E.)　7
メイヤー (Meyer, J. P.)　57
望月由起　46
守島基博　82
森田道雄　171
森田慎一郎　71
文部科学省　49, 70, 103–104, 106, 109–112, 170, 189

### や行

矢崎裕美子　29
矢島洋子　128
安田三郎　44–45
谷田部光一　32
谷内篤博　11, 12
八幡成美　136
山田智之　40
山中裕子　224
山野晴雄　103
山本勲　87
山本覚　30
八幡成美　8, 47, 135
ユニセフ (UNICEF)　107
ユング (Jung, C. G.)　41, 156
吉田美穂　203–204

### ら行

ラウンズ (Rounds, J. B.)　76
ラップ (Rapp, C. A.)　219
リクルート社　154
立命館大学　207
ルイス (Louis, M. R.)　58, 86
ルソー (Rousseau, D. M.)　50, 55
レビン (Levin, Al. S.)　74–75
連合総合開発研究所　82
労働政策研究・研修機構　44–45, 106, 116, 120
ローゼンバウム (Rosenbaum, J. E.)　63–64
ローラー (Lawler Ⅲ, E. E.)　81
ロジャース (Rogers, C. R.)　41
ロック (Locke, E. A.)　81
ロックウッド (Lockwood, A.)　90
ロバーツ (Roberts, J.)　9, 52

### わ行

若林満 (Wakabayasshi, M.)　13, 63
若者・女性活躍推進フォーラム　111
脇坂明　89
鷲田清一　138
渡辺深　82–83
渡辺三枝子　5–6, 171, 215
渡邉幸義　215

**キャリアデザイン支援ハンドブック編集委員会委員（五十音順）**

○伊藤文男（東京家政大学），○上西充子（法政大学），大庭さよ（医療法人社団弘冨会神田東クリニック／MPS センター），○金井篤子（名古屋大学），川喜多喬（元法政大学），◎川﨑友嗣（関西大学），玄田有史（東京大学），児美川孝一郎（法政大学），末廣啓子（宇都宮大学），中村恵（神戸学院大学），○平林正樹（日本 IBM），堀内泰利（慶應義塾大学），脇坂明（学習院大学）（◎委員長，○副委員長）

---

**キャリアデザイン支援ハンドブック**

2014 年 10 月 10 日　初版第 1 刷発行　　定価はカヴァーに表示してあります

監　修　日本キャリアデザイン学会
発行者　中西健夫
発行所　株式会社ナカニシヤ出版
〒606-8161　京都市左京区一乗寺木ノ本町 15 番地
　　　　　Telephone　075-723-0111
　　　　　Facsimile　075-723-0095
　Website　http://www.nakanishiya.co.jp/
　E-mail　iihon-ippai@nakanishiya.co.jp
　　　　郵便振替　01030-0-13128

装幀＝白沢　正／印刷・製本＝ファインワークス
Copyright © 2014 by Career Design Institute-Japan
Printed in Japan.
ISBN978-4-7795-0886-8 C3037

本書のコピー，スキャン，デジタル化等の無断複製は著作権法上での例外を除き禁じられています。本書を代行業者等の第三者に依頼してスキャンやデジタル化することはたとえ個人や家庭内の利用であっても著作権法上認められておりません。